互联网大金融系列教材

浙江省普通高校"十三五"新形态教材

Exploration and Management
Practice of Enterprise Value

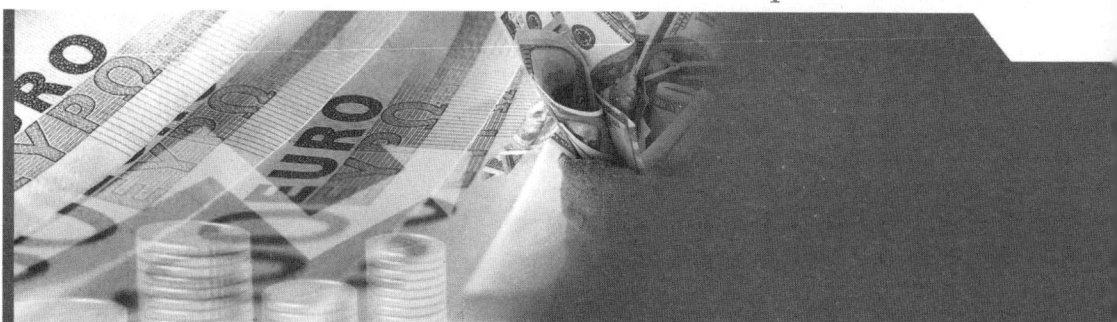

企业价值挖掘与管理实务

主　编　陈中放

副主编　佘雯哲

ZHEJIANG UNIVERSITY PRESS
浙江大学出版社

图书在版编目（CIP）数据

企业价值挖掘与管理实务 / 陈中放主编. —杭州：
浙江大学出版社，2018.12
ISBN 978-7-308-18258-4

Ⅰ.①企… Ⅱ.①陈… Ⅲ.①企业—价值论—研究
Ⅳ.①F270

中国版本图书馆 CIP 数据核字（2018）第 105475 号

企业价值挖掘与管理实务

陈中放　主编　　余雯哲　副主编

责任编辑	朱　辉	
责任校对	陈晰月	
封面设计	春天书装	
出版发行	浙江大学出版社	
	（杭州市天目山路 148 号　邮政编码 310007）	
	（网址：http://www.zjupress.com）	
排　　版	杭州中大图文设计有限公司	
印　　刷	杭州杭新印务有限公司	
开　　本	787mm×1092mm　1/16	
印　　张	24	
字　　数	465 千	
版 印 次	2018 年 12 月第 1 版　2018 年 12 月第 1 次印刷	
书　　号	ISBN 978-7-308-18258-4	
定　　价	59.00 元	

前　言

国家普惠金融政策指明了我国金融行业发展的方向，金融是经济的命脉，在新形势下，需要改变以金融机构为中心的传统观念，让每一个金融的参与者，特别是当前金融市场的主体（投资者和融资者）都能享有金融带来的获得感，并真正建立起"有效、全方位地为社会所有阶层和群体提供服务的金融体系"。目前主流金融机构的服务偏向于大企业、大机构和高净值用户，而占总数百分之八十以上的中小企业和普通投资者却没有受到足够的重视。世界上主流的经济学也是以金融机构为中心建立理论体系和金融教学体系，以至于人们普遍认为金融就是以金融机构为中心的。在教材体系上，我国有些高校盲目提倡采用几十年前国外的原版教材，这严重地脱离了中国当前实际情况。作者本人本科、硕士、博士学的都是金融专业，但是感觉书本中学到的知识和实际工作中的关联并不强。

随着中国的改革开放，中国金融业发展迅速。本人于 1978 年进入建设银行工作，之后在信托、保险、证券、租赁、期货、投行等不同的金融机构中担任过中高层管理职务，在多年的工作经历中发现金融业存在着不少不平等的现象，比如金融机构的高利润是建立在金融市场的主体（投资者和融资者）利益减少的基础上，金融机构的高级管理人员报酬（还不算隐形利益）与普通员工报酬差距巨大，等等。经过几十年的思考，我觉得要以一种全新的角度去诠释金融，要站在金融市场的主体（投资者和融资者）的角度分析金融，尤其对应用型本科学生的培养更要从当前实际情况出发。因此，我们提出要以互联网思维即用户第一思维来分析金融，要建立包含金融范围内所有与资金流通相关联的主体为对象的互联网大金融理论。2016 年，我们在高等教育出版社出版了应用型高校金融系列教材，包括《金融投资工具比较与应用》《企业融资模式与应用》《互联网金融》三本，都是基于这个角度进行阐述的。本套互联网大金融系列教材是在原有基础上，进一步深入分析和构建这个金融理念。

肯定有不少人认为传统金融理论和金融理念已经有上百年的历史，为什么现在需要改变？马克思主义认为生产力的发展会改变生产关系，21 世纪互联网金融的快速发展已经颠覆了部分金融原有的模式，P2P、众筹、第三方支付、社交金融等已经动了金融机构的奶酪。随着信息技术的发展,信息传输速度越来越快,信息储存量越来越大,金融科技时代已经来临。金融机构是信用中介机构,它集聚了一大批优秀的人才在信息不对称的条件下,处理着各种金融风险。如果我们想象在金融科技高度发达的未来,大数据技术解决了信用问题,区块链解决了去中介化问题,智能金融(智能金融服务、智能投资顾问、机器自我学习)解决了高技术人才问题,那么目前金融的这种传统运行模式肯定要面临巨大挑战。不管你愿不愿意,历史将会往前推进,而最终的发展方向,必然是顺应金融市场的主体(投资者和融资者)的诉求。

我们认为金融就是资金的融通,金融市场中的投资者、金融中介、融资者三个主体的利益是不一致的。如果在金融市场中,一段时间内市场利率是相对固定的,那么其中一个主体获利巨大,必然会影响到另外两个主体的利益。金融中介机构大部分也都是企业,取得更多的利润是它内在的需求,在其潜意识中是会为了自己去争取更多的利益。在本套系列教材另外一本《金融资产价格与风险管理实务》中,我们创新地从投资者的角度分析了各项金融资产的价格以及风险问题,指出投资者总是希望投资的收益能高一些,并且金融资产平均价格的高低也是投资者进行资产组合时考量的主要标准之一。而对于融资者来说,总是希望融资成本尽可能低一点,企业作为融资者中的主要群体,尤其是中小企业,往往得不到自己想要的资金,在众多融资方式中处于被动地位,忍受着较高利率。那么作为中小企业应该如何去主动融资? 企业应该做些什么? 这就是本书要解决的问题。我们认为中小企业只要通过理清股权关系、规范企业制度、加强企业管理等措施,把自己真正的价值挖掘出来,就可以以更低的成本获得更多的融资,这才是企业主动获得融资的最好办法。

由于目前中小企业普遍缺乏掌握投融资知识的专业人才,我们的愿景是培养一批能够服务于中小企业的投融资人才,让他们进入企业工作,或者建立专门的财务咨询机构帮助广大中小企业发现和挖掘自身的价值,助力浙江省资本市场"凤凰计划"的实现。本书分为三部分。第一篇企业价值概论,介绍了企业价值的各种计算方法和挖掘企业价值的意义。第二篇企业价值挖掘,主要从企业尽职调查、股份制改革、财务审计、企业规划、管理规范、财务规范以及上市、挂牌等各个流程进行具体阐述。这部分内容操作性强,考虑到学生专业不同,因此对部分管理、会计常识问题写得比较详细。第三篇企业市场价值管理,阐述了企业在上市、挂牌后,如何对企业市场进行价值管理。我们认为创新是关键,只有不断地创新,企业才能提高自己的价值,做好企业市场价值的管理工作。

本书由陈中放担任主编。感谢浙江省资本与企业发展研究会和浙江省中证金融科技研究院在案例和理论的编写过程中提供的大力支持。特别感谢浙江省资本与企业发展研究会副理事长毛生苗先生在本书的编写过程中多次给出宝贵意见,协助完善本书编写思路,深度参与本书的修改。参加本书编写和资料收集的主要人员有余雯哲、王增龙、阮善宣、寿会会(浙江财经大学东方学院),沙城利、程婧(浙江大学),林铭(浙江经济技术学院),邱敏娟(渤海银行),方良东(浙江胜道投资管理有限公司),陈发帅(杭州秉盛投资咨询合伙企业),王翊晟,等等。在此由衷地感谢所有为本书付出智慧结晶的朋友们。

  由于作者水平有限,书中存在很多不足之处,请各位批评指正。

陈中放

2018 年 6 月 30 日

目 录

第一篇　企业价值概论

第二篇　企业价值挖掘

第一篇　企业价值概论

企业估值是科学和艺术的完美结合。

第一章　企业价值

清早,我们去菜市场买菜,想买一条鱼做一道晚餐。摊主说,我的鱼是我自己从江里捕捉的,成本加上一点点的利润,这条鱼卖 30 元。我们要面对以下几个问题。首先,这条鱼是从江里捕捉的吗? 他这么说,是不是真的呢? 再者,这条鱼买回去,到晚上的时候会不会死了,不新鲜了? 然后,这条鱼买回去家里人不喜欢吃怎么办? 最后综合考虑,这条鱼是不是值 30 元?

当然,还有的人买回去是为了养鱼或者为了放生等。对于不同的买鱼的人来说,买不买这条鱼都有自己的评判,愿出多少价格购买,也要看消费者剩余。因此,一条鱼的价值,除了供给商所给的成本因素外,还要看消费者的消费需求因素,同样一条鱼,不同的需求,有不同的价值判断,投资亦是如此。

一、什么是企业价值

企业价值通俗地说就是这家企业值多少钱。不同的需求有不同的价值判断,按目前最流行的说法:企业价值是企业的预期自由现金流量和预期资产以时间跨度为各方权数进行加权平均资本成本为贴现率折现的现值。时间跨度是未来预期风险属性,存在不确定性,而企业价值是投资者对企业的现状进行投入,以牺牲现在资金使用成本来获取未来的不稳定性收益。因此准确地对企业进行估值是各方投资者(包括企业内部投资人和企业外部投资人)所要掌握的必要手段。

企业的真实价值显而易见是估值的对象。可以从现金流的来去方向理解企业价值概念。从生产的角度,企业拥有的资产运营所产生的价值即为企业价值;从去向角度,企业价值则包含两个部分:股权价值与债权价值。而在日常的交易中,股权价值常作为估值的落脚点。

企业存在于我们周围,它们分布在各行各业,各自有着不同的企业属性。本书将对我国企业进行整体性的解剖,带你了解市场中的各种估值方式,深入解读估值之道,全方位解析企业价值,挖掘企业价值,并且对企业市场价值进行有效的管理。

在金融市场上,企业价值的评判准则有着众多种类。投资者通过对企业进行不同形式的划分来运用相应的估值方法,企业在不同状态下存在不同的价值评估。企业可以通过股份制改造上市,上市是实现企业价值最大化的有效途径之一。本书介绍了各种企业估值方法,深入挖掘各阶段企业价值,帮助企业发现和创造价值,实现企业价值的最大化。

上面的概念比较难理解,我们举例来说明。假设你擅长做包子,不怕吃苦,创业开了一家包子店,合计投入了2万元,其中1万元为房租,另外1万元购买设备(蒸笼、灶台之类)。因为你的手艺不错,为人也好,于是每天有了固定的客户,周边小区的人都喜欢来你店里买包子。每个包子1.5元,大约平均每天能卖400个包子,每个包子的材料成本(包括面粉、肉、蔬菜等等,以及平均下来每个包子的水、电、燃气费用)是5毛钱,这样,一天下来,你的毛利润就有400元。

时间久了,你开始招学徒,学徒也能做出和你一样的包子,于是你成了老板,每个月给学徒发4000元的工资,学徒也觉得很不错。

于是你一个月的毛利润有 $400 \times 30 = 12000$(元),再减去4000元的人员开销,以及833元的房租,假设购买的设备可以使用5年,那么每个月设备的折旧费为 $10000/5/12 = 166$(元)。

这样一个月的净利润是7000元。一年的利润合计就是84000元。这样的生意在我们身边很常见。如果一个老板完全自己做,一年十多万元的收入很常见。

就这样一个简单的包子铺,我们对它进行估值,看它值多少。

比如说三年过后,正好上一年缴纳的房租到期了,你因为其他一些原因,比如谈了个外地的女朋友,打算离开这个城市,准备转让包子铺,能转多少钱呢?

接手的人一般会是这样想的:嗯,你这家包子铺的设备还值4000元,另外,你的生意已经这么稳定了,在周边的小区有了稳定的客源(市场占有),再加上你教给我的这套包子的做法(技术),我就给你补半年的利润吧(相当于平时我们遇到的转让费)。

你也觉得合理,白拿半年收入,于是高高兴兴地把包子铺以 $42000 + 4000 = 46000$(元)转让给了他。这个时候,你的这家店,值4.6万元。

还有另外一种方式。因为每年有稳定的收益8.4万元,你还会继续做这个生意,但是某一天你突然需要钱,比如要买房或者想扩大生意之类的。

你找到一位投资者,他完全不会经营一家包子铺,只是想稳定地取得收益,你跟他商量,你可以按8.4万元出让你这家包子铺20%的股份。这样,对你来说,你迅速地得到了8.4万元现金,并且不是借债,不需要偿还。对投资者来说,由于你目前的经营状况和盈利都十分稳定,他任何事都不干,每年可以从 8.4 万元的现金里分红 20%,即 1.68 万元,五年时间,就可以把目前的投资款全部收回,之后就相当于白赚了这 20% 的股份,并且可以永久地分红下去。他也觉得很赚。

这个时候,这家包子铺,值 8.4/(20%)=42(万元)。

现在,在你看来,一个只有蒸笼、灶台的小小包子铺,值 42 万元。

那么,为什么一个包子铺的价值会这么高呢?

二、企业价值确定的方法

我们生活在丰富多彩而又瞬息万变的市场中,每天都有企业诞生又有企业消亡,掌握正确的企业估值方法是价值投资的先决条件。只有真正了解一个企业的未来,洞悉其在投资期的成长性,才能把握金融之道,掌握资金之本。

企业价值+非核心资产价值=净债务+少数股东权益+股权价值

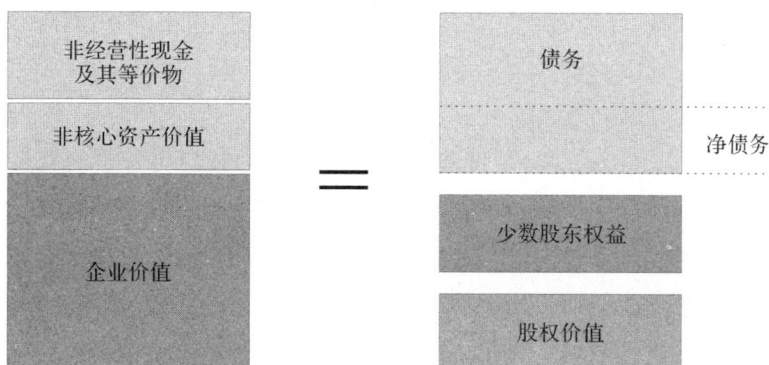

(一)成本法

成本法(cost approach)也称为净资产法,目前我国间接融资市场中银行贷款评估企业价值,一般都采用这个办法。它比较简单,就是经过会计事务所审计的会计报表中的净资产的价值。成本法在直接融资的资本市场中,是投资机构或投资者对被投资企业经营活动无影响能力时采用的长期股权投资会计处理方法。即投资者或投资机构的长期股权投资账户,按原始取得成本入账,不随被投资机构或被投资者的营业结果发生增减变动的会计处理方法。

成本法指获取估价企业在估价时点的资产价格,扣除资产折旧,以此来估算估价企业的客观合理价格或价值的方法。通常情况下,重资产行业更适合运用成本法估值，而轻资产行业采用成本法并不合适。例如互联网等新兴行业，这类行业资产的市场价格不仅难以估值，而且市场商誉及知识产权等无形资产更是该类行业的重要资产，若使用成本法将无法获取准确的企业价值。

标准成本法适用于标准件生产的工业企业，平均成本法适用于订制性产品的生产企业。

这种处理方法的理论依据是：即使投资企业拥有被投资企业半数以上的股份，两家企业形成控制和被控制关系，被投资企业仍然是独立的法律主体，因此投资企业确认投资收益的时间点十分关键。在被投资企业支付股利或分红时，投资企业应当即确认投资收益，而不是在被投资企业制造经营成果时确认。

评估过程：

第一步，确定被评估资产按照账面购入的价格，无法得到账面价格的，根据该资产实体特征等基本情况，用现时（评估基准日）市价估算其成本全价。

第二步，确定被评估资产的已使用年限、尚可使用年限以及总使用年限。

第三步，采用年限折旧法或其他方法估算资产的有形损耗和功能性损耗。

第四步，估算确认被评估资产的净价。

（二）重置法

重置法（relocate approach）是投资者想要投资企业，通过计算被投资企业各项资产项目的重置成本，在投资时点采用会计核算资本对企业总资产进行现金流折算，从而确定企业价值的方法。重置成本则是指投资时点时在市场上购置被投资企业所有资产而耗费的资金数量。

重置法指获取估价企业这个时点的重置价格或建筑物的重建价格，同时考虑新旧程度，以此来估算估价企业的客观合理价格或价值的方法。通常情况下，适用于重资产行业，随着资产的比重下降，重置法的准确性也将下降。

评估过程：

第一步，被评估资产一经确定即应根据该资产实体特征等基本情况，用现时（评估基准日）市价估算其重置全价。

第二步，确定被评估资产的已使用年限、尚可使用年限以及总使用年限。

第三步，采用年限折旧法抑或其他方法估算资产的有形损耗和功能性损耗。

第四步，估算确认被评估资产的净价。

（三）未来现金流量折现法

未来现金流量折现法（future discounted cash flow technique）是投资者对企业未来现金流量及其各种风险因素进行预期，考虑未来现金流量的货币时间价值，按合适的折现率折合成现值的评估方法。对于即将上市的公司来说，未来现金流量折现法是通过预测公司的未来盈利能力，计算出公司的净现值，并按一定的折扣率进行折算，从而确定股票发行价格。

任何资金都存在使用成本，即具有时间价值。而就企业经营本质而言，企业运营是以追求财富增加为目的的通过现时间点资金支出来获取未来更多的、但具有不确定性风险的资金的行为。随着经济货币化乃至资产金融化，财富呈现几何级数增长，这时候时间价值在其中尤为重要。在企业生产过程中，将现金投入运营，此时流动性大幅度下降，甚至在某些时段内无法流动，然而随着企业持续经营进入销售阶段，其流动性又不断提高，并转化为现金。由此，公司的经营实际上是一个完整的现金再生过程。以时间为纽带，未来各个特定经营期间的现金流量的折现就是公司价值的衡量形式。

使用此法需要注意两点：第一，通过历史经营现金流或企业财务规划来预期企业未来存续期各年度的现金流量。第二，根据现阶段企业发展阶段及外部因素等状况来找到一个合理公允的折现率，折现率的大小取决于取得未来现金流量的风险，风险越大则要求的折现率就越高，风险越小则要求的折现率就相对越低。

在实际操作过程中，现金流量大体分为实体现金流量和股权现金流量。实体现金流量是企业全部投资人在该时点拥有的现金流量总和，通常采用加权平均资本成本进行折现；股权现金流量是实体现金流量扣除与债务相联系的现金流量，通常采用权益资本成本来折现，而权益资本成本可以通过资本资产定价模型来获取。

所谓价值评估，指买卖双方对标的做出的价值判断。在企业并购活动中，对目标企业的估价是决定交易是否成交的价值基础。目标企业估价主要取决于并购企业对其未来收益的大小和时间长短的预期。其本质上是一种主观判断，但并不是可以随意估价，而是以一定的科学方法为依据的。

评估过程：

第一步，获取历史企业现金流，精确制定企业财务规划。

第二步，在有限的时间范围内即明确的预测期内（通常是 5 到 10 年）预测自由现金流量。

第三步，根据事先准备的模型计算预测之后的自由现金流量水平。

第四步，根据自身需要按照不同的方式折现自由现金流量。

(四)贴现现金流量法

贴现现金流量法是由美国西北大学阿尔弗雷德·拉巴波特于 1986 年提出,也被称作拉巴波特模型(Rappaport Model),是用预期未来的现金流量贴现的方法确定一家企业可接受的最高并购价值,这就需要估计由并购引起的期望的增量现金流量和贴现率(或资本成本),即企业进行新投资市场所要求的最低的可接受的报酬率。该模型所用的现金流量是指自由现金流量(free cash flow,简写 FCF),即扣除税收、必要的资本性支出和新增营运资本后,能够支付给所有的清偿者的现金流量。

用贴现现金流量法评估目标企业价值的总体思路是:估计兼并后增加的现金流量和用于计算这些现金流量现值的折现率,然后计算出这些增加的现金流量的现值,这就是兼并方所愿意支付的最高价格。如果实际成交价格高于这个价格,则不但不会给兼并企业带来好处,反而会引起亏损。

1.运用步骤

第一步,建立自由现金流量预测模型。

拉巴波特认为有五种价值动因影响目标企业的价值,即销售增长率、经济利润边际、新增固定资产投资、新增营运资本、边际税率。他把这五种因素运用在自由现金流量模型中,公式表述为:

$$FCF = S_{t-1}(1 + g_t) \cdot P_t(1 - T) - (S_t - S_{t-1}) \cdot (F_t + W_t)$$

其中,FCF 为自由现金流量,S 为年销售额,g 为销售额年增长率,P 为销售利润率,T 为所得税率,F 为销售额每增加 1 元所需追加的固定资本投资,W 为销售每增加 1 元所需追加的营运资本投资,t 为预测期内的某一年度。

第二步,估计折现率或加权平均资本成本。

折现率是考虑了投资风险后,兼并方要求的最低收益率,也就是该项投资的资本成本。这里所指的资本成本不是并购方企业自身的加权资本成本,而是并购方投资于目标企业的资本的边际成本。由于并购方用于并购的资金来源是复杂的,可能来自留存收益、增发新股,也可能是举债融资,这就需要对各种各样的长期资本成本要素进行估计,并计算加权平均资本成本。其中,自有资金的成本可用资本资产定价模式求得,而债务成本则可用债务利息经税务调整后的有效资本成本得到。最后,该项投资的资本成本就是这二者的加权平均,也就是平均资本成本(K),即:

$$K = K_s(S/V) + K_b(1 - T)(B/V)$$

其中,K_s 为股东对此次投资要求的收益率,K_b 为利率,S 为自有资金数量,B 为对外举债,V 为市场总价值,T 为企业的边际税率。

第三步,利用贴现现金流量模型,计算现金流量的现值。

$$V = \sum \frac{FCF}{(1+K)^t} + \frac{F}{(1+K)^t}$$

其中,FCF 为自由现金流量,K 为折现率或加权平均资本成本,F 为预期转让价格,V 为企业价值。

2.贴现现金流量法的作用与局限性

贴现现金流量法以现金流量预测为基础,充分考虑了目标公司未来创造现金流量能力对其价值的影响,在日益崇尚"现金至尊"的现代理财环境中,对企业并购决策具有现实的指导意义。但是,这一方法的运用对决策条件与能力的要求较高,且易受预测人员主观意识(乐观或悲观)的影响。所以,合理预测未来现金流量以及选择贴现率(加权平均资本成本)的困难与不确定性可能影响贴现现金流量法的准确性。

用现金流量法折现评估目标企业价值,同一般资本预算分析相似:估计兼并后增加的现金流量和用于计算这些现金流量现值的折现率,然后计算出这些增加的现金流量的现值,这就是兼并方所能支付的最高价格。如果实际成交价格高于这个价格,兼并不但没有给兼并企业带来好处,反而会引起亏损。

现金净流量:

$$NCF = X(1-T) - I$$

其中,NCF 为现金净流量,X 为营业净收入(NOI)或税前息前盈余(EBIT),T 为所得税率,I 为投资。

3.折现率

在现金流量折现模型中,折现率是考虑投资风险后,兼并方要求的最低收益率,也就是该项投资的资本成本。但这里的资本成本指的是投资的边际成本,而兼并目标企业所用的资本则包括两个部分:一是来自双方的自有资本,二是外界举债获得的债务资本。自有资金的成本可用资本资产定价模式(CAPM)求得,而债务成本则可用债务利息经税务调整后的有效利率得到。最后,该项投资的资本成本就是这二者的加权平均,也就是平均资本成本(WACC),即:

$$WACC = K = K_s(S/V) + K_b(1-T)(B/V)$$

其中,B 为企业向外举债,S 为企业动用自有资金数量,V 为企业的市场总价值,K_s 为企业股东对此次投资要求的收益率,K_b 为债务的利率,T 为兼并后企业的边际税率。

4.目标企业的价值评估——沃斯顿模型(Weston Model)

目标企业的价值一般可用未来收益的现值表示,其计算公式为:

$$V_0 = X_0(1-T)(1-b_s)\sum_{t=1}^{n}\frac{(1+g_s)^t}{(1+k)^t} + \frac{X_0(1-T)(1+g_s)^{n+1}}{K(1+k)^n}$$

其中,V_0 为公司价值,X 为税息前经营利润,g 为营业净利或税息前经营利润增长率,k 为边际盈利率,K 为加权平均成本,b 为税后投资需求或投资机会,n 为超长持续期,T 为所得税率。

该模型的实用性较强,是最具代表性的一种估价方法,目前在欧美国家企业并购活动中已得到广泛采用。

5.沃斯顿模型的缺陷

对历史绩效的分析过于简略;并没有分清投资率和投资资本利润率的关系(在明确的净预测期内,两者数值应该相等,这是由该模型的假设——收入、利润和投资按同一比率增长——决定的);沃斯顿模型的准确性依赖于模型建立时所假设的前提条件是否符合现实情况,直接运用该模型可能会使得并购方不能正确衡量目标企业价值。

6.沃斯顿模型和拉巴波特模型的比较

两种模型的基本假设相同,均假设公司销售收入、利润、总资产和股权价值以相同的比率增长,所求现金流量都是自由现金流量;但是,与拉巴波特模型相比沃斯顿模型有以下优点:

(1)拉巴波特模型的盈利能力以销售利润率来衡量,沃斯顿模型则以投资资本利润率来衡量盈利能力。销售利润率不是对不同行业内公司盈利能力进行比较的良好指标,因为各行业的资本密集度不同。资本密集度高的行业,销售利润率也较高。而商业批发和零售业中的销售利润率较低。另外,假如公司不进行营运资本存量和净固定资产积累的投资的话,销售也无法完成;而销售利润率恰恰没反映这点。因此,投资资本利润率才能作为进行良好规划的目标或者盈利能力的衡量标准。充分考虑投资利润率、增长率和投资要求三者间的关系对公司价值的影响,对并购后目标公司的整合管理工作更具指导意义。

(2)沃斯顿模型运用简洁的公式进行合理的计算,不仅有利于节约成本,而且大大方便了敏感性分析,增进了对并购相关计划和战略的深入了解。利用沃斯顿模型,评估者可以确信其对决定公司价值的重要参数的预测和假设,能够经得起内部一致性的检验,因为该模型确立了它们之间的内在逻辑关系,即增长率=净投资资本利润率×净投资率。

(五)市盈率法

市盈率法[P/E(price/earning)ratio]是投资市场对企业进行成长能力评判的一

种指标,一般多用于挂牌、上市公司。市盈率也被称为本益比,是某种股票每股市价与每股盈利的比率,计算方法为:市盈率=个股股价÷当期每股盈利。公式中的分子是当前的个股股价,分母可用最近一季、一年已经得到的每股盈利水平(称为静态市盈率),一般来说,在应用市盈率时以年为时间周期。

市盈率是股价同过去一年每股盈利的比率,它具有一定的滞后性,当上市公司的业绩发生较快变化时,它不能及时反映股票因本年度及未来每股收益的变化而使股票投资价值发生变化这一情况,因而具有一定滞后性。在实际应用中,我们既要关注静态市盈率,因为它是上市公司历史经营情况的再现,也要关注动态市盈率,因为它是上市公司未来发展情况的体现,只有将两者互相补充、有机结合,我们才能更好地把握上市公司的实际情况。

市盈率是浮动变化的,其波动会受到多方因素影响,市盈率是一种比较工具,单方面看被投资企业的市盈率意义不是很大,需要结合行业的平均水平来进行比较,从而对该企业在市场中的位置及效益水平有更贴切的估量。

上市企业通过市盈率确定股票发行价格需要经过几项步骤。首先,投资银行根据注册会计师审核后的盈利预测计算出发行人的每股收益;接着,根据二级市场的平均市盈率、同类行业公司股票的市盈率、发行人的经营状况及成长性相应拟定发行市盈率,再依发行市盈率与每股收益之乘积决定发行价。

市盈率法是指投资机构以基准企业行业内的平均市盈率来估计投资企业价值。企业价值是基于可比较资产或企业的定价。姑且假设,同行业中其他企业可以作为被估价企业的可比较企业,这样所得到的平均市盈率所反映的企业绩效是较为科学合理的。由于企业市盈率与企业发展之间的紧密联系,并且会随着时间的迁移而发生不确定性的波动变化,因此,市盈率法通常被用于对未公开化企业或者刚刚向公众发行股票的企业进行估价。这种评估方法目前在我国股权风险投资行业,包括天使投资、创业投资、IPO(首次公开募股)前投资等方面用得比较多。

1. 评估过程

第一步:选取可比较公司。可比较公司与标的公司越相近或者相似越好。在实际操作中,投资者一般应选取在行业、主营业务或主导产品、资本结构、企业规模、市场环境以及风险度等方面相近或者相似的公司。

第二步:确定比较基准,即对比什么。通常是样本公司的基本财务指标,常用的有每股收益(市盈率倍数法)、每股净资产(净资产倍数法)、每股销售收入(每股销售收入倍数法,或称市收率倍数法)等。

第三步:环境匹配。对可比较公司与标的公司内外部环境进行信息匹配,寻找同异点。

第四步:参数矫正。对可比较公司与标的公司的各方数据通过模型数据进行分析处理,矫正差异系数,最后得到样本得出的基数,进而获得标的公司科学合理的市盈率。

市盈率所反映的是公司按有关折现率计算的盈利能力的时点价值,其数学表达为P/E。根据市盈率计算企业价值的公式应为:

企业价值＝(P/E)×目标企业的可保持收益

目标企业的可保持收益是指在该目标公司并购(交易)以后继续经营所取得的净收益,它一般是以目标公司留存资产为基础来进行计算取得的。

每股税后利润计算通常有两种方法:

(1)完全摊薄法

用发行当年预测全部税后利润除以发行后总股本数,得出每股税后利润。

(2)加权平均法

每股(年)税后利润＝发行当年预测全部税后利润÷发行当年加权平均总股本数

＝发行当年预测全部税后利润÷[发行前总股本数＋

本次发行股本数×(12－发行月数)/12]

2.市盈率运用

(1)历史对比

市盈率的一个运用是将公司目前估值状况与自身历史估值状况进行对比,计算出历史各年度的平均市盈率、最大市盈率、最小市盈率等数据,再与目前的市盈率对比,就可以大致知道股票的估值是否便宜,如果处于历史市盈率的下轨,则较为便宜。不过值得一提的是历史数据未必能够简单用来对比,因为公司所处的发展阶段未必相同,公司所面临的竞争环境也未必相同。

(2)同行对比

市盈率的另一个常见用法是用标的公司的市盈率和同行可比公司或者行业平均市盈率比较,以得出标的公司估值是否便宜,而不同行业之间的公司无法直接比较市盈率高低。问题的关键就在于选择可比的公司,而事实上没有两家公司是完全一样的,投资者在选择了可比公司后,仍然需要考虑风险、增长速度、现金股息支付率、销售规模、行业地位等因素,对选择的市盈率进行调整才能够使用。

市盈率的用途非常广泛,可分为静态市盈率和动态市盈率。

3.静态市盈率

静态市盈率是市场广泛谈及的市盈率,即以目前市场价格除以已知的最近公开的每股收益后的比值。所谓的市盈率是一个反映股票收益与风险的重要指标,也叫市价盈利率,体现的是企业按现在的盈利水平要花多少年才能收回成本。这个值通常被认为在 10～20 之间是一个合理区间。

4.动态市盈率

动态市盈率是指还没有真正实现的下一年度的预测利润的市盈率,等于股票现价和未来每股收益的预测值的比值。比如下一年的动态市盈率就是股票现价除以下一年度每股收益预测值,后年的动态市盈率就是现价除以后年每股收益。

动态市盈率＝静态市盈率×$[1/(1+i)^n]$,以静态市盈率为基数,乘以动态系数,该系数为 $1/(1+i)^n$,i 为企业每股收益的增长性比率,n 为企业的可持续发展的存续期。

动态市盈率的作用在于对上市公司的业绩进行持续的观察,可以清晰地显示业绩变化的趋势,比较容易进行正确的投资分析,得出理性的结论。

有时用以下方式计算出的数据也被叫作动态市盈率:

$$动态市盈率＝股票市价/预计当年每股净利润$$

$$动态市盈率＝股票市价/(当年中报每股净利润×去年年报净利润/去年中报净利润)$$

$$动态市盈率＝静态市盈率/平均增长率$$

5.动态市盈率与静态市盈率的区别

上市公司 A 目前股价为 20 元,2017 年每股收益为 0.40 元,20/0.40＝50,该年静态市盈率为 50 倍。我们观察到该公司 2016 年每股收益为 0.30 元,成长性为(0.40－0.30)/0.30×100%＝33%,即 $i=33\%$,同时,看到 2015 年每股收益为 0.23 元,经过计算 $i=30\%$,这说明该公司的发展是持续增长。预计该企业未来保持该增长速度的时间可持续 5 年,即 $n=5$,则动态系数为 $1/(1+33\%)^5＝24\%$。相应地,2017 年动态市盈率为 12 倍,即 50×24%＝12。一个结果是 50 倍,一个结果是 12 倍,两者相差之大,相信任何一个普通投资人看了都会大吃一惊。

从上面这个例子中我们可以清楚地发现,同一个上市公司在同一时间点,两种算法市盈率的结果是不同的,并且投资心理价值也是不一样的。因为,当投资人看到市盈率为 12 倍时,会更有信心进行投资并长期持有。

在这里,一个重要观念也需要特别说明,每年都保持低市盈率的公司也不是我们需要投资的公司,我们追求的是每股收益已经形成趋势增长的上市公司。如果我们仍沿用上面的例子进行说明,就可以更加清楚这个观念的重要性,以及对动态市盈率的实际作用有一个更加清晰的认识。

上市公司 A 和 B 目前股价同为 20 元,且 2017 年每股收益都为 0.40 元,那么,

2017 年的静态市盈率同为 50 倍。那么投资哪个公司呢？我们再看他们 2016 年的每股收益，A 为 0.30 元、B 为 0.40 元，2015 年的每股收益，A 为 0.23 元、B 为 0.40 元。

也许投资人会认为 B 公司比较好，因为其每年都保持每股 0.4 元的高收益，业绩平稳，而且优良，投资 B 公司保险性比较高。

其实，这个观点是不正确的。B 公司由于业绩没有增长，它的股价也不会形成质的飞跃，所以对 B 公司投资，没有价差可言，作为股东只是能得到每股收益。我们用每股收益除以股价就能得到投资收益率。B 公司的投资收益率为 $(0.4/20) \times 100\% = 2\%$。我们查阅建设银行的网站，整存整取 1 年期存款利率为 1.75%，5 年期存款利率为 2.75%。也就是说，投资 B 公司的收益与同期存款利率的收益差不多。

从 2015 年、2016 年、2017 年的每股收益看，我们认为 B 公司可以定义为"绩优"，但是我们更认为 A 公司应定义为"绩优＋成长"，这才是我们应该投资的。因为业绩形成趋势增长后，我们完全有理由相信 A 公司在未来几年内仍旧能够保持增长。我们假设 A 公司在未来 5 年内能保持同前 3 年一样的趋势性增长，经过计算，A 公司的动态市盈率＝静态市盈率 $\times [1/(1+i)^n] = 50 \times [1/(1+33\%)^5] = 12$（倍）。而 B 公司的年复合增长率为 0，尽管业绩好，但没有形成增长，B 公司的动态市盈率＝静态市盈率 $\times [1/(1+i)^n] = 50 \times [1/(1+0)^5] = 50$（倍）。

"投资"就是要买"未来"，这个观念已经深入投资者之心，因此公司业绩的未来趋势比当下的利润来得更为重要。通过上面的分析，我们认为 A 公司由于业绩形成增长趋势，比较容易形成价差，在与 B 公司同样保持市盈率为 50 倍时，它的股价为 $20 \times (50/12) = 83.3$（元）。如果投资人用 20 万元投资 1 万股，持有 5 年，那么他将获利 63.3 万元，投资收益率为 316.5%，是银行同期存款收益率的 115 倍。

通过上面的案例，动态市盈率理论告诉我们一个简单朴素而又深刻的道理，即投资股市一定要选择有持续成长性的公司。于是，我们不难理解资产重组为什么会成为资本市场永恒的主题，同时对业绩不良的公司在实质性重组题材热点的支撑下一飞冲天的例子也见多不怪了。

这就是为什么基金公司在进行项目投资之前要派大量的研究人员到企业去一探究竟，还要写出大量的调研报告。

他们不是只看公司的现在，而是通过研究公司的历史，买公司的未来。所以基金经理偶尔也投资市盈率奇高的上市公司，因为他们通过调研，知道公司业绩已经坏到极点，在不会破产的前提下，后几年盈利就会逐年增长，市盈率就会逐年降低，此时价值投资的收益期即将来临。就像美国的价值投资大师巴菲特同样也会对一些业绩差的公司进行投资，并参与公司的重组，低价买进，高价卖出，追求价差。所以，不是业绩优良不好,也不是市盈率低不好,只不过,我们要在市盈率前加上两个重要的字眼,"动态"。也许是由于追求利润最大化的原因,掌控资金优势的基金经理没有对广大投资人说出投资的真谛。

6.影响市盈率的因数

可以将影响市盈率内在价值的因素归纳如下:

(1)股息发放率 b

股息发放率同时出现在市盈率公式的分子与分母中。在分子中,股息发放率越大,当前的股息水平越高,市盈率越大;但是在分母中,股息发放率越大,股息增长率越低,市盈率越小。所以,市盈率与股息发放率之间的关系是不确定的。

(2)无风险资产收益率 Rf

由于无风险资产(通常是短期或长期国库券)收益率是投资者的机会成本,是投资者期望的最低报酬率,无风险利率上升,投资者要求的投资回报率上升,贴现利率的上升导致市盈率下降。因此,市盈率与无风险资产收益率之间的关系是反向的。

(3)市场组合资产的预期收益率 Km

市场组合资产的预期收益率越高,投资者为补偿承担超过无风险收益的平均风险而要求的额外收益就越大,投资者要求的投资回报率就越大,市盈率就越低。因此,市盈率与市场组合资产预期收益率之间的关系是反向的。

(4)无财务杠杆的贝塔系数 β

无财务杠杆的企业只有经营风险,没有财务风险,无财务杠杆的贝塔系数是企业经营风险的衡量,该系数越大,企业经营风险就越大,投资者要求的投资回报率就越大,市盈率就越低。因此,市盈率与无财务杠杆的贝塔系数之间的关系是反向的。

(5)杠杆程度 D/S 和权益乘数 L

两者都反映了企业的负债程度,杠杆程度越大,权益乘数就越大,两者呈同方向变动关系,可以统称为杠杆比率。在市盈率公式的分母中,被减数和减数中都含有杠杆比率。在被减数(投资回报率)中,杠杆比率上升,企业财务风险增加,投资回报率上升,市盈率下降;在减数(股息增长率)中,杠杆比率上升,股息增长率加大,减数增大,市盈率上升。因此,市盈率与杠杆比率之间的关系是不确定的。

(6)企业所得税率 T

企业所得税率越高,企业负债经营的优势就越明显,投资者要求的投资回报率就越低,市盈率就越大。因此,市盈率与企业所得税率之间的关系是正向的。

（7）销售净利率 M

销售净利率越大，企业获利能力越强，发展潜力越大，股息增长率就越大，市盈率就越大。因此，市盈率与销售净利率之间的关系是正向的。

（8）资产周转率 TR

资产周转率越大，企业运营资产的能力越强，发展后劲越大，股息增长率就越大，市盈率就越大。因此，市盈率与资产周转率之间的关系是正向的。

（六）市净率法

市净率（price to book ratio，即 P/B），是指每股股价与每股净资产的比率。市净率可用于投资分析，一般来说市净率较低的股票，投资价值较高，相反，则投资价值较低。但在判断投资价值时还要考虑当时的市场环境以及公司经营情况、盈利能力等因素。

市净率＝每股市价/每股净资产

净资产的多少是由股份公司经营状况决定的，股份公司的经营业绩越好，其资产增值越快，股票净值就越高，因此股东所拥有的权益也越多。

1. 估值

首先，应根据审核后的净资产计算出发行人的每股净资产；其次，根据二级市场的平均市净率、发行人的行业情况（同类行业公司股票的市净率）、发行人的经营状况及其净资产收益等拟订估值市净率；最后，依据估值市净率与每股净资产的乘积决定估值。

2. 适用范围

市净率在评估高风险企业，特别是企业资产大多为实物资产的企业时受到重视。

3. 作用与意义

股票净值是决定股票市场价格走向的主要根据。上市公司的每股内含净资产值高而每股市价不高的股票，即市净率越低的股票，其投资价值越高，相反，其投资价值就越小。但在判断投资价值时还要考虑当时的市场环境以及公司经营情况、盈利能力等因素。

市净率能够较好地反映出"有所付出，即有回报"，它能够帮助投资者寻找能以较少的投入得到较高的产出的上市公司，帮助大的投资机构辨别投资风险。

分析投资上市公司的资产质量好坏时可利用市净率指标。每股净资产是股票的账面价值，它是用成本计量的，而每股市价是这些资产的现在价值，它是证券市场上交易的结果。市价高于账面价值时企业资产的质量较好，有发展潜力，反之则资产质量差,没有发展前景。优质股票的市价都超出每股净资产许多,一般说来市净率达到 3 可以树立较好的公司形象。

市价低于每股净资产的股票,就像售价低于成本的商品一样,属于"处理品"。当然,"处理品"也不是没有购买价值,问题在于该公司今后是否有转机,或者购入后经过资产重组能否提高获利能力。

市净率的作用还体现在可以作为确定新发行股票初始价格的参照标准。如果股票按照溢价发行的方法发行的话,要考虑按市场平均投资潜力状况来定溢价幅度,这时股市各种类似股票的平均市净率便可作为参照标准。

(七)市销率法

1.概念

市销率(price-to-sales,PS),PS=总市值÷主营业务收入或者 PS=股价÷每股销售额。市销率越低,说明该公司股票目前的投资价值越大。假如说一个企业 10 亿元收入,给 20 亿元市值,就是 2 倍市销率。这是一个把企业价值和营业收入或者说市场占有规模挂钩的指标。背后的意思是,如果一个企业规模很大,即使由于费用等原因,短期净利率有所波动造成净利润不稳,我们仍然可以按照销售规模给予企业一定的价值。

收入分析是评估企业经营前景至关重要的一步。没有销售,就不可能有收益。这也是最近两年在国际资本市场新兴起来的观点,主要用于创业板的企业或高科技企业。在 NASDAQ 市场上市的公司不要求有盈利业绩,无法用市盈率对股票投资的价值或风险进行判断,因此用该指标进行评判。同时,在国内证券市场运用这一指标来选股可以剔除那些市盈率很低但主营又没有核心竞争力而主要是依靠非经常性损益增加利润的股票(上市公司)。因此该项指标既有助于考察公司收益基础的稳定性和可靠性,又能有效把握其收益的质量水平。

2.适用特点

市销率指标的适用特点也值得在此说明。

当下热门的互联网旅游(驴妈妈旅游网),快速出行(滴滴打车)行业,网络视频(爱奇艺),团购(美团网)等,都是采用先耗费大量资金抢占市场,待形成客户黏性、达到一定市场分量之后再考虑利润折现。此时针对以上企业的估值,市销率显然更适用。

总结一下适合市销率指标估值的行业属性,一般来说:

①市销率更看重销售规模,所以生意应该在较大规模的市场中,各个企业之间的竞争更多的是直接性竞争,比的是各自的占有率或者规模。

②净利率不稳定或者说费用敏感度较高,背后的逻辑是规模较小时需要较高费用去扩大规模,导致净利率很难看,所以看净利润给估值有点不靠谱。而等到规模很大的时候均摊的单位费用却会降低,也就是费用率会下来,这样净利率反倒会上升,回归正常净利率水平。

再列举一个比较极端的例子,按照片仔癀母公司(主要产品就是片仔癀)的 2012 年利润表,7 亿元收入,5.3 亿元毛利,大约 77% 的毛利率,3.5 亿元的营业利润,大约 50% 的营业利润率,扣非净利润大约 3 亿元。大家觉得给多少 PS 合适呢?说实话,相信即使给 10 倍 PS 大家都会疯抢,毕竟按照 3 亿元的扣非净利润计算,10 倍 PS 也就是 70 亿元市值,反算过来大约 23 倍 PE,市盈率仍然处于一个正常的水平。

所以,相对来说市销率估值更适合商业零售等大规模、低净利率行业,而不适合医药这种差异化竞争、高净利率行业。

3. 优缺点

(1)市销率的优点

①它不会出现负值,因此同样适用于亏损企业和资不抵债的企业。

②它比较稳定、可靠,不容易被操纵。

③收入乘数对价格政策和企业战略变化敏感,可以反映这种变化的后果。

(2)市销率的缺点

①不能反映成本的变化,而成本是影响企业现金流量和价值的重要因素之一。

②只能用于同行业对比,不同行业的市销率对比没有意义。

③目前上市公司关联销售较多,该指标也不能剔除关联销售的影响。

4. 适用范围

主要适用于销售成本率较低的服务类企业,或者销售成本率趋同的传统行业企业。

分母主营业务收入的形成是比较直接的,避免了净利润复杂、曲折的形成过程,可比性也大幅提高(仅限于同一行业的公司)。该项指标最适用于一些毛利率比较稳定的行业,如公用事业、商品零售业。国外大多数价值导向型的基金经理选择的范围都是"每股价格/每股收入"之类的股票。若这一比例超过 10 时,则认为该股票风险过大。

利用市销率的方法选中了备选股票后,不等于这些股票都值得买,它离最终确定其为投资目标还有一段距离。投资者还要考察备选股票的其他情况,如公司是否具备从困境中走出的可能,可能性有多大,公司采取了什么新的措施,行业出现了什么新的转折,等等。

从上述分析我们可以看出市盈率、市净率、市销率三者的区别,见表1-1。

表1-1 市盈率、市净率、市销率的区别

	市盈率	市销率	市净率
公式	市盈率＝每股市价/每股收益	市销率＝每股市价/每股销售收入	市净率＝每股市价/每股净资产
意义	反映普通股股东愿意为每1元净利润支付的价格	反映普通股股东愿意为每1元销售收入支付的价格	反映普通股股东愿意为每1元净资产支付的价格
计算注意点	计算普通股股东净利润时要从净利润中扣除当年宣告或累积的优先股股利	计算每股收入时要对流通在外普通股数进行加权平均	计算普通股股东权益时,要从股东权益总额中减去优先股的权益(包括优先股的清算价值及全部拖欠的股利)

计算每股收益和每股销售收入时分母是流通在外普通股加权平均股数,而每股净资产的分母是流通在外普通股股数。这是因为每股收益和每股销售收入这两个指标的分子,普通股股东净利润和销售收入,都是时期数据,所以分母的股数也应该用加权平均股数。而每股净资产的分子是年末普通股股东权益,它是时点数,所以分母的股数用年末时点的数据,不需要用加权平均数。

(八)托宾 Q 值法

1.概念

经济学家托宾(詹姆斯·托宾,1981年诺贝尔经济学奖获得者)于1969年提出了一个著名的系数,即"托宾 Q"系数(也称托宾 Q 比率)。该系数为企业股票市值对股票所代表的资产重置成本的比值,在西方国家,Q 比率多在0.5和0.6之间波动。因此,许多希望扩张生产能力的企业会发现,通过收购其他企业来获得额外生产能力的成本比自己从头做起的代价要低得多。

例如,如果平均 Q 比率在0.6左右,而超过市场价值的平均收购溢价是50%,最后的购买价格就是0.6乘以1.5,相当于公司重置成本的90%,平均资产收购价格仍然比当时的重置成本低10个百分点。

托宾 Q 是指资本的市场价值与其重置成本之比。这一比例兼有理论性和实践的可操作性,沟通了虚拟经济和实体经济,在货币政策、企业价值等方面有着重要的应用。在货币政策中的应用主要表现在将资本市场与实业经济联系起来,揭示了货币经由资本市场作用于投资的一种可能。在未来,我国货币政策如果开始考虑股票市场的因素,则托宾 Q 将会成为政策研究与政策制定的重要工具。托宾 Q 值常常被用来作为衡量公司业绩表现或公司成长性的重要指标。尽管由于资本市场发展的不完善,托宾 Q 理论在我国的应用还有局限性,但它依然给我们提供了分析问题的一种思路。

托宾 Q 比率是公司市场价值对其资产重置成本的比率,反映的是一个企业两种不同价值估计的比值。分子上的价值是金融市场上所说的公司值多少钱,分母中的价值是企业的基本价值——重置成本。公司的金融市场价值包括公司股票的市值和债务资本的市场价值。重置成本是指今天要用多少钱才能买下所有上市公司的资产,也就是指如果我们不得不从零开始再来一遍,创建该公司需要花费多少钱。

其计算公式为:

$$Q\text{比率}=公司的市场价值/资产重置成本$$

当 $Q>1$ 时,购买新生产的资本产品更有利,这会增加投资的需求;

当 $Q<1$ 时,购买现成的资本产品比新生成的资本产品更便宜,这样就会减少资本需求。

所以,只要企业的资产负债的市场价值相对于其重置成本来说有所提高,那么,已计划资本的形成就会有所增加。

托宾 Q 理论提供了一种有关股票价格和投资支出相互关联的理论。如果 Q 高,那么企业的市场价值要高于资本的重置成本,新厂房设备的资本要低于企业的市场价值。这种情况下,公司可发行较少的股票而买到较多的投资品,投资支出便会增加。如果 Q 低,即公司市场价值低于资本的重置成本,厂商将不会购买新的投资品。如果公司想获得资本,它将购买其他较便宜的企业而获得旧的资本品,这样投资支出将会降低。反映在货币政策上的影响就是:当货币供应量上升,股票价格上升,Q 上升,企业投资扩张,从而国民收入也扩张。根据托宾 Q 理论得出的货币政策传导机制为:

$$货币供应\uparrow \rightarrow 股票价格\uparrow \rightarrow Q\uparrow \rightarrow 投资支出\uparrow \rightarrow 总产出\uparrow$$

影响货币政策效果的原因之一,被定义为一项资产的市场价值与其重置价值之比。它也可以用来衡量一项资产的市场价值是否被高估或低估。托宾 Q 值是使托宾出名的一个很重要的因素,现在的耶鲁大学里仍有托宾的崇拜者穿有印有字母"Q"的文化衫。此外,以其名字命名的经济学名词还有"托宾税""蒙代尔-托宾效应""托宾分析"等。

2.理论基础

$$托宾 Q=企业市价(股价)/企业的重置成本$$

当 $Q<1$ 时,即企业市价小于企业重置成本,经营者将倾向通过收购来实现企业扩张,厂商不会购买新的投资品,因此投资支出便降低。

当 $Q>1$ 时，弃旧置新，即企业市价高于企业的重置成本，企业发行较少的股票而买到较多的投资品，投资支出便会增加。

当 $Q=1$ 时，企业投资和资本成本达到动态（边际）均衡。

（九）点击率法

点击率法（click-through rate）也称关注率法，是指网站页面上某一内容被点击的次数与被显示次数之比，即 clicks/views。它是一个百分比，反映了网页上某一内容的受关注程度，经常用来衡量广告的吸引程度。

1.举例说明

如果该网页被打开了 1000 次，而该网页上某一广告被点击了 10 次，那么该广告的点击率为 1%。

2.重要术语

点击率是指每秒发送的 HTTP 请求的数量。点击率越大对服务器造成的压力就越大。

目前很多人把点击率的概念与点击量混淆，后者是衡量网站流量的一个指标，即点击数 clicks。所以很多人说的网站点击率多少，指的其实是展示量，曝光率，或者叫页面浏览量。

风险的价值

3.点击率和广告收入

网站的点击率高，表明访问量高，搜狐、新浪等门户网站因点击率高，人们爱在上面投放广告。

三、企业价值估值的几个问题

（一）企业价值与股市波动

人们一直在探索股市波动规律，这是一个极具挑战性的世界级难题。到目前为止，没有任何一种理论和方法能够经得起时间的检验。2013 年，瑞典皇家科学院在授予该年度诺贝尔经济学奖给罗伯特·席勒等人时指出："几乎没什么方法能准确预测未来几天或几周股市债市的走向，但也许可以通过研究三年以上的价格进行预测。"

从一般研究范式和视角来划分，对上市公司的股票投资分析方法主要有三种：基本面分析、技术分析、演化分析。我们在实际应用中，应注意它们既相互联系，又有重要区别。具体内容包括：

（1）基本面分析（fundamental analysis）：以企业内在价值为主要的研究对象，从决定企业价值和影响股票价格的宏观经济形势、行业发展趋势、企业经营状况等方面入手（像用社会学方法），进行详尽分析然后大概测算上市公司的长期投资价值和安全边际，并且与当前同行业的股票价格进行比较，形成相应的投资建议。基本面分析认为股价短期波动不可能被准确预测，而只能从长期看在有足够安全边际的情况下"买入并长期持有"，在安全边际消失后卖出。因为企业的估值是一种社会活动，会受人们随时变动的思想情绪影响，所以罗伯特·席勒专门创立了"行为经济理论"来解释这种现象。

（2）技术分析（technical analysis）：以股票价格涨跌的直观价格行为表现作为主要研究对象，以预测股价波动形态和趋势为主要方法，从股价变化的 K 线图表和其他技术指标入手（像用物理学方法），对股票市场波动规律进行归纳、总结、分析的方法总和。技术分析有三个前提假设，即市场行为可以包容消化一切，价格会以趋势方式波动，历史会重复上演。这三个假设在实际中争论很大，国内比较流行的技术分析方法有道氏理论、波浪理论、江恩理论等。

（3）演化分析（evolutionary analysis）：把股市波动看作生命运动的内在属性作为主要研究对象，从股市一系列的代谢性、趋利性、适应性、应激性、可塑性、变异性和周期性等方面入手（像用生物学方式），归纳总结出股市演化的规律，对市场波动方向以及空间进行动态跟踪研究，为股票交易决策提供机会和风险评估的方法总和。演化分析认为股市波动的各种复杂因果关系或者所引起的现象，都可以在生命运动的基本原理中找到它们之间的逻辑关系及合理解释，可以为构建科学合理的博弈决策框架提供依据。

（二）互联网企业估值

从前我们用成本法来进行企业估值，股份制企业产生后，经营权和所有权的分离引起货币的资本化，更多的投资者注重将来的收益，所以大量的企业价值评估采用市盈率、现金流估值等几种预期收益的方法。但互联网企业在开始阶段没有收益，它采用哪种方法能够比较准确地估算企业的价值，这是金融界争论不休的问题。我们希望能够找到各种估值方法的原理和因素与其内部关系，并提出以下有效的意见。

在这里我们举一个虚拟社交类互联网企业的融资历程。

天使投资轮：公司由一个或者几个创业者创办，在公司成立之初依靠一份可靠的商业计划书获得了天使投资。

A 轮：1 年后公司获得 A 轮投资，此时公司月活跃用户（monthly active users，简称MAU)达到30万人,单用户贡献(average revenue per user,简称ARPU)为0元,收入为0。所以在此之前的投入都不可能得到回报。

A＋轮:A轮后公司用户数发展迅猛,半年后公司获得A＋轮投资,此时公司MAU达到500万人,ARPU为1元。公司开始有一点收入(500万元),是因为该公司开始通过广告手段获得少量的流量变现。

B轮:1年后公司再次获得B轮投资,此时公司MAU已经达到了1500万人,ARPU也上涨为5元,公司收入已经达到7500万元。ARPU不断提高,是因为公司通过广告、游戏等方式找到了切实有效的变现方法,并获得了某些行业研究报告推荐。

C轮:1年后公司获得C轮投资,此时公司MAU为3000万人,ARPU为10元,公司在广告、游戏、电商、会员等各种变现方式方面有了收入。公司此时收入达到3亿元,已经开始盈利,假设有20％的净利率,盈利为6000万元。

IPO:在C轮1年后上市,在企业首次公开发行股票后,公司每年的收入和利润保持30％～50％的稳定增长。

这是一个典型的优秀互联网企业的融资历程,每一轮都获得著名风险投资(venture capital,简称VC),成立五年左右上市。我们从这个案例身上,可以看到陌陌等互联网公司的影子。那每一轮的估值是怎么计算的呢?

我们总结回顾一下这个互联网公司天使轮的估值方法:A轮的估值方法是P/MAU;B轮的估值方法是P/MAU、P/S;C轮的估值方法是P/MAU、P/S、P/E;也许上市若干年后,互联网公司变成传统公司,大家又会按P/B去估值。我们分析互联网企业是不是大多数的融资都是类似这样的情况?

对互联网公司来说,P/MAU估值体系的覆盖范围是比较广的,P/E估值体系的覆盖范围是最窄的。如果我们把这种覆盖体系叫作估值体系的阶数,P/MAU是低阶估值体系,容忍度最高;P/E是高阶估值体系,对公司的要求最高。

不同的估值方法是万变不离其宗,我们来看一个公式:

净利润＝收入－成本费用＝用户数(MAU)×单用户贡献(ARPU)－成本费用

互联网企业期待流量能产生为收入,收入能产生成利润。不同的创业企业,都走过这么几个阶段:开始是拼命扩大用户量的阶段,然后是绞尽脑汁让流量变现的阶段,再则是每天琢磨怎么实现盈利的阶段。最终大家仍然是要按盈利来考察一个公司的,不同阶段的估值方法是殊途同归的。

有的公司用户基数很大,但总是无法转换成收入,如果在下一轮融资的时候(假设是B轮),投资人希望按高阶估值体系P/S估值,那么公司的估值是0,融不到资,所以会出现B轮无法融资的情况;有的公司收入规模也不小,但老是看不到盈利的希望,如果在下一轮融资的时候（假设是 C 轮），面对的是只按净利润估值的风险投资，他们觉得公司 P/E 估值为 0，公司就会在 C 轮融不到资，也会出现 C 轮就结束融资的情况。

而且，处于不同的经济周期，估值体系的使用范围会变化，在牛市，估值体系会往上移。这可以解释为什么有一段时间一直没有盈利的公司都获得了 C 轮、D 轮，甚至 E 轮投资，而且还是传统的 PE 机构的投资。因为 PE 机构对市场有了良好的预期，所以降阶了，开始使用 P/S 这个低阶工具了。但在熊市，估值体系会往下移，这可以解释 2016 年下半年以来，一些收入和用户数发展良好的公司都无法得到资金，甚至只能通过合并来抱团取暖。

二级市场的政策也会有明显的引导作用，比如我国为什么一直缺少人民币 VC？其中有一部分原因是，我国资本市场还是初级阶段，大部分投资机构只认 P/E 这个高阶估值体系。按照创业板发行规则："连续两年连续盈利，累计净利润不少于 1000 万元……或最近一年净利润不少于 500 万元，营业收入不少于 5000 万元……"企业要上市，必须要有这么多的利润，才能在二级市场发行，这个估值体系要求是比较高的。如果企业只有用户数，只有收入规模，不论用户数是 10 亿人，收入规模有 100 亿元，只要没有利润，企业估值统统为 0！所以人民币风险投资很少，股权投资很多，因为它们跟随了政府的规定，只用市盈率这个工具，否则没有退出渠道。但是美股、港股都有 P/S 的测试指标，只要达到一定规模就可以 IPO，成为公众公司上市。如果公司上市后相当一段时间内都可以只按 P/S 估值（最终可能还是要按 P/E），将打通大多数公司的发展阶段，让每一轮的估值都变得顺畅起来。

（三）影响互联网企业估值的几个问题

可以看到互联网公司的各方面发展都比较快，这种快主要表现在几个方面：

1. 技术迭代快

技术发展趋势难以准确判断，以前的领先者没有多长时间可能就会变为落伍者，这就是所谓"先行者的诅咒"。从模拟相机发展到数字相机，从 MP3 发展到音乐手机，从电纸书阅读器发展到 iPad，从传呼机发展到手机……新技术的到来对传统技术是摧枯拉朽式的颠覆。

2. 马太效应

小公司从崛起到成为龙头企业几乎就是几年时间，把握好时间节点非常重要，再好的创意，再多的资金，错过了时机，错过了风口，就难以翻盘。但在一开始这些潜在的机遇很难预测。比如"千团大战"后存活下来活跃的大体量团购网站没有几家，比如微信之后易信、来往等很难复制成功，又比如早年和雅虎雷同的门户类公司不少，但最后剩下来的只有很少几家。

3.边际定义

互联网作为诸多科技的代表，可以连接几乎所有行业，通用型的科技可以横跨很多不同的行业，很难定义边界。如互联网教育、互联网旅游、互联网制造、互联网农业……在"互联网＋"提出之后，各行各业都被辅以互联网的标签，都被称为互联网企业。如苹果，这到底是家硬件企业、软件企业，还是互联网企业？再如华大基因，它是生物企业，还是互联网企业？还有大疆，它是消费电子，还是互联网，还是自动化企业？等等。

4.国家政策

对于传统企业，其从生长到成熟会经历漫长的周期，所以行业政策一般不会随时调整，不断收紧或放松。但对于仅 3～5 年就可以从 1 到 100 发展迅猛的科技行业来说，这种影响就变得弹性很大。例如 Uber 的商业模式颇佳，但是它在不少国家都被政府严查抵制，如果一家新的 Uber 找到了不彻底的革命方式，走出了可以被政府认同的中间路线，在部分国家会不会走得更快呢？另外比如像 3G、4G、5G 的牌照发放、制式选择、国际供应商的准入，和监管部门的想法都会有很大关系。

5.商业模式

网络公司的商业模式很难统一而论，几乎伴随着从创业期到成熟期，每年都有新的考虑和尝试。比如奇虎360，这家公司在上市前的几年，曾经尝试过若干种盈利方式，如考虑网络 U 盘(现在叫云盘)收费、软件下载会员制等，但是一直到上市后，才最后确定浏览器流量甩出＋游戏/联运双主线驱动的方式……这样的案例发生在很多的初创企业中。

6.上市阶段

一般成功的互联网公司大约经历三个阶段：一是创业阶段，大量的研发资金、服务器和带宽投入，少量或者几乎可以忽略的收入；二是成长阶段，用户数量开始快速增长，商业模式不断成熟，但这时候它们可能还没有盈利，因为它们将利润用于补贴市场或最终用户，加速了自身的马太效应；三是成熟阶段，公司的用户增速放缓但收入增速较快，开始实现盈利。

(四)梅特卡夫定律

在互联网中网络的价值等于网络节点数的平方，网络的价值与联网的用户数的平方成正比。在有 n 个成员的通信网络中，每个成员可以与其他成员建立 $n-1$ 个关系。

所以网络价值 $V = K \cdot n^2$，K 是个常数。这个定律被称为梅特卡夫定律，主要用来说服投资人，互联网公司只要有用户就会有盈利，开始阶段的主要任务也是要获取用户。

当然每个理论都有它的不足之处，伴随互联网泡沫的破灭，我们回归理性来看梅特卡夫定律。如果网络规模具有如此大的爆发力，那么为什么有很多独立的网络公司存在而不是都整合起来？或者，如果梅特卡夫定律正确，那么不管两个网络的相对规模有多大，它们都应当互联。但这与历史发展是不一样的。

仔细分析一下，伴随着网络规模的不断扩大，每增加一个用户带给网络的价值效应是衰减的。举个例子，如果我们再加入一个因子，时间，把公式改为 $V = K \cdot N^2 \cdot t$，就比较能够说明问题。其中 t 的含义是，用户究竟有多少时间停留在该网络里。停留时间越长，电商/广告/游戏等变现的能力越强，网络价值越大。比如在微信中，我们添加了一个好友，我们是不是会花一样多的时间关注他/她的点点滴滴呢？显然不会。如果我们有 10000 个好友，我们是不是会都同等对待，把一天 24 小时都用在微信中呢？这也是不可能的。

所以人们投入在一个软件中或者是一件事中的精力和时间总是有限的，如果将其因子不断地放大，网络价值也会达到一定的极限，所以说这个理论得出来的值是存在着一定的极限。

人们总是首先关注和自己关系最近、最好，自己最感兴趣的朋友或者话题，所以，伴随着网络规模的增加，后进入网络的用户对于网络中的个体的时间占用分布应该是不断衰减的，也就是说，n 增加了，t 减少了，因此网络的价值不应该是 n^2，而是一个低于 n^2 但大于线性的、包含增长极限特征的曲线。

齐普夫定律修正了这一点。齐普夫于 20 世纪 40 年代提出词频分布定律，以英语文本的一大段典型内容为例，最常见的单词 the 通常占所有出现单词的近 7%，排在第二位的单词 of 占所有出现单词的 3.5%，而排在第三位的单词 and 占 2.8%。也就是说所占比例的顺序（7.0、3.5 和 2.8 等）与 $1/k$ 顺序（1/1、1/2、1/3…）紧密对应。如果网络有 n 个成员，这个值就与 $1 + 1/2 + 1/3 + \cdots + 1/(n-1)$ 成正比。齐普夫定律很好地诠释了长尾定律，它比较接近对数函数 $\ln(n)$。

我们用公式 $V = K \cdot n \cdot \ln(n)$ 来表达这样一个带有 n 与增长极限 e 共同存在的网络价值模型，要比梅特卡夫定律更接近真实情况。但它们都是增长模型，如果我们不知道用户数在 X 时的网络价值，那我们也不知道用户数在 $X(1+Y\%)$ 时的网络价值。换句话说，K 如何确定？

简单地说，K 是网络公司把用户数量变成盈利能力的系数，通俗说就是货币化系数。我们假设 K 与几个要素有关：

第一,互联网公司存在马太效应,因此行业地位或者先发优势非常重要。在 3～5 年的一轮趋势中,如果没有一个公司市场份额超过 50%,那么隔一段时间份额就会被另外一个公司替代,因此 K 中应该包含某种先行者或者行业龙头的"马太"因子。

第二,企业的商业模式决定了一个公司的议价能力和盈利的持续性。

第三,用户黏性与活跃度。由于平台本身的定位、产品、体验等,都会使用户在不同平台上的活跃度、流失率不尽相同,比如 SNS 属性的平台黏性,熟人社交平台活跃度较高,而陌生人平台活跃度较低。

第四,单体用户的盈利能力 ARPU,这个数字的稳定性、持续性和前几条因素都有关系。一个网站可能在用户数量没有增长的前提下,今年和明年的收入大不相同,因为刚好它开始货币化了,那么我们能说这个网站的价值在大幅度提高吗? 所以我们给 ARPU 是个预期值,还是现值? 如果给现值,比如 ARPU=0,那么得到的结论是网站 V 价值=0;如果给预期值,这种预期的可实现性如何保障? 所以只能由投资者分析具体企业情况来决定了。

四、总结

上面介绍了各种各样的企业价值评估的方法,有一些比较准确。对于初学者来讲,比较简单又比较实用的,并且在金融市场经常使用的有净资产法(成本法)、重置法、市盈率法,关注率法。为了简单说明它们之间关系,我们以下房产的价值评估来说明几种估值方法的区别:

有一套住房 4 年以前用 100 万元买进,目前这套房产如果卖出去,可以卖到 120 万元;如果用于出租的话,每个月租金 4000 元。但过了一段时间发现某一个名人在这套房子里住过,有一个影视公司想买进,出价 200 万元。你认为应该如何给它估价?

1.净资产法:如果只是职工宿舍,固定资产 20 年折旧,那么按会计记账应该是:
$$100 \times [1-(1/20 \times 4)] = 80(万元)$$

2.重置法:这套房产按同样条件,出售的市场价是 120 万元。

3.市盈率法:这套房产出租每个月 4000 元,一年收入 4.8 万元,由于这个收入比较稳定,按无风险利率国债利率 3.33%,市盈率按 30 倍计算:
$$0.4 \times 12 \times 30 = 144(万元)$$

一文读懂企业的
市盈率与估值
教你快速算
出公司估值

4.关注率法:由于住过名人,影视公司考虑会有很多人关注,可以加强影片的真实感,愿意出200万元购入,那就是200万元。

你认为上面4种计算方法哪些对?哪些不对?还是都对?

五、思考题

(以下思考题皆为开放性的讨论,没有标准答案和模板,言之有理即可,注意要结合实际,答案最好具有前瞻性和自己的想法。同学们回答问题时要胆大心细,不要拘泥于传统的理论或者模型,要独立思考,经济学方面往往没有绝对的标准或者答案,说不定你的下一个回答就是解决众多经济难题的突破口)

1.通过阅读前文包子铺的故事,假设你是包子铺的老板(拥有100％的股权),有一些意向客户想要从你手中买股份,你如何运用上述评估企业价值的方法评估该铺子的价值,并以最优价格售出包子铺的股份?

2.结合经济学与金融学知识,选择一家具体的公司,使用市盈率、市净率、市销率3个指标综合判断分析该企业的价值性和成长性。

3.任选3个评估企业价值的方法或者指标,说说它们在实际评估工作中的局限性或者缺点,并对比这3者的优劣势。对于这些评估方法或者指标,你还有什么更好的解决方案吗?

4.讨论互联网企业与传统企业的差异,并说说其具体的估值方法应用。

第二章　正确确定企业价值的意义

前面我们讲了什么是企业价值以及企业价值评估的不同方法。但是什么是企业价值的挖掘呢？为什么要去挖掘企业价值？这是这一章要解决的问题。

在不发达的市场经济环境下对企业价值进行评估，主要是采用净资产法和重置法。在我国改革开放初期，市场经济刚刚起来的时候通常是采用这两种方法，保守一点的基本上都用净资产法，尤其像当时融资的主要形式是银行贷款等间接融资，所以一般都采用净资产法，到目前为止不少企业家还一直保留这种习惯。有一次我们去江苏的一个环保企业做调研，企业的董事长抱怨说："我们的企业有 80 亩土地、2 万平方米的厂房，设备齐全，银行贷款给我们估值才 1.5 亿元。隔壁那个厂的行业和我们差不多，占地才十多亩，还是租来的，厂房也破破烂烂的还不到 5000 平方米，设备比我们少多了，但它去新三板挂牌，估值 5 亿元，我实在想不通。"其实这个问题说简单点就是评估方法的不同。当我国资本市场逐步发展，人们的价值观念会发生变化，前面这个企业主要是用银行贷款，是按照净资产法评估；后面这个企业是按照资本市场的市盈率法。评估时站在不同的立场，运用不同的价值观，怎么可能得出相似的结论呢？

马克思一百多年前就曾经阐述过这个问题，他在《资本论》一书里认为利润最后要分成产业资本家的利润和借贷资本家的利息。借贷资本运动的完整公式为：

$$G-G-W\cdots P\cdots W'-G'-G'$$

前面这个 G 是借贷资本家的，他把钱借给产业资本家，后面这个 G 就是产业资本家取得了它的使用权。这时候借贷资本家担心，万一投入生产后，在 $W\cdots P$ 或者 $P\cdots W'$ 的过程中出现问题，以及 $W'-G'$ 的"惊险一跃"没有跃成，他就得不到最后一个 G'，那时候他为了防范风险，只有用 W 做抵押担保，而且打上一定的折扣，以保证他的利益。收益看重净资产价值，到目前为止，银行还都以企业净资产打六折作为贷款风险控制线。但随着经济发展，人们收入的提高，有不少有钱的人愿意投资。而借贷资本家一般都借别人的钱用来发放贷款，这就是银行吸收存款和发放贷款的过程,是银行的主要业务。但对于存款者来说,他只关心他借出的资产能不能按时收回和取得出让货币时间价值的收益,也就是说是第二个 G' 的增长大小和我们的投资能不能保证回本,而且它的收入 $G'-G$ 越大越好,更注意关心 $(G'-G)/G$,就是回报率,而并不关心其整个生产转换过程。这时候货币就像马克思说的"货币资本化"了,货币的出借者最关心这个金融工具每一年会给他带来多少预计收益,从而用预计收益来推算这个东西本身的价值。所以,以这个标准来说就是以收益为主要衡量标准,就成为资本市场上通行的市盈率法。人们是为了盈利而交换了货币的时间价值,他的收益越高,也就是好的企业估值就高,好的企业就会有更高的估值。按照人们投资的目的,我们需要做到两点:第一就是要把更多的盈利好的企业规范起来,让其信息公开化得到大家的认可,以减少风险;第二就是必须对不规范的企业加以改造、提升,使其能够体现其真正的价值,这个过程就是企业价值挖掘的过程。在这个创新创业的年代,资本市场就是鼓励好的企业有一个高的企业价值,优秀的企业用市盈率估值可以比净资产法高上几倍、几十倍。这就要求我们在追寻真正企业价值的道路上不断去探索。在上一章中,我们了解了什么是企业价值及企业价值的评估办法,下面我们将带领读者进一步了解企业价值的魅力,洞悉企业价值的意义。

我们必须要了解为什么要挖掘企业的真正价值,下面将从客观的经济发展规律出发,结合国内政策与企业发展需要,通过管理企业价值、有效激励员工等方面来阐述企业价值的意义。

现在,我们来讲个小故事。

有一个村子,为了生存发展,村委会分给每人一亩地,让大家自力更生,自给自足,于是大伙儿高兴地去种植粮食。过了若干年后,你觉得自己种粮食种烦了,想把地改造成鱼塘,所以把自己的地给挖了用来养鱼。

经过一年的辛苦,你养了1000尾鱼,然后把鱼拿到集市上销售,获得了2万元的收入。你觉得市场上鱼供不应求,自己可以赚得更多,觉得明年能够养更多的鱼,所以在第二年花大力气,在鱼苗、饲料、水质等方面进行了多方面的改良。终于在第二年末,鱼塘里有了1500尾鱼,你去集市上销售,获得了3万元的收入。之后的几年时间里,你在各个方面进行优良改造,鱼塘里的鱼也有增加,但最终也就在1700尾左右,再多池塘也养不下了。

你的邻居看你赚了这么多钱,觉得这是一个好途径,于是就形成了两类人。第一类人是他们觉得养鱼比种粮食赚钱,所以也效仿你,纷纷去养鱼;第二类人是他们也知道养鱼赚钱,但是他们不会养鱼,所以想把地借给你,让你去养鱼,你需要每年支付他们固定的收益。

养鱼的人越来越多,市场上鱼也越来越多,价格降下来了,养鱼没有以前那么好赚钱了,所以你就要面临选择:邻居把地借给你养鱼,你是养还是不养呢?

后来由于大家纷纷养鱼,鱼的市场价格已经很低了,这个市场真的饱和了,赚不到钱了,所以你决定改养甲鱼,市场上养甲鱼的人很少,市场还没有完全形成,大家还没有甲鱼吃。邻居看到你在卖甲鱼的时候会想,我们可以做别人没做过的事,比如养黄鳝、种菜等,所以大家就纷纷投入到自己擅长的生产领域。村委会看到大伙儿这么做既能提高村里人们的收入水平,又能改善村里的各项设施,提升村子的经济水平,所以制定一些有利政策,极大地激发村民的积极性,让村子变得更加繁荣。没过几年,你的村子修了公路,建了新房。

从此,你的村子走上了富裕的道路……这样其实就是通过不断努力把企业价值充分地挖掘出来了。

党的十九大报告指出:"中国特色社会主义进入新时代,我国社会主要矛盾已经转化为人民日益增长的美好生活需要和不平衡不充分的发展之间的矛盾。我国稳定解决了十几亿人的温饱问题,总体上实现小康,不久将全面建成小康社会,人民美好生活需要日益广泛,不仅对物质文化生活提出了更高要求,而且在民主、法治、公平、正义、安全、环境等方面的要求日益增长。同时,我国社会生产力水平总体上显著提高,社会生产能力在很多方面进入世界前列,更加突出的问题是发展不平衡不充分,这已经成为满足人民日益增长的美好生活需要的主要制约因素。"

一、经济发展的必然趋势

时代在不断变化,政治在不断变革,市场在不断更新,三者共同促进经济不断地革新,推动着人类不断向前进步。而企业作为经济浪潮中的一朵朵浪花,不断地为人类的进步提供动力,虽然每一个企业从开始创立发展到现今都有着不同的变化,但是本质却从未改变过,就是把握世界经济的发展趋势。

(一)国内资本市场的发展

世界经济狂潮一直在影响着中国,20 世纪 70 年代末期,我国的改革开放推动了资本市场在中国的诞生和成长。我国的资本市场从无到有,从小到大,从区域至全国,在这几十年间迅猛发展。中国虽然起点平台低,起步时间晚,但短短几十年间在很多方面走过了一些发达国家需要上百年的时间走过的道路。如今,中国的资本市场已经成为我国社会主义市场经济的重要组成部分之一，影响着国家的各个方面。

与其他成熟市场自下而上的自然循序渐进的模式不一样，中国的资本市场是在市场和政府的共同推动下发展起来的。回望改革开放以来中国资本市场的发展历史，大致可以分为三个阶段：

第一阶段：1978—1992年，中国经济体制改革全面开始之后，伴随着股份制经济的发展，中国资本市场进入萌芽期。

第二阶段：1993—1998年，以中国证券监督管理委员会的成立作为标志性事件，资本市场被纳入政府统一监管，由区域性试点推向全国实施，全国性资本市场渐渐形成。

第三阶段：1999年至今，以《中华人民共和国证券法》的颁布实施作为标志性事件，中国资本市场的法律地位从此确立，随着各项改革措施的进一步推进，中国资本市场获得了进一步的规范和发展。

中国资本市场诞生的直接原因是股份制改革试点。在20世纪80年代早期，很多企业开始自发地向社会或者直接在企业内部发行股票或债券进行资金的募集，从而形成了最初的"股票热"。1990年，上海、深圳两家证券交易所正式营业。

中国资本市场创立的初期，市场风云诡谲，疑惑充斥市场。1992年1月，邓小平同志在他的南方谈话中指出："证券、股市，这些东西究竟好不好，有没有危险，是不是资本主义独有的东西，社会主义能不能用？允许看，但要坚决地试。"[1]股份制试点进一步扩大以后，中国资本市场得到了快速发展。同年的8月，深圳发生了由抢购股票而造成混乱的"8·10事件"，暴露出了中国缺乏统一管理体制的弊端。同年10月，中国证监会成立，标志着市场被纳入统一的监管框架。紧接着在年底，国务院发出《关于进一步加强证券市场宏观管理的通知》，这一份文件是中国第一个有关证券市场管理与发展的比较系统的指导性文件，总结了改革开放以来中国证券市场发展的经验教训，对市场发展的一系列基本问题做出了重要决定，确立了中国证券管理体系的基本框架。

1997年11月，中国金融体系进一步确立了银行业、证券业、保险业分业经营、分业管理的原则。1999年7月，《中华人民共和国证券法》实施，正式赋予了资本市场法律地位，规范了证券发行和交易行为，将资本市场带入到了更高层次的发展轨道。2004年，《证券投资基金法》实施，又进一步地促进了各证券投资基金的良性发展。在

---

① 《邓小平与共和国重大历史事件（63）》，http://cpc.people.com.cn/n1/2017/1212/c69113-29701715.html。

这些法律法规的制度保障下,中国资本市场在逐步成长壮大。

2004 年 1 月,国务院颁布了《关于推进资本市场改革开放和稳定发展的若干意见》,这表明国家充分认识到了大力发展资本市场的重要意义。国务院不断地推进资本市场改革开放以及稳定发展的指导思想,并进一步完善相关政策,为中国特色市场经济注入新活力,相关文件的出台把大力发展资本市场提升到了和完善社会主义市场经济体制、增进国民经济发展相同的战略高度。

2005 年 5 月,国务院启动了股权分置改革。国家对 A 股市场中上市公司的流通股与非流通股进行彻底改革,消除流通股与非流通股的流通制度差异,矫正了早期市场制度安排带来的不合理定价机制,从而打造了一个股份全流通的市场,并且开拓了市场的深度与广度。

2006 年 1 月启动的中关村非上市股权转让系统新三板市场全面取代 2001 年 6 月中国证券业协会发布的《证券公司代办股份转让服务业务试点办法》,并在 2006 年 7 月建成股份转让系统,即所谓"三板"市场。

(二)为何资本市场会在中国迅猛兴起

中国资本市场的发展是中国经济改革的必然产物之一,随着资本市场功能的逐步健全,资本市场在我国的经济和社会发展中起了不可或缺的作用。

1.市场的成长及其推动力

中国资本市场在短短 20 余年内取得了非凡的成就,由开创之初的单一市场逐步地变成了中国特色的多层次资本市场,这让中国资本市场从开始的单边倾向发展转变成为一种多方向、多层次的多元化发展。

经过多年的发展,中国的多层次资本市场已经初步形成,现在主要分为以下几个市场:主板市场、中小板和创业板市场、新三板市场和地方股权交易市场。主板市场为行业龙头、大型和骨干型企业提供服务;中小板和创业板市场为处于成长期及其中后期并具有自主创新能力的企业提供服务;而全国中小企业股份转让系统(亦称新三板市场)和地方股权交易市场(亦称四板市场)为场外市场,主要为成长初期的微小企业提供服务。双管齐下的场外与场内市场,满足了不同层次企业的不同需求,共同搭建了中国资本市场架构。

中国资本市场的快速成长离不开两大推动力。首先,得益于中国经济的快速发展。实体经济发展达到了一定水平,对金融服务和资本市场的需求就将成为必需。其次,资本市场的深度市场化改革会激发起各个市场参与者的投资积极性,因而共同推动了中国资本市场的快速成长。

从最初的"包产到户"到连续 40 年的市场化改革,中国经济体量逐步向世界前列迈进,以市场化为明确导向的股权分置、发行体制与基金业等改革,让中国资本市场从无到有,从原先一个小池塘变成了现今的汪洋大海。

2. 对经济社会发展的推动作用

现代经济体制中,一国的经济运行效率与发展速度在很大程度上取决于包括资本、资源、人才、专利在内等各项经济要素配置的效率。资本市场的兴起与壮大,大大加速了我国经济要素的配置方式从计划方式向市场方式转变。

现今,在中国的资本市场上,一些具有代表性的企业在其中进行 IPO、再融资、参与并购等,几十万亿元的股票在这个市场中流通,众多投资者在这个市场中投资,使得这个中国特色的资本市场正式成为我国市场经济运行和投融资的重要核心平台。资本市场优秀的制度安排与全社会的广泛参与,也在一定程度上为我国继续推进市场经济的改革提供了很好的导向。

20 世纪 90 年代以前,间接融资是中国金融体系的最主要力量,但资本市场的诞生与发展慢慢改变了这种格局。截至 2010 年底,我国股市市值占银行资产的 28%,虽说依旧低于英美等发达国家(超过 100%)的比例,但还是体现了中国金融体系的变化之大。

近年来,我国的主要商业银行通过上市来提高资本充足率,通过涉足市场、引入市场的监督机制、改善公司的治理结构、提高运作透明度等方式,在全球商业银行中位居前列。

(三)中国经济现状

根据 2017 年国务院公布的数据分析可以知道:自从进入"十二五"期间,按照 2010 年美元不变价计算,中国经济增长对世界经济增长的贡献率已经跃居世界第一位,年均贡献率高达 30.5%。即便是在中国经济进入新常态、经济增速面临持续下行压力的 2016 年,中国对世界经济增长的贡献率仍然高达 33.2%,成为世界经济增长最为重要的引擎。对比来看,2016 年中国对世界经济增长的贡献率,是美国贡献率的将近 3 倍,是日本的约 20 倍。中国经济的高速发展离不开中小企业的大力支持。那么中小企业如何高速发展?这就需要通过企业价值发掘与管理来实现企业经济利益最大化。

对于我国大多数企业,特别是上市公司来说,在改进管理、顺利实现不同主体的利益等方面,正确确定企业价值具有重要的作用和意义。

具体表现在以下几方面:

1. 企业价值最大化思维有助于改善公司经营状况

企业既然叫企业,它的目标就是让企业价值最大化,每个上市公司的目标都是满足所有债权人和优先股股东的利益。企业价值越大,债权人和优先股股东的利益越确定;而企业价值越大的企业,意味着其股价越高,能够给予股东的回报越多,也越能吸引投资者。

2. 企业价值评估可以较确切地反映公司的真实价值

传统的企业账面价值基本忽略了公司资产的时间价值和机会成本,甚至于不估计无形资产的价值。比如像我们熟悉的生物制药、电信技术这些领域的企业账面价值普遍较低,股票市价却很高;而一些拥有成套厂房、设备,但没有发展前景的企业,账面价值很高,市场价值却很低。市场价值评估能够较好地反映公司的真实价值。

3. 企业价值评估可以为我国资本市场及资本运作的发展和完善提供条件

1990 年后,证监会颁布了一系列法规,资本市场逐步形成。与此同时,资本并购重组高潮迭起,1997 年深沪两地有 211 家上市公司发生将近 270 余起并购事件;1998 年,近 400 家公司进行了不同程度的资产重组。这些并购和重组活动,都是在企业价值评估的基础上进行的。因此,可以说是企业价值评估促进了我国资本市场及资本运作的规范化和发展。

4. 企业价值评估可有效地改善我国公司管理现状

我国上市公司都要经过严格挑选,从理论上讲,上市公司的业绩理应优于非上市公司。但统计资料表明,上市公司的财务状况却有着逐年下降的趋势,一直到 2016 年深交所上市公司平均净资产收益率达到 9.59% 后,才有所回升。这主要是由于上市公司只注重资金的筹集,不注重企业制度改革和管理的完善。以企业价值评估为手段实行企业价值最大化的管理,能够规范上市公司的经营管理,帮助我国上市公司走出困境。

随着知识经济时代人力资本发挥着越来越重大的作用,企业成为各利益相关者的关系集合体,企业财务管理的目标也逐步发展成为企业价值最大化。

不知你是否注意到前面故事中的村委会,为什么村委会要给发展好的村民奖励,并且为村民创造各种优惠条件,支持他们更好地发展? 那是因为一个村子的发展离不开村民,村民是一个村子的活力源泉,村民的多元化发展既能提升村民个人的生活水平,又能为村子的建设提供帮助,村民创造的财富价值使得整个村子变得更加繁荣。

这其实和我国的经济发展历程很像,20 世纪 70 年代我国一穷二

股票的力量

白,物资匮乏,在各方面落后于其他国家,但随着改革开放的不断深入推进,我国经济发展水平在逐步提高,并且在实体行业的基础上建立了资本市场,发展资本市场,让资本市场为实体经济服务,通过资本市场中的资源配置来尽可能地满足实体经济的资源需求。

二、国家政策支持

（一）国外对中小企业进入资本市场的政策支持

中小企业在一个国家经济发展中的作用是很重要的,中小企业可以活跃一国经济,增加国家的财政收入,并且提供大量的就业机会。尤其是在经济下滑时,世界各国为了快速地恢复经济、创造就业机会,都集中精力大力发展中小企业。这些办法有着很好的成效,在促进各国经济走出低谷、走向新的繁荣中发挥了巨大的作用,值得我们去研究和借鉴。而企业的发展离不开资本市场的支持,各个国家都给予了其大力的政策支持。

1. 美国的市场主导型的发展战略

首先,美国政府非常支持中小企业的发展,对中小企业尤其是科技型中小企业给予大量资金支持。美国的联邦政府从 1982 年开始,要求有关政府部门每年都至少拿出 2.5% 的研发经费来支持中小企业的创新。所有参与计划的联邦政府部门都设立专门的机构,来负责确定项目支持的领域、发布申请的通知、受理企业的申请、审核批准立项等事务。

其次,美国对中小企业给予大力的金融支持。美国为促进现存金融体系对中小企业的融资,订立了专门的《小企业法》,并建立了小企业管理局。小企业管理局的主要责任就是促进商业金融机构向小企业融资。自 20 世纪 70 年代后期以来,银行业竞争领域的重点开始转向中小企业,并创造出很多适应中小企业特点的金融工具与金融产品,极大地促进了中小企业的快速成长,并直接引发了以中小企业创新为主动力的新经济革命,促进了美国产业结构的调整和劳动生产率的上升,形成了美国自 1984 年到 2000 年十几年的经济繁荣。

再次,大力支持科技型中小企业的科技成果市场化。美国极力支持中小企业与科研机构、大学的产学研合作行为,鼓励掌握技术的科研人员去创办科技型企业。美国于 1992 年开始实施"小企业技术转移计划",该计划要求小企业与大学或科研机构合作共同申报联邦政府机构的研发经费支持,2008 年该计划支持的第一阶段项目有 636

个、第二阶段项目有 249 个。这些项目的实施对美国科技型中小企业的创立和发展及促进科技成果转化发挥了非常重要的作用。

最后，对中小企业发展给予相应财政政策的支持。其一是税收减免支持。根据中小企业的研发投入额给予税收减免，以引导企业加大研发投入力度。其二是政府的采购支持。联邦政府每年采购预算合同金额中至少 23% 由中小企业获得，极大地促进了中小企业的发展。其三是对新技术、新产品的应用给予相应补贴。美国政府在新能源、新一代信息技术等一些领域推动建设了一批应用示范项目，对生产或使用的机构给予一定的资金补贴。

2. 日本的政府主导型的发展战略

首先，日本为了建立尽可能公平的市场竞争环境，保障中小企业的利益，建立了非常健全的法律法规，确定了中小企业的法律地位。自 1949 年以来，日本政府先后颁布了《中小企业基本法》《国民金融公库法》《中小企业金融公库法》《中小企业投资扶持股份公司法》《中小企业现代化资金扶持法》等法律法规，形成了相对独立、较完整的中小企业法律体系。它们在支持日本中小企业经营现代化和帮助中小企业筹措资金等方面发挥了巨大作用。实践证明，这些法律规范极大地促进了中小企业的发展。

其次，日本政府为中小企业建立了以企业为主体的产学官的技术研发合作模式。在日本，大学可以直接从企业处接受研究课题和经费，根据企业的生产实际需要来确定研究课题；也可以接受企业、政府机关等委托来进行研究；同时对重大项目进行产学官联合攻关，比如集成电路、工业机器人、纳米技术、超导材料等，都是政府组织、企业主导、大学或研究机构共同参与实施的。现在日本已成为这些领域的生产大国。

再次，日本政府为中小企业建立各种金融机构，这些金融机构的服务对象就是中小企业。同时，日本的债券市场也很发达，融资成本非常低，中小企业可以通过债券市场来获得资金支持。日本大力发展中小企业板块市场，上市条件宽松，亏损但有发展潜力的企业也可以上市。日本还为中小企业建立了信用担保体系，成立了信用保证协会，极大地增强了中小企业获得贷款的能力。另外，日本还对中小企业实行一种利率优惠政策，中小企业可以按最低利率从金融机构获得贷款，可以多多借款，也可以申请延长偿还期限，甚至还可实行无抵押贷款。这些措施对解决日本中小企业的融资困难问题，起到了很大的帮助。

此外，从日本的中小企业自身来讲，它们非常重视创新活动和个性化产品的研发。日本的中小企业大多采用"小精专"的发展模式，让各具特色的研发型企业，在细分市场去做专做精,开发自己独特的产品,并且不断进行技术创新,这极大地提升了产品的竞争力。中小企业在日本经济中占有着极其重要的地位,并掌握着许多世界级先进技术,这使得日本成为世界上中小企业数量最多的国家。

3.德国的完善中小企业的政策法规支持体系

德国是市场主导型的经济体制,对中小企业的扶持,主要是通过反垄断和消除不平等竞争等间接方式。

首先,建立健全法律法规,保护中小企业的利益。德国联邦政府曾于1957年颁布《反限制竞争法》,以消除不公平竞争,限制大企业并购中小企业。1967年,德国联邦政府又颁布《关于保持稳定和经济增长法令》,规范了政府对中小企业的行为,提供了许多减税免税的办法;通过《中小企业结构政策的专项条例》,又制定了《关于提高中小企业效率的行动计划》,确定从税收、经济和社会政策等方面来减轻中小企业的负担。1974年以来,德国各州相继制定了《中小企业促进法》。这些法律确定了中小企业在市场中的法律地位。

其次,德国政府还确立了对中小企业的金融扶持政策。德国通过一些国家政策性银行,比如说德国清算银行、欧洲复兴基金、德国平衡银行、德国复兴信贷银行等为企业的创立、环境保护、研究开发以及节能等提供融资渠道。政策性银行还会给向中小企业贷款的商业银行提供利息补贴,其幅度比较大,鼓励商业银行对中小企业提供贷款。德国还对中小企业实行资产证券化。这些措施很好地解决了中小企业融资难的问题。

此外,德国还设立了以反卡特尔为目的的卡特尔局,来保护中小企业的利益。它的职能是禁止大厂商之间达成垄断市场的价格、质量、产量等方面的卡特尔协议;禁止大企业的合并或阻止大企业对中小企业的兼并,年销售额在5亿马克以上的企业不可以联合或吞并其他企业,对那些年销售额在5亿马克以下的中小企业,则鼓励它们通过联合的方式,促进经营管理的现代化以及竞争力的提高;监督大企业是否用垄断地位优势打击、压制中小企业的发展。

金融全球化的过程

(二)我国对中小企业进入资本市场的政策支持

我国对中小企业进入资本市场提供了一个较好的发展平台,就是新三板市场。相比起企业传统的融资,资本市场提供的平台更加迅速和方便快捷。对于中小企业来说,新三板市场是一个不错的选择。新三板市场最早起源于2006年1月,当时国务院批准将中关村科技园区作为试点,允许园区内那些具有规定资质的非上市股份有限公司进入证券公司代办股份转让系统挂牌业务。2013 年,证监会颁布相关规定,宣布扩大试点范围。

2013 年 1 月 16 日,全国中小企业股份转让系统(即新三板)在京举行揭牌仪式,2014 年新三板全面扩容,截至 2014 年 12 月 31 日,新三板挂牌数为 1573 家,2014 年新增挂牌 1316 家,同比增加 3.4 倍。进入 2015 年后,新三板又在规则制度和技术系统方面进行了进一步升级,其中包括发布全国股转系统首批指数、完成数据汇总业务相关技术系统通关测试等。随着新三板扩容至全国以及制度层面的不断完善,它的优势将会逐步发挥出来,挂牌企业会逐步增加,交易也会越来越活跃。

从 2013 年 12 月 31 日,全国中小企业股份转让系统(以下称新三板)首日接收 145 家企业的挂牌申请,到 2014 年 1 月 24 日 266 家企业正式挂牌,新三板出人意外地火爆。2017 年,新三板挂牌企业总数达到 11630 家,净增 1467 家,同比增速 14.43%。见图 2-1。

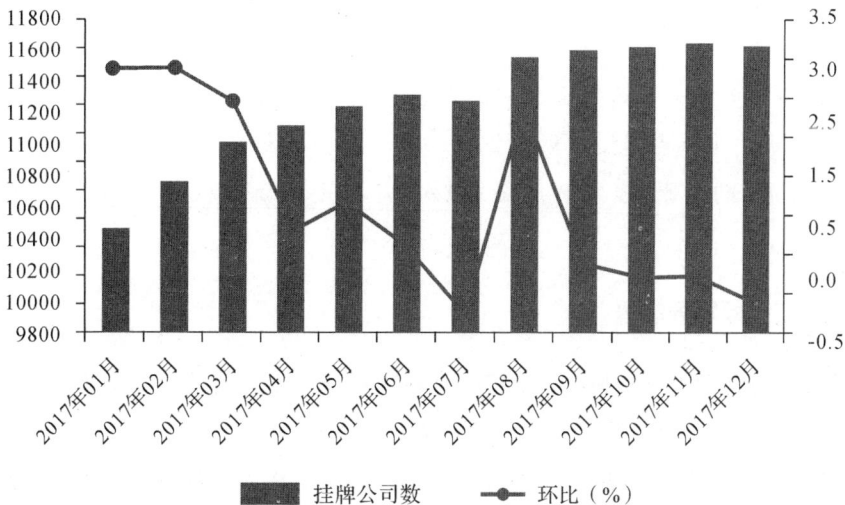

图 2-1 2017 年新三板挂牌数量统计

在市场热议新三板的时候,企业的挂牌成本及政府补贴又成为人们关注的一大看点。

在这里我们引用前海国开资产管理公司市场研究中心整理的各地对新三板的补贴情况,方便全国各地的企业进行了解:各地补贴在 90 万元到 250 万元不等,最牛的大连高新区补贴高达 290 万元。

各地区对上市、挂牌的优惠政策

为了支持各地企业上新三板,全国各高新区及一些地方政府不断出台支持企业改制上市资助资金的办法。

2017年两会有一个非常热的话题就是大力振兴实体经济。一直以来,中小微企业在发展中基本上以利用信贷为主,能够直接利用资本市场的企业的比例很低,这样一个不合理的融资结构造成了近些年的融资难、融资贵的问题。所以,除了银行本身进行创新外,最重要的是大力发展资本市场。新三板为中小微企业从"丑小鸭"逐步变成"白天鹅"提供了一个很好的平台。

2017年的政府工作报告中,在关于金融体制改革的部分,李克强总理首次谈到"新三板":"深化多层次资本市场改革,完善主板市场基础性制度,积极发展创业板、新三板,规范发展区域性股权市场。拓宽保险资金支持实体经济渠道。"①

值得引起注意的是,这是"新三板"一词第一次进入政府工作报告,而在此前的政府工作报告中都是使用"多层次资本市场"这一笼统的说法。李克强总理把创业板和新三板并列,这说明新三板是多层次资本市场中重要的板块。新三板已经云集了一万余家企业,形成了一个重要资源。李克强总理能够提出大力发展新三板,证明了新三板已经到了被国家层面重视的高度,前几年的努力,为未来发展打下了一个非常棒的基础。

南山资本创始人周运南认为:"此番表态证明新三板已是我国多层次资本市场中,可以单列出来重点建设发展的重要一环。报告中将创业板与新三板并列,并使用'积极发展'的字眼,表明政府最高层已经肯定了新三板对中国资本市场的重要性。"

(三)新三板发展前景

随着政策红利推动加快,2016年5月新三板分层方案落地。方案实施后,后续新政出台的节奏一度放缓,监管层出台政策的主导思路变成了加强监管,但是这种情况到了2016年三季度中后期逐渐发生了变化。2016年9月1日,国务院常务会议提出了要借机完善新三板交易机制,20日国务院再次发文,提及完善新三板交易的具体机制,其目标直指流动性问题。并且2016年三季度内国务院还提到了"强化新三板融资功能"以及"规范新三板发展",在国家层面已经推出了政策的"组合拳",在新三板融资、交易和监管三个方面都提出了具体要求,这足可见国家高层对新三板的重视。由国家层面表述出对新三板长远发展坚定支持的态度,这给参与新三板的挂牌企业、监管层和投资者都打了一针强心剂,因此也有理由对新三板未来政策红利的推出充满信心和期待。

---

① 《政府工作报告》,http://www.gov.cn/premier/2017-03/16/content_5177940.htm。

事实上自2016年三季度以来,监管层也是动作频繁,与国务院遥相呼应。证监会的有关部门在上海、北京、广东各地区,对券商相关部门、投资机构、挂牌企业进行了集中的调研,广泛地听取市场意见建议。2016年9月20日,全国股转系统的相关部门针对"分层后差异化制度"与"交易制度完善"等问题在北京、上海、广州三地召开座谈会,向挂牌企业、投资者以及研究机构征求意见。

除监管层思路的转变之外,新三板市场定位的渐渐明朗也是促进制度红利推出节奏增速的一个重要因素。在2016年三季度之前,新三板市场定位不明的问题凸显出来,这直接减慢了监管层的改革节奏,新三板市场的改革预期目标和方向存在比较大的不确定性。三季度以后,随着监管层进行的一系列市场调查研究和讨论,新三板市场的定位方向已经渐渐明朗。在新三板的市场功能定位方面,证监会以及股转公司给出了明确的界定:"新三板是定位于以机构投资者为主的证券交易场所,是一个公开转让的集中交易市场,新三板市场服务于创新型、创业型、成长型中小微企业的发展。"由此,新三板定位明朗后,改革节奏不断加快,力度不断加大。

展望未来几年,新三板一定会深化改革。监管层的总体想法是,把改善市场流动性当作核心,以市场分层为抓手,落实依法、从严、全面监管要求,进一步提升市场服务效能以及整体运行质量。监管层的具体改革方向是:第一要逐步实施挂牌公司分层管理的差异化制度安排,第二是推出新三板流动性的一揽子解决方案。

根据监管层的最新精神,下一步股转公司将围绕着六大方面加快推进改革:

①完善市场投融资机制,研究优化股票发行制度,推出资产支持证券、股票质押式回购等业务。

②完善现有交易制度,引入私募做市,加快发展多元化机构投资者队伍。

③优化并购重组监管机制,提高监管透明度和监管效率。

④以市场分层为抓手,逐步落实分类监管和服务安排,探索优先在创新层引入公募基金制度,落实储架发行和授权发行等制度。

⑤保持监管定力,坚持适度监管原则,完善市场退出机制,加强对挂牌公司的规范性培训,打造健康有序的市场环境。

⑥加强与其他市场的有机联系,一方面加强与区域市场合作,另一方面积极配合中国证监会研究转板试点。

在国家最高层的督促和市场定位的明朗下,监管层对待新政的态度不再过度谨慎,新三板政策红利推出的节奏加快,内部办事效率提高。现在,私募做市的制度试点工作已经处于实际操作阶段,分层管理的差异化制度、大宗交易平台制度等实质性利好政策的推出也在监管层的计划之列,距离落实之日已为期不远。

(四)新三板的转板制度

截至 2016 年 1 月 18 日,已有 162 家创新层企业宣布 IPO 计划。进入 2017 年,A 股平均每天都能发行 3 家 IPO。A 股市场还有 600 多家公司在排队,如果按照每天 3 家的 IPO 速度,一年就可以消化掉。一边是新股发行加速,另一边是新三板市场流动性的持续低迷,后者做市的成交额的萎缩直接影响了融资功能。

更为重要的是,一些创新层企业的质量并不比部分创业板企业差,甚至已超过了创业板的部分企业。据 Choice 统计数据显示,创新层 2015 年的平均净资产收益率为 18.78%,远远地高于创业板的 10.34%,但是市盈率却只有 21.17 倍,远低于创业板的 69.95 倍。

除此之外,新三板的 951 家创新层企业中有 875 家企业在财务方面已经满足了创业板 IPO 要求。

但是,转板之路却非常曲折。回顾历史,从新三板转板到 A 股市场,即使是用"千军万马过独木桥"来形容也不为过,从 2007 年到 2016 年总共只有 14 家走完了这个艰难历程。

不过,近几年,转板速度似乎在加快,仅 2016 年就有 3 家公司成功转板,分别是江苏中旗、拓斯达、三星新材,其中前两者是转到了创业板,而三星新材则在 2017 年元旦过后完成了"鲤鱼跳龙门",变成了新三板有史以来第一家主板 IPO 过会的企业,煞是令人羡慕。

1. 业绩是转板成功的首要因素

转板的关键点在于业绩的好坏。根据证监会 2015 年修订的《创业板上市管理办法》显示,准备 IPO 的公司需要最近两年连续实现盈利,并且最近两年净利润累计不少于 1000 万元;或者说最近一年实现盈利,最近一年营业收入不少于 5000 万元。如果想要上主板的话,则要求申请企业连续三年获得盈利,且净利润累计超过 3000 万元。

用转板成功的企业数据来对照这些要求显然绰绰有余。比如,作为扩容后首只上了 A 股"枝头"的江苏中旗,其在 2014 年、2015 年、2016 年上半年分别实现净利润 7985 万元、9481 万元、4089 万元。

与这些"前辈"相比,开心麻花的业绩也不弱。2015 年度,开心麻花净利润高达 1.32 亿元,而 2016 年上半年实现净利润 3448.76 万元。不过,相比 2015 年 IP 电影的强大吸金能力,电影市场在 2016 年惨遭拐点,开心麻花 2016 年推出的 IP 电影《驴得水》与其首部电影黑马《夏洛特烦恼》的票房差距,也表明了并非每一部经其改编的电影都能成为爆款。

上海开心麻花文化传媒有限公司总经理告诉记者："做电影，我们是新兵；但做内容我们是老兵。"很显然，开心麻花本身也有所担心，所以他们在中报的风险提示部分中就指出："影视演出产品是一种需求不确定性很强的文化产品，消费者对演艺产品的风格、内容等方面的需求变化较快，使得其新推出的产品存在销售风险。"所以，开心麻花能否保持良好业绩，能否顺利 IPO，都要打上一个问号。

开心麻花案例

2. 新三板企业二八分化加剧

截至 2017 年 8 月，新三板挂牌企业接近 12000 家，其总市值达 5 万亿元，在新三板排队接受审核 IPO 的企业大概有 60 多家，进入 IPO 辅导期的也有 40 多家，这有迹象表明转板进程在加快。

不少企业选择登陆新三板市场，多数是因为 IPO 失败或者是不完全具备登陆 A 股的资质，于是先把新三板当作一个跳板，等待着转板时机的到来。所以在某种程度上来说新三板扮演了优秀企业孵化器的角色。但转板的红利非常大，有数据显示，从新三板转移到 A 股的公司，转板后的新股发行价与在新三板的最后成交价两价相比，涨幅在 80%～1100%，大部分都有 200% 以上的涨幅。在 2018年市场二八分化现象更加明显。本来就交易活跃的企业，2018 年更活跃；而一些原本没有去做市的企业，新增资金也不会关注到它们。并且，从新三板发展的角度看，如果没有一些更优惠政策出台的话，越来越多的新三板优秀企业去 A 股排队将形成一个趋势。

3. 市场流动性有望得到改善

新三板流动性不足已经是一个老话题，在分层制度颁布之前，市场普遍预期分层制度将为改善新三板流动性提供有效帮助。但分层制度实施之后，从实际的情况来看，新三板整体的流动性并没有出现明显改观。反观基础层面的企业，则有可能因为创新层企业的虹吸效应，投资者的关注度下降，从而影响到其流动性。

股转系统对于流动性不足这一问题也有着充分的认识。在 2016 年 3 月的"2016新三板创新发展论坛暨首届机构峰会"上，股转系统领导曾表示："改进新三板市场流动性、提升市场运行效率时，必须综合考量新三板市场发展阶段，相应也涉及交易制度、投资者结构等因素。新三板改革需要系统考量、综合施策，不可能单兵突进。"这言论已体现出当年管理层的精神意志，管理层并不急于改变新三板流动性的现状，对分层后流动性仍然不足的情况也已经有所准备。

但到了 2016 年下半年，随着市场定位的确定，管理层的态度有了明显的变化，改善流动性成为新三板改革的重点和核心方向。交易功能是交易场所的核心功能,新三板虽然是一个不以交易为目的的市场,但并不代表着不需要流动性。要改善流动性,就要完善市场现有交易机制。股转公司公开表示:"特别需要把不适应于公开市场制度的交易完全改变,协议转让不是公开市场的典型交易制度,只能作为一个补充。公开市场其他的交易制度,新三板都可以进行探索。"

在新三板当前的格局下,我们不能简单地凭借 A 股市场的思维去看待新三板,新三板毕竟不是一个快进快出的市场,降低投资者的进入门槛短期内也并不现实。随着制度红利的不断落实,交易制度得到更进一步完善,私募做市的开展、机构投资者队伍的多元化都助力新三板市场流动性的提升,市场流动性的提升带来的是新三板企业的估值的提升,这一特点将在今后慢慢显现出来。

稳健的经济市场需要完善的运营市场,尤其是在中国这种起点低、时间短、经济基础薄弱的资本市场中,达到如今的资本市场规模已实属不易。在短短的几十年中,中国资本市场体制不断得到完善,形成蜕变。中国摸着石头过河,在属于中国特色的市场中寻找市场经济前进的方法,中国的政府与广大企业家付出的千辛万苦都已经得到了回报。政府只有把握好市场经济的脉搏,顺着经济导引方向,才能够让中国资本市场进入更广阔的平台,才能让资本市场迈上更高一层的台阶。广大企业家只有顺着经济的浪潮驾驭自己的企业,才能够乘风破浪,从而迈向卓越的目标。

浙江省人民政府关于印发浙江省推进企业上市和并购重组"凤凰行动"计划的通知

三、企业利益的充分体现

企业价值评估是将一个企业当作一个有机行为的整体,依靠其拥有或控制的全部资产以及运用资产整体获利的能力,充分考虑到影响企业获利能力的各种因素,结合企业所处的宏观经济环境及其行业背景,以对企业整体公允市场价值进行的综合性评估。

根植于现代经济的企业价值评估方式与传统的单项资产评估方式有着很大的不同,它建立在企业整体价值分析和价值管理的基础上,通过把企业看作一个经营的整体来评估企业价值。

这里的企业整体价值指的是由全部股东投入的资产创造的价值,本质上是企业作为一个独立的法人实体在一系列的经济合同与各种合约中蕴含的权益,其属性与会计报表上反映的资产与负债相减后净资产的账面价值是不同的。

(一)企业价值评估的作用和意义

1. 企业价值最大化管理的需要

企业价值评估在企业经营决策中起着极其重要的作用,能够帮助管理当局有效改善经营决策。企业财务管理的目标是企业价值最大化,而判断企业的各项经营决策是否可行,必须得看这一决策是否有利于增加企业价值。

价值评估方法可以用于投资分析、战略分析和以价值为基础的管理,可以帮助管理层更好地了解公司的优势和劣势。

要重视以企业价值最大化管理为核心要义的财务管理,企业管理人员必须通过对企业价值的评估,去了解企业的真实价值,做出科学的投资与融资决策,不断地提高企业价值,增加所有者的财富。

2. 企业并购的需要

在企业并购的过程中,投资者已经不满足从重置成本角度了解某一时节点上相应企业的价值,更希望从企业现有经营能力角度或同类市场比较的角度了解目标企业整体的价值,这就需要评估师进一步提供有关股权价值的信息,甚至需要评估师分析目标企业与本企业合并能够带来的额外价值。同时资本市场需要更多以评估整体获取利润的能力为代表的企业价值评估。

3. 投资决策的重要前提

企业在市场经济中作为投资主体的地位已经明确,但要保证人们投资行为的合理性,必须对企业资产的现时价值有一个正确的评估。我国市场经济发展到今天,在企业改制、合资、合作、联营、兼并、重组、上市等各种经济活动中,以有形资产和专利技术、专有技术、商标权等无形资产形成的优化的资产组合作价入股已经是一个普遍的现象。合资、合作者在决策中,必须对这些无形资产进行量化,由评估机构对无形资产进行一个客观、公正的评估,评估的结果既是投资者与被投资单位进行谈判的重要依据,又是被投资单位确定无形资本入账价值的客观标准。

4. 量化企业价值,核清家底,实现动态管理的需要

对各个企业管理者来说,知晓自己企业的具体价值,并且清楚如何计算价值至关重要。在计划经济体制下,企业一般关心的是有形资产的管理,对无形资产往往是忽略不计。而在市场经济体制下,无形资产已渐渐受到重视,而且越来越被认为是企业的重要财富。在国外,很多高新技术产业的无形资产价值远高于有形资产,我国高新技术产业的无形资产价值也非常可观。希望清楚地了解自己家底以便加强管理的企

业家,非常有必要通过评估机构对企业价值进行公正的评估。

5.董事会、股东会了解生产经营活动效果的需要

财务管理的目标是使企业价值最大化,公司各项经营决策是否可行,取决于这一决策是否有利于增加企业价值。

我国现阶段存在的会计信息失真、会计信息质量不高现象,严重影响了企业财务状况和经营成果的真实体现。会计指标体系不能够有效地衡量企业创造价值的能力,会计指标基础上的财务指标不能反映企业的实际价值,因为企业的实际价值不等于企业的账面价值。

因此,企业管理层仅仅以现阶段的财务报表来评估企业的经营成果是片面的,要以价值评估进行价值最大化管理,这也是推进我国企业持续发展的一个重要手段。

6.扩大企业影响,展示企业发展实力的手段

随着企业的形象越来越受到企业界的重视,对名牌的宣传已经成为现代企业走向国际化的重要途径。企业如果拥有大量的无形资产,可以给企业创造超出一般生产资料、生产条件所能创造出来的超额利润,但其在账面上反映出来的价值是微不足道的。所以评估企业价值并不断进行宣传是强化企业形象、展示发展实力的重要手段。

7.增强企业凝聚力

企业价值评估不仅是向企业以外的人传达企业的健康状态和发展趋势,更重要的是向企业内所有阶层的员工传递企业信息,从而培养员工对本企业的忠诚度,以达到凝聚人心的目的。

一个企业的生产经营其实就是提供产品,产品既可以是有形的产品,又可以是无形的服务,总而言之提供产品是本质。企业存在就有一定的价值,这个价值需要是合理的价值。合理怎么体现呢?第一是它的产品是合格的。黑格尔曾经说过"存在就是合理",但是有的企业的存在可能对社会是一种伤害,它生产出不合格的产品,像假冒伪劣产品就是不合格的,它就不一定有存在的价值。第二是企业一定要有所盈利。一个企业家必须使企业赚钱,如果不赚钱,利润是负的,仅仅靠股东持续地投入,这样的企业不仅不能持续存在,而且是对社会资源的极大浪费。在以前相当长一段时间里,有一种很奇怪的现象,有些企业不赚钱,只靠持续地讲情怀,靠股东持续地投入,企业居然还可以把"泡泡"吹得很大,估值还挺高,很多这样不赚钱的企业还能上市,上市又持续多年存在,这都是不合理的现象。

（二）企业的市场价值

企业是有价值的，但是价值评价标准是多样的，有着各种各样的评价体系，其中最核心的就是市场价值，就是市场对企业的估值和评价。

对公众公司来说这很好理解，企业价值就是市值，股票价值是多少，绝大多数情况下是对企业利润、存在和发展目标的一种合理估值。当然也有少数的企业，通过做庄来拉高股价，但对公众的公司来讲，大部分市场价值是比较合理的。

那私人公司有没有价值呢？如果不上市，有没有市场价值？

私人公司不上市，也是有它的市场价值的。那么这个市场价值体现在哪里呢？一个体现是公司是否有人投资，现在也有很多私人公司不断地创造好的商业模式，创造好的产品，被别人收购，或者不被收购但持续地接受投资，天使基金、私募基金，还有很多各种各样的基金就是这么存在的。有人愿意给你投资，或者说银行愿意借钱给你，这都证明了企业有合理的市场价值。

因此，企业价值的核心是市场价值。在企业价值当中，应该不以销售额的多少作为价值导向。现在市场上出现的一些不合理的价值导向，就是一些企业不是以利润和市值作为追求的目标，而是单纯追求销售额的多少。

《财富》杂志中有一个排行榜，中文翻译不标准，叫五百强，这是不准确的，其实《财富》公布的就是公司销售收入的多少。这个多和强有关系，但不是因果关系，多不一定强。我举一个经典的例子。十几年前，世界五百强的第七名，是销售额已经超过 1000 亿美元的美国安然公司，但是因为被揭露出财务造假，三个月之内这个公司即破产。1000 多亿美元收入的公司，出现危机，连半年都不到就破产了，所以，销售收入不可以当作企业价值的导向。100 亿元收入有 1 亿元的利润，和 10 亿元收入有 1 亿元的利润，哪个公司的价值更高呢？显然后者更加有价值，因为收入少，利润高，可以说这个公司的利润率高，利润率高就说明公司生产的产品有竞争性。现在一些企业，总是爱强调公司的收入多少，这是错误的，不可以以销售收入为价值导向。企业就是应该追求价值导向，价值导向的核心当然是利润导向，除此之外也包括产品创新等。

（三）企业的社会价值

企业价值可以分为很多层次，有存在的价值、市场的价值，但是企业追求或者说企业发展的最高层次是实现社会价值。社会价值分三点：

第一，企业发展目标和人民群众、政府、社会发展目标相一致。比方说现在社会提倡环保,企业就应该发展环保型的产品,尽可能地减少对环境的污染。而现在提倡增加人民收入,那企业发展方向就应增加员工的收入,企业发展的成果尽可能要让员工分享等。总而言之,企业的目标取向、价值取向和社会应该是一致的。

第二,企业利润诉求要和群众、政府一致。企业肯定是逐利的,那应该怎么逐利呢?公司利润、公司利润来源或者利润目标,是和人民群众、和政府的目标相一致。这三者能一致,企业追求的利润就会变得很合理,而且是值得大力提倡的。比如说前些年的万达广场,以及现在正在蓬勃发展的万达城,为什么全部是各地政府纷纷上门来邀请呢?为什么他们的项目如此受欢迎呢?而且到各地去,还可以获得比较好的优惠政策。其实就是因为万达设计的产品和人民群众、政府追求的利益方向是吻合的。对于群众来讲,他们的诉求就是生活方便、幸福指数提高、就业率提高,一个万达广场建好之后,生活方便了,甚至是超前地满足了老百姓的需求,人们文化娱乐需求增加了,就业也增加了,各方都很高兴。和政府的诉求为什么也是吻合呢?比如税收,万达的项目和一般的地产项目不同,一般的地产项目就如同一棵树砍了就没了。而万达的项目持续经营,税收像割韭菜一样,割了一茬又长出一茬,每年都有,而且持续上升。多了一个广场,带动了周边的发展,周边的土地也升值了,可能也带动了交通设施的发展,民众住宅相对来讲也都升值了。所以,政府也有好处。对于万达集团也有好处,它发展得快,获得了比较高的利润率。企业利润率很高,民众高兴,政府愿意,这就说明这个利润诉求中的三者是吻合的。

第三,社会评价良好。既然企业价值追求的最高层次便是社会价值,那就是说社会评价和企业自我评价应相一致,不能够说只是自我感觉良好,而群众和舆论都对其嗤之以鼻,这是不可以的。因此,追求社会价值,其中最核心的一点就是社会评价是良好的,社会认为这个企业的存在和发展对社会有贡献,大家喜欢,愿意支持该企业。

总之,不同的人所处的位置不同,企业发展所在的阶段不同,对企业的社会价值认识有所不同,初创企业、发展中的中小企业可能还不一定能够做得到把社会企业作为主要发展的目标,但是无论是什么样的企业,初创企业、中小企业,还是大企业、特大企业,它的最终目标都应该是成为社会企业。如果大多数企业都能这样做,国家就会发展得更好,社会更加安定,百姓更加幸福。

从本质上讲,企业价值不仅仅反映的是企业的过去和现在,更重要的是会反映企业的未来。它是企业在过去和现在基础上的延续和发展,是盈利能力和发展潜力的提升,也是企业的所有者和投资者对企业的一种共同预期。企业价值是企业商品化的产物,只有企业被作为一种商品在市场上进行交易,才会表现出相应的价值。企业本身的可交易性,以及这种交易的可获利性引起了企业行为目标和管理方法的革命性变化。企业目标由利润最大化转变为价值最大化,企业管理由利润导向转变为价值导向。

从企业价值理论的发展来看,数十年以来,人们越来越关注企业的价值。在我国,企业价值还是一个较新的概念,目前对企业价值的研究只是着眼于衡量企业价值的模型以及与企业价值相关理论的介绍。在对企业价值理论的内涵理解、影响企业价值的因素分析、企业价值的有效提高途径等方面则缺乏综合的研究。我们认为企业价值理论是一个系统的理论体系,其内涵十分丰富。因此对企业价值的研究,不仅应对企业价值评估方法的合理选择进行研究,也应对企业价值的来源进行深入分析,了解影响企业价值的各种因素,从而找到提升企业价值的有效途径。只有这样,才能真正有助于企业价值最大化目标的实现。

从企业追求价值最大化的根本立足点出发,探求企业价值的内涵,寻找到真正影响企业价值的各种因素和企业的核心竞争力,挖掘企业的市场价值,而不是只增加企业资产的价值。应该从整体、系统的观点来看待企业,它是一个特定的资产综合体,是一个有机的生产能力载体和一个有获利能力的机体。

要认识企业价值的内涵,主要是考虑两部分:即企业现有基础上的获利能力以及将来潜在的获利机会。伴随着高新技术的迅速发展和风险投资的兴起,高新技术企业得以大量涌现和上市,越来越多的案例使我们认识到,企业价值不仅仅被未来可预见的收益大小所决定,也是被企业所拥有和把握的投资机会的多少决定。因此,企业价值应该是企业现有基础上的获利能力价值和潜在的获利机会价值之和。这一创新思维反映了人们对企业价值内涵认识的深化与扩展,符合世界经济发展的客观实际。

(四)企业价值是企业利益的充分体现

1.资本市场发展的需要

全流通条件下,上市公司的表现与大股东的经济利益紧密地相连,股权的激励机制又使股票市值与公司管理层、全体职工利益高度一致,企业管理的重心也开始由质量管理、盈利管理转变为市值管理。不是资产值高,股东的财富价值就一定大;也不是利润高,带来的增值就一定大。市值才是股东财富最有意义的指标。因此,为股东创造价值,应该把利润当作过渡性指标,而把市值当作经营的终极指标。

2.提高公司融资能力的需要

有效的资本市场一方面以极低的交易成本为资金需求者提供金融资源的融资通

道;另一方面,资本市场的资金需求者利用资本市场的资金优势向社会提供有效产出的能力。因此,应将有限的金融资源配置到那些效益最好的企业及行业,进而创造出最大的价值。优质公司为了实现自身的战略发展目标要向资本市场进行大量的低成本融资,而该企业市值则在很大程度上决定了融资规模的大小和融资成本的高低。市值规模与企业的融资能力是相互关联的,一方面在公司股本不变的情况下,市值越大意味着股价越高,意味着公司行业地位越高,同时也意味着公司在资本市场的综合实力越强,从而对社会资本的吸纳能力也越强,获得融资的规模也越大,公司也就能够获得规模扩张和快速发展所需要的金融资源;另一方面,市值越大,偿债能力和抗风险能力就越强,越容易得到更高的资信评级,融资成本也就越低,从而提高公司竞争力。

3. 对外投资并购的需要

市值管理能够提高公司对外投资并购的能力。资本市场中"大鱼吃小鱼"的优胜劣汰的生存法则将使围绕上市公司的并购活动能够大规模展开,合规的资本运作将成为上市公司做大做强的重要手段。而市值则在很大程度上决定了上市公司收购与反收购的能力。此外,市值管理也为拓展对外投资并购方式打下了坚实的基础。在国际资本市场,换股吸收合并是一种十分成熟和流行的兼并收购方式,不仅可以减少现金交易,从而减少公司因兼并收购而产生的巨大负债压力,还可以使公司以最少的资本来获得最大的控制力。为了在换股吸收合并中占据优势,以最少的股权换取最大的控制力,公司股价就十分重要,市值管理也就显得十分必要。

(五)上市公司在企业价值管理方面的独特优势

1. 新的直接融资通道

企业不仅可以在上市时筹集一笔可观的资金,上市后还可以筹集再融资,如增发股份,发行公司债,用企业的股票进行兼并、收购,等等。公开上市是企业最具吸引力的长期融资形式,能从根本上解决企业对资本的需求。另外,银行及金融机构的融资成本亦会降低。

2. 有利于完善公司法人治理,理清发展战略,夯实企业发展的基础

(1)上市有一系列严格的要求,特别是对公司的法人治理结构、信息披露制度等方面都有明确的规定,为了达到这些要求,企业必须提高运作的透明度,提升企业的法人治理结构水平,使得企业从一个"草莽企业""家族公司"逐渐演变为现代企业。

(2)企业通过改制并且上市的过程,就是企业明确发展方向、改善公司治理、实现规范发展的过程。在企业改制上市前,要分析企业内外部环境,着重评估企业优势劣

势,找准定位,使企业发展战略清晰化;在改制过程中,保荐人、律师事务所和会计师事务所等众多的专业机构为企业出谋划策,通过清产核资等一系列手续,来帮助企业明晰产权关系,并且规范纳税行为,完善公司治理,建立现代企业制度。

(3)为符合上市公司的法人治理结构,可能会引进外部董事、战略投资者,这些外部资源可以为公司所用,而且也能对公司的经营和管理进行监督和保护。

(4)公司上市后要履行严格的信息披露制度和其他法律要求,这些都会增加公司运营的透明度,有利于防止"内部人控制"现象的发生,有利于提高企业的经营管理效率。

3.提升品牌价值和市场影响力,提升公司在公众心目中的地位

公开发行与上市具有很强的品牌传播效应,公开上市对企业的品牌建设作用巨大,直接提升了公司的行业知名度,将会使公司得到更多的关注。由于上市公司的运作是相当透明的、运营是受到监管的,肯定比运作不透明、运营不受监管的非上市公司更让人放心。所以,客户、供货商和银行会对上市公司更有信心,公司将更容易吸引新客户,供货商更愿意与其合作,银行会给予更高的信用额度。

就像是本章开篇故事中的你,在第一年硕果累累的时候,并不安于现状,对自己的池塘进行改造,对自己的鱼苗进行精细筛选,挑选更好的饲料和养殖方式,为的就是让自己能够在下一个丰收季赚得更好的报酬。其实,无论做哪一行哪一业,都是从小开始,一步一个脚印,经历坎坷慢慢成长。但是在这个过程中,我们始终有个目标,要往前走,要把小做成大,要在把握市场脉搏的时候不断地全方位地提升公司的能力,而不是在某个阶段企业自身刚有突破获得了高预期报酬就停滞脚步。如同逆水行舟,不进则退,市场每天都在变化,公司不做改变就会慢慢偏离市场的轨道。当然改变不可能是一瞬间的事情,只要每天跟紧市场一点点,摸着市场的脉搏,那么公司就会向前迈出一步。但无论如何改制,都不能离开自己最初的目标,就是在已有规模的基础上做到自己的极致,这样才有力量跨越到更高的台阶,为公司寻找到更加广阔的舞台。

市场经济下的企业不但要向市场要效益,还要向内部要效益,尤其是向企业发展的目标要效益,让企业自身为提升企业价值创造更大的空间,学会感知和利用资本市场的导航作用来观察方向、发现机会,把企业价值最大化作为战略选择的依据,并且树立起这样的理念:市场永远是对的,在资本市场,投资者就是上帝。

四、对企业员工努力的认定

在本章开头故事中的村子里,你是当之无愧的"鱼王",虽然占地并不是最多的,但

是你的每亩产量却是久居第一。

起初,你只有一亩鱼塘,养鱼养得再多,也抵不过别人两亩田的鱼产量,所以你把周围邻居的三四亩地租过来养鱼,一下子,丰收季的鱼总产量就上了好几个档次,当然给你带来的收入也是不菲的。后来你把就近的街坊邻居的地都租过来了,你的地一下子就扩充到了十几亩。一个人管理三四亩鱼塘还吃得消,但是管理十几亩鱼塘,就算是每天任劳任怨、起早贪黑地去做也照顾不完,因为你对每亩鱼塘都要精心照料,所以接手这么多亩鱼塘后的前两年,每亩鱼塘的鱼产量有所下降。

有一次和其他养鱼大户聊天时谈到这个问题,他们笑着说,你可以雇你的街坊邻居,让他们帮你管理。你想了几天,最后雇了你的邻居,教他们操作方法,什么时候干什么事情,当发生什么情况应该如何处理,每天来到鱼塘时应该先做什么,每天离开鱼塘前应该做什么,做错了应该受到怎么样的惩罚,并制定详细的方案。

之后每周你都给他们开会,让他们汇报状况,给他们做各种思想工作,逢年过节做一些慰问工作,平时做一些关照工作。在接下来的几年,鱼塘的每亩产量恢复到原来的水平,而你也真正地放手让他们去管理鱼塘,自己在外地忙碌奔波寻找有效的合作项目……

过了几年,再一次渔户聚会时,你们谈到雇人的时候发现其他渔户早已经换了好多批人,做得好的已经走了,做得差的还在一直做,但是碍于街坊邻居的情面也没有让他们走,而你的员工因为你的管理并没有出现这种情况。

(一)企业精神文化

在企业文化里,要有以人为本的管理理念,在现代企业管理学科里,亦推崇这种新的管理概念和方法。在企业内部,资金要素、资源要素、物质要素、人才要素及各种组合要素里面,人的要素是根本要素。因此,关切人的要素,真正贯彻以人为本的管理,企业会更具有活力。有学者研究企业文化现象时说:"企业文化是企业生产力要素。"这是恰如其分的论述。

企业文化的影响力,诸如企业文化底蕴下的企业目标、企业团队精神和企业自我意识,就是企业文化为基本特征的一种表现和企业原动力;企业展示的良好形象就是企业文化的外延,也就是呈现给社会的企业形象;企业的良好信用与对外公众关系,就是企业文化中公信力的一种表现;在企业活动中老带新、传帮带,体现了对教育和文化传承的重视,反映了企业文化的一个侧面;企业以人为本,给员工以关爱和激励,充分调动企业员工的工作热忱和工作积极性,说明企业文化中具有凝聚力的一面;企业内部管理中建立科学的流程模式,说明企业文化中管理工作的规范;还有企业建造的景观地带和房产产品(诸如主题休闲公园、人居艺术小区、艺术商业城区、生态意境园林与公共设施、主题构思酒店等),同样是企业文化的一种表现(成就)形式。企业根据市场发展和自身要素,以经营理念和管理思想为主线,进行项目细分和整合,形成了具有企业文化的一种管理方略;企业的发展格局对促进地缘经济、地方经济的繁荣,促进和提升社会和谐、共生共荣方面有着积极的影响力;企业管理体系的合理化和组织体系的专业职能化也是企业文化中的一个方面,即管理文化;企业为在生存和发展中立于不败之地,注重管理观念和管理思想,这是企业文化的灵魂工程,也就是企业文化的核心;等等。

企业文化对员工的观念意识结构起着优化调整的作用,也具有凝聚力的作用,对自身的生存与发展有重要意义。

企业在寻求开拓和发展的同时,须重视企业文化方面的建设。企业文化不是一个静止、孤立、固化了的概念,它是与企业生存发展息息相关而凝聚沉淀的、动态发展的文化体系,是反映企业人思想的一种巨大精神力量,支撑着企业的现在与未来。

企业提供给员工展示自己能力的机会,使得员工的能力得到充分发挥,员工给企业带来效益的同时也实现了自己的价值;企业给员工提供培训的机会,使员工可以提高自己的业务能力和水平。

企业创造机会,机会造就员工,每一个员工在实现自己个人价值的同时也集聚了更大的企业价值。

(二)优秀的企业可以留住优秀的员工

在上一节中讲到,人才是企业最大的财富,企业可以通过培养人才来树立和培养企业的人文精神。那么如何留住人才就成为企业提高内部价值的一个核心问题。所以我们不仅仅要培养企业的文化,更要通过一些物质的刺激手段来留住人才。

我们来看阿里巴巴集团的案例。在整个集团中,除了曾上市的阿里巴巴网络有限公司较为特殊外,其他业务部门员工获得的受限制股份单位,一般是针对集团股的认购权,而在阿里巴巴网络有限公司退市后,新授予的那些受限制股份单位也都改为集团股的认购权。受限制股份单位奖励和现金奖金奖励不同。前者反映了公司认为你是否在未来还有价值,当年的业绩不好可能会导致现金奖励不多,但如果认为你未来价值很大,可能会有较多的受限制股份单位发放。对于一些特别的人才保留计划,也可能会提前授予,一般来说,每个员工每年都可以获得到至少1份受限制股份单位奖励,有些也可能是2份。

从本质上来看,在受限制股份单位和购股期权激励下,员工获得的都是股票期权,二者的不同在于,受限制股份单位的行权价格更加低,仅 0.01 港元。以退市前的阿里巴巴网络为例,持有其购股权的员工可能会因市价低于行权价而亏损,而对于持有受限制股份单位的员工而言,股价跌至 0.01 港元之下才会导致亏损。

由于 2013 年时还未上市,阿里巴巴集团给出的集团股的受限制股份单位并没有可参考的市场价格。据有关人士透露,当时的公允价格为 15.5 美元/股,这恰好契合了 2012 年阿里巴巴集团回购雅虎股份时,股权融资部分按普通股 15.5 美元/股的发行价。而之后在 IPO 消息的影响下,内部交易价格已经快速翻倍至每股 30 美元。

"只有在行权的时候才会知道(公允价格),所有人都适用同一个价格。"据该有关人士介绍,阿里巴巴集团内部存在一个专门负责受限制股份单位授予、行权、转让等交易的部门——option(期权)小组。受限制股份单位可以通过内部转让,也可以转让给外部第三方,均须向 option 小组申请。一般来说,option 小组对向外部转让的申请审核时间更加长一些,需要耗时 3 至 6 个月。

对于员工而言,持股本身并不会带来分红收入,却会在行权时带来一次性收益。我们假设一名员工 2009 年加入阿里巴巴集团时获得了 2 万股认购权,每股认购价格为 3 美元,到 2012 年行权时公允价格变为 13 美元/股,那么行权将带来 20 万美元的收入。

(三)用股权"套住"并购企业员工

受限制股份单位还有另一个非常重要的用途——并购支付手段。

据上述有关人士介绍,阿里巴巴集团在并购交易中,一般现金支付部分不会超过 50%,剩余部分则以阿里巴巴集团的受限制股份单位作为支付手段。

"这部分支付的受限制股份单位是从期权池中拿出来的。"该人士解释道,每次稀释后,从中划出部分作为期权池,用于未来的员工激励、并购等。

"离职的时候,尚未发放到位的股票期权也会重新回到期权池中。"该人士介绍道,由于员工获得的受限制股份单位会滚动增加,离职的时候总是会有部分已授予但是未发放到位的期权。

一位曾参与过阿里巴巴并购项目的人士说,通常阿里巴巴并购一家公司的协议价是 2000 万元,那么阿里巴巴只会拿出现金 600 万元,而 1400 万元则以 4 年受限制股份单位的股权来授予。这一部分的股权激励,主要是给并购公司的创始人或者是原始股东。据说,这也是马云之前并购公司的先决条件之一。

所谓的"金手铐"①，正是阿里巴巴飞速发展的机制保障之一。当然，据阿里内部人士说，阿里目前有 25000 名员工，其中中高层在 1000～2000 名，要是以陆续行权的价格来计算的话，那阿里自成立以来到现在给员工及高管开出的红利，将是一个天文数字。

从上述阿里巴巴的案例中不难看出，在上市后企业管理和激励员工实现自身价值的一个非常好的手段就是将企业上市后的股权给员工。

(四)增强员工对身份的认同感

观念上的认同对于一个企业文化的传承尤为重要。例如，可口可乐自 1886 年诞生以来，经久不衰，这是因为公司有一个明确的承诺："让每个可口可乐的业务单位都成为当地模范企业公民，让可口可乐业务所及的每一个人都能受益。"强烈的企业社会责任感成了员工共同的认同，也使其得以不断传承。麦当劳提供服务的 QSC&V 原则②也成为所有麦当劳从业人员的行为规范，当员工认同了这一理念后，便会在经营中自我约束并提高工作效率。纵然员工身处不同的岗位，外界对企业身份的整体认同也能强化员工对自身工作的认可，良好的企业形象与员工自身的认可形成良性循环，并激励员工为某种理念或价值观不断奋斗。

由于人员总是不断流动、更新，而个人的观念又差异很大，聪明的管理者会根据不同员工的职位、能力与性格特征等采取动态的激励措施，让员工感到下一步还有新的机会与挑战。例如华为在 2008 年实行的"饱和配股"就通过限制高层的配股数量来缩小其与员工的收入差距，在基层达到了很好的振奋人心的效果。华为针对不同的发展时期和企业战略规划积极调整股权激励政策的做法值得借鉴，员工受到激励后，自然会感到他的工作具有挑战性，觉得他在公司是有发展前途的。另外，还可加强监事会、理事会的独立性和有效性，成立独立的薪酬委员会来负责股票期权计划的动态实施。因此采取适合的动态激励纠正偏差，对提升员工对公司的归属感及工作绩效有极大作用。

例如，你在养鱼的时候，一方面，从一个养殖户慢慢地做大，成为承包十几亩地的规模不小的养鱼大户，由于精力不足，你去招募员工，让他们帮你去打理鱼塘；另一方面，人员从一个人到一群人，这也相当于从零开始组建团队，团队需要磨合期，作为团队的主心骨，你与他们达成了协定，规定了一些事项，让整个团队有了规则，在规则下

---

① 金手铐是指利用股票期权、奖金红利等预期收入手段留住企业高层管理人才的手段。

② 即质量(Quality)、服务(Service)、清洁(Cleanliness)和价值(Value)。

给他们自由。久而久之，他们在行为上和思想上以你为轴，这样就慢慢地从一个团队变成了一家人，这样你就从一个养殖户进阶成了出差在外寻找合作伙伴的老板……

(五)华为的股权激励研究

人才作为企业的核心资源，对企业发展起到关键性的作用。企业在招聘到合适的员工后，如何有效激励员工、提高员工的满意度和工作效率几乎成为所有管理者关心的问题，并被越来越多元化地运用。据中国企业家协会 2012 年的调查表明：82.64%的国企经营者认为影响我国企业经营者队伍建设的主要因素是"激励不足"。随着资本市场的日益成熟，相比于承包、租赁、奖金等着眼于短期激励的制度，长期激励如股票期权等因拥有能够规避传统薪酬分配形式的不足、将管理者的利益与投资者的利益捆绑在一起等优势而倍受重视。

据资料显示，全球 500 强企业中，绝大部分企业实行了股票期权制度。美国是广泛推崇股票期权的国家，企业高级管理人员的薪酬中，股票期权占有相当的比例，他们拥有的财富也大大增加。职工持股计划（employee stock ownership plans，简称 ESOP）由美国律师 Louie Kelso 最早提出并于二战后在西方企业普遍推行。20 世纪 80 年代初，ESOP 在我国"登陆"，起初对于 ESOP 是否有利于构建现代企业制度、是否应成为国企改革的方向，社会各界众说纷纭。股权激励在国内上市公司大范围施行始于 2005 年，十五届四中全会更明确指出收入与业绩挂钩和继续探索经营者持股的分配方式，这为期权实施提供了政策依据。目前国内不少央企如金发科技、中国北车，民营公司如德汇实业集团、金发科技、华为等都取得不凡的效果，上海、北京等经济发达地区都已结合本地区情况先后出台了一系列股票期权激励的实施措施，并逐步被人们所认同。

尤其是华为自 1990 年在国内开始尝试员工持股制度以来，几次度过经济、财务危机，并创造了惊人的凝聚力与企业业绩。

1. 充分调动经理人和员工的工作热情

大部分华为员工都分配了华为公司的虚拟股票，平均在几万股。从华为公司的发展来看，这是一种有着稳定高收益的投资理财方式，即实际上是分享制而非股份制：公司让员工投资，给员工分红。这种制度很好地将员工的收益与公司业绩捆绑在一起，员工在较高的奖励分红机制下，只要踏实地工作，像狼一样地奋斗，就能较公平地享受到应有的劳动成果。特别是在通信设备行业这样竞争过度激烈的行业，企业面临研发成本巨大、原材料成本巨大的严峻形势，激发员工的斗志与工作热情就尤为重要，有利于更好地吸引并留住核心人力资本。

这种虚拟股权的形势充分刺激和调动了经理人和员工的积极性和创造力。

2.提高资本运作能力与企业利润

虚拟股最突出的好处是融资。除了上文提到的巨额融资规模,从资本运作角度讲,企业向银行借利息为6%的贷款,这意味着融资后必须保证6个点以上的利润才能有企业利润,否则就面临亏损的困局,可见贷款的财务压力是相当大的。而发行虚拟股是根据利润分红,挣钱了才分红,不像贷款还有还利息的压力。虚拟股给华为提供了充足的现金流,让华为有足够的资金去实施自己的各项战略,运作好、盈利之后又可以分红,分完红再接着配股,配股又可以有充足的现金流,只要企业盈利,这个良性循环就可以一直进行下去:配股—融资—盈利—分红—配股。2008年全球经济危机之后,爱立信、阿朗、诺西、中兴不是亏损就是利润下滑,只有华为的业绩一枝独秀,虚拟股融资为华为盈利做出的贡献是极其重要的。

3.稀释股权,降低现股东持股比例

2008年,华为公司稍稍改变了虚拟股制度,实行了饱和配股制,即规定了员工们的配股上限,当每个级别达到上限后,就不得再去参与新的配股。这一规定一方面可以使得手中持股数量巨大的华为老员工们的配股得到限制,另一方面还有利于激励华为公司新员工们购买股票。2011年4月,任正非与华为公司高层召开了"如何与奋斗者分享利益"的座谈会,为防止一些怠惰的员工自恃股票在手长期坐享公司股票的丰厚分红,会议出台了许多具体措施去识别奋斗者,并制定出了更公平的分红计划,提高奖金。饱和配股制进一步激发了公司骨干及年轻员工的工作热情,随着每年增发的配股数目不断增长,现阶段股东持股比例是逐年相对减少的。就这样,华为公司通过改变股票的分配方式来维持整个组织的发展活力。

五、企业家的财富的快速增长

经过几年的稳健经营,你的十几亩池塘慢慢地扩张到几十亩,村子周围适合养鱼的地都被你开发了一遍,正是你的良好运作,让你赚得满盆满钵满。但你渐渐知晓了山外有山,他们做得比你更大,业务范围比你更广,他们有比你更加先进的养鱼技术、设备等,让你觉得在村子这个小地方做养鱼生意太局限了,想要做得更大更强,就应该与别人有共同语言,于是你像个学徒一样,从零起步去学习。在不断学习的过程中,你开始着手购买其他人的池塘,进行养殖销售。逐渐地,你的生意越做越大,日子也越过越好……

每个人在社会中拼搏,都是为了能够有更好的未来生活。那么如何让自己生活得更潇洒,活得更优质,就是一门艺术。

　　一个人的能力总是有限的,获得财富的能力也是有限的,公司这一特殊的团体组织把大家的能力聚集在一起,进行资源优化,能力整合,从而获得了更多回报。但是一个企业就算做得再好,也有属于它自己的天花板,企业要想进一步发展,企业家至关重要,他们需要如何帮助企业发展呢?

　　前面提到,企业的文化价值和员工是企业的财富。那么对于企业家来说,企业更是他的所有。对于大部分企业家来说,企业管理是他追逐梦想和挖掘财富的重要手段,企业上市是实现企业家财富管理和财富增值的极好途径。但是在现实生活中,并不是所有企业家都能够把自己的企业做成大型企业或者是跨国企业,大部分的企业家都停留在中小企业的模式中,而新三板上市是他们实现梦想的比较好的平台。在这里,他不仅能够实现个人财富快速增值的梦想,也能够使企业突破自我,形成一定的规模,从而走得更远。

(一)挂牌或上市后企业家活动余地更大

　　①因为信息公开,别人可以更了解你,在有些时候可以轻松去掉私人担保。

　　②可以实行投资者的退出机制。要是老板不想继续经营公司,可以通过公开市场出售股份的方式实现直接退出,并且现时这个公司的壳价,在市场上是有一定的吸引力的。

　　③可以通过设立家庭信托基金的形式方便股东的财产管理。

　　④股东接触到的层面得到有效提升。

　　⑤可以增加股东资产的流动性。上市后股东可以通过证券市场交易来增加资产的流动性。

　　⑥降低了企业家自身的经营风险。公司的经营风险会随着股份的分散而被大众分摊,而不仅仅是由企业家独自承担所有的经营风险。

(二)财富双重增长的显著效应

　　上市或挂牌后企业家在财富增值方面可以有双重的创富效应:

　　第一便是账面收益。

　　举例:假设某股份有限公司在上市之前,总股本是4亿股,总资产是10亿元,总负债6亿元,它的净资产为4亿元,预计下一年度的盈利能力为2亿元。你持有该股份有限公司的50%股权,此时,你的原始投资价值为——4亿元×50%＝2亿元。该股份有限公司股票发行上市之后,发行了1亿股股票,我们按照市场20倍市盈率来计算,发行价是每股 10 元,募集资金 10 亿元,此时,某股份有限公司的整体市值便为——总股本×每股价格＝(4＋1)亿股×10 元/股＝50 亿元(资产从上市前的 4 亿飞升到上市后的 50 亿),在这时候你持有的股票账面价值一下从 2 亿元上升到 20 亿元,这就是企业上市带来的账面上的收益。

第二是资本性增长收益。

即通过原始投资人转让股票的方式为自己带来利润。举例:你在股票价格达到每股 15 元的高位时(如何让你的股价增长,我们将在第三篇企业市场价值管理中介绍),减持股票 2000 万股,这样获得收益 3 亿元。按照你的原始投入,2000 万股投入了 2000 万元,而获得的收益达到了 3 亿元,如果按投资收益率来衡量,投资收益达到了 15 倍(从投入的 2000 万元飞跃为 3 亿元)。

(三)挂牌或上市后企业家知名度提升

除了在财富增值方面的效应外,企业各方面的影响力也会随着企业的挂牌或上市而明显增加。企业由原来的私人公司变成了一个公众公司,将会带来一系列的变化:

第一,公司整体品牌和知名度上升,而且相应的员工综合价值也能得到提升。哪怕员工以后离职再就业,曾经就职过的公司是上市还是非上市公司,是挂牌公司还是非挂牌公司,是知名公司还是一般公司,这之间的差别是十分明显的。

第二,来自公司内部的各种不合理、不合规的指示要少很多,相应的,这方面员工的压力和风险也会变得小很多。挂牌或上市在给老板们带来了巨额收益的同时,也将对其提出很多监管要求,公司整体都被暴露在公众们的视野里,要是老板提出一些不合法或者是不合规的要求,员工完全可以理直气壮以上市公司监管条例为由来拒绝。

第三,员工可以在多方面得到锻炼和提升。上市公司的内控管理肯定要比上市前做得好,各种制度管理也要完整、规范得多,员工一开始都会叫苦,但时间一长之后就会发现自己学到了很多知识,整个精神面貌都不同了。我国很多上市公司都是国企改制上市的,把优质的资产分离出来成立一个上市公司,原先的公司成为投资型的母公司。公司员工也分成两部分,其中一部分到了上市公司,他们刚去时好像弃儿,又苦又累,工资又透明,许多福利都没有了,所以很多人都不愿意去上市公司。可是实际上,过几年再回头看,上市公司的员工能力都得到了极大提升,执行力也都很强,很多人都可以独当一面了,而且随着公司的扩张和重组,获得的提拔机会也会多很多。

六、思考题

（以下思考题皆为开放性的讨论，没有标准答案和模板，言之有理即可，注意要结合实际，答案最好具有前瞻性和自己的想法。同学们回答问题时要胆大心细，不要拘泥于传统的理论或者模型，要独立思考，经济学方面往往没有绝对的标准或者答案，说不定你的下一个回答就是解决众多经济难题的突破口）

1. 假设你是华为公司的一位董事，在公司战略研究大会上讨论关于华为公司长期发展规划方向时，出现了两种声音，一种声音认为华为应该按照虚拟股制度的大原则执行下去，另一种声音认为华为应该在国内 IPO 上市。通过本章的学习内容，结合相关知识，谈谈你的看法。

2. 结合本章相关知识和平时的了解，谈谈当前什么类型的公司比较适合新三板上市或者 IPO，并说明理由。（可以举某行业或者某个知名企业的案例）

3. 谈谈企业新三板上市与 IPO 后对企业自身文化价值和市场价值建设有哪些具体的好处。（可以结合当下成功上市企业的例子）

4. 假设你是一名上市公司（包括新三板上市）的老总，除了本章中提到的激励管理模式外，你还有什么更好的手段来激励员工从而达到提高公司整体价值的目的？

5. 将各小组分成正反方，就企业是否要上市新三板展开辩论。

　　我们在第一篇里面介绍了企业估值的方法，什么是企业价值，为什么要挖掘企业价值。这篇我们主要介绍如何来挖掘其价值，就是企业需要明晰产权、制定企业目标、规范企业经营、形成企业合力、公开企业信息等等。这些过程，就是企业价值挖掘的过程，可以把企业内在价值充分地真正地体现出来。简单地说就是，让优质企业采用净资产法的估值方法，以大家信服的市盈率方法来评估价值，就可以让优质企业的价值上升几倍，甚至几十倍上百倍。也就是说企业从一个一般性公司走向资本市场的公众公司的标志，就是在资本市场上市或者挂牌。

第三章　企业价值的发现——尽职调查

尽职调查(due diligence)也称谨慎性调查,这指的是投资人与目标企业在达成初步的合作意向前提下,经过协商达成一致后,投资人对于目标企业所有与本次投资相关的事项进行必要的现场调查和资料分析的一系列活动。这一系列活动主要在收购、投资这些资本运作活动时进行,但在企业上市发行时,也需要事先进行相应的尽职调查,以此初步了解该企业是否具备基本的上市条件。

"尽职"这一概念最先起源于西方的法律文件中,指做事情的时候应该保持谨慎态度。谨慎态度分为一般意义的谨慎和非同寻常的谨慎,尽职调查属于后者。经过长期的演变发展后,尽职调查已从最开始的适用于法律的概念,被广泛运用于企业股份制改造、资本市场的并购和投资交易过程。在这些过程中进行的尽职调查,是对目标企业执行谨慎的调查和审计,使得收购或者投资方能够了解交易过程中有可能面临的各种风险。以目标企业的视角来看,通过尽职调查可以了解收购方或投资方的情况,基于这些来判断交易可能会给目标企业的股东、管理层以及职工带来多大的风险。尽职调查力求发现企业的各种风险,并确定防范可能存在的风险。

尽职调查的范围包括:业务尽职调查、财务尽职调查、法务尽职调查。涉及的机构有财务咨询公司,投资银行、会计师事务所、律师事务所、评估公司等等。

一、尽职调查的目的

尽职调查是协助投资者在做出投资决定之前能够得到所有关于该投资的重要资料,以便使投资者能够做出一个正确的决定。投资者自己或者委托第三方调查公司对企业进行尽职调查,是因为目标企业和投资者存在信息不对称的问题。因此投资者通过详细的、专业的调查能够全面地了解目标企业的情况。总而言之,投资者对目标企业尽职调查的目的可概括为以下三点:

1.发现项目或企业内在价值

投资者与目标企业彼此是站在不同的角度去分析企业的内在价值的,这就会产生一种估计偏差的问题,融资方对企业的内在价值可能高估也可能低估。因此,对企业内在价值进行评估是建立在尽职调查的基础上。

2.判明潜在的致命缺陷及对投资的不利影响

从投资者的角度出发,尽职调查是风险管理过程的第一步。任何项目都有可能存在各式各样的风险,举个例子,目标企业以往财务记录是否准确;在投资之后,公司的主要员工、供应商和顾客是否能够继续留下来;是否存在可能导致目标企业的运营或财务运作出现问题的因素;相关资产是否具有产权或相应价值等等。

3.为投资方案设计做准备

投资者不会像目标企业一样,清楚地了解企业各种各样的风险因素。因此,为了解决这一信息不对称的问题,投资者必须通过尽职调查来协助。投资者通过尽职调查认清了各项风险和法律问题以后,交易双方能够就相关风险和义务应由哪方来承担进行谈判,同时投资者也获得了一定的主动权,在基于尽职调查带来的信息的基础上,为投资后的经营管理做好预案。

二、尽职调查的程序

尽职调查的范围很广,不同的调查对象之间差异很大,每一个尽职调查项目都有其特性。但是一般来说,尽职调查包括以下程序:

①立项。

②成立工作小组。

③拟定调查计划。

④整理/汇总资料。

⑤撰写调查报告。

⑥内部复核。

⑦递交汇报。

⑧归档管理。

⑨参与投资方案设计。

在此期间,投资者应注意以下三点:

①项目在立项后,由专业人员加入工作小组实施尽职调查。

②充分了解目标企业组织架构和投资目的后,再拟订调查计划。

③尽职调查报告必须通过复核程序后方能提交。

投资者在对企业进行尽职调查的过程中，其投资者内部各部门所需负责的内容大致可归纳如图 3-1。

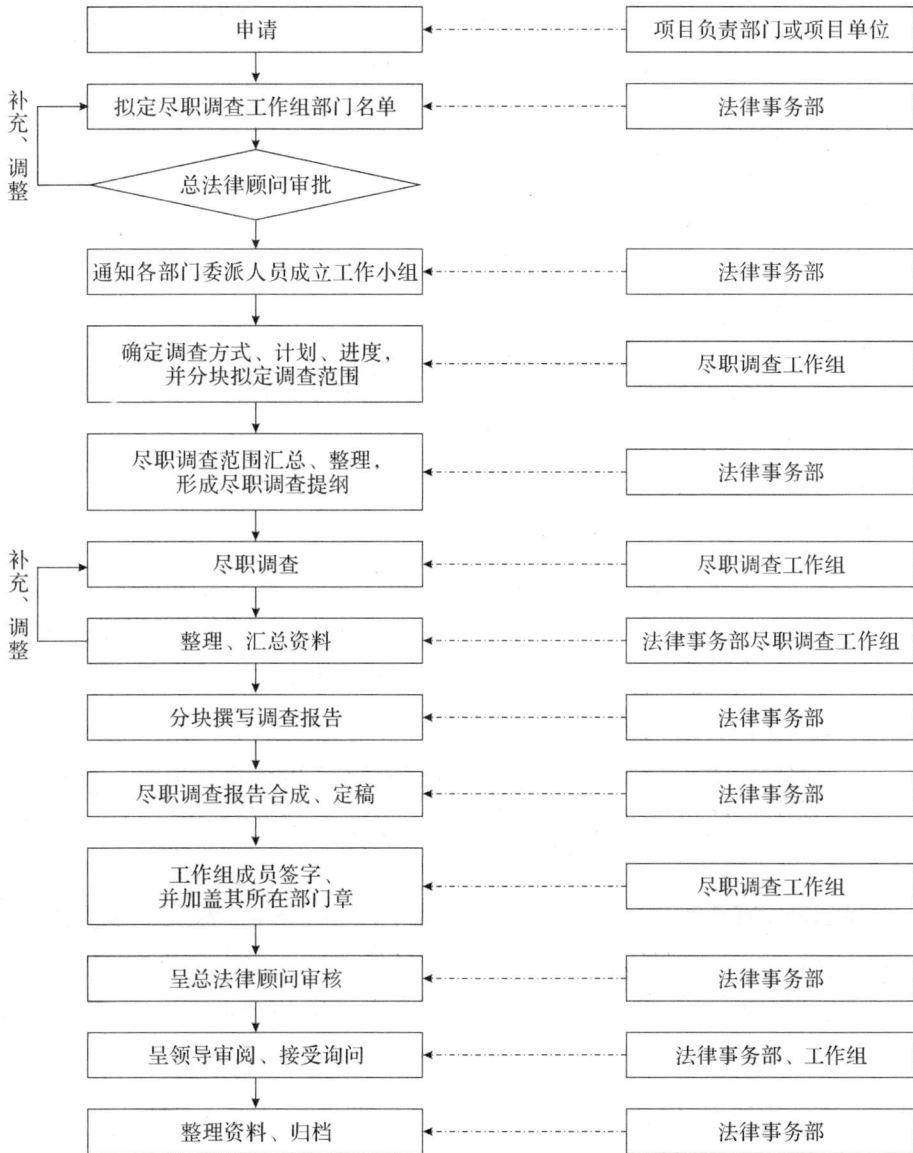

申请	←	项目负责部门或项目单位

补充、调整

拟定尽职调查工作组部门名单	←	法律事务部

总法律顾问审批

通知各部门委派人员成立工作小组	←	法律事务部
确定调查方式、计划、进度，并分块拟定调查范围	←	尽职调查工作组
尽职调查范围汇总、整理，形成尽职调查提纲	←	法律事务部

补充、调整

尽职调查	←	尽职调查工作组
整理、汇总资料	←	法律事务部尽职调查工作组
分块撰写调查报告	←	法律事务部
尽职调查报告合成、定稿	←	法律事务部
工作组成员签字、并加盖其所在部门章	←	尽职调查工作组
呈总法律顾问审核	←	法律事务部
呈领导审阅、接受询问	←	法律事务部、工作组
整理资料、归档	←	法律事务部

图 3-1　尽职调查流程

投资人对目标企业进行尽职调查时,要先把尽职调查过程中的各项环节所需要做的事项罗列出来,同时要明确尽职调查工作环节的先后顺序。

三、尽职调查清单——资料准备

尽职调查(简称尽调)清单的主要内容为:

①法律尽调清单。

②财务尽调清单。

③业务尽调清单。

(一)法律尽调清单

法律尽职调查的目的在于两点:确认公司存续和业务的真实性、合法性、合规性;避免因信息不对称带来重大交易风险。

法律尽职调查清单包括八项内容:

1.公司、公司股东及公司下属企业的组织文件

(1)完整的公司架构图示:该图应显示公司境内外全部下属企业(包括全资、控股、参股、合伙、联营企业,下同)的准确名称、公司在其中的持股/出资比例、他方股东/联营方名称及持股/出资比例;公司设立时、历次变更(包括但不限于注册资本、股东、出资比例、经营范围的变更)直至现行有效相关文件。

(2)公司目前的内部组织结构图示:应显示公司总部的内设机构、分公司、不具备独立法人资格的其他机构(如研发部)的设置情况,并简要说明各自的职能及相互的关系。

(3)公司的主要管理人员(包括但不限于董事长、副董事长、董事、监事、总经理、副总经理、财务负责人,下同)的姓名及简历、任期及委任文件。

(4)公司为从事其经营范围内的各项业务而获得的由政府授予的所有经营许可证和/或批文(包括但不限于生产、销售有关产品的许可证,自营进出口业务的批文等)。

(5)有关公司职工持股及认股权安排的详细说明以及与公司职工持股及认股权安排有关的所有文件。

(6)公司各股东的企业法人营业执照/事业法人或社团法人登记证书(若是事业法人或社团法人,并请提供设立批文、组织章程或其他组织性文件),如果是个人,应该要有身份证号。

（7）公司自设立以来的历史沿革介绍。

（8）公司历次股东会或其他类似会议的记录和决议。

（9）公司历次董事会或其他类似会议的记录及决议。

（10）公司及各下属企业的下列文件：

①设立批文（若是外商投资企业，请提供计划主管部门对可行性研究报告的批复文件、外经贸主管部门对合同及章程的批复文件、外商投资企业的批准证书；若是在海外设立的企业，请提供外经贸主管部门关于海外投资的批准文件）。

②企业法人营业执照或其他注册文件。

③章程或其他组织性文件。

④股东以非现金出资所涉资产评估报告及政府有关部门的相关批复。

⑤注册资本的验资报告。

⑥除公司以外的其他股东/合伙方/联营方的企业法人营业执照/事业法人或社团法人登记证书（若是事业法人或社团法人，并请提供设立批文、组织章程或其他组织性文件）。

⑦公司成为其股东/合伙方/联营方所依据的出资协议、股权转让协议、合伙协议或联营协议。

⑧为从事其经营范围内的各项业务而获得的由政府授予的所有经营许可证/批文。

⑨获得的由政府授予的高新技术企业/软件企业或其他企业定性的认定文件（包括但不限于生产、销售有关通信产品的许可证、自营进出口业务的批文等）。

⑩税务、外汇、海关等登记证书。

⑪主营业务简要介绍。

2.公司及其控股企业的融资/借贷文件

（1）以人民币或外币借款的贷款协议、相关的抵押、担保文件（若是外汇借款，请提供外汇主管部门的批准文件，以及外债登记证；若已开始还款，请提供还款进度证明）。

（2）银行同意提供信用额度或贷款的信函及授信协议。

（3）所有其他重大融资的文件和协议，包括融资租赁、经营租赁、销售后立即返租的安排以及分期付款的购买安排。

（4）公司或其控股企业或其独立会计师向债权人提供的有关公司或其控股企业遵守贷款合同要求的报告。

（5）公司及其控股企业互相之间提供的担保（包括但不限于保证、抵押、质押，下同）文件。

(6)与未列入资产负债表的任何项目(包括担保书、对冲或掉期交易等)有关的文件,并列出公司年度报表中没有列出的重要或有负债。

(7)有关担保/履约保证金的文件,包括:

①公司或其控股企业对任何第三方的负债做出的担保。

②任何第三方对公司或其控股企业的负债做出的担保。

③前述担保若涉及外币债务,请提供外汇主管部门的批准文件,以及对外担保登记证。

④前述担保中抵押、质押涉及法定登记手续的,并请提供有关登记证明文件。

⑤有关履约保证金的文件。

3.诉讼、仲裁或行政处罚程序(限于在报告期内对经营有重大影响者)

(1)列表说明所有对公司造成影响的(已结案但尚未履行的或开始起诉的或将来可能有的)诉讼、仲裁、索赔、行政处罚或政府机构的调查或质询,以及所有与上述事宜有关的文件、函件,包括答辩状及法律意见书。

(2)所有公司为当事方的(或对其具约束力的)裁决、判决、命令、和解协议及其他协议。该类裁决、判决、命令或协议将要求目标公司从事或停止从事某些活动。

(3)公司违反或被指控违反卫生、防火、建筑、规划、安全、劳动等方面的法律、法规、通知或诉讼。

4.房产和土地

(1)公司及其控股企业自有土地使用权和房产所有权的清单(请注明土地和房产的坐落、面积、用途、土地使用权性质及使用年限),并请提供下列文件:

①划拨土地的划拨文件和土地使用权证(若有)。

②出让土地的土地出让批准文件、土地出让合同、土地出让金交纳凭证和土地使用权证(或房地产证)。

③房产所有权证(或房地产证)。

④土地、房产的抵押合同及其登记证明。

(2)公司及其控股企业租赁使用的物业清单(请注明出租人名称、物业的坐落、面积、用途、土地使用权性质及使用年限),并请提供下列文件:

①租赁合同及其登记证明。

②出租人的土地使用权证、房产所有权证或房地产证、房屋租赁许可证。

5.环境保护

(1)公司的环境影响评价报告(表)及其批复。

(2)公司环保设施的竣工验收文件。

（3）公司排污许可证。

（4）公司排污收费情况。

（5）公司近三年的环保治理费用及今后两年准备用于环保设施的投资预算。

（6）公司因为遵守有关环境保护法规而获得的任何表扬和奖励。

（7）环保部门或管理机构给予目标公司的报告、通知、命令、罚款或调查的有关文件。

（8）过去五年内公司发生过的与环境污染有关的重大事故情况的详细介绍。

（9）一切与公司业务相关的环保监管法律、法规、政策、条例和行政规定。

6. 合同

（1）业务（采购、销售、对外合作等，下同）合同的格式或样本。

（2）重大业务合同。

（3）其他重要合同或协议。

7. 知识产权

（1）公司及其控股企业自有的专利、商标、服务标识、域名、商号、注册设计、版权、软件著作权、技术工艺和品牌、专有技术的清单及其注册证书、申请文件或其他相关证明文件。

（2）公司及其控股企业与第三方订立的有关专利、商标、专有技术的转让、许可协议、重要技术合作/开发/共享协议，及有关登记注册证明。

（3）公司及其控股企业现有或潜在的有关专利、商标、专有技术或其他知识产权的争议或纠纷的有关文件。

8. 公司员工事宜

（1）公司与职工签订的聘用合同标准格式或样本。

（2）公司现行的福利、医疗、退休等安排文件。

（3）公司的员工总人数以及离退休人员的总人数。

（4）公司的管理架构图。

（5）如曾受雇于其他单位的公司的主要人员，曾作为当事方与以前的工作单位签订过保密或不竞争协议，请提供有关资料。

（6）公司与董事、监事和管理人员之间订立的服务合约、就职务津贴或其他安排做出的协议、合同或贷款，以及与管理人员、顾问或与其它有关机构之间的任何安排。

(二)财务尽调清单

财务尽职调查通常情况下是外包给专业的会计师事务所来进行的,但也有例外。比如部分大型基金,会从会计师事务所的资深员工和有着多年实践经验的会计专家中挑选人员组成自己专门的财务尽职调查团队,进行财务尽职调查。财务尽职调查清单的主要内容可以概括为以下三部分:

1.法律性文件

包括各项从属于财务的相关法律性文件,其具体内容与上述法律尽调清单类似。

2.财务会计资料

(1)公司近三年及当期的注册会计师或财政、审计、税务等部门的审计报告书。

(2)公司现行会计政策及其重大变更的董事会决议案或企业主管部门的批准文件。

(3)公司近三年及当期的财务报表(资产负债表、利润表、现金流量表、科目余额表、明细账)、会计账册、凭证和相关资料。

(4)近三年及当期国、地税纳税审报表。

3.交易(近三年及当期)

(1)关联方的账户及所有与关联方相关的账户余额。

(2)所有重大关联交易的详情,包括交易性质和金额。

(三)业务尽调清单

业务尽职调查报告内容需包括以下几个方面:

1.商务模式调查(盈利模式、销售模式、生产模式、采购模式、研发模式)。

2.公司核心竞争力调查。

3.募集资金投向调查。

4.行业发展前景调查(产业政策、行业状况、行业上下游情况、行业壁垒)。

5.管理体系及运营情况调查(公司股权分布及股东状况、人力资源、管理团队、企业战略规划、生产管理能力、营销能力、政策环境适应和利用能力、资本运营能力、组织结构、激励机制、公司治理结构、公司荣誉)。

6.公司的影响力调查[大股东的知名度、品牌知名度、市场占有率、主要管理者(如CEO、技术、市场、生产主管)知名度、公司提高企业形象的做法与措施、公司与政府和社会的关系等]。

7.公司的产品与市场(产品市场现状、产品市场潜力、产业化实现能力评价、市场份额、市场竞争、产品定价、客户分析、供应商分析等)。

8.核心技术(技术原始来源、专有性和保密性、领先状况、技术成熟度、技术的生命力、技术和开发体系)。

9.风险分析(外汇风险、利率风险、研发风险、核心人员流失风险、投资决策风险、经营风险、市场风险、存货风险、违反管制条例、未果诉讼的相关情况、其他特殊风险)。

10.公司对未来的展望(业务发展规划、未来可能发展的新产品、新技术、新市场、新法规及财务活动可能造成的冲击)。

11.法律、财务尽职调查中相关的企业历史沿革、基本财务状况、资产状况、诉讼等问题的辅助业务调查。

四、现场尽职调查

现场尽职调查作为尽职调查的一项重要环节,在整个尽职调查的流程中必不可少,尽职调查同时也可以帮助团队更加实际地考察目标企业(项目)的实际运营状况,这也是投资人在对目标企业完成筛选之后进行进一步尽职调查的关键步骤。对于团队来说,现场尽职调查可以直观地对该企业生产情况和规模大小等产生主观具体的判断。通过与高管的直接交谈,更便于明确纸质材料当中存在的疑惑。

对企业的现场尽调具体可以体现在:

(一)纸质材料收集

在现场尽调之前,尽职调查团队收到标的企业的材料基本上是电子文件,而电子文件形式的资料(如商业计划书)一般不具有足够的法律效应以及准确性。通过尽职调查团队实地收集企业相关的纸质资料,整理出企业的详细资料,日后归档存放。同时,纸质材料的收集也是对于上述法律尽调清单、财务尽调清单和业务尽调清单的进一步归集,有效地提高了材料的规范性。

(二)业务与资产核实

现场尽调关键步骤在于业务与资产的核实,这一步骤也是投资人是否对目标企业进行下一步尽调的基础,投资者对于企业的投资决策相当程度上是取决于目标企业的各项财务指标,但必须建立在真实的基础之上。即通俗来讲,投资人对企业进行实地尽调的过程中必须核实财务报表的确实性和其经营业务的真实性,确认目标企业账实相符,确保企业合规经营,在此基础上,才能确认其具备可持续发展的基础。

投资人对目标企业进行实地考察过程中,应该深入了解该企业的主营业务运作状况,要确认企业拥有实际盈利能力,需要明确企业在运营过程中没有伪造经营数据。为了避免企业突然出现财务危机,必须确认企业业务明确,保证其拥有稳定现金流。对于资产方面,投资团队在实地考察时主要核实的是资产的真实性,商业计划书以及收集的纸质材料是否具备一致性,同时还需要关注的是企业资产所有权的归属。标的公司对于所属资产,尤其是生产性资产(农业企业中的生物性资产特别需要注意)必须做到来源合法、作价合理、性能状态完整。

(三)核心人员访谈

投资人为了深入地了解企业内部文化、评估企业各类非硬件实力以及更好地预测企业的未来发展前途,必须对核心人员进行访谈。人才是企业的核心竞争力,企业未来良好的发展离不开一个好的团队。在对企业核心人员进行访谈的过程中,投资人能够快速地理解商业计划书中的专业表述以及目标企业所处行业的特点,与此同时,投资人可以向企业核心人员提出更多的细节,这些资料有助于投资人了解企业进行融资的真实目的,为企业对接哪方面的资源是对其最有帮助的。

对核心员工的访谈,主要内容包括:

(1)团队成员各自的专长及其家庭背景是什么情况?

(2)团队成员的简历及成长经历、在公司的主要工作成果。

(3)团队成员是否有互补的经验或技术?

(4)团队是否认识到其在管理上的不足,是否正在为此寻找新成员加入?

(5)团队是否会畅所欲言地讨论其商业模式的改进?

(6)团队成员之前是否向公司投过钱?

(7)公司怎么给管理团队和其他员工发薪?

(8)公司是否实施了期权计划?期权授予谁?创始人和其他管理人员的股权比例分别是多少?

(四)业务往来单位访谈

投资人对业务往来单位进行访谈,是对与标的企业有着业务往来的单位的调查。目标企业的服务对象的口碑反馈能够很好地帮助投资人去判断目标企业是否拥有良好的业务能力。目标企业信誉是否可靠、业务是否良性也体现在其有着长期良好、稳定的业务关系。当与目标企业具有业务往来的单位对于目标企业的评价不够理想的时候,投资人就要谨慎地考虑所投资的目标企业是否有发展前景,是否具备竞争性。

在对有业务往来单位的访谈中,投资人可以从另一角度去审视目标企业的各项指标,这种"以他人的眼光来看待本人"的角度,能够帮助投资人对于目标企业进行综合判断,明确目标企业在产业链中的地位与影响力。

(五)应该注意的问题

尽调时,需做到尽调步骤及提供的相关证明材料或备案材料如下:

(1)收集资料:通过网络信息检索、行业报告阅读等多种形式收集企业资料。

相关证明材料:建立相应的资料搜索文件夹,对收集的材料进行整理、分类,表明出处,确定其可行度,选择性使用其中的观点或数据。

(2)面谈高管:这是非常重要的环节。与公司总经理,分管财务、销售、生产、质量、人事、采购等机构的副总经理或部门经理座谈,了解公司完整的运营流程,并了解高管的精神状态或敬业精神以及公司的企业文化。

相关证明材料:整理高管面谈记录,清晰记录面谈时间、参加人及会谈内容,各高管的名片整理。

(3)考察企业:对企业的经营、研发、生产、管理、资源等实施实地考察;对高管以下的员工进行随机或不经意的访谈,以便得出更深层次的印象或结论。

相关证明材料:记录考察流程及了解到的相关信息,获得相关证明文件的复印件,并请企业加盖公章,整理汇总相关照片,若可能,提供相应产品样品。

(4)竞争调查:梳理清楚该市场中的竞争格局和对标企业的情况。通过各种方式和途径对竞争企业进行考察、访谈或第三方评价;对比清楚市场中的各种竞争力量及其竞争优劣势。对竞争企业的信息和对比掌握得越充分,投资的判断就会越准。

相关证明材料:对获得的相关信息来源分类标注,如据企业介绍、网络搜索、竞争者实地考察、第三方访谈等。

(5)走访供应商:了解企业供应商,可以帮助我们判断企业情况,同时也从侧面了解行业竞争格局。

相关证明材料:整理走访供应商访谈记录、现场照片,整理供应商拜访名片并提供复印件。

(6)走访客户:可以了解企业产品质量和受欢迎程度,了解企业真实销售情况,了解竞争企业情况;同时,客户自身情况也有助于判断企业的市场地位,以及市场需求的潜力和可持续程度。

相关证明材料:整理走访客户访谈记录、现场照片,整理客户拜访名片并提供复印件。

(7)走访协会:了解企业的行业地位和声誉,了解行业的发展态势。

相关证明材料:整理走访协会访谈记录,获得协会提供的相应证明材料或行业数据,整理拜访名片并提供复印件。

(8)走访政府:了解企业的行业地位和声誉,了解政府对企业所处行业的支持程度。

相关证明材料:整理走访政府访谈记录,获得政府提供的相应文件材料,整理拜访名片并提供复印件。

(9)咨询中介:针对上市可行性和上市时间问题咨询券商、律师或会计师等中介机构,获得企业成熟度信息。

相关证明材料:整理访谈记录,获得中介机构相应的文字材料或报告,整理拜访名片并提供复印件。

五、行业尽职调查

在投资项目之前,投资人需判断投资项目企业所处的行业是否有价值。这样做的目的既是为了挖掘行业中的最佳投资机会,也是为了避免在投资中出现方向性的错误。当企业处于不景气或者受到政策调控的行业中,即使付出极大的努力,也无法产生良好的效益,投资人投资这种企业,有着极大的风险;然而,若企业处于一个发展上升通道并且符合国家产业政策的行业中,不难预测企业未来光明的前景,投资这样的企业会有很大的成功率。投资人只有在分析透彻整个行业的基础上,才能发现处于期间的机会点和风险。

行业分析过程中,要先从大处出发,来判别行业的优劣。通常情况下,一个好的行业有以下几个特征:

第一,行业市场容量大,且具有明显的增长趋势。比如光伏行业市场规模达到1300亿元,增长速度达到30%。

第二,行业符合国家政策导向,如国家重点扶持的行业。实际上,不是赚钱的行业都值得投资,比如博彩业利润很高,但是博彩业在我国管制较严,投资这样的行业结果可想而知,再比如一些高污染高能耗与过分依赖出口的行业,前者受到国家节能减排政策的打击,后者受到出口退税政策的打击,这些企业尽管过去呈现出高盈利能力,但能否持久盈利并且顺利上市值就得怀疑。

第三，行业的利润率足够高。处在利润率高的行业，企业的盈利相对容易，且具有更强的抗风险能力。

第四，行业中新企业进入的壁垒足够高。进入壁垒高的行业可以减小竞争风险，企业能够长久地保持在行业中的地位。比如军工、石化、铁路等都是高壁垒行业，不仅是政策壁垒，也包括技术壁垒和资本壁垒。

（一）做好行业分析的关键

1.明确行业分析的目的

行业分析的核心是为具体项目提供投资决策的依据，这区别于其他专业咨询机构的分析，它们所做的行业分析报告大多是为政府或行业提供大行业的参考意见。假如分析某一细分市场，那就不能只分析大的行业市场状况，还要仔细分析目标企业所在细分市场的状况和发展前景。

有了明确的分析目标，投资人应寻求以下问题的答案：

（1）行业规模为多少？未来几年增长速度能否保持在20％以上？

（2）行业内的价值链的组成情况是怎么样的？产业链中哪一段应该是最有投资价值的？

（3）行业内的龙头企业是哪些？总体利润水平如何？

（4）行业中的龙头企业能否走向资本市场？目前行业内已经上市的企业有多少？能否容纳更多的上市企业？

2.建立一套简单有效的资料收集和科学分析的方法

（1）根据提出的问题，我们应该有针对性地收集资料，一般的信息来源有：

①通过互联网络搜索可便捷地得到的行业报告。

②查询行业期刊、专业杂志。

③走访行业协会，对重点企业进行调查。

（2）资料收集完成后，需要针对资料进行科学分析，分析过程中需要重点关注：

①行业的增长空间。

②政府政策导向可能给行业带来的影响。

③行业的增值过程，应重点关注链段上增值幅度最大的节点。

④行业中主要的产品和技术水平。

⑤行业竞争的关键因素；根据需求分析质量、价格、服务；根据技术水平分析未来技术创新的方向与影响。

⑥行业内企业发展的决定因素：市场的需求，企业的市场地位，企业的技术、产品、

服务等(决定利润水平的关键因素)。

3.得出行业分析的结论

行业分析报告不是简单的数据或资料的罗列,而是围绕分析的目的呈现分析的结论。最终成文的报告里应给出以下结论:

(1)行业的未来成长性如何,是否具有投资价值。

(2)行业内的龙头企业是哪些。

(3)超越竞争对手的关键因素。

(4)行业内的企业是否能够走向资本市场或存在并购的机会。

根据以上行业分析的重点,投资人的行业分析将能更有效、更具有价值和意义。

(二)行业信息收集

收集行业信息常用的方法有以下几种,一是向咨询机构购买专业分析报告;二是向目标企业申请相关资料;三是实地走访行业协会或业内专家;四是参考行业内权威期刊;五是在中文期刊网、外方数据库等网站检索资料;六是通过外部网络检索等等。其中,最直接最实用的方法是通过外部网络检索行业信息。问题的关键在于如何在海量的网络信息当中找到投资人需求的行业信息,因此,推荐如下几种更为直接便捷的行业信息收集方法:

1.有效利用搜索引擎,如谷歌、百度等

谷歌和百度是目前最常用的两款搜索引擎,在需要检索信息时,只要输入关键词就轻而易举地搜索到海量相关信息。但输入不同的关键词搜到的结果会大不相同,为了更准确地收集到投资人想要的信息,可以尝试把关键词上打双引号(关键词不会分开),或者加上文件格式。比如,直接输入"光伏行业分析"搜索结果多是咨询公司提供的需要付费的报告,但是输入"光伏行业分析. pdf"或者"光伏行业. doc"更可能搜索到免费的 pdf 或 doc 格式的分析报告,从这些免费的分析报告中我们能发现很多有价值的信息。此外,使用"百度知道",只要输入问题就可以检索到许多相关问题的答案。

2.用好公司网站和行业门户网站

通过搜索引擎等,在对行业情况有初步了解后,通过浏览行业中的重点企业官方网站或行业门户网站等,可以获取许多重点信息,尤其是关于企业背景介绍的信息、行业信息等。行业门户网站汇集了与行业相关的众多信息,特别是行业发展的最新动态,例如"中国化工网""中国纺织网""中国医药网"等等,其中中国化工网还免费提供了很多化工产品的报价信息和价格走势,对于行业分析具有非常重要的参

考价值。

3.学会通过行业论坛搜索信息

行业论坛当中往往活跃着对该行业有深入了解的人士,比如证券公司的行业分析师,从事这个行业的企业技术专家、营销专家、管理专家等,他们的一些比较有参考价值的文章往往通过谷歌和百度难以搜索到或没有权限查看,但是只要注册成为论坛的会员,就有可能浏览到这些文章,并且结交到行业内的朋友。需要指出的是,大部分专业论坛里面的资源不是免费享用的,需要依靠积分或者购买才能得到,当然也有例外,如"中国新能源论坛""中国触摸屏网""中国半导体网"等资源丰富,而且所有资料都可以免费下载。

4.从博客写手中获得行业资讯

用谷歌和百度博客搜索栏搜索"××行业"可以得到相当数量的关于该行业的博文,通过博文可以找到专业的博客,进而在其博客中获得更多有价值的信息。行业内的很多专家也开设了博客,他们的见解也有很高的参考价值。

5.从招股说明书中挖掘信息

上市公司招股说明书介绍了行业的一些情况,包含行业的主要特点、国内外行业发展的基本情况、行业的市场容量及竞争情况、行业与上下游行业之间的关联性、进入行业的主要障碍、行业利润率水平、影响行业发展的有利和不利因素等等。招股说明书补充和完善了投资人的行业分析报告。"巨潮资讯网""金融界"等证券门户网站有着招股说明书的信息,而新股或次新股的招股说明书里的行业信息比较新,更具有价值。

6.加入行业中的"群"或"圈子"

加入一些行业圈子或行业群,可以有效简洁地了解相关行业的基本信息。因为通过这种方式,我们能够直接接触到在这个行业中的各色各样的人。在与他们交往的过程中,可以获得很多第一手信息,这些信息是其他途径难以获得的。

(三)对标企业分析

对标企业指国内外同业先进企业,在对目标企业的对标企业的分析过程中,投资人能够总结该企业在行业内的基准水平,与对标企业有着多少的差距。对比之后,也可以了解目标企业的优势在什么方面,怎样弥补劣势发扬优势,怎样靠拢甚至超越对标企业,这些情况投资人都能从分析过程中得到。

投资人不仅对企业提供资金帮助,并且应该在投资过程中给予相关帮助企业发展的建议。

（四）行业专家访谈

投资人作为金融类专业人员，不可能深刻了解每一个行业，这种情况下，投资人必须和标的企业相关行业专家交流，在与行业内专家交流的过程中，投资人增强了对该行业的了解，其中包括了行业内的潜规则、灰色地带等一些不容易被外人熟悉的特殊情况。投资者通过与专家的交流访谈，客观掌握了该行业的基本情况，有利于最终决策。

六、尽职调查报告编写

尽职调查小组在参考上述尽职调查的各项内容以后，撰写相关的尽职调查报告，形成尽职调查结论，提交决策层进行决策。公司决策层参考尽职调查报告进行决策，所以尽职调查报告的质量影响了公司决策质量。尽职调查报告应该充分挖掘出目标公司可能存在的风险和核心优势。所以，公司对尽职调查报告的撰写要求非常严格。尽职调查报告的格式和内容如下所示。

（一）标准化尽职调查格式

标准化尽职调查模板的内容如下：

（1）尽职调查报告——公司概况与历史沿革。

（2）尽职调查报告——产品与服务。

（3）尽职调查报告——技术与研发。

（4）尽职调查报告——行业与市场。

（5）尽职调查报告——管理与团队。

（6）尽职调查报告——发展战略与经营预测。

（7）尽职调查报告——财务。

（8）尽职调查报告——法律。

（9）项目估值与收益预测。

报告的陈述中，尽职调查小组须披露调查所要求进行的内容、必须了解的事项、需要接受访谈的人，要求关注的问题和风险点无遗漏，保证基础资料的全面，不出现相关的信息盲点。对于在尽职调查过程中由于条件所限未了解的事项，必须在报告中予以提示并说明原因。

该格式模版确保尽职调查的基本质量，防止出现由于人为因素而导致调查结果的千差万别,节省了沟通成本,同时便于新手快速熟悉尽职调查编制程序,也使外聘机构能够基本了解我方对于尽职调查在细节上的要求和需要达到的结果。在尽职调查编制中也预留了充分的空间,以便尽职调查人员进行分析和评论,充分发挥其个性化的专业技能。

(二) 对重要事项进行固定汇报提示及注意事项

一个项目的成功与否,极大程度上取决于尽职调查者对该企业重要事项的调查以及对尽职调查中的注意事项是否把控合理。因此,投资人必须凭借行业尽调时总结的注意事项以及目标企业自身特点关注所需着重调查的事项,以在最大限度上保障其决策的正确性。

首先,根据尽职调查已有经验,公司对于尽职调查中所经常出现的重大事项及风险进行重点报告和提示制度,不仅应该在尽职调查报告中反映,在对公司向决策层汇报的过程中必须对这几大类风险的大小和后果以及所需要采取的方法和策略进行严格陈述,几大类风险如下:

(1)市场风险。市场作为企业立足的根本,其本身具备极大的不确定性,投资人在调查企业时要注重其行业的发展状况。尽管一个企业盈利能力很高,但是所在行业为夕阳行业,其未来的发展预期较低,并不适合投资人对其投资,而类似于金融科技行业,虽然目前为止行业内企业多处于亏损,但是在其高速发展的过程中,一旦有技术或运用层面的突破,很容易带动企业产生由亏转赢的飞跃。并且,投资人还必须把握目标企业身处的市场不确定因素可控,而且行业的发展趋势是相对明确或稳定的,以免投资者因整个行业带来的风险而遭受损失。

(2)技术与专利风险。在信息化时代的今天,技术与专利所面临的风险显著提高,企业竞争力的核心主要是技术与专利。因此,投资者在调查一个企业时,务必关注企业的技术与专利的风险,如果需要,也应参与对企业的技术与专利的保护,具体保护措施如下:

①加强知识产权体系建设。企业首先应当加强知识产权体系建设,根据企业自身特点和发展目标,构建符合自身发展特色的知识产权体系组织结构,包括企业风险管理部门、知识产权管理部门、人力资源管理部门和法律、专利律师部门等关联机构及执行机构,明确各部门功能权责,并建立完善相应的知识产权管理制度和管理流程,规范研发成果专利申请、技术秘密等各方面制度,形成科学、合理、可行有效的管理制度。

②实施知识产权风险预警。知识产权风险的产生是经营管理中存在的不确定因素造成的,降低风险的主要且有效途径之一是实施加强风险防范。在企业经营活动的

过程中,应实施知识产权评审,在项目立项阶段,认真仔细进行专利检索和分析评判;研发活动完成后,仔细评审知识产权保护形式,及时采取申请专利等不同形式对研发成果进行保护;评判生产工艺路线,选择相对更为合适的工艺路线;在采购阶段评价供应商知识产权状况,以避免由于供应商对他人知识产权的侵权给企业造成知识产权风险;在新产品销售阶段,加强商标、营销方案、广告语等相关知识产权查询,规避侵权风险,同时还应当加强对竞争对手的定期监控,防止竞争对手剽窃专利而给本企业造成知识产权侵权风险。此外,若企业研发的新产品是委托他人制造,在合同中需对知识产权的归属进行明确的规定,签订保密协议等具有法律效力的条约,以防他人在受托生产的过程中占有本企业知识产权。

③建立健全知识产权档案。知识产权档案是侵权纠纷中的重要法律证据,健全完备的知识产权档案可有效地防卫侵权诉讼。健全完整的知识产权档案包括研发活动的研发记录、知识产品评审资料、专利申请文件资料等与研发成果相关的所有资料和文件,其中专利内容不仅包括技术研发相关文件、申请专利原始文件、专利证书等,还应包括专利申请修改过程文件、专利年费缴费票据、专利变更文件等。为了更好地防范和应对知识产权风险,企业的知识产权档案应根据知识产权活动的特点进行整理归纳,保证各类资料文件的完整完备。

④采取合同约束防范措施。合同是市场经济活动中重要且基本的法律文件,企业在知识产权风险管理中应积极地利用合同的法律效力防范风险。知识产权风险管理中合同约束的对象主要有合作方和企业人员。在采购环节中要求供货商在合同中明确进行知识担保,确保所提供的产品不侵犯他人知识产权。自主研发产品委托他人制造时,企业与指定厂家签署合同时,应在合同条款中对知识产权归属问题进行明确规定,尤其对于合作开发的技术,应明确合作中各方对研发成果所占有的所有权。

企业的技术与知识产权得到有效保证之后,才能使投资人对目标企业价值定义明确,从而正确评估企业的内在价值。

(3)财务风险。一个企业是否具备投资价值,不可忽视企业内部财务是否具备风险。不同的企业存在的财务风险大小也不同,一般目标企业可以分为:上市公司、国有企业、合资企业、民营企业、集体企业等等。因此投资人在对企业进行尽职调查的过程中,在正确定义目标企业所属的性质中,切不可忽视企业内部的财务危机。

首先,必须关注企业财务投资人如下五个方面:

①过往业绩的变动趋势的原因和持续性。

②主要财务指标与行业平均水平的差异。

③是否有表外负债或表外资产,以及短期长期偿债能力。

④是否具有健全有效的内部控制制度(可以查阅参考审计师的内控审计报告)。

⑤税务问题(除公司自身税务情况外,还需关注投资或收购方案所涉及的税务问题)。

在了解上述事项之后,投资人可以通过聘请专业第三方审计机构的方式,对企业的会计主体概况、财务组织、薪酬税费及会计政策、会计报表(利润表、资产负债表、现金流量表、所有者权益变动表)进行核查,为保证专业第三方机构在核查过程中切实履行尽职义务,投资人可与聘请的专业第三方机构签订相关协议,要求其承担尽职调查过程因自身失职导致投资损失的赔偿责任。

(4)法律风险。其中具体指:产权争议瑕疵、对外担保、关联交易、法律诉讼与争议、被投资企业及其负责人品格和信用。法律作为企业不可逾越的红线,其重要性对于投资人来说不亚于企业本身所需要防范的风险,一旦企业触及法律红线,将面临的是企业的瓦解。而防范企业的法律风险需要关注以下核心要点:

①目标公司和附属机构的历史沿革是否清晰,法人治理制度是否健全。

②目标公司的董监高(董事、监事和高级管理人员)人员是否具备任职资格(或竞业禁止情况),股东结构是否符合法律法规的规定。

③目标公司主要资产(包括有形资产和无形资产)产权是否明晰,来源是否合法。

④报告期内受到司法或行政处分的情况,在诉案件及或有诉讼对公司的影响,以及公司以往的诉讼情况结果等。

⑤目标公司相关经营资质是否完整、有效。

⑥目标公司关联交易的情况,重点关注关联交易的真实性、必要性和交易价格的合理性。

最后需要指出的是,对可能普遍存在现金交易、商业贿赂等违法违规事项的行业,律师应会同财务人员加大对目标企业的核查力度,力求充分发现潜在的法律风险。

(5)道德风险:道德风险是非量化风险,众多人为因素夹杂其中,复杂程度较高,需要认真分析判断,对目标企业进行尽职调查的最终目的是全方位掌握企业的运营情况,但是投资人获取目标企业的各项资料大多来自于企业高管,而高管在提供各类财务报表、公司章程等内容时,有可能夸大企业的运营能力及财务状况,导致投资人在阅读这些材料时误认为企业发展潜力大且具备投资价值,"账面繁荣"体现的是投资人需要面临的道德风险,即投资人在阅读企业提供的材料过程中必须要判断材料的真实性,利用专业能力辨别财务报表等是否具有真实性,或可聘请专业机构审核,以防止由于道德风险而产生的逆向选择。

除此之外,对于不能通过项目交易条件解决的重大风险也必须报知,应当在投资决策中权衡利弊,最终得出结论。

在尽职调查程序和决策程序过程中,应强化投资经理与项目参与人员的风险意识,使其在尽职调查中主动有意识地去发掘和分析项目所存在的各类风险,从而达到通过尽职调查提升企业风险控制水平的作用。

七、思考题

(以下思考题皆为开放性的讨论,没有标准答案和模板,言之有理即可,注意要结合实际,答案最好具有前瞻性和自己的想法。同学们回答问题时要胆大心细,不要拘泥于传统的理论或者模型,要独立思考,经济学方面往往没有绝对的标准或者答案,说不定你的下一个回答就是解决众多经济难题的突破口)

1.选择一家新三板公司,若其要进行收购重组,谈谈尽职调查工作中重点需要关注的方面。

2.员工是企业运作的重要资产,那么在尽职调查工作中,要不要对企业的人力资源进行尽职调查呢?如果需要,人力资源尽职调查应该包含哪些内容?

3.2018年3月29日,融创中国发布了2017年的业绩公告。其中,融创中国为乐视系投资计提165.6亿元相关损失,包括21亿元坏账损失拨备、99.8亿元的减值拨备以及44.8亿投资损失。为什么这次投资在如此短时间内损失如此巨大?主要责任是不是出在尽职调查工作中?如果是,那是尽职调查哪方面出现了问题?谈谈你的看法。

第四章 企业价值的评估——财务审计

一、财务审计的概念与内容

(一)财务审计的概念

随着现代经济发展,财务审计应运而生,并且是审计工作的主要组成部分。对于企业而言,财务审计是企业价值挖掘与管理的相当重要的审核方式。财务审计的目的是解决企业在上市挂牌时的有关财务问题,企业在上市挂牌前,需要了解内部的财务状况并根据实际的财务状况做出适宜的经营决策,通过财务审计的方式公开自己的财务信息和经营情况,公开自己的财务报表,来获得更多投资机构的关注,以及市场对应的估值定价,实现企业价值。

财务审计是指专职机构和专职人员按照相关法律法规和相关财务审计准则规定的要求和流程对有关企业的资产、负债、所有者权益及其财务信息和相关经济活动进行审计监督,并对企业经营管理者应承担的经济责任进行审查、监督与审评,最终由具有审计资格的会计事务所的注册会计师对被审计企业会计报表反映的会计信息依法做出客观、公正的评价,形成财务审计报告。

(二)财务审计的内容

财务审计内容是企业资金运动的过程中的会计反映及其内在联系,即财务审计的是会计核算和反映的内容,包括会计资料及其有关经济资料所反映的财务收支和经济活动,具体表现为资产、负债、所有者权益、收入、费用和利润六大要素及现金流量表和股东权益变动表以及财务报表附注。

1.资产负债表审计内容

资产负债表由资产、负债、所有者权益三个要素构成,这些要素能够反映某一特定时间节点上企业的财务结构和状况。资产是指企业在过去的交易或者事项形成的,由企业拥有或者控制的,预期会给企业带来经济利益的资源;负债是指企业过去的交易或者事项形成的,预期会导致经济利益流出企业的现时义务;所有者权益是指企业资产扣除负债后由所有者享有的剩余权益。

企业资产负债表审计内容要求:

(1)证实各项资产、负债及所有者权益在特定日期均存在,并且各项资产所有权确属企业,各项负债均是企业正常经营活动中形成的义务,即对报表真实性认定的检查。

(2)证实企业的各项经营、业务活动均已反映在报表中而无遗漏,即对报表完整性认定的检查。

(3)审查各项资产、负债、所有者权益等要素是否按适当的方法进行计价和折旧/分摊/资产减值测试,列入会计报表的金额是否正确,并在报表中已进行适当地分类说明和披露,即对报表账记金额准确性及表达与披露的审查。

2.利润表审计内容

利润表由收入、成本、费用三个要素构成,这些要素能够反映某一时期内企业的经营成果及其形成过程。收入是指企业在日常活动中所形成的,会导致所有者权益增加的,与所有者投入资本无关的经济利益的总流入;费用是指企业日常活动中发生的,会导致所有者权益减少的,与向所有者分配利润无关的经济利益总流出;利润是指企业在一定期间的经营成果。

企业利润表审计内容要求:

(1)证实各种收入、成本、费用在一定时期内确已发生,即对报表真实性认定的检查。

(2)证实一定时期内所有的收入、成本、费用均已确认而无遗漏,即对报表完整性认定的检查。

(3)证实收入、成本、费用等要素均已按适当的方法进行计价。收入按合理的方法归类确认,且收入的确认方式符合规定;成本、费用以适当的方式进行归集与分摊,即对报表的估价与配比性认定的检查。

(4)证实是否按法定程序计算利润、计缴税金、分配利润。

3.现金流量表审计内容

现金流量表由经营性现金流量、投资现金流量、融资现金流量三部分构成,是反映在一定时期内,企业的现金(包含银行存款、其他货币资金)的增减变动情形,可以用于分析企业的现金结构。

企业现金流量表审计内容要求：

（1）证实各种现金的收入和支出在一定时期内确已发生，即对报表真实性认定的检查。

（2）证实一定时期内所有的现金的收入和支出均已确认而无遗漏，即对报表完整性认定的检查。

（3）证实现金的收入和支出已按其实际反映的业务属性准确匹配，即对报表的准确性认定的检查。

综上所述，在对公司财务进行审计的过程中，核心的内容就是确认各类报表及相关数据的真实性、完整性、准确性。

二、财务审计流程

我国财务审计的主体有国家审计机关、会计事务所以及企业内部的审计机构。一般企业主要是由会计事务所进行审计，会计事务所进行财务审计的流程可以分为以下几个阶段：

（一）第一阶段：业务委托

事务所申请审计财务审计的业务委托，会计事务所要依据有关职业准则以及企业的诚信度进行决策是否接受业务委托。一旦会计事务所接受了业务委托，会计事务所要确保在计划审计工作时达到以下要求：

（1）注册会计师已具备执行业务所需要的独立性和专业胜任能力；

（2）不存在因管理层诚信问题而影响注册会计师承接或保持该项业务意愿的情况；

（3）与被审计单位不存在对业务约定条款的误解。

若要求符合后会计事务所与企业进行下一步的工作计划，并签订审计业务约定书。

（二）第二阶段：计划审计工作

为使会计事务所高效地完成审计目标，计划审计工作是非常有用的。进行审计工作前，首先要确认会计事务所接受该企业的业务委托是不是第一次，如果是首次，那么需要进行以下事件：

1. 与被审计单位相关人员面谈，讨论下列事项：

(1)审计的目标。

(2)审计报告的用途。

(3)管理层对财务报表的责任。

(4)审计范围。

(5)执行审计工作的安排，包括出具审计报告的时间要求。

(6)审计报告格式和对审计结果的其他沟通形式。

(7)管理层提供必要的工作条件和协助。

(8)注册会计师不受限制地接触任何与审计有关的记录、文件和所需要的其他信息。

(9)利用被审计单位专家或内部审计人员工作成果的程度(必要时)。

(10)审计收费。

2. 初步了解被审计单位及其环境，并予以记录。

3. 征得被审计单位书面同意后，与前任注册会计师沟通。

会计事务所以了解的相关信息为基础，进一步开展审计工作，并且制定出合理、科学的审计计划，各个人员进行分工协作。通常情况下，会计事务所制定的审计工作计划包括：在期审计业务开始时开展的初步业务活动；制定总体的审计策略以及具体审计计划等。

(三)第三阶段：实施风险评估程序

评估程序是指注册会计师实施的了解被审计单位及其环境并识别和评估财务报表重大错报风险的程序。审计准则规定实施评估程序作为评估财务报表层次和认定层次重大错报风险的基础，是会计事务所在审计过程中必不可少的程序。了解被审计单位及其环境是一个动态和连续的过程，这个过程需要采集大量的数据信息，在整个审计过程中都需要进行风险评估程序。

(四)第四阶段：实施控制测试和实质性程序

测试是指用于评估被审计单位内部控制在防止或发现并纠正认定层次重大错报方面的运行有效的审计程序，控制性测试可以测试内部控制运行是否有效。实施控制测试和实质性程序有助于提高审计人员的工作效率，并且将重大错报风险降至合理的水平。在进行控制性测试前我们需要了解和评价内部控制的工作主要包括：

1.了解被审计单位整体层面内部控制的设计，并记录所获得的了解。

2.针对被审计单位整体层面内部控制的控制目标，记录相关的控制活动。

3.执行询问、观察和检查程序，评价控制的执行情况。

4.记录被审计单位整体层面内部控制的设计和执行过程中存在的缺陷以及拟采取的应对措施。

（五）第五阶段：完成审计工作和编制审计报告

所有工作完成后，注册会计师综合处理审计工作过程中获取到的信息，运用审计专业知识来判断编制审计报告。首先在审计业务完成阶段需要进行以下工作：

1.召开项目组会议，汇总审计过程中发现的审计差异，根据错报的重要性确定建议被审计单位调整的事项，编制账项调整分录汇总表、重分类调整分录汇总表、列报调整汇总表、未更正错报汇总表以及试算平衡表草表。

2.与被审计单位召开总结会，沟通下列事项，形成总结会会议纪要并经双方签字认可：

（1）审计意见的类型及审计报告的措辞；

（2）账项调整分录汇总表、重分类调整分录汇总表、列报调整汇总表、未更正错报汇总表以及试算平衡表草表；

（3）对被审计单位持续经营能力具有重大影响的事项；

（4）含有已审计财务报表的文件中的其他信息对财务报表的影响；

（5）对完善内部控制的建议；

（6）执行该项审计业务的注册会计师的独立性。

应获得被审计单位同意账项调整、重分类调整和列报调整等事项的书面确认；如果被审计单位不同意调整，应要求其说明具体原因。根据未更正错报的重要性，确定是否在审计报告中予以反映，以及反映的方式。并且在对上述有关问题与治理层沟通时，应提交书面沟通函，获得治理层的确认。

3.编制试算平衡表。

4.对财务报表进行复核，评价财务报表的总体合理性。如果识别出未曾识别的重大错报风险，应重新考虑对全部或部分交易、账户余额、列报评估的风险是否恰当，并在此基础上重新评价之前实施的审计程序是否充分，决定是否有必要追加审计程序。

5.对于项目组成员间意见分歧的解决,应记录于专业意见分歧解决表中。汇总重大事项,编制重大事项概要。

6.评价审计结果,形成审计意见,并草拟审计报告。

(1)对重要性和审计风险进行最终评价,确定是否需要追加审计程序或提请被审计单位做出必要调整:

①按财务报表项目确定可能的错报金额。

②确定财务报表项目可能错报金额的总计,以及其对财务报表层次重要性水平的影响程度。

(2)对被审计单位已审计财务报表形成审计意见并草拟审计报告。

7.由项目负责经理复核工作底稿。

8.由项目负责合伙人复核工作底稿。

9.必要时,实施项目质量控制复核。

10.向适当的高级管理人员获取经签署的管理层声明书,并确定其日期与审计报告的日期一致。

11.撰写审计总结。

12.完成审计工作和情况核对表。

13.完成业务复核核对表。

14.正式签发审计报告。

审计报告格式如下:

审计报告

S公司全体股东:

我们审计了后附的S公司财务报表,包括20×7年×月×日的资产负债表,20×7年的利润表、现金流量表和股东权益变动表以及财务报表附注。

一、管理层对财务报表的责任

按照企业会计准则和《××会计制度》的规定编制财务报表是S公司管理层的责任。这种责任包括:设计、实施和维护与财务报表编制相关的内部控制,以使财务报表不存在由于舞弊或错误而导致的重大错报;选择和运用恰当的会计政策;做出合理的会计估计。

二、注册会计师的责任

我们的责任是在实施审计工作的基础上对财务报表发表审计意见。我们按照中国注册会计师审计准则的规定执行了审计工作。中国注册会计师审计准则要求我们遵守职业道德规范,计划和实施审计工作以对财务报表是否不存在重大错报获取合理保证。

审计工作涉及实施审计程序,以获取有关财务报表金额和披露的审计证据。选择的审计程序取决于注册会计师的判断,包括对由于舞弊或错误导致的财务报表重大错报风险的评估。在进行风险评估时,我们考虑与财务报表编制相关的内部控制,以设计恰当的审计程序,但目的并非对内部控制的有效性发表意见。审计工作还包括评价管理层选用会计政策的恰当性和做出会计估计的合理性,以及评价财务报表的总体列报。

我们相信,我们获取的审计证据是充分、适当的,为发表审计意见提供了基础。

三、审计意见

我们认为,S公司财务报表已经按照企业会计准则和《××会计制度》的规定编制,在所有重大方面公允反映了S公司20×7年×月×日的财务状况以及20×7年的经营成果和现金流量。

××会计师事务所	中国注册会计师:×××
(盖章)	(签名并盖章)
	中国注册会计师:×××
	(签名并盖章)
中国××市	二○×八年×月×日

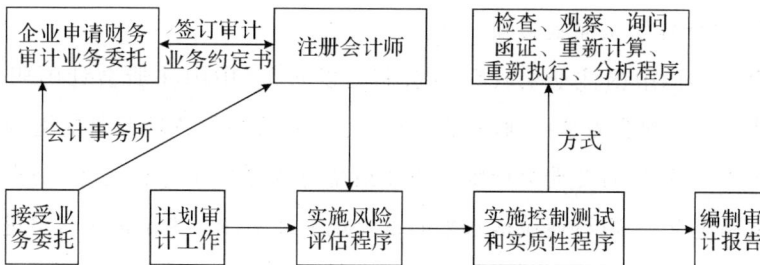

图 4-1　会计事务所进行财务审计过程流程

三、企业如何对待财务审计环节

（一）企业如何正确选择会计事务所

正确选择会计事务所，不仅可以提高企业审计工作质量，也可以为企业带来新的发展，经信誉良好的会计事务所公布的审计报告可以提高投资者对企业的信任度。

我国的会计事务现存在以下问题，相关解决政策如下：

1. 会计事务所的审计独立性不强。审计独立性是指注册会计师不受那些会削弱或虽然有合理的估计但仍会削弱注册会计师做出无偏审计决策的能力的压力及其他因素的影响。独立性对于审计工作而言至关重要，因为审计工作涉及市场经济的利益公平，独立性是审计的灵魂，如果没有独立性审计将失去其权威性和存在的价值。在实际生活中社会审计独立性往往会受到人为因素的影响，主要表现在以下两点：

第一，高额的收费对独立性的影响。被审计企业是会计师事务所的主要收入来源，注册会计师极可能因为受到利益的诱惑而弱化原有的独立性，有的甚至在没有实施必要的审计程序就出具审计报告。

第二，非审计服务对审计独立性的影响。如果会计师事务所对同一客户提供非审计服务并进行审计，会对审计报告产生影响，事务所会担心出具保留意见或否定意见的审计报告很可能会失去企业客户和其他服务收费。这样容易使审计者和被审计单位形成"利益共同体"，从而丧失独立性。

2009 年 10 月，中国注册会计师协会制定发布了《中国注册会计师职业道德守则》，针对注册会计师业务承接、收费报价、专业服务开展等各环节可能遇到的与遵循职业道德相关的情形，对注册会计师的职业道德行为做出了全面规范，是指导注册会计师职业道德建设、保障行业诚信水平的重要规范性文件。为了进一步增进注册会计师对职业道德守则的理解和执行，促进诚信水平和职业道德水平的提升，中注协通过征集行业意见并结合行业监管实践，就注册会计师理解和执行守则过程中遇到的实际问题形成了问题解答。

2. 审计程序简化，审计信息质量低下。自我国注册会计师制度恢复重建以来，注册会计师事业不断地发展和壮大，各个中小事务所的市场竞争变得异常激烈，各事务所之间通过压价来抢占市场,甚至出现收费只有实际规定的标准的 50% 的情况,过低的服务费导致审计工作的质量难以保证。

2012 年财政部印发的《中国注册会计师审计准则第 1101 号——注册会计师的总体目标和审计工作的基本要求》等 38 项准则的通知,对规范审计工作质量制定了相关准则。

3.审计报告质量不佳,审计报告是注册会计师对所审计财务报表发表审计意见的书面报告,是注册会计师与财务报表使用者沟通所审计事项的主要形式,对增强财务信息的可信性起着至关重要的作用。现行审计报告具有格式统一、要素一致、内容简洁、意见明确等优点,但也存在着信息含量和决策相关性不高的缺陷。为此 2016 年 12 月 23 日,财政部印发《在审计报告中沟通关键审计事项》等 12 项中国注册会计师审计准则(新审计报告准则)。该准则要求在上市公司的审计报告中增设关键审计事项部分,披露审计工作中的重点难点等审计项目的个性化信息。其中,要求注册会计师说明某事项被认定为关键审计事项的原因、针对该事项审计工作的实施程序,但该准则仅针对上市实体的审计业务。除该准则外,"对财务报表形成审计意见和出具审计报告""在审计报告中发表非无保留意见""在审计报告中增加强调事项段和其他事项段""与治理层的沟通""持续经营""注册会计师对其他信息的责任"等。

(二)企业如何做到财务诚信

中小企业主动公开自己的财务报表、经营情况等,目的在于获得更多的投资机构的关注,以及市场对应的估值定价,从而充分挖掘企业价值。之后,企业对于今后竞争力的描述、对未来发展的评估和梳理,将反映出未来的融资能力、未来的企业估值。

企业要审计监督企业的财务收支活动的真实性、合法性,并做好会计报表鉴证。社会各方面对于企业财务信息的需求可以通过以上工作得到满足,这将会促进宏观调控服务,充分发挥市场机制作用。做好内部审计工作、协助企业提高经营管理水平、促进企业经济效益的稳步提高,是现代企业财务审计的基本任务。企业在财务上面做任何造假的手段,最终都会被公之于世,所以企业为了某种目的而造假,只会阻碍企业的正常发展。

然而现实中,在审计过程中存在着企业财务报表造假的手段越来越隐蔽、越来越复杂的现象。单从原始凭证上看,假购货发票、假入库单、假出库单、假保管账、假成本计算单等就一应俱全。企业在假的原始凭证的基础上，采取假账真算的办法，依照正确规范的核算程序和方法，"按部就班"地进行会计处理，导致企业账目看起来很好，但实际假中有真，真中有假，鱼目混珠，真假难辨。下面我们举一个事例具体说明。

假设某国内上市公司，总股本 2 亿股，业绩较差，正常情况下可以取得每股利润 0.2 元，此时的每股股价 10 元，则市盈率 50 倍（10/0.2＝50）。这时来了一个庄家，觉得该家上市公司不错，在一段时间压低股价后决定购买了其 40％的股票，即 8000 万股，每股 5 元，庄家总共投 4 亿元（8000 万×5 元）。

紧接着，该上市公司把一笔分文不值的劣质资产高价卖出，假设劣质资产多卖了 2 亿元。暂时充当冤大头的买家往往就是庄家自己，则这笔买卖让庄家损失了 2 亿元，但让上市公司增加了 2 亿元利润，即每股利润提升 1 元，使每股利润达到 1.2 元（0.2＋1＝1.2）。如果上市公司的市盈率还能保持 50 倍不变，则股价为 60 元（50×1.2＝60）。此时庄家持有的股票市值 48 亿元（8000 万×60 元）。如果庄家能在这个价位卖掉股票，减去当初投入的 4 亿元和卖劣质资产损失的 2 亿元，庄家最终获利 42 亿元，投资回报率 700％[42 亿/（4 亿＋2 亿）×100％＝700％]。

这个过程就是一个典型的做庄过程。当初庄家吃的亏越多，为劣质资产投资越多，就能为上市公司创造更多的利润，最终庄家的收益就越大。实战中，过程会比较复杂，但本质上还是"空手套白狼"，也有人美其名曰为"资本运作"。但无一例外，庄家都是巧妙盗用了收入、利润、市盈率等概念和会计准则的灰色地带，将缺乏财务知识的投资者骗入局中，达到轻松获利的目的。

这种企业在中国股市确实存在，我们无法清楚地了解它们的主营业务是什么，成天买这卖那地搞"重组"，吃小亏、占大便宜地搞"资本运作"，形成了这个"系"那个"系"。而被重组的公司，很可能去年还是 ST，或者市盈率几百倍，今年每股利润就可以弄到 1 元多，市盈率只有十多倍，把普通投资者给绕得晕头转向，不知所措，被这些公司赚取利润。这种虚假重组行为，对市场和投资者的危害非常大，应该受到法律的严惩。

对于这种企业的价值我们难以评估，甚至这些企业可以说完全没有存在的意义。通过财务审计方式，我们可以进一步去了解这种企业的资产、负债以及所有者权益情况，这样也有利于投资者去对这些企业进行估值，降低了投资者错误投资的风险。

（三）财务审计对企业价值评估的意义

从会计核算的角度看,投入企业的全部资源组成了企业的价值,通过财务审计方式我们可以更精确地了解企业的价值。

1.有助于管理者进行下一步的决策。很多中小企业经营管理者对企业运作过程中的数据并不清晰,所以在管理过程某些环节上的资金容易出现问题,如通过财务审计可以来提升销售部门的回款率指标。比如企业签订了销售合同,货物也已经送达客户,并开具了销售发票,在会计方面,认为企业销售实现,计入销售收入,确认应收款项。但对企业来讲,资金并未真正到账,有一定的回收风险,应谨慎处理,管理者了解之后就可以采取措施,尽快回款。

2.有助于投资者做出更好的投资决策。一般投资者不具备对企业价值评估的能力,他们一般是想衡量并判断一个公司的绝对估值,将市值除以绝对估值得出溢价倍数,在不同股票之间进行比较,由此对于哪些股票被高估或被低估会形成自己的看法。而对于企业估值,专业投资或分析人员会将多年的财务报表数据罗列出来,采现金流量折现等方法进行,尽管实际中估值涉及的假设很多,但是估值数据准确、量化合理,依然有重大参考意义;对于业余的投资者来说,对最近几年的利润和净资产做一个粗略的估值计算,在考虑股票流动性产生的财富放大效应的基础上,与市值做比较,也对自己的评估具有重要参考价值。所以经过财务审计之后来保证企业内部的财务数据真实,是投资准备的前提,这样估值后的投资才有意义。否则对着虚假的数据进行估值只会带来错误的投资决策。

财务造假案例

该案例中的财务造假方式是美国上市公司中一系列财务造假的典型手段之一,也是电信运营商和宽带网络运营商惯用的伎俩。实际中,一般有两个上市公司合谋造假。我们假设这两家公司,都是电信运营商,一个叫公司 A,一个叫公司 B。

公司 A 投资建设了一个电信网络 X,总投入 1 亿美元;公司 B 投资建设了一个电信网络 Y,也投资了 1 亿美元。在电信运营业互相整合的骗局之中,A、B 企业开始相互购买看中的电信网络,因此公司 A 花了 10 亿美元的高价从公司 B 中买了网络 Y,公司 B 花了 10 亿美元的高价从公司 A 中买了网络 X。这样互相交易后,表面上看公司 A 和公司 B 都没有吃亏,但实际上,这两家公司的财务报表将会如同魔法师眷顾,出现奇迹般的变化。原因如下:

对于公司 A，投资网络 X，花了 1 亿美元，卖了 10 亿美元，在当期形成 9 亿美元的投入产出差，而新买入的网络 Y，完全可以按照固定资产来进行长期摊销，假设为 10 年，则当年只需摊销 1 亿美元，最终公司 A 将多实现利润 8 亿美元。对于公司 B，按照以上逻辑，也将多实现利润 8 亿美元。

值得注意的是，如果利润能如此简单地给创造出来，上市公司一旦尝到甜头，会对主营业务的低盈利高投入丧失兴趣，并且造假游戏一旦展开，就很难停下来，因为以后的 9 年中，每年 1 亿美元的摊销还必须进行，要想在今后保持高利润，就需要寻找更大的类似交易，事实上没有现金流支撑的利润迟早要露馅的，这些公司只是暂时让公司看起来很具有投资价值。美国安龙公司就是搞了上千家专门从事这种"自买自卖"交易的账外公司，造假的窟窿越来越大，实在支撑不下去了，最后来一次总算账以致破产倒闭。

四、思考题

（以下思考题皆为开放性的讨论，没有标准答案和模板，言之有理即可，注意要结合实际，答案最好具有前瞻性和自己的想法。同学们回答问题时要胆大心细，不要拘泥于传统的理论或者模型，要独立思考，经济学方面往往没有绝对的标准或者答案，说不定你的下一个回答就是解决众多经济难题的突破口）

1. 对比第三章的尽职调查工作，财务审计与其有什么区别？谈谈你的看法。

2. 假设阿里巴巴或者其他的互联网公司招聘你做他们公司的财务审计人员，你应该提前做哪些准备？

3. 选择一家上市公司，研读其年报，制作一份 ppt，汇报其财务数据的真实性和完整性。

第五章 企业价值的规范——股份制改造

股份制自从诞生以来,在历史演进过程中,表现出巨大的生命力和制度优势。马克思曾经高度评价股份制度和证券市场,他认为股份制度的作用并不亚于第一次工业革命中蒸汽机发明的作用。股份制度、证券市场是人类文明发展中一种高效率的经济形式,它是社会化大生产、商品经济和信用制度发展的必然产物。随着我国社会主义市场经济的迅速发展,现代企业制度已成为企业发展中不可或缺的成功要素,从传统的计划经济体制过渡到社会主义市场经济体制过程中,企业自身的体制改革起着相当重要的作用,而股份制作为具有市场经济要求的新型企业体制在当下和未来的一段时期中都会成为现代企业制度的主要形式。

一、股份制改造的概念、意义与程序

(一)股份制改造的概念

股份制改造又称股份制改革,包含两个层面的改革,一个是企业产权制度层面的股份制改革,包括确立法人财产权,建立规范的公司治理结构,优化资源配置,筹集资金;另一个是证券市场层面,是指通过在股票市场上发行股票来融资,建立股份有限公司来运行的企业经营制度。

设立股份有限公司的第一件事情是要确定发起人,由发起人签订设立公司的协议,承担设立公司的责任。发起人在达成设立公司的协议后,可以委托另一个发起人办理设立公司的申请手续。《公司法》规定,设立股份有限公司,应当有两个以上发起人,其中须有半数以上在中国境内有住所。发起人可以是自然人,也可以是法人。原有企业作为发起人的,要经原有企业资产所有者的批准。如不以原有企业作为发起人,可以以原有企业投资者作为设立公司的发起人。

（二）股份制改造的意义

1. 进行企业股份制改造，建立"自主经营、自负盈亏、自我发展、自我改革"的法人实体是适应当下市场经济的必然趋势。在市场经济条件下，企业面对激烈的市场竞争，优胜劣汰的竞争结果，没有一个完善的法人治理结构是很难站稳脚跟的。

2. 从市场经济发达国家来看，它们的股份制经济发展已相当成熟。及时借鉴国外经验，结合我国实际进行企业股份制改造将会促进我国社会主义市场经济的快速、稳定、健康发展。

3. 企业进行股份制改造，从各个方面来改进与创新，可以在资本市场寻求上市，以达到更快、更大规模的融资，使企业更好更快发展。

4. 股份制企业组织结构满足现代企业制度"产权清晰、权责明确、政企分开、管理科学"的要求，有利于形成科学的领导体制和组织制度。通过公司法人治理结构，有利于建立起适应市场竞争的科学的领导体制和决策机制，按照"产权清晰、权责明确、政企分开、管理科学"的要求建立现代企业制度。按股份制管理和经营方式，成立股东大会、董事会、监事会等相应的监督机制，实行董事会授权执行经理负责制，并由经理全权负责经营管理，且对经营结果负责，形成可以互相制约的组织结构体系，实现所有权对经营权的制约，来促进责权利的有机结合。通过股份制改革，有利于形成转换机制，增强企业内部管理的动力。董事会作为投资者的代表，来自所有者追求经济效益最大化的动机和极力避免市场风险的本能，会对经理人员提出严格要求并认真监督，促进企业激励和约束机制的形成，规范企业的市场行为。

5. 推行股份制改革对国有资产的好处也不言自喻，实现了国有资产的价值形态的固定，有效避免了国有资产流失。国有企业净资产通过作价入股的形式，投入或出售的形式给股份制企业并取得分红和股利，从而实现国有资产的保值和增值。与此同时，股份制企业"同股同权，利益共享，风险均沾"的分配原则，为国有资产的保值增值提供了有力的保障。合理推进股份制改革，理顺了企业和国家的利润分配关系，从而更有利于企业提高积累能力。股份制企业实行利润按分配程序先缴所得税，再提公积金、公益金，再分红。企业实现利润多了，国家收缴的所得税就多，企业的积累资本也就增多，形成了有序的良性循环，这样就为企业的下一步发展打下了更加良好的基础。

（三）股份制改造的程序

改制并设立股份有限公司，形成合适并适用的程序和参与的主体对于不同所有制成分的企业来说也不尽相同，而不同的改制目的也会使改制程序和参与主体存在不同点。改制重组的程序如表5-1所示。

1.第一阶段:改制重组准备阶段

(1)改制企业拟定改制目标、未来发展方向和未来业务规划。

(2)各中介机构进场做尽职调查。尽职调查的主要内容包括:改制企业的发展历史和产权构成情况,业务内容和资产结构,经营与财务情况,市场规划,以及土地、房产等固定资产的权属相关情况等,为下一步制订相对可行的改制重组方案提供较为全面基础数据。

(3)在完成尽职调查的基础上,拟定改制重组初步方案,划定业务和资产范围。确定方案主要遵循以下几个基本原则:有效避免同行业恶性竞争、减少和规范关联交易有关业务;突出公司主营业务,有利于公司形成明确可行的业务目标、核心竞争力和持续发展能力;保证股份公司能直接面向市场、自主经营、独立承担相关责任和风险,并能兼顾原企业的生存能力。

(4)上报相关主办单位或主管部门初步改制方案,并取得同意改制批复。

(5)确定改制基准日,完成资产评估立项工作,同时企业根据要求准备审计、评估工作所需财务资料等。

2.第二阶段:改制工作实施阶段

(1)各中介机构正式进场对拟改制资产开展审计工作与评估工作。

(2)根据拟股权设置方案,落实其他发起人及相关出资方式。

(3)向工商部门办理预先核准名称,确定股份公司名称。

(4)评估机构出具评估报告,向财政部门办理评估报告备案。

(5)根据债务重组方案,取得主要债权人对债务处理的相关书面同意。

(6)拟定国有股权管理方案,并取得财政部门的批复;拟定国有土地处置方案,取得土地管理部门的批复。

(7)签署发起人协议,起草《公司章程》等与公司相关的根本性文件。

(8)各发起人出资。

(9)验资机构进行验资。

3.第三阶段:公司申报设立阶段

(1)向有关部门提出公司设立申请,并取得设立公司的批准。

(2)召开公司创立大会。

(3)办理公司登记,并领取《企业法人营业执照》。

4.第四阶段:设立后规范阶段

(1)办理建账、税务登记等有关事项。

(2)进行原企业相关经营合同主体变更。

（3）资产过户，进行债务合同主体变更。

（4）落实股份公司机构相关设置方案，并进行人员重组方案，与相关人员签订劳动合同。

表 5-1　某公司股份制改造各阶段程序

序号	工作内容	参与机构	时间要求
1	有限公司召开股东大会，同意整体变更为股份公司，确定聘请的中介机构	公司、律师	1 月 1 日
2	办理股份公司名称预核准	公司、律师	1 月 5 日
3	券商协调各中介机构进行初步尽职调查	券商、会计师、律师	1 月 10 日
4	中介机构完成初步尽职调查并出具初步尽调调查报告，召开协调会，明确所涉问题的整改方案	公司、券商、会计师、律师	2 月 1 日
5	指导公司股改前按照股改方案进行规范整改	公司、券商、会计师、律师	大约 1 个月，根据整改复杂度变动较大
6	会计师入场进行股改现场审计	公司、会计师	3 月 5 日
7	会计师完成股改审计报告初稿，评估机构进场进行资产评估	公司、会计师、评估机构	3 月 31 日
8	会计师出具股改审计报告，评估机构出具评估报告	会计师、评估机构	4 月 10 日（审计报告日）
9	公司召开股东大会，同意整体变更折股方案律师出具各项股改会议系列文件，公司规范治理管理制度文件	公司、券商、律师	4 月 10 日
10	公司股份公司召开创立大会，股份公司召开第一届董事会、监事会，通过公司治理等相关管理制度	公司、券商、律师	4 月 25 日
11	办理股份公司工商登记手续，完成后开始办理股份公司相关资产证书名称变更等	公司、律师	5 月 1 日

在这个过程中需要有一些相关文件：《股东会关于公司改制的决议》见附件 5-1、《改制可行性研究报告》见附件 5-2、《改制分流方案》见附件 5-3、《改制公司运行可行性分析》见附件 5-4、公司章程的编写及签署见附件 5-5。

有限责任公司改为股份有限公司步骤

二、股权结构方案的设计

股份制改造的首要任务是产权明晰,新公司按出资比例确定产权。如果是老企业,要明确这个企业的资产属于谁,属于哪一些人? 分别占多少? 然后出资人再根据企业发展需要达成一致意见创立股份公司。资产归属确定的具体方法在第三章"尽职调查"这一章里已经讲得比较清楚,这里不再重复。我们面临的关键问题是新的股份公司的股权结构方案的设计。

进行股权结构设计之前,应当清楚了解股权结构不是简单的股权比例或者说投资比例,应当是将股东股权比例作为基础,通过调整股东权利、股东会及董事会职权与表决程序后得到的股东权利结构体系。

(一)股权比例、公司管理与公司决策

股权是一种所有权,它的产生基于投资。公司管理权源于股权或股权的授权。公司决策源于股权,同时又影响公司管理的规模和方向。股东一旦有投资,就会拥有一定的决策权力,按照投资比例其决策参与程度和影响力也会存在相应的差别。

(二)控股股东

法律上的控股股东为取得决策权的股东。有两种方法可以成为控股股东:一是直接或间接实际出资达50%以上;二是直接或间接实际出资未达到50%(大部分要求高于20%),但股权比例最大,并通过吸收关联公司股东、密切朋友股东、近亲属股东等形式,用一致行动人形式在公司形成控股局面。如果出现股权特别分散,且无相对大股东的情况,公司也可以被认定为"无实际控制人"。

(三)表决权的取得

股份公司的股权分为普通股和优先股二种(在我国目前主要是普通股)。二者最大区别在于优先股没有投票权,不能参与公司决策,但优先股享有固定分红、先于普通股受偿的权利。同时优先股可以由公司赎回,普通股不能赎回。

因此公司实际控制人应在合法合理的情况下尽量使自身拥有足够的普通股。当实际控制人没有能力通过出资获得控股地位时,可以采取以下方法加强实际控制力:

(1)通过设立合伙制持股平台,并出任执行事务合伙人的方式来获得实际控制力。

(2)通过发行优先股吸引财务性投资人,减少决策权的过度稀释。

（四）股权的弱化或强化

股权的弱化或强化可以保护实际投资人的利益，并能吸引优秀人才。一般情况下的股权设计遵从的是同等出资同等权利，但在有隐姓股东、干股等情况下，若有人要求完整实施股东权利或诉求解散公司并要分配剩余资产时，公司将会进入危险的局面。因此，股权实名是公司股改以及今后 IPO 过程中很重要的环节。运用章程、股东合同等形式在实践中对股东予以约束，明确有关股东权利之间的取舍，今后才可以有效避免纠纷的产生。

（五）表决程序

公司重大事宜决策的表决部门是股东会与董事会，其表决程序一般在公司章程中已经进行了设定。如果有必要，公司可以在公司章程的框架内，对股东会、董事会另行制定管理办法，细化其议事规则。

综上所述，公司控制人和投资者需要全面考虑自己的投资额、投资目的、投资所占公司比重，结合各种优势在考虑股权结构上进行深入分析，才可以更好地对自身利益进行维护，为公司发展打下稳健的基础。

三、建立规范的公司治理构架

公司治理结构，是为了实现公司最佳经营业绩，公司所有权与经营权基于信任委托责任而形成共同努力、相互制衡关系的结构性制度安排。

公司的治理结构是由股东大会（或称为股东会）和公司内设机构董事会、监事会、经营班子组成。公司治理结构是一种联系并规范股东（财产所有者）、董事会、高级管理人员的权利和义务分配，以及与此有关的发挥监督权的监事会制度框架，即如何在公司内部划分权力。良好的公司治理结构，可解决公司各方利益分配问题，对公司的高效运转和具有竞争力，起到了决定性的作用。

1993 年 12 月 29 日，国家颁布了《中华人民共和国公司法》（以下简称《公司法》），初步确立了中国各类公司，除了国有独资公司不必设立股东会以外，必须建立由股东会、董事会、监事会和经理层分别行使公司最终控制权、经营决策权、监督权和日常业务执行权的公司管理体制。

目前，我国企业采用的是"三会一层"的治理机构，即股东大会、董事会、监事会、高级管理层，通过决策权、经营管理权、监督权三权的制衡，使"三会"各司其职，又相互制约,保证公司顺利运行。

(一)股东大会

股东大会是公司的最高权力机构和最高决策机构,由全体股东组成,全体股东认同一个价值趋向,以现金或其他方式出资,为取得股份权益、形成统一认识才以有限公司形式成立了本企业。股东大会是一种定期或临时举行的由全体股东出席的会议,同时也是一种非常设的由全体股东所组成的股份制公司的最高权力机关。股东大会对公司重大事项进行决策,并有权选任和解除董事,也对公司的经营管理有最后的决定权。股东大会是股东作为企业财产的所有者,对企业实行管理权的组织,企业一切重大的人事任免和重大的经营决策一般都应该得到股东会的认可和批准方才有效。股东大会以形成决议的方式履行职能。相关股东大会的权力和责任在《公司法》里面有比较详细的规定,具体的可以参照《公司法》第四章第二节"股东大会"。

股东大会作为公司价值的顶点,是为了争取和维护公司取得最佳经营业绩和最好的投资回报,力争公司价值最大化。公司价值和股东利益这一"顶点"投射向董事会、总经理和监事会三个利益点相互制衡形成的"平面三角形",公司价值这个"顶点"和"平面三角形"构成了一个"锥形体",这是公司治理结构的标准模型,也是最稳固的立体形状。

1.股东权利

股东权利是指在按《公司法》注册的企业中,企业财产的一个或多个权益所有者拥有哪些权利和按什么方式、程序来行使权利。相对于所有权、产权、出资人权利,股东权利是最清楚、明确的权利。股东权利是由法律规定的,所以在不同的国家,股东权利可能会有所差别。即使在同一个国家,不同类型公司的股东权利也不一样。在我国,股东主要享受以下权利。

(1)知情查询权

有限责任公司股东有权查阅、复制公司章程,股东会会议记录,董事会决议,监事会决议和财务会计报告;股份有限公司股东有权查阅公司章程,股东名册,公司债券存根,公司债券记录,股东大会会议记录,董事会决议,监事会会决议和财务会计报告,对公司的经营提出建议和质询,有权了解公司董事、监事和高级管理人员的薪酬情况;股东大会有权要求董事、监事和高级管理人员出席股东大会并接受股东的质询。

(2)决策投票权

股东有权参与(或委托代表参加)股东(大)会并根据出资比例或其他约定行使表决权、议事权。《公司法》还赋予股东对违规决议的请求撤销权;如果股东会或者股东大会、董事会的会议召集程序、表决方式违反法律、行政法规或者公司章程,或者决议内容违反公司章程的,股东可以自决议做出之日起六十日内,请求人民法院撤销该决议。

(3)选举权和被选举权

股东有权投票选举和被选举为董事会成员和监事会成员。

(4)收益权

股东有权根据法律、法规和公司章程规定获得红利,分取公司终止后的剩余资产。

(5)强制解散公司的请求权

《公司法》第一百八十二条规定:公司经营管理发生严重困难,继续存续会使股东利益受到重大损失,通过其他渠道不能解决的,持有公司全体股东表决权百分之十以上的股东,可以请求人民法院解散公司。

(6)股东代表诉讼权

股东的代表诉讼权利是指公司的董事、监事和高级管理人员在履行职责时违反法律、行政法规或者公司章程的规定,给公司造成损失,而公司又怠于行使起诉权时,符合条件的股东可以以自己的名义向法院提出损害赔偿的诉讼。

(7)优先权

股东在公司新增资本或发行新股时在同等条件下有认缴优先权,有限公司股东还享有对其他股东转让股权的优先受让权。

(8)临时股东会的提议召集权

代表百分之十以上表决权的股东可以提议要求召开临时股东会。

(9)公司章程规定的其他权利

综上分析,我们认为股权可以分为自益权(财产性的权力)和共益权(非财产性的权力)。自益权主要指股份分配请求权,股份转让、抵押和继承的权利,股份购买请求权,股份转换请求权,剩余财产索取权等;共益权如股东大会出席权,重大事项表决权及审批权,审阅公司各种文件账表的权利,质询权,对董事的监督权,选举权和被选举权等。

2.股东(大)会的特征及主要职能

(1)股东(大)会的特征

股东(大)会是公司内部的最高权力机构。许多国家的公司法将股东(大)会界定为公司的最高权力机构,依法形成的股东(大)会决议在公司内部具有至高无上的地位。

股东(大)会是公司的非常设机构。股东(大)会只是公司的最高决策机构而不是日常业务执行机关或代表机关,除了每年的例行年会和特别会议外,是找不到其踪影的。

(2)股东(大)会的主要职能

根据我国《公司法》第三十七条规定,股东会行使下列职权:决定公司的经营方针和投资计划;选举和更换非由职工代表担任的监事,决定有关董事、监事的报酬事项;审议批准董事会的报告;审议批准监事会或监事的报告;审议批准公司的年度财务预算方案、决算方案;审议批准公司的利润分配方案和弥补亏损方案;对公司增加或者减少注册资本做出决议;对发行公司债券做出决议;对公司合并、分立、解散、清算或者变更公司形式做出决议;修改公司章程;公司章程规定的其他职权。

我国《公司法》第九十九条同时规定,本法第三十七条第一款关于有限责任公司股东会职权的规定,适用于股份有限公司股东大会。因此,股东大会与股东会的基本职能一致。

3.股东(大)会的召集及议事程序

(1)股东(大)会会议的召集

根据《公司法》第一百零一条的规定,股东大会会议由董事会召集,董事长主持;董事长不能履行职务或者不履行职务的,由副董事长主持;副董事长不能履行职务或者不履行职务的,由半数以上董事共同推举一名董事主持。董事会不能履行或者不履行召集股东大会会议职责的,监事会应当及时召集和主持;监事会不召集和主持的,连续九十日以上单独或者合计持有公司百分之十以上股份的股东可以自行召集和主持。

根据《公司法》第一百零七条的规定,股东大会应当对所议事项的决定做成会议记录,主持人、出席会议的董事应当在会议记录上签名。会议记录应当与出席股东的签名册及代理出席的委托书一并保存。

(2)股东(大)会的议事程序

(3)会议召开前必须通知各股东

许多国家的公司法都明确规定股东(大)会召开前,必须通知股东会议的议程与应审议的事项。如果股东大会就通知中未列明的事项形成决议,股东可以提请法院撤销此决议。

《公司法》第一百零二条规定:召开股东大会会议,应当将会议召开的时间、地点和审议的事项于会议召开二十日前通知各股东;临时股东大会应当于会议召开十五日前通知各股东;发行无记名股票的,应当于会议召开三十日前公告会议召开的时间、地点和审议事项。

（4）与会的股东必须达到法定人数

参加股东大会的股东必须达到法定人数才能视为合法，通过的决议才能有效。股东大会决议一般采用多数通过的议事原则，但针对不同的决议事项，法律规定了不同的多数标准。

（5）股东（大）会决议

《公司法》第一百零三条规定：股东出席股东大会会议，所持每一股份有一表决权。但是，公司持有的本公司股份没有表决权。因此可以看出，我国股东大会投票的基本原则是一股一票原则，也称为股票平等原则，即股东原则上其持有的股份数享有与其股份数同等的投票权。一股一票原则是股东平等原则的具体体现，已经成为当今世界各国公司立法的通例。

除《公司法》有规定外，按公司章程规定，股东会的决议方法，也因决议事项的不同而不同，按其内容的不同可分为普通事项决议和特别事项决议。一般来说，关于普通事项的决议必须要得到出席大会有表决权的股东半数以上投票同意时，此决议方能生效；而特别事项决议如股东大会做出修改公司章程、增加或者减少注册资本的决议，以及公司合并、分立、解散或者变更公司形式的决议，必须经出席会议的股东所持表决权的三分之二以上通过。

在股东（大）会的运行上需注意的一个问题就是股东会的有效性问题。所谓股东（大）会的有效性，主要涉及以下两个方面的内容。第一，股东（大）会的程序是否合乎法律、法规与公司章程的规定。如果股东（大）会的程序不符合法律、法规和公司章程的规定，股东可在决议后一定期限提起诉讼，请求法院撤销决议，宣告无效。逾期不起诉，决议属有效。第二，决议的内容是否违反法律或公司章程的规定。如果股东（大）会的程序或决议内容不符合法律或公司章程的规定，则有可能导致以下两种后果：一是被司法或仲裁机构宣告无效；二是股东可以申请法院或仲裁机构予以撤销。我国《公司法》公司股东会或者股东大会、董事会的决议内容违反法律、行政法规的无效。股东会或者股东大会、董事会的会议召集程序、表决方式违反法律、行政法规或者公司章程，或者决议内容违反公司章程的，股东可以自决议做出之日起六十日内，请求人民法院撤销。

对于公司根据股东会或者股东大会、董事会决议已经、办理变更登记的，人民法院宣告该决议无效或者撤销该决议后，公司应当向公司登记机关申请撤销变更登记。

公司常设机构由董事会、监事会和经营班子组成，分别来履行公司的战略决策职能、纪律监督职能和经营管理职能，企业的安全性和成长性取决于该公司内设机构是否积极地履行职能，在遵照职权相互制衡共同促进的前提下，各机构客观、公正、专业的开展公司治理,对股东大会负责,以争取和维护公司实现最佳的经营业绩。

(二)董事会

董事会是按照有关法律、行政法规和政策规定,按公司或企业章程设立并由全体董事组成的业务执行机关。股份有限公司的董事会,是由股东大会选举产生的董事组成的。董事会是股份有限公司的执行机构,贯彻公司股东大会的决议,对内管理公司事务,对外代表公司。此外,董事会也是股份有限公司的必设机构,我国有关法律十分重视董事会在股份有限公司中的地位,认为它既是公司的执行机构,又是公司的集体领导机关,其领导水平对公司的稳定和发展举足轻重。

1.董事会的权力

董事会和股东大会在职权上的关系,实际上是代理与被代理、被委托与委托关系。董事会是公司的权利常态机构,而股东大会(或股东会)只是在特定时间召开。也就是说,股东大会只有在特定时间才会行使权力。平常是股东大会委托董事会对公司进行管理,董事会委托经理、副经理等具体执行日常事务。董事会所作的决议必须符合股东大会决议,如有冲突,要以股东大会决议为准。股东大会可以否决董事会决议,直至改组、解散董事会。董事会由股东大会(或股东会)选举产生,按照公司法和公司章程行使董事会权力,执行股东大会决议,是股东大会代理机构,代表股东大会(或股东会)行使公司管理权限。

作为公司董事会,其形成有资格上、数量上和工作安排上的具体要求,也有其具体职责范围。

(1)从资格上讲,董事会的各位成员必须是董事。董事是股东在股东大会上选举产生的。所有董事组成一个集体领导班子成为董事会。

(2)从人员数量上说,董事的人数不得少于法定最低限额,因为人数太少,不利于集思广益和充分集中股东意见,但人数也不易过多,以避免机构臃肿,降低办事效率。因此公司应在最低限额以上,根据业务需要和公司章程确定董事的人数。由于董事会是会议机构,董事会最终人数一般是奇数。

(3)从人员分工上,董事会一般设有董事长、副董事长、常务董事。人数较多的公司还可以设立常务董事会。董事长和副董事长,由董事会成员过半数相互选举产生,罢免的程序也相同。

(4)在董事会中,董事长具有最大权限,是董事会的主席。

2.董事会会议

(1)董事会会议的召集

《公司法》第一百零九条规定:董事会设董事长一人,可以设副董事长。董事长和副董事长由董事会以全体董事的过半数选举产生。董事长召集和主持董事会会议,检查董事会决议的实施情况。副董事长协助董事长工作,董事长不能履行职务或者不履行职务的,由副董事长履行职务;副董事长不能履行职务或者不履行职务的,由半数以上董事共同推举一名董事履行职务。

(2)董事会会议的出席

《公司法》第一百一十二条规定:董事会会议,应由董事本人出席;董事因故不能出席,可以书面委托其他董事代为出席,委托书中应载明授权范围。

董事未出席,也未委托代表出席董事会会议的,视为放弃在该次会议上的投票权。董事连续两次未能亲自出席,也不委托其他董事出席董事会会议,视为不能履行职责,董事会应当建议股东大会予以撤换。

(3)董事会会议的举行

按照《公司法》第一百一十一条规定,董事会会议应有超过半数的董事出席方可举行。

(4)董事会会议的记录

会议记录应当记载下列内容:会议举行的时间、地点、召集人、主持人、出席人、会议的主要内容等。董事会做出决议的,应当根据所决议的事项、出席会议董事及表决情况、决议结果等做成董事会会议记录。董事会会议记录应当由出席会议的董事签名,以保证董事会会议记录及董事会决议的真实性和效力。

载明内容的会议记录应在会后一定期限内分发给各董事,并由出席会议的董事和记录员签名,与出席会议的董事签名簿及代理出席委托书一并作为公司档案由董事会秘书保存。

董事会决议由董事集体做出,董事也就应当对董事会决议承担责任。董事会的决议违反法律、行政法规或者公司章程、股东大会决议,致使公司遭受严重损失的,参与决议的董事方对公司负赔偿责任。此外,经证明在表决时曾表明异议并记载于会议记录的董事也可以免除责任。

3.董事会权限

董事会权限包括普通事项和特别事项。普通事项包括:负责召集股东大会,并向大会报告工作;执行股东大会的决议;决定公司的经营计划和投资方案;制订公司的年度财务预算方案、决算方案;决定公司内部管理机构的设置;制订公司的基本管理制度;管理公司信息披露事项;向股东大会提请聘请或更换为公司审计的会计事务所;听取公司经理的工作汇报并检查经理的工作;法律、法规或公司章程规定,以及股东大会授予的其他决定非特别事项的职权。

特别事项包括:制订公司的利润分配方案和弥补亏损方案;制订公司增加或者减少注册资本、发行债券或其他证券及上市方案;拟定公司重大收购、回购本公司股票或者合并、分立和解散方案;在股东大会授权范围内,决定公司风险投资、资产抵押及其他担保事项;公司董事长的选任、解任及报酬;聘任或者解聘公司经理、董事会秘书;根据经理的提名,聘任或者解聘财务负责人等高级管理人员,并决定其报酬事项和奖惩事项;制订公司章程的修改方案。

4.董事会的义务

召集股东会(股东常会和临时股东会)的义务;向股东会报告召集缘由的义务;关于会计表册(营业报告书、资产负债表、财务目录、损益表等)的义务,主要包括编造会计表册,在股东常会召开前备置会计表册供股东查阅,将会计表册提交股东会请求承认,经承认后,将会计表册分发给各股东并公告;在公司备置章程及历届股东会议事录、资产负债表、损益表、股东名簿、公司债存根簿等各项簿册,供查阅或抄录;申请公司重整;申请宣告公司破产;通知公司解散(除破产),将解散的要旨公告各股东,并专函通知记名股股东。

5.董事会的决议

为了保证董事会会议所形成的决议代表大多数股东的利益,各国公司法一般都明确规定了参加董事会会议的法定人数,也就是说如果参加董事会会议的董事人数没有达到法定人数,此次董事会不合法,所形成的决议无效。

我国《公司法》规定董事会会议应二分之一以上的董事出席方可举行;而一些国家的公司法规定,董事会会议的法定人数可低于董事人数的二分之一,但不得少于董事总数的三分之一。

董事会决议的计票原则采用按人数计算,也就说每一位董事平等地享有一个表决权,不以其所代表的股票数为据。

董事会的决议一般也采用多数通过的原则。一些国家还依据决议的具体事项,将董事会决议分为普通决议和特别决议。普通决议适用于简单多数原则。即由过半数的董事出席会议并出席会议的董事过半数同意才算过。换句话说,普通决议的通过最少需要公司董事的四分之一上意,特别决议的通过至少需要公司董事的三分之一以上同意。

对于董事会决议,应特别注意决议无效的情形,决议无效主要包括两种情形:第一，决议成立的过程无效。这是指召集程序或决议方法违反法律或章程规定。第二，决议的内容无效。即决议内容违反法律或章程的规定。对于上述两种无效的决议，利害关系人可以在任何时候，以任何方法提出无效的主张，不必以诉讼的方法，可以以抗辩的方法。

（三）监事会

监事会是公司专事监督职能的机构，监事会对股东会负责，以出资人代表的身份行使监督权。监事会以董事会和经理层人员为监督对象。监事会可以进行会计监督和业务监督，可以进行事前、事中和事后监督。多数国家的公司法规定，监事会列席董事会议，以便了解决策情况，同时对业务活动进行全面的监督。

一般认为，监事会的监督机制具体表现在：通知经营管理机构停止违法或越权行为；随时调查公司的财务情况，审查文件账册，并有权要求董事会提供情况；审核董事会编制的提供给股东会的各种报表，并把审核意见向股东会报告；当监事会认为有必要时，一般是在公司出现重大问题时，可以提议召开股东会。

从理论上说，特殊情况下，监事会有代表公司的权力，如当公司与董事会之间发生诉讼时，除法律另有规定外，由监事会代表公司作为诉讼一方处理有关法律事宜；当董事自己或者他人与本公司有交涉时，由监事会代表公司与董事进行交涉；当监事调查公司业务和财务状况及审核账册报表时，代表公司委托律师、会计师等中介机构，所发生的费用由公司承担。

发挥监事会的监督功能：公司监事会是由股东、职工组成的公司内部自律性的机构，是公司自身监督的典型形式，是对董事和经理人员进行监督的专门机构。发挥监事会的监督功能的关键是要赋予监事不受干扰的独立监察权，同时提高监事的业务水平，对不称职的监事通过股东会及时予以罢免。

1. 监事会的定义

监事会是由股东（大）会选举的监事以及由公司职工民主选举的监事组成的，对公司的业务活动进行监督和检查的法定必设和常设机构。监事会，也称公司监察委员会，是股份公司法定的必备监督机关，是在股东大会领导下，与董事会并列设置，对董事会和总经理行政管理系统行使监督的内部组织。

股份有限公司股东众多，因此要把经营权力合理地集中于董事会来保证公司的生产经营活动能够高效率地开展。平时的生产经营由经营班子负责，经营班子接受董事会的领导。但董事会和经营班子成员也存在滥用职权、以权谋私的可能性，损害公司和其他股东的利益。因而，设置监督机关是必然之举，监事会是由股东大会选出，代表

各方股东利益,对董事会和经营班子以及他们的活动实行监督的专门机关。监事会都以形成决议的方式履行职能

监事会是股份有限公司监督的内部机构,对内不能参与公司的经营决策与管理,一般情况下无权对外代表公司。

2.监事会会议

(1)会议召集次数

《公司法》第一百一十九条规定:监事会每六个月至少召开一次会议。监事可以提议召开临时监事会会议。

(2)会议召集权人

监事会会议必须由有召集主持权的人召集和主持,否则,监事会会议不能召开;即使召开,其决议也不产生效力。

股份有限公司监事会由监事会主席召集,监事会主席不能履行职务或者不履行职务的,由半数以上监事共同推举一名监事召集和主持监事会会议。

(3)会议出席

监事会会议应由监事本人出席,监事因故不能出席时,可以书面形式委托其他监事代为出席,代为出席会议的人员应当在授权范围内行使被代理监事的权利。委托书应载明:代理人姓名、代理事项、权限和有效期限,并由委托人签名盖章。

监事无故缺席且不提交书面意见或书面表决的,视为放弃在该次会议上的表决权。监事连续两次未能亲自出席,也不委托其他监事出席监事会会议,视为不能履行职责,监事会应当建议股东大会予以撤换。

3.会议记录

会议记录应当记载:会议召开的日期、地点和召集人姓名;出席监事的姓名;会议议程;监事(有权)要求的对其在会议上的发言要点做出的某种说明性记载;每一决议事项的表决方式和结果(表决结果应载明赞成、反对或弃权的票数)。会议记录有出席会议的监事和记录员签名,作为公司档案由董事会秘书保存。

4.监事会权限

监事会权限包括:检查公司的财务,并有权要求执行公司业务的董事和经理报告公司的业务情况;对董事、经理和其他高级管理人员执行公司职务时违反法律、法规或者章程的行为进行监督;当董事、经理和其他高级管理人员的行为损害公司的利益时,要求其予以纠正,必要时向股东大会或国家有关主管机关报告;提议召开临时股东大会;列席董事会会议;公司章程规定或股东大会授予的其他职权;监事会行使职权时,必要时可以聘请律师事务所、会计师事务所等专业性机构给予帮助,由此发生的费用

由公司承担。

5.监事会决议

根据《公司法》第五十一条规定,股份有限公司设立监事会,其成员不得少于三人。监事会应当包括股东代表和不少于三分之一以上比例的公司职工代表,具体比例由公司章程规定。监事会中的职工代表通过职工代表大会、职工大会或者其他形式民主选举产生。监事会设主席一人,可以设副主席。监事会主席和副主席由全体监事过半数选举产生。

(1)表决权数

每一个监事平等地享有一票表决权。

(2)表决权行使

行使方式:监事出席监事会,在监事会上行使。

表决程序:记名、无记名投票,如有两名以上监事要求无记名投票方式,采用无记名投票方式;举手表决方式。

(3)表决方式

由三分之二的监事出席会议并由出席会议的监事过半数同意才算通过。换句话说监事会决议至少需要公司监事的三分之一以上同意。

(4)决议无效

决议无效主要包括两种情形:第一,决议成立的过程无效。这是指召集程序或决议方法违反法律或章程规定。第二,决议的内容无效。即决议内容违反法律或章程的规定。对于上述两种无效的决议,利害关系人可以在任何时候,以任何方法提出无效的主张,不必以诉讼的方法,可以以抗辩的方法。

为了保证公司正常有序地进行经营,保证董事会决策的正确和领导班子正确的执行公务,并且防止滥用职权,危及公司、股东和第三人的利益,世界各国基本上都规定在公司中设立监察人或监事会。监事会是股东大会领导下的公司的监察机构,执行监督职能。监事会与董事会并立,独立地行使对董事会、总经理、高级职员及整个公司管理的监督权。为保证监事会和监事的独立性,任何监事不得同时兼任董事和经理。监事会对股东大会负责,对公司的经营管理进行全方位的监督,包括调查和审查公司的业务状况,检查各种财务情况,并定期向股东大会提供报告,对公司经营班子的行为实行监督,并对领导干部的任免有建议权,对股东大会和董事会通过的公司的计划、决策及其实施进行监督等。董事、高级管理人员应当如实向监事会或不设监事会的有限责任公司的监事提供有关情况和资料,不得妨碍监事会或监事行使职权。

监事会决议(范本)见附件5-6。

(四)经营班子

经营班子包括总经理和其他高级管理人员。股份公司的总经理是董事会聘任的,他对董事会负责,在董事会的授权下,实现董事会制定的经营目标,执行董事会的战略决策。组织经营管理班子,提出副总经理、财务总监、总经济师、总工程师及关键部门经理等高级管理人员的人选,并报董事会批准任免;并组建必要的职能部门,各部门管理人员形成一个以总经理为中心的组织、管理、领导体系,实施对公司的有效管理。总经理的主要职责是经董事会授权,负责公司日常业务的经营管理,对外签订合同和处理业务;负责薪酬增幅或下降方案调整;定期向董事会报告业务情况,向股东大会和董事会提交年度报告及各种报表、计划、方案,包括经营计划、利润分配方案、弥补亏损方案等。

由经营班子组成的高级管理层,是指在一个所有权、法人财产权和经营权分离的企业中承担法人财产的保值增值责任,全面负责企业经营管理。对法人财产拥有绝对经营权和管理权,由企业在职业经理人市场(包括社会职业经理人市场和企业内部职业经理人市场)中聘任,而其自身以受薪、股票期权等为获得报酬主要方式的职业化企业经营管理专家。高级管理层主要职能是辅助法定业务执行机关集体执行业务,具体实施董事会决定的议事。

1.任职资格

高级管理层可以是股东,也可以不是股东;可以是董事,也可以不是董事;必须是自然人;可以具有本国国籍,也可以没有本国国籍;必须在国内有居所。

有下列情形之一的,不得担任公司的经理人。无民事行为能力或者限制民事行为能力;因犯有贪污、贿赂、侵占财产、挪用财产罪或者破坏社会经济秩序罪,被判处刑罚,执行期满未逾五年,或者因犯罪被剥夺政治权利,执行期满未逾五年;担任因经营不善破产清算的公司、企业的董事或者厂长、经理,并对该公司、企业的破产负有个人责任的,自该公司、企业破产清算完结之日起未愈三年;担任因违法被吊销营业执照的公司、企业的法定代表人,并富有个人责任的,自该公司、企业被吊销营业执照之日起未愈三年;个人所负数额较大的债务到期未清偿。

另外,国家公务员、军人、公证人、律师等不得担任公司的经理人,监事不能兼任同一公司的经理人。高级管理层的委任和退任由董事会负责,以普通决议形式进行。

当出现以下退任事由时,高级管理人员应当退任:(1)委任终止事由发生,如经理人死亡、破产或丧失行为能力。(2)辞职。高管可以辞职,如果因为该管理人员的责任致使其不得不辞职外,对公司造成损失,应付损害赔偿责任。(3)决议解任。董事会可随时解任高管。如果因为公司的原因将高管解任，在不利于该管理人员的时候将其解任，公司应负损害赔偿责任。(4)失格解任。当发生以上不符合任职资格中所列事项之一时，失格解任事由出现。

2.经营班子的权限

(1)一般事务管理权

一般事务管理权主要包括：主持公司的生产经营管理工作，并向董事会报告工作；组织实施董事会决议、公司年度计划和投资方案；在公司所造具的会计表册上签字盖章；拟定公司内部管理机构设置方案；聘请或者解聘除应由董事会聘任或者解聘以外的管理人员；确定公司的发展方向和管理目标，制定公司的发展规划、年度工作计划，积极努力完成董事会下达的各类任务；组织制定和健全公司各项规章制度，推行岗位责任制，积极进行各项改革；制订公司年度预决算，审批董事会批准限额以下的公司重大经费的开支和公司留成基金的使用和分配方案；负责审批以公司名义发出的各类文件、报表；拟定公司职工的工资、福利、奖惩，决定公司职工的聘用和解聘；提议召开董事会临时会议；公司章程或董事会授予的其他职权。

总经理和经营班子的职责和任务，一般会根据每一个公司的不同情况在公司章程里面进行规定。

(2)公司代表权

总经理在董事会授权范围内，对外代表公司，处理涉外事宜，做好公司内外的接待工作。

(3)经营班子的权利

经营班子的权利包括向公司请求预付处理委任事务的必要费用的权利；向公司请求偿还因处理委任事务所支出的费用及自支出时起的利息的权利；向公司请求代其清偿因处理委任事务所负担的必要债务，未至清偿期的，请求公司提供担保的权利；向公司请求赔偿其处理委任事务时，因非可归责于自己的事由所导致的损害的权利。

3.经营班子的义务

(1)基于委任关系产生的义务

经营班子基于委任关系产生的义务包括：善良管理人的义务；忠实履行股东大会决议和董事会决议，在职责范围内行使权利，不得超过权利；根据董事会或监事会的要求，向董事会或监事会报告重大合同的签署、实施情况、资金使用情况和盈亏情况，必须确保报告的真实性；处理个人和公司关系时应尽的义务等。其中处理个人与公司关系时应尽的义务有：除经公司章程规定或者股东大会在知情的情况下批准，不得与公司订立合同或进行交易；并且不得利用内幕消息用于自己或为其他人寻求利益；不得利用职权收受贿赂或者谋取其他非法收入，不得侵害公司财产；不得挪用资金或者将公司资金借贷给他人；不得利用其职位为自己或他人侵占或接受本应该属于公司拥有的商业机会；未经董事会批准或知情的情况下，不得接受与公司交易有关的佣金；不得将公司资产以其个人名义或者其他人名义开立账户储存；不得以公司资产为本公司的股东或者其他个人债务提供担保；未经董事会同意，不得泄露在本公司任职期间所获得的保密信息，但当法律有规定、公众利益有要求时可以向法院或其他政府主管机关披露这些信息。

（2）竞业禁止的义务

①不得自营或者为他人经营与公司同类的营业或者从事损害本公司利益的活动。

②不得兼任其他同类业务事业的董事或经理人，也不得兼任其他非同类业务事业的经理人。

③如果向董事会说明其行为的重要内容并获得许可，可解除竞业禁止。

4.经营班子的责任

（1）违反善良管理人的义务所应负的责任。

依照董事会决议而为的行为包括：高级管理层依照董事会决议具体执行业务时，如果董事会的决议违反法律、章程或股东会决议，致使公司遭受损害，高管对公司不负损害赔偿责任。

未依照董事会决议而为的情形包括：当高管在执行业务中没有依照董事会决议时，如果致使公司遭受损害，应对公司负损害赔偿责任。

（2）违反不得逾越权限造成损失的，应对公司负损害赔偿责任。

（3）在处理个人与公司关系时，违反法律规定的，应负法律责任。

（4）违反竞业禁止义务所应负的责任。高级管理层违反竞业禁止义务而为自己或他人进行属于公司营业范围之内的行为时，该行为本身有效，股东会可以决议将该行为的所得视为公司所得。决议后，高级管理层应向公司交付该行为所取得的金钱、物品、报酬，转移该行为所取得的权利，这叫作介入权的行使。

（5）其他责任。高级管理层在执行业务时，如果违反法律，致使他人遭受损害，应与公司负连带赔偿责任。

（五）目前中国企业治理结构制度的缺陷

1.股权问题

就目前我国企业的法人治理结构来看，股权问题一直是个难题。《公司法》中规定了股东大会是最高权力机构。但是，不论是私营还是国有企业，都存在股权集中、一股独大的现象。一般来说,公有制的企业的大部分股权是由政府或者集体控制的。在一些私营企业中,股权大部分是由实际控制人掌控,尤其是家族企业,家族成员多数不愿意分散他们控制限定的权利,也不愿意采用股权融资的形式,这导致股权非常的集中。这种情况下,小股东或者持有公司股份的公众对公司的事务并没有发言权,一旦小股东遭受损失,也很难通过法律手段进行维权。同时,股权过于集中,也会出现股东大会名存实亡的情况。例如国有企业的董事会一般是由政府和相关部门组成,非人格化的国有股东存在自我约束、监管效率不高等问题。国有股东的投票权通常是一种"廉价投票权",并不会执行企业的最高权力。一些私营企业的大部分股权由实际控制人掌握,董事会的权力甚至高于股东大会,可能会做出伤害小股东权益的事情。

2.董事会问题

根据我国《公司法》的相关规定,董事会由股东大会选举产生,接受全体股东委托,对股东负责,代表股东对企业具体事务进行决策。

就目前来看,有一些企业的董事会并不是股东大会选举产生的。在国企中,董事会由政府直接委派;在私企中,董事会由实际控制人组建,均不是按照正常流程选举出来的。在国企中,董事会功能就变为企业管理;在私企中,企业上下都将董事会视作是最高的权力机构,而将原来是最高权力机构的股东大会视作是员工代表大会。从而缩小或放大董事会权力,导致不能发挥董事会原本应该行使的作用。

3.监事会问题

按照我国《公司法》的相关规定,监事会是独立的专职机构,对公司的经营起到监督作用。然而在实际的国有控股企业中,由于国家控股较多,其监事会基本上是由国家任命的,从企业内部产生,组成人员来自下属各单位。这种由上下级组成的关系使监事会缺乏独立性,不能有效地对董事会起到监督的作用。而在家族企业中,没有形成健全、独权独立的监事会,同时,家族意志影响力十分深远,使得外部管理人不得不屈服于家族的意志,并且,企业信息高度集中在家族成员手中,监事会很难获得有用的信息来对董事会进行监督。此外,还存在企业监事会成员的专业素养不高,对企业经营、财报等信息不了解,很难察觉出问题等情况。这些都使监事会形同虚设,不能充分发挥其作用。

4.经理层激励机制

企业法人治理结构的最终目的,是为了提高员工的工作效率,从而提高企业的整体效益。但是,该结构对于经营班子来说,起到的作用并没有达到预期,很关键的原因就是其相应的激励机制没有健全。在国有企业中,其管理层的方式是沿用领导管理下属的一套方法,而治理结构完善的企业在管理方式上与其有很大的不同。按上述方式进行管理,直接破坏了治理结构中相互制约的关系。同时,其激励机制不健全,不能通过薪酬以及晋升的方式对经理层级进行激励,其工作的积极性与主动性没有得到有效地提高。

5.委托代理问题

由于公司治理结构是所有权和经营权分置,这必然会产生委托代理问题,有一些经济学家专门研究这一问题,创立了委托代理理论。委托代理理论(principal-agent theory)是在 20 世纪由美国经济学家伯利和米恩斯因为洞悉了企业所有者兼具经营者的做法存在着极大的弊端,于是提出委托代理理论,倡导所有权与经营权分离,企业所有者保留所有权和剩余索取权,而将使用权即经营权利让渡给有经验的专业人士,以取得更多利益。股份制公司产生后,委托代理理论成为现代公司治理的主要理论之一。

委托代理理论是制度经济学里面契约理论的主要内容之一,研究的委托代理关系是指某一个或多个行为主体根据一种契约,来指定并且雇佣另一些行为主体为其服务,同时授予后者一定的决策权利。前者根据后者提供的服务数量和质量支付其相应的报酬。前者授权者就是委托人,后者被授权者就是代理人。

委托代理关系起源于社会分工的专业化的发展。当某一些行为主体专业化程度比较高,他在某些专业里面可以比别人做得更好时就可能出现一种关系,在这时候代理人由于相对优势可以代表委托人行动。现行委托代理的概念是由罗斯提出的:“如果当事人双方,其中代理人一方代表委托人一方的利益行使某些决策权,则代理关系就随之产生。”

但是从另外一个角度分析委托代理关系,由于代理人行使不属于自己的财产权利,其利益与财产所有人的利益会不一致,在有一些时候会为了自己的利益而损害委托人的利益。首先,股份公司委托人与代理人之间的利益冲突主要表现在,公司股东的利益目标是实现其投资收益的最大化,也就是使公司价值最大化,公司的利润最大化;经营者(总经理及经营班子)的利益目标则是实现其个人的收益最大化,包括在当前阶段及未来阶段。

其次,委托人与代理人之间信息不对称,代理人远远比委托人更了解企业实际情况,委托人不能完全预测代理人的职业道德、具体行为和故意隐瞒信息的可能。

最后,委托人为了保证自己利益,就必须要支付代理成本,代理成本主要包括委托人监督支出、代理人保证支出和剩余损失。代理人的决策与委托人利益最大化的决策之间会存在某些偏差,委托人的利益可能会遭受一定的货币损失,这称为剩余损失。

(六)企业治理结构问题的解决策略

1.优化股权结构

目前,我国企业的治理结构仍存在很多弊端,企业在制定治理结构时不可生搬硬套其他国家、其他类型公司的治理结构。各企业应根据自身的发展情况,摸索和建立起符合自身特点的治理结构。例如像国有企业这样股权过于集中的企业,要引进投资主体多元化的股权结构,优化股权结构。

同时,在企业发展的各个阶段,要及时地调整企业治理结构,通过逐步改进制度建设的方式进行治理结构的变革。

企业治理结构既要符合现代化市场经济的要求,也要与我国的国情相结合,更要结合自身实际。股权结构的优化不仅仅是股权的分散化,更要关注股权结构的合理性。

2.强化董事会建设

由于契约的不完善和信息的不对称,由非股东代表独立董事和大股东组成的董事会,会在某些方面不能够完全代表股东的利益履行责任。改革董事会,提高董事会的独立性和有效性成为企业治理结构改革的重要方向。首先,应全面推行董事会制度,除了股份制企业,国有独资企业也要建立董事会制度。对于一些公司制企业,如家族企业,尽管采用了董事会制度,但是不健全,也要对其进行完善。其次,建立和完善对独立董事、非股东外部董事和监事的长效激励机制,通过适度提高董事薪资福利,有效引入期权分配制度等手段,来促进独立董事和监事积极工作。第三,建立追责制度,董事会成员要对其做出的决定承担相应的责任,使董事做出与企业和股东利益相符的决策。

3.强化监事会作用

监事会是企业内部管理中的重要部门,其肩负着监督企业行为合法合规的责任。所以,要完善企业法人治理结构,必须加强监事会的作用。其一,可以将国家相关法律法规作为监事会的权力来源。股东大会选择的监事会组成人员,必须具备较高的专业水平与较好的职业道德,这样才能实现监事会的权力行使。其二,监事会要主动行使权力,要适宜增加外部监事,提升监事会的自立性。其三,监事会的主要成员要部分不在企业内任职,同时还要保证有员工代表进入监事会。这样一来,保证了监事会具有独立性,不会受到其他方面的影响,提高了监事会的工作效率。

4.完善经营班子

通过激励手段,协调经营者和股东利益的分配关系,能够有效降低经营班子的逆向选择和道德风险。提高他们的收入水平,改变经营者的收入结构,增加退休金和期权收入比例,充分发挥工资、奖金和退休金带来的激励作用。同时,严格界定经理层职务的消费范畴,确定管理层的消费标准和程序,提高透明度和规范性,从而减少经理层职务过度消费引起的委托代理问题,甚至犯罪的不良现象。

5.让员工参与管理制度改革

让员工参与公司治理的改革和创新,是企业维护公司员工利益的表现,有利于发挥员工对企业及经营管理者的监督作用。可以选派员工代表进入董事会和监事会,让员工参与管理制度的改革。当然,企业要明确进入董事会和监事会的员工的选择要有素质、能力和知识方面的要求,并对员工进行专业培训,这样才能发挥该制度的作用。

四、股份制改造中资产的整合与剥离

(一)资产的整合与剥离的概念

资产的整合是指剥离公司运营中的非核心业务,处理不良资产,并将性质相似的优质资产进行有效同类合并,提高资产的运营质量和运行效率。而资产剥离的概念就是指在企业进行股份制改造的过程中将原先企业中不适合拟建股份制企业的资产、负债从原先的企业账目中分离出去的过程。剥离绝非是企业经营失败的信号,而是企业进行"脱胎换骨"的机会,所以它是企业发展战略的合理选择。

(二)资产整合策略

1.进行不良资产剥离

处理不良资产是进行资产重组工作中的重中之重。一般情况来说,不良资产有以下特点:减弱企业的核心竞争力;多余消耗企业现金资源;多余消耗企业管理资源;对净现金流容易造成负面影响;通常不盈利或很难盈利。剥离不良资产可以通过出售、出租、承包经营或者股东回购等方式进行。

2.进行优质资产整合

在剥离不良资产之后,对剩下的优质资产要根据不同情况进行不同情况处理。对于不属于企业核心业务但是盈利能力较强的资产进行不同方式处理,可以由原来的股东继续经营。对于符合企业发展战略、收益水平较高的资产,则可以继续留存在改制后的公司经营。

(三)资产整合方式

1.流动资产的整合

流动资产是指企业生产经营过程中短期留存的资产,包括货币资金、应收款项、存货、短期投资等资产。资产整合会带来流动资产总量增加,而流动资产总量增加一方面可以提高企业的偿债能力,降低企业财务风险,但是另一方面也会降低总资产整体收益率。因此,必须要根据企业自身生产规模和业务需要等来确定流动资产的数量,对于多余的流动资产,尽量进行投资、出售或置换等方式的处理。此外,因为企业总资产的周转速度相当程度上受制于其流动资产周转速度,为加快流动资产的周转速度,首先要仔细分析流动资产组成和质量,明确各种流动资产是否存在周转不畅或占用过大等问题。然后再分析流动资产周转渠道是否通畅。最后,剥离不良流动资产,重新分配货币资金、应收款项、存货、短期投资等资产分配比例,从而加快流动资产周转速度。总的来说,进行流动资产整合必须遵循以下原则:合理规划和控制流动资产的需要量和占用量,即能保证企业实际生产经营需要,又不造成积压浪费;合理组织筹集资金,保证生产的正常运行;平衡收支,分析流动资产结构比例,以较少的占用量,取得较高的经济效益。

2.固定资产的整合

因生产商品、提供劳务、出租和经营管理而需要持有的,使用年限需超过一年的,单位价值相对较高的资产叫作固定资产。固定资产能够在若干个生产经营周期中发挥其作用,并且能保持相对原有的实物形态,但由于损耗,其价值会逐渐减少。这部分减少的价值将会以折旧形式,分期转移到产品成本或折旧费用中去,并在销售收入中得到相对补偿。在整合固定资产时,首先考虑收入产出效益较好,并且能够独立划分的优质资产。对于这部分优质资产,应该进行吸收整合。对资产相对不易划清、效益较差的资产予以剥离。但若这些资产要为生产所需时,则可以考虑采用租赁方式。具体来说,固定资产可以做以下处理:已拆除的老工程及不能正常生产的设施予以剥离;已完工但尚未转入固定资产的工程,将其转入企业资产;对部分生产所必须、但不属于企业的设备予以租赁使用;对规模小、价值低的非经营性资产,如果是今后公司所必不可少的设施,应该予以保留,反之应予以剥离。应该在制定方案时就明确吸收与剥离资产的界限,以便将需要剥离的固定资产从目标企业的全部资产中提取出来,从而减少以后的整合工作量,节约成本。

3.长期投资的整合

企业直接向其他单位投资并且回收期限在一年以上的现金、实物和无形资产,以及已经购入并不准备在一年内变现的股票、债券等投资行为叫作长期投资。在股份制改造过程中,长期投资整合重点就是进行长期股权投资的整合。长期投资应当根据不同情况分别采取成本法或者权益法核算。投资企业对被投资单位无控制、无共同控制且无重大影响的长期投资一般用成本法,初始投资时以投资成本计价,并且在该等投资未处置前账面价值不会随被投资单位所有者权益份额变动而调整。权益法是指投资企业对被投资单位有重大影响、共同控制或控制的长期投资,初始投资时以投资成本计价,此后则会根据投资企业享有被投资单位所有者权益份额的变动对投资的账面价值进行调整的方法。

4. 无形资产的整合

无形资产是指被特定主体所控制的,并不具有实物形态,对生产经营长期发挥作用并且能带来一定经济利益的资源。会计学上把无形资产分为两种:可辨认无形资产和不可辨认无形资产。可辨认无形资产包括专利权、专有技术、商标权、著作权、土地使用权、特许权等资产;不可辨认无形资产是指商誉相对不可量化的无形资产。在企业资本运作的过程中,无形资产范围更加广泛。除了上述会计学上所说的以外,无形资产还包括企业机构中的知识资源、企业管理层的决策能力、企业战略规划、企业文化、机构组织架构的合力、客户、销售渠道、战略合作伙伴、员工、供应商等资产或者资源。无形资产整合在企业并购整合中是有着重要地位。如在1997年中国远洋运输集团(COSCO)公司(简称中远)并购上海众城实业股份有限公司(简称众城)的案例中,中远把众城实业更名为中远发展股份有限公司。这其实是将中远集团的无形资产注入众城,以便实现无形资产的整合。从某种意义上说,这种无形资产的整合与有形资产整合同等重要。

(四)资产剥离策略

1. 资产剥离的形式

(1)资产置换,是指将公司外部的优质资产注入本公司,并置换出本公司原有的劣质资产,以保持公司永远是一个由优质资产组成的组合。公司资产置换的目的一般是调整资产结构,提高资产质量,加强主营市场。

(2)减资,也称"缩股",是指以公司通过缩小或减少总股本的方式来剥离资产。

(3)资产出售是公司资产剥离的另一种主要形式。一般来说,被出售的资产为不适合公司长远发展的资产或闲置的不良资产。公司出售资产的动机有两种:一是优化资产结构,提高企业资产整体质量;二是筹集新的发展资金。

2.确定资产剥离的类型

按照剥离方式是否符合公司自身意愿,剥离可以划为自愿剥离和非自愿或被迫剥离。当公司管理人员发现通过剥离能够提高公司自身竞争力和对市场价值产生有利影响时而进行的剥离方式叫作自愿剥离。政府主管部门或司法机构以公司违反反托拉斯法为由,迫使公司剥离其中的一部分资产或业务则叫作非自愿剥离或被迫剥离。经常发生的情况是在公司进行股份制改造、兼并与收购活动中,政府认为整合后的公司可能会在某一市场上造成过度的垄断或控制,损害公平竞争的原则,从而要求公司剥离其中的一部分资产或业务。

按照剥离业务中所出售资产的形式,剥离的形式又可以划分为出售固定资产、出售无形资产、出售子公司等。仅出售公司的部分厂房场地、设备等固定资产或者将与生产某一产品相关的全部机器设备等出售给其他公司叫作出售固定资产;而出售无形资产的情况比较少见,如果一个品牌很有价值,而收购方开出的收购条件非常吸引人时,卖家就会考虑出售;出售子公司则是指将一个持续经营的实体公司出售给其他公司,这时被剥离的对象不仅包括该公司的产品生产线,而且还包括其公司相关的职能部门及其职能人员。

3.确定资产剥离的动机

(1)适应公司经营环境变化,调整公司经营战略。

(2)提高公司管理效率。

(3)谋求公司管理激励。

(4)提高内部资源利益效率。

(5)弥补并购决策失误,减少损失或成为并购决策的一部分。

(6)获取税收或管制方面的相关收益。

(五)资产剥离方式

1.单纯资产剥离

公司根据其经营目标或未来战略考虑需要对其资产进行简单剥离。案例:中远增持众城股票成为第一大股东之后在 10 月 26 日公告将众城之全资子公司——上海众城外高桥发展有限公司转让给中远置业发展有限公司,转让价格 4633 万元。该公司账面资产总值 4462 万元,负债 1843 万元,账面净资产 2619 万元。评估后,资产总值 4933 万元,负债 1844 万元,账面净资产 3088 万元。

公司又在 11 月 5 日发出公告:

将上海众城大酒家、上海众城俱乐部转让给中远酒店物业管理有限公司,协议转让价格分别拟定为 1826 万元和 2101 万元。将上海众城超市公司转让给上海远洋船舶供应公司，协议价格为 100 万元。

这种单纯的资产剥离形式其同西方市场经济发达国家中的公司进行的资产剥离（公司出售）较为相似，可以称之为较为正常的资产剥离。

而上市公司在其公告中的解释也较为明确。如中远在 12 月 5 日公告指出剥离外高桥发展公司的原因是："由于目前受经济宏观调控的影响，公司缺乏规模经济，优势无法进一步体现（通过转让），使其与中远集团在外高桥保税区的现有优势得到重新组合和配置，发挥其应有的市场经济作用。"剥离众城大酒店原因是"随着餐饮业市场竞争的不断加剧，该酒家经营发展日益受到限制，为了调整资产结构，提高资产的整体质量"。众城超市转让原因是"作为众城大厦的商业配套设施，因其经营规模和服务范围受到一定限制，经营业绩一直不甚理想。为了尽快提高公司资产的整体质量"。

2. 战略性资产剥离

公司对其掌握的资产质量进行评估后，将一部分不良资产进行剥离，由母公司经过一定的整合资产和处理之后，最后再由公司按一定价格回购。这种方式进行的资产剥离是公司股份制改造时资产重组方式中一种较为特殊的形态。它一般具有以下几个特点：

（1）不良资产和负债一起剥离；

（2）剥离时可以以零价格转让，同时也可以按照双方的协议价格进行转让。

（3）剥离后对剥离资产进行破产与清算。然后公司以一个相对较低的价格对被剥离资产的有效资产再进行回购。

3. 对上市公司的不良债务进行剥离或处理

真空电子和广电股份曾经采用这种方式进行资产剥离。真空电子在 1997 年 10 月 30 日公告，将其所有的上海电子管厂的部分资产有偿转让给广电集团，出让价为 6956 万元。广电股份于 1997 年 12 月 24 日的公告中将上海录音器材厂有偿转让给上海广电（集团）有限公司，出让价为 9414 万元。

采用此种方式进行的资产剥离对于上市公司的意义正如真空电子在 1998 年 4 月 20 日的公告中指出的，达到了以下效果：

（1）消化 GE 项目造成的巨额不良资产。

（2）享受国家对困难国有企业的兼并免息政策。

（3）使真空电子的资产结构得到明显改善。

而广电股份在其 1997 年 12 月 24 日公告中称"以零价格转让后，实施破产，经审计评估,两公司的有效资产为 24000 万元,上无四厂 15600 万元,上无十八厂 8400 万元,公司(广电股份)董事会决定出资 2400 万元收购该两企业,通过上述资产运作,公司共核销债务 108621 万元"。

(六)改制过程中可剥离的资产

1. 企业的非经营性资产

中国证监会在《关于做好 1997 年股票发行工作的通知》(证监〔1997〕13 号)中指出:"要贯彻鼓励兼并、下岗分流、减员增效的原则,对非经营性资产原则上予以剥离。"这里的非经营性资产可分为两类,一类是企业承担社会公益性事业所占用的资产,包括各中小学校、幼儿园、托儿所、医院等;二类是为本企业自身经营服务所占用的非经营性资产,主要包括研究所、职工培训学校、职工食堂、浴室、倒班宿舍、娱乐设施、安全设施等。

2. 企业中的经营性资产

改制过程需剥离资产主要包括以下几个方面:经济效益性比较差的经营性资产,例如长期闲置资产、技术落后资产等;辅助生产系统资产例如动力、模具、维修等系统;基于控股母公司发展战略考虑而需进行剥离的一部分经营性资产;不符合国家长期产业发展战略规划的经营性资产。

另外,基于国内资本市场对主板市场企业主营业务突出的要求和创业板企业主营业务唯一的要求,公司也应在改制重组时考虑到监管要求,将与主营业务无关的资产与相关业务也要剥离出去。

资产剥离调整的大致过程包括划归非股份制主体的资产以及负债,因资产和负债剥离而同时需剥离的收入以及费用。

资产剥离的主要依据是企业改制方案。因为改制方案中要明确拟成立股份制企业的产业规模、净资产的比例、主营业务范围、股权配置方案等。

(七)资产整合与剥离过程中应注意的问题

1. 资产剥离中的关联交易

由于剥离资产的受让方与转让方关系存在区别,使得公司资产剥离可以划分为非关联交易和关联交易,将资产直接剥离给母公司的剥离是属于有控制关系的关联交易;而将资产剥离给母公司的其他子公司的行为是属于非控制关系的关联交易;将资产剥离给其他公司则属于非关联交易。

虽然目前国家有关部门没有对公司的关联交易进行比较明确的规范,而且从现实操作上也无法对其进行规范,具体案例处理上大致都持"披露重于存在"的原则。但是公司进行关联交易时应该适可而止,要注意其操作幅度不能太大,否则会影响到监管部门对其公司业务独立性和合理性的关注。

2.资产剥离中的会计问题

资产剥离是近几年来我国企业实务中出现的新兴现象,并且在股份制改造和资产重组过程中频繁出现,但是人们对它的认识还是比较模糊。资产剥离的实质就是企业将自身的部分资产或资产组合出售给第三方,并取得现金回报或其他对价物收入的一种资产交易行为。资产剥离对企业实务与会计实务业务都产生了深刻的影响:

(1)资产剥离对会计假设的冲击

根据会计理论,"会计主体是能够控制资源、承担执行业务责任,并且能进行经济活动的经济单位",一般而言,会计主体与法人主体、经营主体是三者合一的。伴随着企业将部分资产剥离,经营业务的种类、经营活动的数量也随之减少,但是会计主体仍然存在,而且它实际所控制的资源也没有减少,只是由有特定功能的资产转变成了现金资产。所以说,资产剥离业务应当继续在原会计主体的信息系统中反映。

如果没有明显的反证或者不能证明情况确实与之相反,必须认为一家企业将主要以现在的形式和既有的目标连续经营下去,这被称为持续经营假设。资产剥离意味着企业结束了部分业务,但还是保留了其他部分业务,并以此为基础会持续经营下去。所以整体而言,资产剥离并不影响对会计主体的持续经营假设。然而,从持续经营的业务内容上来看,企业经营项目总体的数量减少了,企业部分经营项目被暂停或者终止了。简而言之,企业总体是持续的,而局部终止了。

会计分期假设的核心是持续经营假设的继续,内容就是将不断地经营过程人为地划分为相等的时间段,目的就是在于及时地、定期地反映企业经营成果和财务状况。资产剥离会使企业经营内容缩减、局部终止,对剥离的这一部分资产和业务应当及时进行清算,即在资产剥离交易完成时汇总报告最终结果。而且,资产进行剥离之后,企业的边界开始收缩,经营内容也发生了实质上的缩减,资产剥离前后的业绩在数量上与之前已经不具备可比性,所以会计不应对这样的自然分期视而不见。相反,我们应当以之为终结、继起分界线,在资产剥离工作完成时编制会计报表,记录分割剥离前后的经营成果和财务状况相关内容。但目前各国的会计准则体系中都没有这方面的规范。

（2）资产剥离对信息披露的影响

1）资产剥离对企业内部影响

资产剥离会对财务结构造成一定影响。资产剥离会改变企业内部的资产结构：一部分长期资产包括固定资产、无形资产、长期股权投资等减少，短期资产包括现金、准现金资产（有价证券、应收款项）等有价资产增加，资产、负债一同剥离还会降低企业的负债水平。短期资产的增加与负债的减少将会立即提高资产的流动性，增强企业自身的短期偿债能力。

资产剥离会对企业经营成果造成一定影响。资产剥离减少的是有着特定功能的经营性资产。对这些资产进行剥离后，与该资产有关的业务不再进行，与其相关的收入和费用也不会再发生。如果这一部分资产与留存资产的使用无关的话，那么对未来损益的影响结果就是与剥离资产相关的收入、费用和利润等不再发生。如果剥离资产与留存资产的使用相关联的话，例如剥离的是某零件加工的分厂，资产剥离后，企业今后生产所需零件将会依赖外购，那么资产剥离后除了相关资产的收入、费用不再发生之外，由于零件外购的原因，留存资产的收入、费用情况也会随之改变。另外，资产剥离的实际价格和资产原账面价值之间的差额是资产剥离造成的收益或损失。而且，由于交易具有摩擦性，进行资产剥离的过程中可能还会发生一笔不可忽略的交易成本，在扣除这部分成本后的余额就是这次资产剥离的净损益。

资产剥离会对现金流量造成两方面的影响。一方面是资产剥离交易会使企业的现金余额增加，另一方面是资产剥离后会使剥离资产相关的现金流不再发生。但是实际上，企业从某些业务中撤离后，收回的资金可以用于发展核心业务，开拓新业务或者偿还债务，企业的未来前景还是很大限度上取决于收回资金的利用状况。

2）外部信息使用者对企业的综合信息需求

债权人、投资者是与企业利益最主要的直接相关的信息使用方。从债权人角度来看，资产剥离将改变资产的组成结构，部分长期资产将会转化为流动资产，在这一过程中，长期资产的价值可能会有减损或增益的情况，也会对短期偿债能力产生影响。另外，企业对回收资产的投资方向也将影响未来资产的组成结构和资产流动性，加上资产剥离会导致一部分现金流量不再发生，最终会对长期偿债能力产生影响。另外从投资者角度看，资产剥离的行为除了带给企业一次性收益或损失外，更重要的是对未来企业现金流和风险的长期影响，而这又是评价企业价值最关键的因素。综上所述，外部信息使用者所需信息包括：剥离资产的账面价值与现时价值，资产剥离的价格和资产剥离方式；资产剥离所造成收益或损失；被剥离资产的收入、所需费用以及现金流状况；收回投资的用途等。

（3）资产剥离交易的确认与计量

包括以下三项内容，一是为资产剥离建立起相应的判断标准；二是何时确认并计量好资产剥离信息；三是如何计量资产剥离信息。

1）资产剥离的相应确认标准

确认标准应具备以下三个特点：一是企业依据其中一个单独的资产剥离计划来剥离企业的一个部分，剥离方式是整体转让并非是零星处置。二是被剥离的部分作为一个整体，相对而言具有一定的组织功能，该功能也具有相对独立性。三是要能从经营上或财务报告的目的上加以区分。具体地来说就是被剥离部分的资产和负债是相对独立的；归属于被剥离资产的经营收入是可以辨认的，或者能够与其他收入相进行分离；归属于被剥离资产的经营费用，大部分都是能够直接辨认。

2）资产剥离的确认时间

根据资产剥离确认的及时性原则，当有明确的证据表明企业要实施资产剥离的时候，就应当开始从会计上分离资产剥离信息。当以下事件发生时，可以认定为证据已经充分，应当开始分离和核算资产剥离信息，并且在当期的财务报告中开始披露。

①企业签订了具有法律效力的资产剥离协议。

②董事会或其他权力机构已经批准并公布了较为详细的、正式的资产剥离计划。

3）资产剥离的计量

①为拟剥离部分资产建立起子信息系统。当有明确的证据表明企业要开始实施资产剥离时，会计人员就应当有意识地在账簿体系中将拟剥离部分从中分离出来，并以它为对象开始归集新的信息，包括确认其资产、负债的账面价值以及变动情况，归集正常经营过程中属于这一部分的收入、费用、所得税和现金流量信息等，计量好资产剥离的交易费用。

从企业开始确定要实施资产剥离开始到资产剥离实际完成工作为止所产生的交易费用叫作资产剥离的交易费用。交易费用包括公告费、签约费、中介服务费、考核费、过户费和交通费等。从理论上来说，这部分费用一般只包括了资产剥离过程中产生的交易费用，并没有包括资产剥离前的准备成本以及资产剥离后的后续成本。

②对拟剥离资产的期末计价。对比拟剥离资产应按照成本与可收回金额孰低计价叫作期末计价。这种计量观是与我国新的会计制度精神一致的。对于拟剥离资产按成本与可收回金额孰低计价时，企业应当预估拟剥离资产的可收回金额大小，将可收回金额低于成本金额的差额确认为减值准备。这些损失或收益应当作在利润表为拟剥离资产持产损益中单独反映，因为它是属于非持续经营部分的损益，所以这样做是为了符合分开披露原则。

另外,由于资产剥离就意味着将资产整体处置,所以拟剥离资产的可收回金额应按照整体确定,由此确认的减值准备应当根据成本在拟剥离的各项资产中来平均分配。

③资产剥离的得利或者损失。企业应在资产剥离交易完成时,确认好当期损益即把实际成交价格扣除实际交易成本后的净额与被剥离资产的账面价值(即成本与可收回金额中两者较低者)的差额,在利润表中作为"资产剥离损益"单独反映。其实质就是:资产剥离损益=实际成交价格-被剥离资产的账面价值-交易费用。

如果有确凿的证据可以表明企业将实施资产剥离计划,那么企业就应开始披露资产剥离信息,由于资产剥离交易持续时间可能比较长,所以在资产剥离实际完成前还要进行追踪披露。信息披露的工作主要是在企业的定期财务报告中和临时公告中进行,如果是重大资产剥离交易行为,企业还应披露模拟历史信息。

五、股份制改造中的同业竞争问题

(一)同业竞争的定义及规定

所谓的同业竞争是指股份制改造后的公司或上市公司中的控股股东(包涵了绝对控股股东与相对控股股东两种)所从事的业务同该公司业务构成或者可能构成的直接或间接的竞争关系。虽然从竞争的意义上来讲,市场条件下存在竞争是促进经济进步的重要原因,但是由于上市公司与其控股股东之间存在着特殊的关系,如果两者之间存在直接或间接的竞争关系,不仅不利于整个市场竞争的良性循环,而且还可能出现控股股东利用其控制与从属关系进行各种内部活动和安排行为,这样不仅损害国家的利益(如通过常见的内部转移定价使国家税收减少等行为),而且还可能做出有损于公司利益的行为,且侵害其他股东权益。

《公司法》第六十一条规定:"董事、经理不得自营或者为他人经营与其所任职公司同类的营业或者从事损害本公司利益的活动。从事上述营业或者活动的,所得收入应当归公司所有。"

在少数情况下,股东可以在取得同意或者豁免的前提下与其所投资的公司业务上存在同业竞争关系。在这种情况下,调解和制衡控股股东与公司之间存在的同业竞争关系的解决办法主要有以下几种:在公司中设立足够数量的独董,用以保证董事会通过的经营决策不受其控股股东的操纵。此外,在所进行的业务交易中,如果交易金额巨大,须经股东大会批准,并规定在交易中有重大利益的股东不得参加表决投票。

(二)同业竞争问题的解决方法

1. 通过业务重组来避免同业竞争

简单地说,同业竞争的实质就是相同业务之间的竞争,只不过是这类相同业务必须是特定当事人之间的业务,主要是当事人的特殊身份。因此,为了避免同业竞争,可以调整特定当事人之间的业务。具体地来说,首先要必须确定公司的生产经营业务的范围,然后把公司控股股东本身和下属的与控股公司生产经营业务性质相同或相似度很高的经营机构的资产全部投入到公司中,如果不能全部投入的话,则由控股股东将该部分与控股公司的经营业务具有相同性质的资产转让给其他企业(通常是与控股公司没有关联关系的企业),以达到控股股东与该公司之间不再存在任何竞争关系的目的。

2. 通过选择合适的控股股东以避免同业竞争

在改造和重组过程中企业对于设定的股权有不同的情况,虽然在本质上国有资产的所有权属于国家,所以在把国有企业改组为股份公司的过程中,控股股东应该是国家,但是从持股单位的性质上,国有股的实际持有人可以分为国家股和国有法人股两种。国家股股权的持有单位的级别一般都比较高,可以是国有资产管理部门,也可以是代表国家进行投资的部门和指定机构等。法人股的股权则可以由向公司出资的国有企业直接持有。所以,通过确定不同的持股单位来选择不同的企业重组方案,就可以较为容易地达到避免同业竞争的目的。

3. 由控股股东做出承诺

有一些业务之间是否存在同业竞争的关系,其判断标准也并非绝对的,而且即便在之后的业务重组过程中已经尽量采取了避免同业竞争的方案,但随着控股股东今后业务的继续发展的情况,之后出现同业竞争的可能性依然很大。甚至在控股股东自身保留一部分业务和资产的情况下,同业竞争的现象几乎很难避免。在现实操作中,为了防止这种现象发生,为了让公司在同业竞争问题上能符合相关法律的规定并能顺利上市,通常采取由控股股东出具承诺函的方式来实现该目的。控股股东做出的承诺主要包括以下几点内容:一、在股份公司成立之后,将优先推动该上市公司业务发展。二、将原先公司其与股份公司存在竞争业务的范围限制在一定的规模之内。三、在可能会与股份公司存在竞争的业务领域中出现新的或者更好的发展机会时,给予股份公司优先发展权。

六、股份制改造中的关联交易问题

（一）关联交易的含义及特征

在公司与关联方之间发生的交易叫作关联交易。关联交易有以下两个主要特征：一是它是在公司与关联方之间发生的交易行为；二是公司与关联方之间所进行的是交易行为，而非管理或其他行为。

根据《企业会计准则第 36 号——关联方披露》一方控制、共同控制另一方或对另一方施加重大影响，以及两方或两方以上同受一方控制、共同控制或重大影响的，构成关联方。

控制，是指有权力决定一个企业的财务和经营政策等方面，并能凭此从该企业的经营活动中获取利益。

共同控制，是指按照合同约定的对某项经济活动进行共有的控制，仅在与该项经济活动相关的重要财务和经营决策需要分享控制权的投资方一致同意的情况下存在。

重大影响，是指对一个企业的财务和经营政策方面有着参与决策的权力，但并不能够控制或能与其他方一起共同控制这些政策的制定的权力。

下列各方能构成企业的关联方：

（1）该企业的子公司。

（2）该企业的母公司。

（3）和该企业受同一母公司控制的其他企业。

（4）对该企业共同控制的投资方。

（5）对该企业能施加重大影响的投资方。

（6）该企业的联营企业。

（7）该企业的合营企业。

（8）该企业的主要投资者个人以及和其关系密切的家庭成员等。主要投资者个人是指能控制或者共同控制一个企业，或者对一个企业具有重大影响的个人投资者。

（9）该企业或者其母公司的关键管理人员以及与其关系密切的家庭成员等。关键管理人员是指有着负责计划、指挥和控制企业活动等权力的人员。与主要投资者个人或者关键管理人员关系密切的家庭成员，是指在处理与企业的交易内容时可能会影响该个人或者受该个人影响的家庭成员。

（10）该企业主要投资者个人以及关键管理人员或与其关系密切的家庭成员控制、

共同控制或施加重大影响的其他相关企业。

(二)企业改制重组过程中减少关联交易的方案和意义

1.减少关联交易的方案

在目前的情况下,设计减少关联交易方案总原则首先是确认关联企业,其次是确认关联交易,然后拟定有关具体的关联交易协议。具体来说,主要有以下几方面内容:

(1)在企业进行业务重组过程中,要结合业务重组的具体操作方式,需要从公司的资产、负债关系以及原来的业务关系等角度来考虑关联交易的问题,在具体方案中可以考虑以下几个解决办法:一是要让公司业务项目大致形成从原料供应、生产、维修到销售的一套完整生产服务体系,把所有有关的业务、资产都纳入公司的管理之内,把企业外部的交易行为变为内部服务行为,与此同时使公司具有能够直接面向市场独立经营的能力。二是对具有企业办社会性质的关联交易,力求在改制后逐步消除。

(2)在资产重组的过程中,主要依据业务重组方案,从减少关联交易的方面来进一步制定详细的资产剥离方案,特别是要慎重考虑经营性固定资产与非经营性固定资产的剥离方案对可能存在关联交易的影响,同时要谨慎选择国有股的相关控股股东。其原因是国有股控股股东选择不同,关联交易发生情况便可能有很大不同,其持股单位级别越高,规模越大,附属企业数量越多,与企业的业务关系越紧密,发生关联交易的情况也就会越多。由于关联交易自身的不可避免性,制定资产重组计划中要充分考虑到潜在的关联交易,并尽量减少其数量。

(3)与公司主营业务有着较为密切关系的关联交易尽量采取淡化措施。对于一些具有独立法人地位并且与公司主营业务联系密切的实体,可以由公司出面采取并购等形式使其成为公司下属的子公司;或者是由公司从该企业或实体中撤出一部分股权或者资产,成为不再拥有控股地位的股东;或者是由公司将该企业或实体兼并后并撤销其法人的实体地位,要从资产、业务、人员等各个方面进行重组以达到减少关联交易的目的。

在真正实践中,在上述一系列方案制定好后,对于公司不可避免地与母公司或者其他关联企业业务上的往来关系,双方当事人之间应当按照市场经济的原则签订相关协议,并用附录的方式详细列出所有关联交易的明细情况。就其内容而言,主要包括了所有关联交易的预测数量值,和为了满足相关机构的要求所建立的清楚、透明、公开的关联交易定价机制,确保所有交易都是按照合理、公平的市场价格来定价。

2.减少关联交易的意义

(1)我国正处在社会转型过程中,建立完善的社会主义市场经济体制是我国经济发展的最终目标。而竞争是市场经济的本质,公平竞争则是竞争法制的必然要求。在关联交易中,公司如果受到控股股东支配力的作用,那么其现实利益和长远利益都会受到不利的影响。长此以往,从宏观角度来看,这样不利于整个社会大环境的健康发展。

(2)在关联交易中,由于控股的股东能利用控制和从属关系进行内部活动和安排,例如利用内部转移定价等手段来转移利润,给控股股东带来较大利益,但控股股东所获得这一利益是以损害公司利益、以公司其他中小股东及其债权人的利益为代价,减少这类关联交易可以保护后者的利益。

(3)另外减少关联交易可以树立起投资者特别是境外投资者的信心。大量的不公平关联交易的存在和发生,会让投资者质疑公司的行为,并且会打击投资者对该公司投资的积极性,这样会对公司以后股票的发行和交易等方面带来不利影响。

七、思考题

(以下思考题皆为开放性的讨论,没有标准答案和模板,言之有理即可,注意要结合实际,答案最好具有前瞻性和自己的想法。同学们回答问题时要胆大心细,不要拘泥于传统的理论或者模型,要独立思考,经济学方面往往没有绝对的标准或者答案,说不定你的下一个回答就是解决众多经济难题的突破口)

1.新三板挂牌前股改,如何保证企业实际控制人的权益?

2.股份制改造后的公司与之前最大的不同体现在哪里?

3.一部"商战大片"——"万科控制权的争夺战"被炒得火热,终于在 2017 年中宣告第一季大结局。俗话说,"打天下容易守天下难",王石、万科、宝能系、华润系等各方的争夺,充分诠释了股权、控制权的相互联系。公司控制权的实现与保护,是当下股份制公司避不开的热门话题。请谈谈你从此次事件中得到的启发。

附件

5-1 《股东会关于公司改制的决议》

【有限公司全称】股东会决议

根据《公司法》及本公司章程的有关规定,【有限公司全称】临时股东会于【股东会召开时间】在本公司会议室召开。本次会议由执行董事提议召开,执行董事已于会议召开 15 日以前以电话方式通知全体股东,应到会股东【股东人数】人,实际到会股东【股东人数】人,持有【股份总数】万股,占总股数 100%。会议由公司执行董事主持,形成决议如下:

一、同意将【有限公司全称】整体变更改制为【股份公司全称】。公司的设立方式为发起设立非上市股份有限公司。股份公司承担原公司的所有资产及债务。股份公司发起人全部为原公司股东,包括【全体股东全称】共计【股东人数】人。各发起人均以基准日【审计基准日】经审计的净资产折股方式出资,各发起人以公司截至【审计基准日】经【会计师事务所全称】【审计报告全称】《审计报告》审计的净资产人民币【净资产值】元为基础,保留相应资本公积为折股依据,折合股份公司的总股份【股份公司总股数】万股,每股面值人民币 1 元,计人民币【股份公司总股数】万元,其余人民币【剩余净资产值】元计入公司的资本公积。各发起人出资比例具体如下表:

股东名称	股东出资金额及比例	
	金额(万元)	占注册资本总额比例(%)
合计		100.00

三、同意股份公司筹备期间所发生的费用由【股份公司全称】予以确认。

四、同意撤销原公司执行董事、监事。

以上事项表决结果:同意的,占出席会议总股数 100%;不同意的,占出席会议总股数 0%;弃权的,占出席会议总股数 0%(以下无正文)

5-2 《改制可行性研究报告》(样本)

(一)企业现状

1.企业基本情况。(1)企业历史发展简要回顾;(2)现有产品或服务品种、市场情况;(3)现有人数、场地、技术、设备;(4)(前三年)经济、财务指标及分析;(5)组织机构和领导班子情况。

2.企业资产状况。(1)近几年总资产、资产负债结构;(2)拟对资产负债结构进行调整的意见。

3.清产核算情况。(1)原有资产产权归属及存在问题;(2)对资产归属的协调意见;(3)改制后的原投资主体确定。原有投资主体的地位、性质是否具有行使国家或集体资产投资主体的职能和能力;(4)资产评估主要数据。

(二)改制的意义和目的改制对企业的意义

1.改制(设立)的指导思想。

2.改制的目的(目标)。

3.改制的可行性和有利条件。

(三)改制方案内容

1.企业改制后的发展战略

(1)发展规划简述;(2)在当地经济中的地位和作用;(3)企业设备投资、新产品、营销计划;(4)经营方向。

2.企业财产组织形式

(1)选择的企业体制(股份有限公司、有限责任公司、股份合作制);

(2)简述选择的理由或依据。

3.股东及股权结构

(1)股东结构;(2)股份种类;(3)股份比例;(4)存量资产置换办法。

4.企业法人治理结构和公司结构

(1)企业法人治理结构和责、权、利;(2)公司结构组成(母子公司、分公司、联营企业);(3)公司管理体制设计。

5.财务管理制度方案

(1)财务制度简述;(2)利润分配方案。

6.劳动人事制度方案

(1)劳动人事制度简述;(2)工资制度方案;(3)福利保险方案。

7.改制后的经营计划

(1)市场预测;(2)企业收入预测;(3)财务效益预测。

(四)需解决的问题

1.落实政企分开的问题。

2.清理债权、债务,优化资产负债结构的问题。

3.分流企业富余人员,处理退休和老弱职工的问题。

4.分离企业社会职能部门的问题。

5.对企业税收调整或保持优惠的问题。

6.置换后的资产继续低息使用问题(股权转债权)。

7.债权转股问题。

8.上级主管部门和挂靠问题。

9.党组织工作问题。

5-3 《改制分流方案》(样本)

为了贯彻落实《关于国有大中型企业主辅分离辅业改制分流安置富余人员的实施办法》文件精神,结合×××工厂的企业现实情况,鼓励总公司所属企业×××工厂××分厂改制创办面向市场、独立核算、自负盈亏的非国有控股法人经济实体(以下简称改制公司)。

(一)改制宗旨

×××工厂××分厂体制陈旧又不是独立法人实体,阻碍了今后的发展,为了提高职工对企业资产的关心程度和风险意识,依据《中华人民共和国公司法》决定使其改制为非国有控股的有限责任公司,以实现投资主体的多元化,使之适应市场经济的需要,加速发展。职工通过经济补偿获得一定股权,提高了职工的主人翁意识,使企业利益与个人利益紧密结合起来,彻底转变企业的经营机制。

(二)原企业概况简述

×××工厂××分厂位于××市,距离市中心××公里,分厂筹建于 1969 年 10月,总占地面积××万平方米,房屋建筑面积××平方米。该分厂已建成能生产多种润滑油、润滑脂生产装置,设计能力近 2000 吨,建有润滑油车间、润滑脂车间、油品种车间,是二级法人单位。分厂产品多次获省、市优质产品和名牌产品称号,具有一定市场份额,现企业在册人数××人,其中管理人员××人,生产一线××人,驻外经销处××人,中专以上文化的××人,其余均为初、高中和小学文化。

所有职工均按照有关规定参加了养老、失业、医疗、工伤等保险,为职工建立了住房公积金。各项社会保险费用和住房公积金均按时足额缴纳。

××分厂近三年主要经济技术指标完成情况(附财务报表)。

(三)××分厂清产核资、界定产权关系及拟进入改制公司的业务、资产、债务、人员等

1.××分厂清产核资、产权关系情况

××分厂所有资产为国有资产,截至 2002 年 12 月 31 日,××分厂资产、负债和净资产(均为账面值)如下:

(1)资产情况:资产合计××元,其中流动资产××元,固定资产××元,无形及递延资产××元。(详见附表1)

(2)债务情况:负债合计××元。(详见附表2)

(3)净资产××元。

2.拟进入改制公司业务、资产、债务、人员情况

(1)业务情况:××分厂现承担的润滑油脂制造、销售等业务全部进入改制公司。

(2)拟进入改制公司的资产、负债、净资产:××分厂资产合计:××元,负债合计:××元,净资产:××元(账面值)。

(3)人员情况:××分厂目前有正式职工××人,全部进入改制公司,其状况分布如下:厂长:×人,副厂长××人,中层管理人员××人,普通职工××人。

(四)改制公司的设立和运行方案

1.分离改制后公司为非国有法人控股的法人实体,运作模式是按独立法人运作,自主经营、自负盈亏。

2.改制后公司经营范围:改制前的经营范围全部进入新改制公司。

3.改制后公司主营业务:扩大润滑油脂的制造和销售。

4.改制公司的股权结构

(1)改制公司的总股本××元,全部为职工股。

(2)职工股:职工股分改制分流时所得经济补偿金和职工个人出资认购的股份两种。改制公司职工个人货币出资购买的股份为职工货币出资股,各类职工货币出资股额度分别为:

①普通职工认购股份数额为0~1万元。

②中层人员认购股份数额为0.5万~1.5万元。

③副厂长认购1万~4万元。

④厂长认购:2万~6万元。

(3)出资人:进入改制公司的职工。

(4)出资形式:根据2002年11月18日国家八部委印发《关于国有大中型企业主辅分离辅业改制分流安置富余人员的实施办法》的通知,即国经贸企改(2002)859号第五条精神,改制企业可用国有净资产支付解除职工劳动关系的经济补偿金,故进入改制公司的正式职工与主业解除职工劳动关系的所得的经济补偿金(或净资产)作为股本的一部分(××元),职工货币出资(××元)。

(五)规范职工劳动关系方案

2002年11月18日国家八部委印发的《关于国有大中型企业主辅分离辅业改制

分流安置富余人员的实施办法》(国经贸企改〔2002〕859号)和《关于国有大中型企业主辅分离辅业改制分流安置富余人员的劳动关系处理办法》(劳社部发〔2003〕21号)的规定,规范了职工劳动关系。

1.从原主体企业分流进入改制公司的正式员工,先与原主体企业解除劳动合同,并由改制公司与其重新签订三年以上期限的劳动合同,签订新的劳动合同应在改制公司工商登记后30天内完成。

2.原主体企业对分流进入改制公司的正式员工要依法与其解除劳动合同,并支付经济补偿金,职工个人自愿将所得经济补偿金转为改制公司的等价股权。

3.改制公司及时为职工接续养老、失业、医疗等各项社会保险关系。

4.解除劳动合同补偿金标准及明细汇总表、补偿金支付方式等。

(1)解除劳动合同补偿金标准:根据劳动者在本单位工作年限,每满一年发给相当于一个月工资的经济补偿金,工作不满一年的按一年的标准发给经济补偿金。对从其他国有单位(包括国有机关、事业单位和国有企业)调入本单位的职工,其在国有单位的工龄可计入本单位工作年限。

经济补偿金的工资计算标准是指企业正常生产情况下劳动者解除劳动合同前12个月的月平均工资。其中,职工月平均工资低于企业月平均工资的,按企业月平均工资计发;职工月平均工资超过企业月平均工资3倍的,按不高于企业月平均工资的3倍标准计发。企业经营管理人员也按照上述办法执行。企业月平均工资为××元,企业月平均工资的3倍为××元。

(2)原主体企业用进入改制公司的国有净资产向进入改制公司正式职工支付解除劳动合同经济补偿金。

(3)××分厂正式职工改制过程中解除劳动合同经济补偿金合计××万元。(详见经济补偿金明细表)

5.××分厂有离休人员××名、退休人员××名,不参加此次改制,均由原主体企业管理和承担费用。

6.欠缴职工社会保险费用和欠职工债务等问题的解决办法。所有职工的各项社会保险费用和住房公积金均按时足额缴纳,不存在欠费问题。企业不欠职工任何债务。

(六)拟改制单位存量资产和债权、债务的处置内容

1.××分厂资产、债务全部进入改制公司,具体如下:公司财务账上流动资产××万元,固定资产××万元,递延资产××万元,资产合计××万元,负债××万元,净资产××万元。进入改制公司的国有净资产,一部分用于向改制公司正式职工支付解除

劳动合同补偿金,剩余部分出售给改制公司的职工。

2.××分厂改制前经营过程中所产生的债权和债务由改制后新公司承担。

3.××分厂改制前的财务状况以会计事务所审计后为准。

4.所有进入改制公司的国有资产应按照《中国××(集团)总公司国有资产评估项目管理办法》(中×总发〔2002〕149号)文件的规定进行评估,以经过核准、备案的评估值为准。

5.××分厂目前占用土地不进入改制公司,由改制公司租赁使用。

(七)其他事项

1.××分厂改制前由×××工厂供应的水、电、暖气等服务项目,改制后可继续由×××工厂提供,费用按市场价格进行结算。

2.××分厂改制前从事的×××工厂服务项目,在同等质量同等价格同等服务条件下,改制后的新企业享有优先权。

3.××分厂改制后,其职工的人事档案、社保金、医疗保险金、失业保险金、住房公积金、党群关系等实行属地管理,×××工厂协助改制公司办理移交手续。

(八)改制分流方案的组织实施计划

1.承担改制、规范劳动关系和资产处置工作的领导、工作人员及组织机构。组长:××,副组长:××,成员:××。

2.改制分流方案的实施步骤和时间计划。

第一阶段:方案制订及宣传(××月××日—××月××日)

第二阶段:上报批复及宣传(××月××日)

第三阶段:具体实施(批复后)

(1)财务审计、资产评估(××月××日—××月××日)

(2)将原改制分流方案细化为改制分流实施方(××月××日—××月××日)

(3)实施方案报批(××月××日—××月××日)

(4)组织实施××分厂改制分流实施方案(××月××日—××月××日)

附件:职工代表大会审议通过《×××工厂××分厂改制分流方案》的决议。

《发起人协议》

《企业改制总体设计方案》

5-4 《改制公司运行可行性分析》(样本)

(一)改制的有利条件

××分厂位于××市,有独立的生产制造及销售队伍,客户稳定,生产厂区及家属区设施完善,近十几年该分厂历史上没有亏损状况,改制后公司具备生存和发展条件。

(二)改制后的机制优势

1.由二级法人单位成为非国有法人控股的法人实体,按照自主经营、自负盈亏、自我发展、自我约束的经营机制运营。

2.符合国家宏观政策。国有经济将按有进有退的原则,逐步退出竞争性领域,本分厂改制符合这一发展方向。

3.职工出资入股有利于提高职工参与企业管理的意识,职工以所有者的身份对企业的重大决策进行表决,有利于保障职工的民主权利。

4.有利于增加职工的收入,职工是企业的劳动者,又是企业的所有者,既可按劳分配又可按出资比例分红。

(三)市场分析及发展前景

润滑油脂是原×××工厂传统产品,主要销售市场是省内、呼盟地区、大连、山东部分省市等,锚轮牌钙基脂、锂基脂以其品牌效应在省内占有率达50%以上。润滑油脂省内市场占有率不理想,主要原因是大庆企业具有价格优势。根据产品定位,改制公司近期内润滑脂要以名牌战略扩大市场占有率,保持老产品钙基脂、锂基脂的优势,研究开发高附加值钙基脂的优势,提高中档锂基脂的产量,以经济规模和高附加值产品创造效益,争取总产量两年内达到2000吨,利润达到50万元。

(四)改制后三年经营目标预测

年 度	经营收入(万元)	经营利润(万元)
2003 年	×××	×××
2004 年	×××	×××
2005 年	×××	×××

5-5 公司章程的编写及签署(样本)

公司章程

第一章 总则

第一条 依据《中华人民共和国公司法》(以下简称《公司法》)及有关法律、法规的规定,为规范公司的行为,约束管理人的权利,保障公司股东的合法权益,根据《公司法》等有关法律规定,结合本公司的实际情况,特制定本章程。

第二条 本章程中的各项条款与法律、法规、规章不符的,以法律、法规、规章的规定为准。

第三条 由×××等人共同出资组建,设立"至诚汽车服务有限责任公司"。

第四条　公司住所:×××××××

公司邮编:××××××　　公司电话:××××××

第五条　公司依法在××工商行政管理局登记注册,取得企业法人资格。公司经营期限为20年。(以登记机关核定为准)。

第六条　公司为有限责任公司,实行独立核算,自主经营,自负盈亏。股东以其出资额为限对公司承担责任,公司以其全部资产对公司的债务承担全部责任。

第七条　公司应遵守国家法律、法规及本章程规定,维护国家利益和社会公共利益,接受政府有关部门和社会的监督。

第八条　公司的宗旨:顾客至上,一切均以客户的利益为主,确保每一位客户在我们公司这里能够得到他所需要的服务。公司将不断创新,积极进取,争取每一位员工都能熟练地拥有汽车服务体系,立志每一位员工都能成为全能且称职的服务人才。

第二章　公司经营范围

第九条　公司的经营范围:生产型服务(汽车物流服务、售后服务、维修检测服务、美容装饰服务、回收与解体服务、汽车故障救援服务),经营型服务(旧车交易、配件营销)【已登记机关核定为准】。

第三章　公司注册资本及股东的姓名(名称)、出资方式、出资额、出资时间

第十条　公司注册资本为人民币30万元。

第十一条　股东的姓名(名称)、认缴及实缴的出资额、出资时间、出资方式如下:

(一)2012年4月14日,××以商品房出资,认缴出资额为人民币20万元,占67%。

(二)2012年4月14日,××以货币出资,认缴出资额为人民币6万元,占20%。

(三)2012年4月14日,××以货币出资,认缴出资额为人民币4万元,占13%。

第十二条　股东应当足额缴纳各自所认缴的出资,股东全部缴纳出资后,必须经法定的验资机构验资并出具证明。以非货币方式出资的,应由法定的评估机构对其进行评估,并由股东会确认其出资额价值,并依据《公司注册资本登记管理暂行规定》在公司注册后2个月内办理产权过户手续,同时报公司登记机关备案。

第四章　公司的机构及其产生办法、职权、议事规则

第十三条　股东会由全体股东组成,是公司的权力机构,行使下列职权:

(一)决定公司的经营方针和投资计划。

(二)选举和更换董事,决定有关董事的报酬事项。

(三)选举和更换由股东代表出任的监事,决定有关监事的报酬事项。

(四)审议批准董事会的报告。

（五）审议批准监事会或者监事的报告。

（六）审议批准公司的年度财务预、决算方案。

（七）对公司增加或者减少注册资本做出决议。

（八）审议批准公司的利润分配方案和弥补亏损的方案。

（九）对发行公司债券做出决议。

（十）对股东向股东以外的人转让出资做出决议。

（十一）对公司合并、分立、变更公司形式、解散和清算等事项做出决议。

（十二）修改公司章程。

第十四条　股东会会议分为定期会议和临时会议，定期会议一年召开一次。股东会的首次会议由出资最多的股东召集和主持。当公司出现重大问题时，代表四分之一以上表决权的股东，三分之一以上的执事或者监事，可提议召开临时会议。

第十五条　股东会会议由执行董事召集和主持。执行董事不能履行或者不履行召集股东会会议职责的，由监事会或者不设监事会的公司的监事召集和主持；监事会或者监事不召集和主持的，代表十分之一以上表决权的股东可以自行召集和主持。

第十六条　股东会会议由股东按照出资比例行使表决权。一般决议必须经代表过半数表决权的股东通过。对公司增加或者减少注册资本，分立、合并、解散或变更公司形式以及修改章程的决议，必须经代表三分之二以上表决权的股东通过。

第十七条　召开股东会会议，应当于会议召开 15 日以前通知全体股东。股东会对所议事项的决定做出会议记录，出席会议的股东在会议记录上签名。

第十八条　股东是公司的出资人，股东享有以下权利：

（一）根据其出资份额享有表决权和重大决策权。

（二）有选举和被选举董事、监事权。

（三）有权查阅股东会记录和财务会计报告。

（四）依照法律、法规和公司章程规定分取红利。

（五）依法享有股权继承权，资产收益权。

（六）依法转让出资，优先购买公司其他股东转让的出资。

（七）优先认购公司新增的注册资本。

（八）享有知情权。

（九）公司终止后，依法分得公司的剩余财产。

第十九条　股东负有下列义务：

（一）缴纳所认缴的出资。

（二）依其所认缴的出资额承担公司债务。

（三）公司办理工商登记后，不得抽回出资。

（四）遵守公司章程规定。

（五）受公司法人独立地位的限制，必须执行一股一票制。

第二十条　公司不设董事会，设执行董事一人，由股东会选举产生。执行董事任期三年，任期届满，可连选连任。

第二十一条　执行董事行使下列职权：

（一）负责召集股东会，并向股东会议报告工作。

（二）执行股东会的决议。

（三）审定公司的经营计划和投资方案。

（四）制定公司的年度财务预算方案、决算方案。

（五）制定公司的利润分配方案和弥补亏损方案。

（六）制定公司增加或者减少注册资本以及发行公司债券的方案。

（七）制定公司合并、分立、变更公司形式、解散的方案。

（八）决定公司内部管理机构的设置。

（九）决定聘任或者解聘公司经理及其报酬事项，并根据经理的提名决定聘任或者解聘公司副经理、财务负责人及其报酬事项。

（十）制定公司的基本管理制度。

（十一）公司章程规定的其他职权。

第二十二条　公司设经理，由执行董事决定聘任或者解聘。经理对执行董事负责，行使下列职权：

（一）主持公司的生产经营管理工作，组织实施股东会决议；

（二）组织实施公司年度经营计划和投资方案；

（三）拟订公司内部管理机构设置方案；

（四）拟订公司的基本管理制度；

（五）制定公司的具体规章；

（六）提请聘任或者解聘公司副经理、财务负责人；

（七）决定聘任或者解聘除应由股东会决定聘任或者解聘以外的负责管理人员；

（八）股东会授予的其他职权。

第二十三条　公司不设监事会，设监事一人，由股东会选举产生；监事的任期每届为三年，任期届满，可连选连任。

第二十四条　监事行使下列职权：

（一）检查公司财务。

（二）对执行董事、高级管理人员执行公司职务的行为进行监督，对违反法律、行政法规、公司章程或者股东会决议的执行董事、高级管理人员提出罢免的建议。

（三）当执行董事、高级管理人员的行为损害公司的利益时，要求执行董事、高级管理人员予以纠正。

（四）向股东会会议提出提案。

（五）依照《公司法》第一百五十二条的规定，对执行董事、高级管理人员提起诉讼。

（六）监事会每年度至少召开一次会议，监事可以提议召开临时监事会会议。

（七）监事会决议应当经半数以上监事通过。

第五章　公司的法定代表人

第二十五条　执行董事为公司的法定代表人，股东认为必要时有权更换经理为公司的法定代表人。

第二十六条　法定代表人行使下列职权：

（一）召集和主持股东会议。

（二）检查股东会议的落实情况，并向股东会报告。

（三）代表公司签署有关文件。

（四）在发生战争、特大自然灾害等紧急情况下，对公司事务行使特别裁决权和处置权，但这类裁决权和处置权须符合公司利益，并在事后向股东会报告。

第六章　股东会会议认为需要规定的其他事项

第二十七条　股东之间可以相互转让其全部或部分出资。

第二十八条　股东向股东以外的人转让股权，应当经其他股东过半数同意。股东应就其股权转让事项书面通知其他股东征求同意，其他股东自接到书面通知之日起满三十日未答复的，视为同意转让。其他股东半数以上不同意转让的，不同意的股东应当购买该转让的股权；不购买的，视为同意转让。

第二十九条　公司的营业期限为 20 年，自公司营业执照签发之日起计算。

第三十条　有下列情形之一的，公司清算组应当自公司清算结束之日起 30 日内向原公司登记机关申请注销登记。

（一）公司被依法宣告破产。

（二）公司章程规定的营业期限届满或者公司章程规定的其他解散事由出现，但公司通过修改公司章程而存续的除外。

（三）股东会决议解散。

（四）依法被吊销营业执照、责令关闭或者被撤销。

（五）人民法院依法予以解散。

（六）法律、行政法规规定的其他解散情形。

第七章　附　则

第三十一条　公司登记事项以公司登记机关核定的为准。

第三十二条　本章程一式二份，并报公司登记机关一份。全体股东亲笔签字：

5-6　监事会决议（范本）

监事会会议时间：20××年××月××日

监事会会议地点：在××市××区××路××号（××会议室）

监事会会议性质：首届监事会会议

监事会出席会议人员：（全体监事）。（可补充说明，会议通知情况及到会人员情况）

根据《中华人民共和国公司法》规定，××××有限公司召开首届监事会会议。首次股东会选举产生的监事×××、×××、×××和职工民主选举产生的监事×××、×××出席了本次监事会会议，会议由×××召集和主持，一致通过如下决议：

选举×××为首届监事会主席。

××××××

××××××

××××有限公司全体监事（签名）：

×××、×××、×××、×××、×××

20××年××月××日

第六章　企业价值的蓝图——企业规划

　　每一个企业家都有自己的梦想,每一个企业都会有它的发展规划。要想企业价值最大化,让股东、投资者、员工对企业抱有信心,经营班子就必须在董事会的领导下经过反复讨论,制定出切实可行的让人信服的企业发展规划,描绘出企业未来的发展方向和发展路径。企业规划有长期规划和中短期规划,要根据企业发展的不同发展阶段,瞄准企业长远目标来制定企业不同时期的企业发展阶段目标。制定企业规划不仅要根据企业所在行业中的位置和企业具体情况,包含企业产值、利润等这些财务指标,更重要的是要有达到这一目标的措施,企业的行业分析,以及企业文化建设等等有关内容我们在其他章节中阐述。这一章我们从企业发展的各个周期为基点来具体分析企业的发展规划的问题。根据企业各个阶段发展的不同情况的特性,找到遇到的问题以及应对的策略,然后再基于企业发展不同阶段的应对思路和对成员的激励、薪酬、管理、战略规划、财务等几方面来重点分析。另外,我们在这一章展示了家族式企业的特点,这在目前中国的中小企业里有一定的普遍性,它们带着中国从计划经济转向市场经济过程中的禀赋和特点,这是在我国传统文化影响下孕育出的与西方管理企业不一样的一套管理方式和企业发展战略规划,它是无法用西方新自由主义微观经济学理论来解决的,我们在这里将进行分析与探索。

一、企业发展的生命周期

　　我们认为企业是个有机体,它有生命也有生老病死的宿命,但企业社会性的生命机理与人类等生物性的机理虽然有比较大的区别,但也有一定相似的地方。企业生命周期是指一个企业从创业,到成长、成熟、衰老甚至死亡的不同阶段。企业在运转过程中,如果因为企业系统内各要素间、各子系统间以及企业和外部环境之间的协调关系发生障碍,从而带来企业系统对于环境的适应能力和自身获利能力的减退或丧失,企业就可能面临很大的经营风险、财务风险,衰退甚至死亡。因此,企业环境与条件因素对于企业的生存和发展就异常重要。对于处于生命周期不同阶段环境的企业,面临的环境和条件不同,需要实施与企业成长特征相适应的管理行为也就不同,这样才能保证管理的有效性和发展的持续性,并需要根据企业生命周期理论划分企业发展阶段。企业具有生命周期的表现为,企业的形成和发展与其他组织一样具有生命体的部分形态。1972年,美国哈佛大学的葛瑞纳教授在《组织成长的演变和变革》一文中,首次提出了企业生命周期的概念,企业生命周期是一个企业从创立到消失为止经历的自然时间。1989年美国著名学者伊查克·爱迪思博士系统地提出了企业生命周期理论,依据企业的灵活性和可控性把企业生命周期划分为3个阶段10个时期:成长阶段,包含孕育期、婴儿期、学步期;再生和成熟阶段,包含青春期、盛年期、稳定期;老化阶段,含贵族期、官僚化早期、官僚期、死亡期。1999年理查德·L.达夫特将企业发展归纳为4个主要阶段:创业阶段、集体化阶段、规范化阶段、精细化阶段。陈佳贵、黄速建以企业规模做纵坐标,把企业生命周期依次划分成孕育期、求生存期、高速发展期、成熟期和蜕变期。韩福荣等人提出新的三维空间修正企业生命周期模型,用应变性、可控性和企业规模这三大指标全面地表述企业的内涵以及外延。

虽然对企业生命周期理论的表述各有不同,但是企业生命周期理论共同的核心是:企业的生命周期遵从大体相同的规律,企业处在不同的生命周期就会表现出不同的经营管理特征。本书按被广泛应用的企业4阶段理论进行分析研究,把民营企业的生命周期分成创业期、成长期、成熟期和衰退/再生期4个阶段。

通常,处于生命周期的不同阶段的企业,规模和资源配置状态不同,那么其自然状态下的管理特点也是不完全相同的。所以企业制定发展规划一定要根据不同阶段的特点,有针对性地提出措施。

例如,对于大部分刚刚创立的企业,均处于家庭作坊式的市场运作与投资管理水平上,基本上这种企业在市场竞争与投资管理模式等方面,大多具有人情化组织结构与人际关系营销等特点。由于其规模小且资产配置较单一,所以管理一般具有随意性,根本上来看是符合资源最优配置规律的,因为在企业创业初期,企业在管理上花费过多的成本并没有太大必要,他们要把更多的精力集中在财务、生产、营销等运营方面。财务方面重点为融资业务资金;生产方面主要是调试生产设备、工艺、控制生产过程、制定各种标准;营销方面主要是对市场的定位,做好市场开发。对处于这一生命阶段的企业,由于各种生产要素和契约关系简单,管理制度高度集权、粗放,方法还是较为有效的。这也是众多民营企业起步发展较快、较好的主要原因之一。

然而,随着企业的逐步壮大,企业在有形资产增长的同时,品牌、信誉等无形资产在总资产中开始占有较大比例,此时企业进入成长期。对于这些企业而言随意的管理很可能会带来严重危机,使企业提前衰退甚至灭亡。因此,企业不得不向着信息化和规范化的管理方向发展。

处于成长初期的企业通常都建立起相应的规章制度,但是缺乏系统性、科学性。工作职责和程序方面的制度较为匮乏,纪律性要求居多,员工对制度执行缺乏自觉性。这一阶段的企业人才流动性较大,优秀型人才不愿长期在企业服务。员工工作效率不高,客户满意度下降,企业总体竞争力不强。

但在成长后期,经过一段时间的磨合,企业内各领域基本建立起系统化、规范化的现代企业制度,战略目标明确,组织架构合理,职责分工明确,并且广泛运用信息化,效果显著。这时候企业员工工作积极主动,优秀人才齐全,客户和员工通常较为满意,竞争力强,年度销售额呈现正增长。处于成长期的企业,生产管理、营销管理和财务管理仍然是企业管理的重中之重,但是与出生期相比又侧重不同方面,例如,生产管理方面主要是生产批量化、规模化、规范化,营销管理方面更多地关注品牌和开拓新市场上的问题,而财务管理方面融资成本管理的重要性显现,要设计适合本企业比较好的债权融资和股权融资结构。

当企业进入成熟期,企业资产初具规模后保持稳定,无形资产在资产配置中占据一定的份额,其数值也趋向稳定,资产结构趋于合理。经过创业期、成长期的发展历程,企业积累了丰富的管理经验,开始显现独特的企业文化。但同时,成熟期的企业出现组织机构臃肿、组织结构复杂等问题,此时的企业往往集中在营销管理方面,其内容重点在于保证相对稳定的市场份额。

衰退时期,企业在经营战略、生产运作、市场营销、财务成本、人力资源等方面都可能出现问题,使得企业需要在管理方面进行全面重新审视。

以上是对企业生命周期及企业各个阶段管理特点的简要概述,基本上涵盖了普遍的规律。需要特别强调的是,并非所有的企业都能走完生命周期的全过程。事实上,大部分企业跳过了成长期或成熟期就直接进入衰退期,原因在于企业在经营过程中对环境和企业自身发展所带来的变化没能及时做出反应,未能依据企业发展需要及时调整战略,导致企业积重难返。以下我们就来分析企业在不同的发展阶段需要采取哪些应变策略,以保证在各个不同时期企业都能不断发展,并在发展中寻求企业价值的最大化。

二、企业各发展阶段的应对思路

对于处于创业初期的企业,由于资金、人力资源等各方面的匮乏,精准的目标市场定位是企业发展走向成功的客观要求。这个阶段的产品定位应结合小企业灵活的特点,根据市场变化适当调整,寻找产品间的关联性。因此,企业创业初期,严密的市场调查十分必要。由此企业可以细分市场,找出那些有一定成长空间但竞争者仍可控的市场作为突破口。在这个信息化的时代,这一点对于创业者来说至关重要。

市场确定以后,企业进一步的发展主要在于对于企业愿景的追求。这种追求是企业做大做强的前提之一,因为这种追求会渗透在产品定价、分销渠道、售后服务、公司治理等各个方面。实践证明企业的产品服务对社会进步有长远价值意义,这样的企业才会受到市场的认可,获得更多的发展空间。谷歌、携程等公司开始创业的时候都是长期专注于一个领域,它们的产品注重细节,注重提升产品服务质量水平,并将其应用到用户体验上,进而逐步做到行业的顶尖,企业也成为业内最顶尖的企业。

创业期的后期发展期是企业最为关键的一个时期,在这个阶段,企业需要完成规模和实质的转变。经历了创业阶段,企业的产品思路逐渐开始清晰,继续深入研究开发现有产品的同时,适当扩大产品组合,以确保产品市场份额的稳定增长。企业的价格方面以维持稳定为主要目标,在完善整体产品的基础上,再相应提高产品价格。在分销策略上,以经济合理性和时间性为主要原则选择分销渠道,适当增加中间商,拓宽分销渠道。同时依据产品特点,结合产品策略、价格策略和分销策略形成适当可行的促销组合。

进入成长期以后,企业必须认真研究经营战略、企业制度更新等隐性生产要素问题,确保资金量的投入。此时一定的管理成本的投入,将会产生丰厚的经营绩效,避免巨大的机会成本,否则企业极有可能走向危险的发展道路。此外,成长型企业在公司治理方面的关键性问题在于如何保持企业活力。企业的老化,一直以来都有制度与人的因素在,其中有一种典型的做法是更换领导者。而有人认为,换个骑手并不能把一头驴子变成赛马。只有在成长阶段,前提条件是所骑的马是赛马的情况下,这种换骑手的方法才有效。在企业老化阶段,只有企业改革了制度,更换新的领导才有帮助。因此,在这个阶段的企业,当管理出现问题,首先应该审视的是管理制度,其次才是管理者。

　　企业进入成熟期，多年的积累和拼搏使整个组织达到一个较稳定的水平，盈利速度放缓。但是，机构的臃肿、制度的冗杂使得管理效率大大降低。因此，这一阶段企业需要解决的首要问题应该是如何优化组织结构、提高运营效率，组织构架、管理流程和员工职责明确在这一阶段就格外重要。同时，企业不能忽视创新，要重视资产重组和资本投入，积极进入资本市场，开发新领域，寻找企业新的经济增长点。在产品策略上注重产品与产品等级系列组合，注重新产品的开发，对不同市场地位的产品采取不同的市场营销策略，及时开发出适销对路的产品。确定价格策略时，充分考虑市场环境，关注相关产品的价格策略，以适应价格竞争市场为定价目标。注重中间商发挥的作用，开发相对较为通畅的分销渠道系统。促销上，以树立企业形象、提高产品知名度为主要目标，对处于不同生命周期阶段的产品，采取不同的促销组合。同时要特别关注竞争对手的策略变化，及时应对。对那些处于成熟期的企业，其销售策略往往不仅仅是传统的促销行为，企业公共关系、企业文化及企业形象，企业销售策略等这些企业其他方面的行为的实施，会对销售起到较大的促进作用。

　　另外，成熟期企业的企业文化已基本成形，优秀的企业文化是企业核心竞争力能够长期立于优势的基础。世界上的"百年老店"，不论外界环境改变，还是内部CEO更换，优秀的企业文化都使它经久不衰。而先进的产品技术、科学的管理方法和优秀的管理人才、高新的设备等这些外在条件你的竞争对手都可以拥有，这些都具可复制性，唯有企业文化这种企业内部由企业愿景、企业目标、企业制度、企业环境经过长期磨合而生成的特殊机理是不可复制。可惜的是，很多企业并没有意识到这一点，以至于好的文化在企业的不断扩张中被逐渐淡化、消亡。因此，成熟期的企业应该把握机会，将自己的企业文化形成体系，成为企业的生存哲学，作为企业的灵魂，为企业持续发展的注入不竭动力。

　　衰退期是大部分企业都会经历的一个阶段，衰退不等同于消亡，相反，衰退期更集中地暴露了企业中各方面的问题，相当于为企业提供了一个重新审视自己的机会。这个阶段的企业首先要重新梳理和制定公司发展战略，通过对产品、环境、资源等各方面进行的详尽评估，重新确定企业定位、企业成长愿景以及总体的发展战略、业务战略和职能构架。其次，对于已经出现的问题，如组织问题、绩效管理问题等，在新的企业发展战略的指导下进行整改。或者考虑收购兼并其他企业，也可以被兼并，重造企业。在企业的发展历程中，这样的衰退期可能会时常出现，而如何有效的利用它，化危为机，是企业本阶段的核心所在。

　　企业与生物有机体不同，生物有机体会受到自然寿命的制约，主要是由于其器官衰竭是无法避免的,而企业不存在这样的约束,企业组成部分如产品、制度、机构等等的更换成本要比生物有机体要低得多,也更容易融合到母体,可以通过组合新的组成部分获得重生,所以企业的收购兼并是企业衰亡期一条很好的出路。这样从理论上来说,企业是可以千秋万代不断延续的。但事实上真正百年以上的企业非常稀少,主要是因为企业并没有根据发展阶段不同而相应地调整其经营和管理策略。因此,适当的应变是必要的,以此延长企业的生命周期。然而真正使企业可持续发展的内在根本是逐年积累的企业文化,只有企业文化才是基业长青的保证。

三、企业各发展阶段的成员激励问题

在前面的第二章,我们着重讲过企业的人才的激励问题。在这里我们还想再谈谈这个问题,但是我们这次从企业发展的各阶段出发作为立足点。并且结合案例具体的分析。

(一)企业初创期的核心人才策略

在一家初创企业中,技术出身的创始人带来了一批共事多年的生产骨干,同时重金招募了豪华销售团队,但因业务发展不如预期,核心团队中一些人心生去意。他应该怎么办?

企业在初创时期资源少,抗风险能力不强,对自身的承受能力、现金流等方面考虑不全。因此,需要谨慎考量初创期的核心人才配备。对于产品技术属性很强的企业,其核心人才就是几个核心的技术人员;而对于以销售能力或者解决方案方面为主要产品价值的企业,就需要顶尖的销售团队。

案例中业务不如预期,其主要原因在于创始人不具备销售相关背景。技术出身的创业者,往往对市场的敏锐性和市场订单的把握性不够,容易在创业早期的经营、财务等方面出现问题。

销售员以业绩为导向,理想的收入是留下他们的主要条件。在创业初期没有必要组件大规模的团队,为了减轻企业负担,往往需要员工成为多面手来节约人力成本。

价值观、管理水平以及对产品的预见性和决断性是选择核心团队最重要标准,而初创小企业必须有比较强的执行力,在某种程度上创始人独裁也是必要的。

（二）企业成长期的核心人才策略

企业度过初创期，迎来快速发展的增长阶段。这一阶段该企业创始人开始大手笔分配企业利润，销售部门、采购及品质控制部门、研发部门分别拿走利润的30％、15％、30％，他自己拿到手仅为25％；同时采取透明化管理，采购、生产、销售等数据公开，让员工运作公司，使其对成本收益完全了解，以期能调动员工最大的能动性。

对这位老板的做法，我并不认同。企业需要一定的资金积累做再投资才能保证不断发展。案例中的老板把利润基本都分配出去，会导致企业后续发展无力，应该至少拿出30％的利润作为企业追加投资的本钱。同时管理层和普通员工所需知道的公司信息显然不同，因此透明化应该因人而异。

提高员工的能动性和参与度，不仅仅需要信息透明，还要在各项工作决策中尽可能地听取员工意见，获得员工的信任。因为员工岗位不同，所需要了解的公司信息不同的，在给出一堆数字的基础上，还需要加以解释，才能真正地让这些数据派上用场。

对于利润分享，坚持价格原则：首先，确定利润分享比例，考虑可持续的再投资问题，比例由董事会决议；其次，对不同部门的利润分配额度做绩效考核；第三，不要在当年将分配给各个部门的利润全部发完，以此留住人才。此外，对比较顶尖的关键人才，如果利润分享对其不再有吸引力，就需要考虑用股权或者期权的方式挽留，让他们与企业共担风险同时共享收益。

（三）企业成熟期的核心人才策略

企业已经成长为行业内的领头羊，公司老板为了激励核心员工，提高团队稳定性和归属感，也为将来可能的上市做准备，对公司进行股份制改造。他决定拿出18％的股份让总监以上高管入股，按照年度经营业绩分红，同时成立员工合伙基金，另外拿出22％的股份作为普通员工的期权池。

企业如果要上市或上新三板，一般会引入一些机构投资者以作为企业上市估值的参考；同时，核心高管所占股权比例，以及普通员工所占股比例，需要合理确定，案例中高管18％的持股比例是合适的，但普通员工22％的比例有过多之嫌；此外需要注意高管和普通员工入股的资金来源如何确定，是自筹还是公司与员工按比例出资，或者是拿薪酬抵扣来购买，这些都需要确定；最后还要明确规定新晋股东的"解锁"、退出机制，否则容易出现股权、控制权的纷争。

总之,企业成败的关键在于人,不管是初创期、发展期还是成熟期,如何留住并正确激励核心人才始终是企业老板绕不开的难题。企业的所有者与员工之间的利益不同。老板注重企业的投资收益与长远发展,而员工更关心业绩和当前个人收益。如果老板能利用合理的机制,将员工与企业利益协调一致,就能有效弱化矛盾,从而形成利益的共同体,从博弈走向共赢。股权激励在塑造员工和老板利益共同体方面拥有独特优势。设计一套合理有效的股权激励方案,激励核心员工,促进员工和企业共同成长,帮助企业顺利度过生命周期。

四、企业各发展阶段的市场营销战略研究

(一)企业生命周期的市场营销战略概述

1.市场营销战略的概念及特征

(1)市场营销战略的概念

战略是企业对未来发展的全局性谋划,其核心问题是企业如何建立与保持竞争优势。市场营销战略是指通过企业内部的合理规划,有效确立企业的宗旨和长远目标,使企业内部的资源与能力适应瞬息万变的市场环境,从而来制定稳定的长期发展规划。其中包括以下三方面的营销战略:第一,在生产与销售的成本中制定合理战略,使企业投入最低的成本;第二,在整个行业的竞争环境中制定合理战略,用显著的产品、营销优势来占据市场,从而成为行业主导;第三,制定细分市场的合理战略,保证有效占据细分后市场。企业的市场营销战略相当于是一个市场决策,用以保证企业自身可以长期、稳定地发展。

(2)市场营销战略的特征

企业的市场营销战略主要有三个特征:

①从属性。市场营销是企业整体营销中的一部分,根据企业的整体营销制定战略,保证企业策略过程基本不出现偏差,为企业整体营销提供可靠有力的支持。

②独立性。市场营销战略主要帮助企业完成市场策划,保证市场份额,因此,企业要提高对市场营销的重视度,建立独立的市场营销部门,从而保证市场活动健康有序地开展。

③转移性。指市场营销战略只能针对当时当地市场环境做出相应的计划和策略,对企业的整体营销方向没有指导意义。

(二)企业生命周期各阶段的市场营销战略

1.初创期

企业的创业期是企业创立到正式运作的时期,是企业的起步阶段。在这一段时期,从企业创立规划、人员配置、设备配置、产品试生产和初步的投放、消费者的接受程度等各个环节都很有可能出现变动。其正面因素主要表现在企业结构简单、易于管理,员工人数较少,便于沟通,工作效率稳定;但同时也不能忽视产品在市场上的认知度低,无法准确掌握产品在市场上的投放目标、生产成本与收益不平衡等不确定因素。因而它是不成熟的,尽管工作效率高,灵活性强,但也具有稳定性差且不确定因素多的特点,这还仅仅是一个企业领导者和管理者在摸索生存道路的阶段。因此,针对初创期企业的特点,企业应该制定如下的市场营销战略。

(1)加大产品促销力度:企业创立初期,品牌和产品的认知度不高,生产的产品在市场竞争中不足以和知名品牌正面抗衡,在销售过程中处于被动地位。因此就要通过加大产品促销力度的方式吸引消费者,同时增加广告投入推广产品、宣传品牌,扩大产品的销售面与知名度。

(2)优化产品结构:改变产品结构单一的模式,在提升产品质量的前提下,提高生产技术,降低成本,合理定价,依据产品细分投放市场,从而促进产品销售。

(3)集中针对目标市场:这是在企业制定市场营销战略时最关键的问题。在产品投入市场前做好充分的市场调研工作,全面掌握市场信息,帮助领导者做出最正确的发展战略。点面结合,选定一个最适合产品初步发展的市场作为目标市场,将产品特点和市场特点相结合,制定最准确的营销策划方案,集中火力投入到目标市场中,以此打开市场空间,稳步扩张。

2.成长期

伴随初创期企业开展的各项营销措施,消费者逐渐认识并逐渐接受企业产品,企业的销售量与利润得到了较快增长。此时,企业进入成长阶段。这个阶段的市场营销策略要更多地关注营销团队与营销网络的发展,但是企业也必须意识到抢占市场的重要性,确定合理的营销战略,建立强而有力的竞争优势。这一阶段的市场营销战略主要应该注意以下几点。

(1)建立多元化市场战略:企业市场渠道的多元化,可以降低因为市场单一问题所带来的风险因素,保证企业发展的安全性。这就要求企业营销人员进行全面充分的调研工作,对企业可以进入的市场做全方位的分析研究,在研究结束后制定合理的生产与供应计划。

(2)深入建设品牌战略计划：当下社会中，消费者对品牌的认知度很高，大部分消费者依靠品牌认知而购买商品。处于成长阶段的企业要特别重视塑造积极健康的产品品牌，并通过广告、媒体等合理市场营销战略进行推广，在消费者心中树立新颖、独特、积极的品牌形象，最终获得消费者的品牌忠诚度，从而保证企业更好更快的发展。企业市场营销人员在建立品牌时，可以重点建设一种品牌，也可以同时建立多种品牌，分配给其他产品，使每一种产品都有独具特色的影响力和市场份额，为企业创造更大的价值。例如，宝洁公司建立的海飞丝、潘婷、沙宣等多个品牌，每个品牌都有独特的市场定位和指向，为不同需求的消费者树立了不同的品牌形象，进而抢占洗发水市场中的更大份额。

(3)渠道通路的扩张战略：渠道与通路是企业产品与消费者接触的唯一方式，随着企业生产规模的扩张，企业市场营销人员要进一步思考渠道与通路的扩大方案，优化通路的结构，为产品提供更多的销售机会，进一步扩大企业的分销系统。

3.成熟期

经过不断探索和完善的成长期，企业会进入相对稳定的成熟阶段，这个阶段的企业在企业管理和市场经营方面都基本趋于成熟，企业的控制能力逐步增强。其具有以下两个主要特点：第一，产品和技术水平基本保持稳定，缺乏创造性的研发意识；第二，企业基本战略计划初步实现，供销渠道基本建立，有较强的市场敏感。成熟期是企业产品销售的黄金时期，要积极进取，采取进取性的营销策略，争取稳定的市场份额，而不是满足于保持既得利益和地位。这一阶段的市场营销战略主要从以下几点进行开展。

(1)占领全面市场的战略：占领全面市场是指成熟期的企业基于整个市场，通过不同产品对不同市场的占有来实现整体市场的全面扩张。这种占领市场的方式，会保证企业在一定的时间处于领先地位。发展到成熟阶段的企业，已经具备了良好的经济基础与技术力量，而市场转换的初期需要企业一定量的投入，通过建立价格优势或进行产品创新的方式吸引消费者，最终实现对新市场的占领。例如，台湾顶益集团最初只有"康师傅"方便面这一种产品获得消费者的认同，后期企业逐渐进入了成熟阶段，策略性地深入到饮料、快餐、饼干等各个市场中去，在开发饮料初期，投入较多资金建立"再来一瓶"的市场营销策划，最终成功地打开并占领市场，打败竞争者，为集团赢得更大利益。

(2)体现价值创新优势：企业经历了不断积累和投入的初创期与成长期，在成熟期逐渐体会到市场带来的丰厚回报。但是，企业仍然要保持对产品价值的继续积累，使企业的收益时间更为长久。价值创新表现在对新产品的开发和成熟产品的进一步完善,进而满足市场需求的不断变化,获得消费者深层的满意度与忠诚度。在产品的增值营销中,企业可以逆向思维考虑消费者心理,在提高产品质量、增加花色品种、改进包装、创立品牌的同时,也可适度提高价格。

4.衰退期

衰退期的出现是企业自身和外部市场的环境共同作用的结果,主要表现在一段时间内企业产品销售额的持续下降。在这一段时期内,市场对企业产品的需求减少,产品销售投入费用增多而销售值收入却在持续降低,最后导致销售利润出现负增长,企业财政陷入危机。这个时期的企业,对外部风险的抵御能力低,市场容量不足,受外部先进技术产品的冲击和前三期发展中隐藏的问题集中暴露,对企业在市场中的竞争和发展提出了更严峻的考验。针对衰退期企业的特点,企业应该制定如下的市场营销战略。

(1)创新营销。重新安排市场调研活动,刺激新的消费需求,挖掘新的消费市场,重新定位发展道理,制定更合理的企业发展目标。

(2)用短期收益缓解企业危机。企业产品的发展前景不明朗,所以要适时调高售价、减少广告成本的投入,通过在短时间内获得高利润的方式来缓解企业生产和财政危机,通过新模式渡过衰退期。

(3)消减产品。这一战略需要根据实际情况缩减产品生产数量,减少或撤除关系到产品的相应部门。同时,总结自己的核心竞争力,放弃无用的市场,充分掌握消费者的需求,利用这段时期钻研核心业务,提高核心业务水平,创新生产消费的产业链和市场。

5.变革期

变革期的市场营销策略与衰退期相似,是衰退期的延续,也是挽回企业生命力的重要手段。变革期的市场营销策略很多样,包括新产品的研发和二代产品的改良,转变甚至放弃原有策略,淘汰没有竞争力的产品等。其最终目的都是利用市场营销战略促进企业变革,重新建立企业在市场中的地位。

(三)结论

企业生命周期的发展规律揭示了企业产品在市场上从诞生到衰退的整个考验过程。企业创立者和经营者都需要具备可以时刻保持清醒的头脑,重新视察市场调研工作,对市场变化做出及时的判断,提出相应的竞争对策以及准确的市场营销方案,从而面对和解决不同时期企业与企业产品发展出现的各种问题。要不断迎合消费者的消费心理需求,开拓新市场;加大产品技术的研发,做好新旧产品的替代;树立良好的品牌形象,通过品牌效应提升产品知名度,让企业在激烈的市场竞争环境中把握市场发展趋势,提高竞争力实力。正确面对衰退期,针对衰退的现状制定科学合理的市场营销战略,顺利向变革期过渡,才可能让企业扭亏为盈再创辉煌。

五、企业各发展阶段的薪酬战略研究

虽然企业的竞争策略多样化,但都必须通过企业人员来运作,因而企业越来越注重长远发展来获取竞争优势。因此将人力资源管理提升到战略性管理水平成为现代人力资源管理的重要特征。而薪酬管理到战略的提升,是一种新理念、新方法,是现代企业发展的一个重要价值取向。企业的生命周期,一般分为创业期、成长期、成熟期和衰退期。企业的薪酬管理必须要结合企业生命周期的战略目标和内外部约束条件的不同而灵活设计,通过合理完善的资源配置机制激励员工,促进企业发展。因此,研究企业不同阶段的战略性薪酬体系具有重要的现实意义。

(一)薪酬战略的关键因素

企业在不同发展阶段有不同的特征、财务状况和内外部环境,对应的薪酬战略也各具特色。但是企业在发展的各阶段,建立合理的薪酬体系都必须考虑以下五个要点:

1.对战略目标的驱动

对战略目标的驱动,即薪酬战略必须因地制宜,依据企业经营战略的变化而改变。只有与企业的战略相适的薪酬战略,才能有效帮助企业提高竞争优势。

2.外部竞争性

人力资源管理的核心问题在于吸引优秀员工和防止人才流失。这就要求企业确保薪酬水平足够吸引和维系员工,不会使员工因为薪酬不足而离开企业。

3.内部公平性

这里的公平,指不同部门之间或者同部门的不同人之间,通过薪酬水平反映岗位职责差异,是一种相对的公平。比起薪酬水平,员工更关注薪酬差异。确定好企业内部不同岗位的相对价值,做好岗位评价和绩效考核,使薪酬差异既能有足够的激励作用又能被大多数人所认可,是保证薪酬的内部公平性的必然选择。

4.体现个人的贡献

要实现薪酬的内部公平,除了合理的职位相对价值的确定,企业也不能忽视员工个人的贡献,即要根据员工的知识、能力以及工作绩效来确定其薪酬水平。

5.财务可控性

薪酬可分为基本薪酬、可变薪酬和间接薪酬。不同的薪酬结构会对员工产生不同的激励作用，对企业财务的影响程度也不同。薪酬具有刚性，薪酬的刚性越强，对员工的激励程度就越弱。

（二）薪酬战略的阶段特点分析

企业在制定经营战略和薪酬战略时要根据自身特点、所处环境来分析，以此增强竞争优势。在企业各个发展阶段，能够驱动不同战略目标实现的体系才是有效的薪酬体系。

1.创业期

（1）经营环境与人力资源特点

这一阶段企业诞生，面临的风险较高，生产成本高，产品知名度低，市场占有率和利润也不高，并且广告营销投入高，资金往往是净流出的状态。

该阶段企业的发展与绩效主要来自于关键人才，人力资源管理的关键是吸引优秀人才并开拓市场，以求在激烈的竞争中生存下来。由于创业时期主要业务流程及组织架构不稳定，因此对人员的要求是少而精。但由于初创企业资金缺乏、知名度低、管理不规范等，公司对外部人才的吸引力很低。

（2）薪酬战略重点

第一，薪酬构成。本阶段总体薪酬刚性应当小一些，以减轻财务负担。提供较低的基本薪酬和间接薪酬，各种形式的可变薪酬相结合，强调长期激励，将股权收益或未来职务等与企业经营业绩紧密挂钩，最大限度地留住人才、激励人才。

第二，忽略内部公平性，重视外部竞争性。这一阶段主要依靠的是员工的创业热情，而非名誉和职位，因此淡化薪酬的内部公平性，重视提高外部竞争性，才能确保报酬的市场竞争力，吸引一流的人才为企业服务。

2.成长期

（1）经营环境与人力资源特点

企业进入成长期，外部环境严峻，竞争异常剧烈。但由于企业发展前景被看好，融资渠道逐步拓宽，财务状况改善，主要业务流程及组织架构也日趋稳定，企业进入规范化管理阶段，可以开始建立以职位为基础的薪酬体系。企业这时的差异化战略重点目标在于使企业获得持续、快速、稳定的发展。

在这一阶段，新的职位不断涌现，高素质管理人员明显不足，保留企业内部的优秀人才显得格外重要。另外，随着业务的拓宽，企业内部分工开始细化，不同员工对企业的贡献程度表现差异较大，员工开始强调个人发展。

（2）薪酬战略重点

薪酬构成方面，当企业现金流量宽裕，在财务状况允许的条件下，可以适当提高基本工资和福利的比率，更新薪酬策略。同时，薪酬组合中的可变薪酬应与企业的销售增长率、市场占有率挂钩，实行长期激励政策，使员工和企业共担风险和同享成果。此外要内部公平性与外部竞争性并重，企业进入规范化管理阶段，发展迅速，对人才的需求量急增，在建立以职位为基础的薪酬体系的同时，应及时调整企业内部的薪酬标准，维持薪酬的外部竞争性。

3.成熟期

（1）经营环境与人力资源特点

产品市场饱和，企业的市场份额基本稳定，意味着企业进入了成熟期。此时，企业的规模、产品的销量、市场占有率都达到了最佳状态，内外部环境都比较有利，其经营战略方面主要以保持利润和保护市场方面为主。最低成本战略依旧是最合适的战略，其重点在于在成本控制和优质的产品和服务之间找到一个平衡点。

在这个阶段，企业人才充足，员工技术水平、工作能力均得到增长。企业人力资源的重心放在如何发现和培养内部人才上。然而由于员工个人职业生涯的发展缓慢甚至停滞，容易造成员工的离职，因此这个阶段的重点落在如何留住人才上。

（2）薪酬战略重点

薪酬构成方面，由于财务状况良好，大部分企业会提高基本工资和福利的比率，采取领先市场的薪酬策略。此时，短期激励变得更为重要，同时还要注重利用利润分享制提升员工满意度。

注重公平的价值分配，弱化外部竞争性，强调团队合作。成熟期的企业必须特别重视内部公平性，充分利用岗位价值评价，对员工的价值贡献给予回报与激励。另外，处于这一阶段的企业更强调团队合作能力，强调组织效率。在薪酬体系上需要具有鼓励团队作战、共同分享经营成果的特征。

4.衰退期

（1）经营环境与人力资源特点

衰退期通常存在企业的市场占有率和销售额急剧下降、利润降低、财务状况恶化等等问题。但衰退并不等同于走向灭亡，只是企业发展阶段的一个低谷。这时收缩是最恰当的经营战略。

由于企业前景不乐观，员工士气低落，不安全感增强，离职率可能大幅度增加。

（2）薪酬战略重点

薪酬设计更偏向于短期支付，实行较高的基本工资，维持较高的福利水平。同时要注意控制劳动力成本，当奖励过少时，只能利用高水平固定收入来减弱原有优秀员工的离职意向。

总之，企业薪酬体系必须和企业人力资源战略、组织整体战略目标保持高度的统一，内部公平性和外部竞争性兼顾，因地制宜，审时度势，有所侧重。只有企业战略重点的薪酬管理体系完善，才能利用分配机制来激励员工和企业共同发展。

六、企业成本管理的对策研究

企业的竞争，根本上是企业成本的竞争，对成本的管理决定了企业能否生存和更好发展，能否取得竞争优势。企业战略成本管理的应用顺应了这一发展趋势，同时也是传统成本自身变革、改良成本管理存在的自身缺陷的需要，企业为了抢夺市场和生存发展空间，不得不对环境进行深入的分析，更新管理方式，确立经营管理的长期目标，将管理活动提高到战略层次。

（一）战略成本管理的内涵

战略成本管理是对传统成本管理的发展，其内涵为：企业如何利用成本信息进行有效的战略选择，以及不同战略选择下如何进行组织成本管理。企业战略成本管理就是从战略高度对企业及其相关企业的成本及结构进行分析，为战略管理服务。

（二）战略成本管理的工具

价值链分析是战略成本管理的有效工具之一，是指对企业内外部价值链的每一项价值活动及各项价值活动之间的联系进行分析，通过区分增值和非增值作业以及分析联系点对价值活动的影响来为企业选择竞争战略和维持竞争战略优势提供及时的决策信息。如图 6-1 所示。

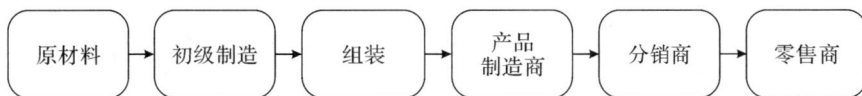

原材料 → 初级制造 → 组装 → 产品制造商 → 分销商 → 零售商

图 6-1　企业外部价值链

从图 6-1 的外部价值链中我们可以看到企业在外部价值链中的大概位置，以此为起点对上下游价值链进行分析，开发和利用与供应商和顾客之间的联系。

同时要对企业内部价值链进行分析，尽可能将所有不增加价值的作业消除；提高可增加价值的作业的运作效率，从而最大限度地优化价值链。

七、企业各发展阶段的战略影响因素与财务战略

在企业发展周期性规律中，企业要经历各种发展阶段，其中成长期和成熟期是企业发展的最快和最高的阶段。研究各期的财务战略，增强企业核心竞争力，是此时的企业实现可持续发展的必然之举。关于具体的企业融资各种模式和在企业发展各个不同时期应如何具体应用，由李忠和陈中放主编的《企业融资模式与应用》一书里介绍得比较清楚，这里只是介绍一个概要，具体做法可阅读该本教材。

（一）企业发展过程中的影响因素

企业发展过程中一定的管理经验和资本积累让企业对产品的定位与市场渗透程度会有较大的提高，从而形成企业的核心竞争力。企业受到内外部环境因素的影响则是必然的。

1.直接的外部环境因素是宏观政策环境的变化

在经济高速增长时期，投资需求和消费需求旺盛，规模不论大小都迎来了较好的机会，这也刺激着发展期的企业不断扩大生产。当政府采取紧缩的宏观政策时，行业生产能力明显出现过剩，企业受到的压力与冲击都很大。

2.产业结构调整对企业造成较大冲击

在一个产业内，企业的经营容易受产业结构的剧烈变动的影响，经过一段较高的增长期后，传统产业就会面临结构调整，一般来说，传统产业调整幅度较大，发展中的企业由于不能依靠长期经营积累的资金通过转产及多元化经营战略渡过产业调整波动期，受到的冲击较大。

3.面临较大的经营风险和财务压力

创业阶段企业规模太小，不能取得规模经济优势，一些企业希望能扩大企业规模，实行多样化生产，于是盲目扩张，快速发展使企业资金供应不足，造成实力与资源难以为继，进而由成长期直接步入衰退期。处于成长期的企业，不仅需要扩大生产，同时要加强营销管理，开拓产品市场，由于产品的销量、价格等市场因素对企业收益影响很大。企业需要不断扩大生产规模来增加收益，此时虽然有一定的资金回笼，但对资金

需要量仍然较大。企业需要通过加强经营管理确保资金流正常运转,企业财务战略则需注重规避企业发展过程中的各种风险因素,强调企业的适应能力与发展能力,抓住机遇,避开经营陷阱。进入成熟期后,企业的财务战略管理要求全面、客观分析和把握外部环境变化,了解企业内部的状况和特征。

(二)企业创业期的财务战略

在创业期,寻找合适的融资渠道是企业财务的首要任务。企业创业时需要大量资金投入,需求较多。此时企业运作系统尚未形成,各环节处于试运营阶段,产品还不具规模,盈利水平非常有限,另外还需要大量资金投入研发、试生产和组织建设,产品或提供的服务要在市场上具有竞争力、被广大客户所接纳,也需要投入费用进行营销,资金流出比流入大得多,对资金周转要求非常高。

综上所述,企业此时期的财务特征是:企业规模小,市场占有率低,盈利水平低,资金需求量大,资金流入大于流出,经营风险非常高,信资水平低。从初创期财务特征可以看出,企业的现金净流量基本为负值,在融资渠道方面,由于企业规模小、市场占有率低、品牌形象尚未树立,信资水平得不到社会认可,寻求银行信贷成功的可能性非常小。这时候由于企业风险比较大,抵押物少,取得其他方式债务融资的可能性也比较小,就是得到了债务融资,企业举债经营,增加了经营风险,这样就决定了初创期宜采用保守稳妥的融资战略。在国外一般主要靠出让股权取得天使投资或风险投资的资金,使得企业家和投资者共担风险共享利益,而在中国主要是企业家利用血缘和地缘的信用关系,以高利率为条件吸收资金,再不行就借新债还旧债,很容易造成资金链的断裂。

所以创业阶段企业可以从以下几点努力:第一,企业宜以自身的投资为主要融资渠道。创业初期,企业需要大量资金投入,长期且相对稳定,不能依靠短期融资解决长期资金需求。第二,关注政府政策,设法获取政府投资。政府投资成本低廉,抗风险能力强,是初创期企业融资渠道的一个不错选择。第三,寻求高风险投资也是一个重要融资渠道。高风险投资者在投资时考虑的主要因素是企业的未来价值,对其他要求相对较低。而且,很多高风险投资家丰富的创业经验都可以成为初创期企业发展的资源。但是,需要控制高风险投资在企业资金中的比例。综上所述,企业在初创期应设法降低经营风险,不宜负债经营,以自有资金为主要资金来源,这种融资战略为内源型融资战略。

创业者如何拿到
风险投资

（三）企业成长期的财务战略

1. 投资战略

（1）打造企业核心竞争力。通过两种途径形成企业利润的新成长点，一是将资源配置到更有吸引力的新行业中，其二，结合自己的特长投入资源，以建立竞争优势。当企业在集群中占突出的主动位置，通过价值链选择获取利润是有效的，而对于处于扩张态势的集群企业，更多的是强调通过利用集群整体资源和能力形成企业竞争优势从而赢得稳定增长的利润，完成企业扩张的目标。企业要学会判断自身拥有的内外部资源价值和能成为企业战略实施基础的资源，让资金有重点地投向建立企业核心竞争力的活动中。

（2）利用集群网络信任关系构建战略团队。在当下信息时代，企业要在未来蓬勃发展离不开现代技术知识经济基础，因此，对人力资本的投资势在必行，这也将成为企业投资的重要领域。在企业扩张阶段的这一关键时期，企业的战略重点在于如何抓住时机使企业健康快速地成长。这一时期的一个关键环节是从对管理人员的人力资本投资转向对企业人才的系统性培养。集群网络内部存在着信任与合作的关系，因而企业对员工的智力资本投资也就相对稳妥可靠，应有选择性地投资形成战略团队。

（3）内投资外兼并实现企业快速成长。企业要想赢得市场，要具有独特的、不可复制的核心能力，总结自身的成长战略。一体化战略的途径是采取内部扩张投资和外部资本扩张的方式，推动企业较快成长。

2. 筹资战略

企业在扩张中的首先问题是再生产过程中资金补偿是否充分。股权资本型筹资战略主要体现在集群企业发展期，用股东追加股权资本投入、提高税后收益的留存比率解决资本不足的矛盾。当这两条途径都不能解决企业发展所需资金时，再考虑负债融资的方式。在实践过程中，前期股东的投入过多，这个阶段企业考虑更多的是负债融资，包括短期融资和长期融资，主要是通过商业信用、银行间的周转借款、长期信贷及对外公开发行债券等方式。适度的负债规模，有利于与企业的发展速度保持协调统一。

3. 收益分配战略

发展期企业需要加大对生产设备等固定资产的投入，完善库存管理制度；利用内部资金优势，拓宽融资渠道，充分发挥财务杠杆作用，这些是满足企业核心竞争力成长的内在需要。成长期的企业大部分采取扩张财务战略时，通常表现出"高负债、高股本扩张、收益低、现金分红少"的特征。

(四)企业成熟期的财务战略

企业外部环境变化复杂,市场竞争激烈,使得一些企业的发展充满风险。成熟期的企业规模扩大,企业组织多层次化,并显现官僚色彩,部分企业高管安于现状,失去创新动力;部门间责任不明确,企业应变能力弱等问题频现。成熟期的企业如果发展迟缓,自身的发展空间会被其他企业占据,丧失市场,出现衰退甚至死亡。

(1)企业现金流入量大于流出量,资本的筹措能力增强,经营杠杆比率下降,正现金流大量涌现,财务状况改善。融资方式出现多元化,如:银行信贷、股票、债券等形式筹集了庞大的资本。所以,大规模业务才能保障筹集起来的较大资本的经营活动正常运行。

(2)管理的模式化和成熟化,企业经营风险相对较低,企业具有部分自我协调机制。企业的创新和开拓精神需要制度的保证。企业的产品销售量从增长放慢到销量高峰,基本趋于平衡或发生略微下降,其销售利润也随着成长期的最高点开始回落。当市场发展空间达到最大,企业经营的风险也相对降低。

天使、VC、PE、PE
FOF 和 IPO 完全懂

(3)看重企业可持续发展的潜力,注重潜在获利能力,增强企业对未来趋势的判断力,确切了解市场,排除市场风险,向着投资多元化方向发展。经营开展规模巨大的业务,需要建立大规模的完善的组织结构,把优秀人才吸引到组织之中。此外,企业还要不断增强搜集及处理各类相关信息的能力,提高应变能力。

八、企业各发展阶段的企业战略规划模式探索

长期以来,企业发展战略设计大抵相同:首先分析外部环境和内部资源能力,在此基础上选择企业发展战略,归纳整体战略,预测战略目标,再进一步设计梳理对成员的激励、薪酬、管理,财务等几个业务单元战略,将整体战略目标分解分配到各业务单元中去,最后形成完整的企业战略规划体系。但这种模式存在着一定的弊端,它忽视了企业生命周期对发展战略的影响。处于生命周期的不同阶段的企业,其战略规划的适用模式是不同的。

(一)企业生命周期与企业发展战略的关系

处于生命周期不同阶段的企业,其适用的企业发展战略有所不同:在企业生命周

期变化阶段的上升期和高峰期即创业期和成长期,应该采用发展型战略,即进攻型战略;在企业生命周期变化阶段的平稳期即成熟期,则应该选择稳定型战略,即防御型战略;在企业生命周期变化阶段的低谷期,应该采取紧缩型战略,即退却型战略。这一观点从理论上描述了企业发展阶段对战略选择的影响,但不能过于笼统地将进攻型战略、防御型战略、紧缩型战略等战略规划和企业发展规划等同,这些仅仅局限于单一业务的企业。因此在实践中一定要根据具体情况,从调查中得到结论。

(二)从四个不同案例看生命周期的不同阶段战略规划模式的选择

1. 企业初创期:从无到有的试探性、投机型战略

一家由某侨居欧洲的华商独资创立的企业,希望借"一带一路"倡议的大好时机,通过中欧经济、文化交流所带来的商机,寻找开展国际贸易的机会。

采用这种战略模式,需要把握两个关键点:

一方面要不断探索业务机会,多布点、广撒网。因为这种战略模式的风险高,不确定性因素多,单一业务机会的回报有限。这种分散投资的方式,一方面可以有效规避风险,一旦环境发生变化,不至于全军覆没;另一方面,经过长时间持续、深入、细致地市场调查,企业对于行业状况和自身的优劣势所在有了更深刻的了解,为未来的成长打下基础。

另一方面创业期资金紧张,资源有限,战线不宜拉得过长。一般来说,同时投资的业务机会2~4个即可。创业期的企业以投资为主,出的多、入的少,如果战线过长,很可能出现现金周转失灵,资金链断裂。

2. 企业成长期:以专业技术价值链为支撑的产业链扩张战略

一家国资委直属的中央特大型能源企业集团的全资子公司,主营业务是工程咨询服务相关方面。企业成立的时间较短,但业务单元存在时间长,特别是业务单元 A 已经发展得十分成熟,拥有优越的资质条件、专业化的人力资源队伍和丰富的专业技术经验,一直作为企业的主要收入来源;业务单元 B 处于成长期,人力资源队伍专业,专业技术能力获得了一定量的累积;业务单元 C 属于起步阶段,仍在申请相关资质,仅开展一些辅助性的服务性业务。

从上述条件可知,该企业要想继续发展壮大,仅仅发展目前的三个主营业务单元是不够的,还应依托资源方面优势迅速扩张,因此该企业战略规划的关键点在于:一是如何充分利用企业内外部资源健全工程产业的产业链;二是如何区别企业与一般的工程咨询以及综合性工程企业,从中形成自身的核心竞争力。

该企业的母公司某能源集团在行业内一直居于市场龙头老大地位,经过近 60

年的发展,不仅在地质勘探、矿井设计和采矿、矿产品销售等方面积累了丰富的经验,而且在能源化工领域也长期是行业领军者。该集团以能源和能源化工的技术经验、理论知识为支撑点,以此区别于一般的综合性工程企业。因此,该企业的战略发展路径实质上是两条产业链的交叉:横向是集工程前期咨询、工程设计、招投标采购、工程建设、项目管理、工程监理、项目后期评价等为一体的工程产业链为发展方向;纵向是以能源矿建设、运营管理和能源化工产业链的工艺、知识和经验积累为技术支撑。

因此,处于成长期的企业,一般会将一到两个发展成熟的业务单元作为公司的主要收入来源,同时,也会有一些处于起步阶段、要各方面支持的幼稚业务单元。由于企业整体处于成长期,投资实力有限,因此各个业务单元通常是相关的,它们可能处于产业链的不同环节,而这时产业链扩张是最合适的战略模。寻求横向扩张、健全行业产业链的同时不能忽视技术价值链的培养。只有这样,才能迅速扩张,建立起自身的核心竞争力。

3.企业成熟期:对现有业务单元进行重组、整合,以谋求核心竞争力的"归核化"战略

一家区属国有资产经营公司,主营房屋出租,也通过控股、参股方式行业纵向渗透于快消品零售、餐饮、旅游、电子产品零售、宾馆旅游、会展等十几个行业,其中快消品零售、餐饮、电子产品零售和宾馆旅游是绝对控股,其他为参股。该企业面临的主要问题是:企业主营业务收入稳定,发展成熟,但投资分散,缺乏系统规划,业务单元发展不平衡,单元间相关度低,导致企业核心竞争力不强,发展后劲不足。因此,该企业的战略规划的重心应放在业务单元重组、资源整合、集中优势资源寻求主营业务的突破性发展上,培养自身核心竞争优势。

一般而言,成熟期的企业大多已形成多元化经营的业务结构,主营业务收入稳定,同时拥有多个水平不一的其他业务,业务单元发展情况参差不齐。此时,经过高回报的快速成长阶段,主营业务的市场规模基本稳定、增长缓慢,利润增值空间有限;而分散投资的其他业务发展水平则不一,有些可能经营状况不佳带来亏损。这个时期的企业应选择"归核化"的战略模式,即利用麦肯锡"三层面理论"划分业务梯队、重组业务单元、整合优势资源,集中培养核心竞争力。

4.企业蜕变期:在新的专业领域内谋求关键突破点的"散打"式战略

一家国资委直属中央企业的全资子公司,主要经营环保节能类产品,就市场占有率和产能规模等指标来看,该企业处于国内同行领军地位。其替代品近似完全竞争市场,以低价经营为主,行业进入门槛非常低,对企业主营业务造成严重威胁。因此该企

业主营业务基本不具备竞争优势,长期以来良好的财务状况基本来自于国家补贴。在这种状况下,企业的战略选择十分困难。

从以上条件我们不难看出,该企业现有业务的发展潜力有限,公司处于蜕变期。事实上,该企业近3年已经在实施战略转型做出了努力,从原来的节能新型建材制造商转型为高新材料制造商。于是,企业投资了数个矿产高新材料项目,但由于业务发展方向不明确,重点不突出,过于追求高精尖,长期下来盈利状况不佳。另一方面需要重点解决的问题是:该选择什么样的业务组合?

比起相关多元化业务,非相关多元化业务面临的风险更大,因为企业所拥有的资源能力和新业务不匹配,应该考虑与企业现有资源能力接近的相关联业务,或者容易匹配资源的业务。总而言之,试验成功刚进入试产期、技术不成熟的非相关多元化业务风险巨大,缺乏资源和环境的双重支撑,不适合作为投资对象。

因此,可以利用 GE 矩阵为企业现有业务进行分层:其主营业务市场吸引力偏低、企业竞争力偏高,适用维持战略;矿产高新材料业务彼此关联度不高且发展不平衡,有的业务单元属于尖端技术产品,市场前景良好,完成了经营准备,应加大投入,开拓占领市场;有的业务单元属于收购的成熟业务,销售渠道稳定,要注重市场细分,建立竞争力;其他在试验阶段且与企业本身资源能力相差悬殊的业务,放弃即可。

(三)结论

企业发展阶段是企业战略规划选择的基本前提。首先要对企业所处于生命周期的发展阶段进行判断,因为企业的资源能力与其发展阶段联系紧密。如果仅仅照搬"内外部环境分析—战略选择—总体战略—竞争战略—职能战略"这种既定模式,不考虑企业的发展阶段,这些看似分析科学、论据完备、结构宏大的模式,最终可能很难顺利实践。

在企业不同阶段的生命周期中,企业战略选择的模式应该根据不同的特点调整为:散点—单产业链——专多能的多产业链—归核化—重新探索。

在企业创业期,企业的战略模式大多分散,进入成长期后,收益基本稳定,管理机制日渐健全,业务开始快速发展,此时要选准时机及时进行横向扩张,丰富业务结构,健全产业链;成长后期,主产业链运营稳定后,选择时机进行相关或非相关多元化扩张,形成多链条共生发展模式;等到企业步入成熟期,主产业链发展潜力开始变得有限,同时成长期的过度扩张也会引发结构性发展不平衡,此时应实施"归核化战略",专注于单元重组、资源整合,以集中优势资源重点培育核心竞争力;衰退期的企业，主营业务的作用已不再那么明显，此时需要考虑的是迅速进行战略转型或收购兼并，寻找新的业务突破点，这样一来，企业的衰退成为蜕变，新一轮的企业生命周期又将开始。

九、我国"家长式"民营企业的战略规划

我国在转轨时期的民营企业相比西方发达国家企业来说寿命要短很多。有统计数据表明，我国民营中小企业的寿命为 3 年左右，民营大企业的寿命为 7 到 9 年，而欧美中小企业的平均寿命为 12 年，欧美大企业平均寿命长达 40 年。我国民营企业寿命短其中有一个相当重要的原因是企业家的领导行为无法适应现代企业的发展，家长式领导普遍存在于华人企业中，是一种具有独特东亚文化的领导行为，研究其与企业发展阶段的关系对于我国民营企业寿命的延长具有比较大的意义。所以在这里单独研究这一类型的企业就比较重要，并且也是顺应我国目前国情与经济发展的必要研究。

（一）家长式领导行为特征

无论是哪种领导行为都需要以文化传统作为背景基础。所谓的家长式领导，是指一种以中华传统文化为基础而提出的广泛存在于华人企业甚至是东亚地区企业中的独特的领导行为。家长式领导的研究最早出现在台湾。企业的老板和经理人的领导行为有着与西方截然不同并且清晰可辨的特色，美国学者 R. Silin（1976）将其总结为教诲式领导、德行领导、中央集权、上下保持距离、领导意图及控制。Silin 的这一总结促进了家长式领导概念的产生，并为随后家长式领导概念的提出奠定了基础。

另一位学者 Redding（1990）经过深入探究，发现华人社会的经济文化特质不同于西方，他觉得父权家族主义应是华人企业的一个重要特点。Redding 认为，家长式领导具有以下特征：心态上，领导者必须让下属有所依赖；偏私性的忠诚让下属愿意服从；善于明察下属的观点，据以发现和修正自己的专断；当大家都认定权威时，不能置之不理或视而不见；层级多且分明，社会权力距离大；缺乏清晰的和严格的制度，领导者的意图有些时候表达的并不明确；领导者是良师也是楷模。

在回顾了自 Silin 以来的所有研究结论后，樊景立与郑伯埙把家长式领导定义成：一种表现在人格中的，包含强烈的纪律性与权威、父亲般的仁慈与德行的领导行为方式。依据这个定义，家长式领导包含了三个重要的维度：威权、德行领导

和仁慈。威权是指对下属具有绝对的权威和控制,必须让下属完全服从的一种领导者的领导行为。德行领导体现在领导者的行为中,是个人美德、自律和无私的高度表现。仁慈是指领导者关心下属个人或其家庭成员,对下属表现出个性化的领导行为。

家长式领导表现出权威领导、仁慈领导、德行领导行为,相对应的是敬畏顺从、感恩图报和认同效法。这种对应关系体现出了一个基本的假设:家长式领导的绩效是建立在领导者、下属对自己角色的认同和下属对领导者的追随之上的,不然会使管理绩效降低、人际和谐关系破坏,更甚产生公开的冲突。

我们暂不判断家长式领导行为的价值,只是重点从家长式领导的三个维度——威权领导、仁慈领导、德行领导,分析研究企业在各个发展阶段对家长式领导的选择。

(二)不同发展阶段的家长式领导行为选择

企业会处在不同的生命周期阶段,企业家的领导行为必须随阶段的不同而变化,以便适应企业的发展需要。我国家长式的领导方式也会根据不同的阶段有所变化。

1. 创业期家长式领导

处于创业阶段,生存危机是企业面临的主要危机,制定和实施商业计划、获得最初资金和产品进入市场是其面临的主要问题。

民营企业在创业期时条件艰苦,规模不大,人力资源大多是家族成员,每个经营管理的环节都要企业家亲自上手,企业的发展重点依赖企业家的个人能力和魅力。企业家在这个阶段多半是实行直接管理,与一同创业起步的员工共谋企业的生存与发展,这个阶段的民营企业一般实行管理的高度集权化,企业家家长式领导更应该偏向威权领导和德行领导。

威权领导确保的是企业家的绝对的权威,在许多企业中的家族成员也共同强化了这种权威的作用;威权领导保证组织对市场的反应快速而灵活,进而保证企业的生存和发展。创业期的企业没有吸引员工需要具备的辉煌的历史、优厚的待遇,只能靠愿景让员工产生一道奋斗的积极性,而作为企业愿景的具体化身的企业家们,必须以身示范,凭借自己的品行、道德和能力给员工带来信心。所以,创业期企业的家长式领导最重要的是企业家的威权领导和德行领导。

2. 成长期家长式领导

在企业进入成长阶段时,阻碍企业生存的主要问题大致已克服,企业正努力寻求扩张机会。企业规模持续扩大的同时,员工数量也不断增长,企业经营管理走向制度化、正规化,员工队伍也开始呈现社会化和专业化,企业家需要从创业心态中走出来,走出独裁,学会授权和分权,审慎选择高效的、专家型的管理团队,规范内部管理制度和管理流程,承担更多的社会责任。

所以,对于处在生长期阶段的民营企业来说,因为扩张的需求,企业家的威权领导仍然是必不可少的,但是仁慈领导则开始显现出重要性。所以企业规模的扩大无法避免地必须分权管理。企业的集权和分权需要威权领导,但是集权下的分权、分权下的集权都需仁慈领导来缓解一些压力。

该阶段企业管理的制度化、正规化对威权领导和仁慈领导的局限性、随意性开始产生一定的制约。

3.成熟期的家长式领导

若企业在管理制度化、规范化过程取得成功,企业就能迈向一个新的发展阶段,进入成熟期,成熟阶段紧随快速成长阶段并且是相对平缓的时期。

处在成熟期的企业的自控力与灵活性开始达到平衡,是所有企业追求的理想状态。但企业在这一阶段也容易滋生出使其转向衰退期的弱点,使企业发展缓慢,产生较严重的官僚现象。

成熟期的企业家通常把自己看成是成功的、值得尊敬的领导典范,对制度化、规范化的过度追求容易使内部组织机构僵化,对市场的灵活反应将会丧失。所以,步入成熟阶段,企业家须具备超凡的沟通能力以及协调能力,妥善处理内外矛盾,保持管理团队的活力与员工的稳定,适当平衡各部门之间的利益矛盾。在这种情况下,家长式领导要侧重选择仁慈领导以及德行领导。

仁慈领导和德行领导能让企业家的沟通与协调作用更加有效,企业家对各部门利益的协调更易使下属服从,这可以使企业始终保持成熟期的理想状态可以延迟更甚避免企业进入衰退期,或促进企业步入再生期。

4.衰退/再生期的家长式领导行为

企业成熟期过后,有些企业获得了再创业、再发展的机会,步入再生期;另一些企业则进入衰退期,在市场竞争中被淘汰。

在企业的衰退/再生转型阶段,企业的灵活性和控制力都在急速降低。灵活性为企业对外部环境与内部环境变化的反应速度,或能说是企业对自己周围环境的敏感程度;企业对外部环境与企业内部诸要素的控制能力称为可控性。因为外部环境大体上不具备可控性,所以可控性主要指依据外部环境的变化控制企业内部各要素所采取的合理的方式。

处于衰退／再生阶段,企业家个人的控制力弱化,一不小心企业就会衰退直至死亡。在这一阶段企业家必须要具备较强的创新能力和革新魄力,让企业全面变革,促使企业再生和持续发展,这时又凸显出威权领导的作用。对经历过成熟期的企业来说仁慈领导和德行领导,一般来说会转化成企业文化,推动企业完成蜕变,顺利步入下一个生命周期的循环。在企业生命周期的衰退／再生阶段,家长式领导的三种形态,即威权领导、仁慈领导和德行领导都普遍存在。

威权领导保证企业家能够贯彻执行企业的变革和创新,仁慈领导和德行领导保证变革和创新的压力能够得到充分的释放。在三种形态的家长式领导的共同作用下,推动企业发展,步入新生。

不同企业发展阶段家长式领导行为选择模型如图 6-2 所示。

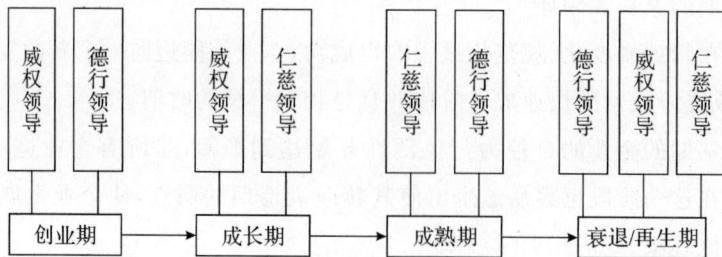

图 6-2　不同企业发展阶段家长式领导行为选择模型

5.结论

企业处于不同发展阶段,家长式领导会出现不同的特征,企业家一定要适时地顺应企业的发展,采取合适的领导行为。一旦员工的个人取向增强造成集体取向和家族取向减弱时,企业家必须适时调整自己的领导行为,与员工做好良好的沟通,授权合理,决策民主,提高员工管理参与度,从而大幅度地调动员工的工作积极性和创造力。

十、思考题

(以下思考题皆为开放性的讨论,没有标准答案和模板,言之有理即可,注意要结合实际,答案最好具有前瞻性和自己的想法。同学们回答问题时要胆大心细,不要拘泥于传统的理论或者模型,要独立思考,经济学方面往往没有绝对的标准或者答案,说不定你的下一个回答就是解决众多经济难题的突破口)

1.列举一个自己比较熟悉的企业,谈谈该企业在哪些方面的战略规划实施比较成功,现在处于企业发展的哪个阶段,并简述理由。

2.你认为哪方面的战略是当下企业普遍最难实施的?

3.你认为哪些企业的发展适合家长式领导? 选择实例,并简述理由。

4.你觉得哪一种发展模式可以让企业走得更远?（可以结合个例来分析,可以用 SWOT 法分析几种你比较感兴趣的发展模式）

5.选择一类企业,根据生命周期制定一份具体的企业发展规划。

第七章　企业价值的创造动力
——员工激励与管理规范

在企业中,人永远是一个决定性的因素,所有的产品要由人来组织、来设计、来生产、来销售,人的劳动力的正确组合永远是创造产品价值的真正来源。土地、设备等物质的东西,人不去利用就无法产生价值;技术也是要靠人来研究开发、融进产品中;产品必须由人来生产。一个企业如果没有全体人员(包括管理层和技术层等)的共同努力,是无法创造出产品价值的,而企业的团队合力和全体员工共同努力生产出来的产品价值,正是企业价值的核心和根本所在。只有通过人的劳动才能创造出新的价值,而人的劳动是需要激励和组织的,这就是这一章要阐述的内容。

从理论上来划分,员工的激励和员工的管理是两个部分的内容。员工的激励是给予员工动力,让每个员工动力得到自主发动和自主运转,这才能让企业得到最大的动力。员工激励主要包括物质上的利益激励和精神上的自我激励两个部分:物质上的利益激励一般是指工资、福利、奖金、股权等经济利益;而精神上的自我激励是制定一套符合企业实际情况的企业文化,经过培训、磨合,让所有员工认同企业文化所表示的理念,增加员工在本企业工作的荣誉感和自豪感,是让企业文化精神深入每个员工心里,使其能自觉地为企业服务,自觉地为企业创造价值。

管理是制定组织层次和一套规章制度,让每一个企业员工明确目标,在一定的轨道里运行,从而让每个员工发挥主观能动性,能够有明确的目标,按一定的规章制度互相配合、互相推动形成企业的最大合力。减少每个岗位、每个部门因为不同任务、不同具体目标而产生的摩擦损耗,创造企业的最大价值。优秀的管理制度,要让每个员工按已经制定的规章制度发挥最大的动力,使岗位的合力达到最优;每个岗位的最优合力又形成每个部门的最优合力;每一个部门最优的合力,能让企业合力达到最佳状态。这需要一系列完善的规章制度,更需要每一个员工主动与自觉地遵守这些规章制度。管理可以分为被动管理和主动管理。被动管理是企业制定了一系列规章制度,员工只要执行就可以了,至于这套规章制度是否合理,其他岗位、部门配不配合那不是员工的事,他们也不去关心工作进展。主动管理是指员工在企业文化的统一理念下,主动地找其他岗位、其他部门配合;规章制度不是很合理的情况下(尤其在初创期生长期的企业),员工能够主动地提出改进意见;另外员工也会主动地去制止损害企业的行为。这种主动管理是在企业文化的熏陶下,使各个岗位真正组成员工有机体,并且创造出企业最大价值的关键所在。一个企业不是一堆设备、一群人放在那里就能生产出产品来,而是需要精心装配形成有生命力、能自我运作的有机体,这样才能体现企业的价值。

所以企业文化既是企业员工激励中的自我精神激励的主要部分,又是企业管理中的主动管理的根本动力。这一章我们分三个部分来阐述:员工的物质激励、员工的精神激励(企业文化)和企业管理规范。

一、员工物质利益激励机制

(一)员工激励机制的内涵

员工的激励机制是指企业的管理层领导人力资源部门利用激励的原理和方法,通过适当的外部、内部奖励等形式,不同程度地满足或限制员工的各种需求,从而引起员工的心理变化,激发员工的工作潜能和热情,引导员工向着企业所希望的目标和方向做出长久的努力。

一般而言,企业的激励方式包括物质激励和精神激励。其中,在市场经济中物质激励是最主要的激励方式,包括工资、福利、社保、奖励发放等,这些用于满足员工的物质需求;精神激励是指通过无形的手段来进行精神鼓舞,以满足员工的精神需求,激发员工的斗志和希望,通过员工对本企业文化的认同,以晋升、培训、授权等为精神激励的主要方式,同时,适当的惩罚措施也可以提高员工的忧患意识,从而激励员工努力工作。

(二)员工激励机制的作用

1.员工激励对于企业的发展尤为重要

人力资源优势是企业的核心竞争力之一,一个企业仅凭先进的生产设备和技术、优质的生产材料是很难在激烈的市场竞争中保持优势位置的,只有企业中大部分人积极参与,才能将这些优质的物质资源转换为产品和经济利益。人力资源和物质资源完美结合能够带动其他生产要素的活力,从而提升企业的经济效益。企业的员工激励机制的重要性就体现于此,它能有效激发作为生产经营活动主体的员工的积极性和主动性,促使企业各个生产要素充分发挥作用,实现业绩的提升。

2. 提高企业的竞争力

人才是企业发展的真正动力,企业创立后每个发展阶段都需要不断地补充合适的员工。建立科学、合理的员工激励机制,利用各种优惠的政策,保证企业员工能够获得丰厚的福利待遇,学习到提升自身价值的知识和技能,在企业文化中感受到企业的尊重和关爱,使员工认可企业能够成为他们学习和发展的有利平台,并愿意为企业努力工作,为企业的长久发展贡献自己的力量。

3. 激发员工的工作潜力

激励最本质的目的就是要激发员工的工作热情,使员工充分发挥主观能动性,提高工作质量和数量,提升企业经济效益。一个健全、完善的员工激励机制,可以推动员工主动、努力地工作,竭尽全力地实现创新,为实现更好的经济效益而奋斗。此外,在努力工作的过程中,工作中的一些困难可能会激发员工身上某些未曾发挥出来的潜能,使员工重新认识自己的优势并获得自信。随着潜能的不断提高,再加上经验和技术的累积,员工之间的友谊不断升华,团队的凝聚力提升,有利于提高企业的整体实力,实现企业更好地发展。

4. 降低员工的离职率

对于新入职的员工,企业通常需要对其进行培训,同时要给予员工时间去适应和融入新的工作环境,这将花费不少的费用。一个有效的激励机制能提高员工的忠诚度,使其心甘情愿地为公司奉献,降低离职率。

5. 保持员工间的良性竞争

员工激励机制中为员工提供了优质的资源和晋升机会,为了获得更多更好的物质和精神激励,员工们会努力工作,并且相互间形成一种竞争关系。一个良性竞争的环境,可以使员工化压力为动力,促使员工努力工作,不断提升自身素质和实力,从而营造一种正向的良性竞争环境。

(三)以经济利益为核心的物质激励机制

1. 工资

根据《关于工资总额组成的规定》:

工资总额是指各单位在一定时期内直接支付给本单位全部职工的劳动报酬总额。工资总额的计算应以直接支付给职工的全部劳动报酬为依据。

工资总额由下列六个部分组成:

(1)计时工资。计时工资是指按计时工资标准(包括地区生活费补贴)和工作时间支付给个人的劳动报酬。包括:对已做工作按计时工资标准支付的工资;实行结构工资制的单位支付给职工的基础工资和职务(岗位)工资;新参加工作职工的见习工资(学徒的生活费)。

(2)计件工资。计件工资是指对已做工作按计件单价支付的劳动报酬。包括:实行超额累进计件、直接无限计件、限额计件、超定额计件等工资制,按劳动部门或主管部门批准的定额和计件单价支付给个人的工资;按工作任务包干方法支付给个人的工资;按营业额提成或利润提成办法支付给个人的工资。

(3)奖金。奖金是指支付给职工的超额劳动报酬和增收节支的劳动报酬。包括:生产奖;节约奖;劳动竞赛奖;机关、事业单位的奖励工资;其他奖金。

(4)津贴和补贴。津贴和补贴是指为了补偿职工特殊或额外的劳动消耗和因其他特殊原因支付给职工的津贴,以及为了保证职工工资水平不受物价影响支付给职工的物价补贴。津贴包括:补偿职工特殊或额外劳动消耗的津贴,保健性津贴,技术性津贴,年功性津贴及其他津贴。物价补贴包括:为保证职工工资水平不受物价上涨或变动影响而支付的各种补贴。

(5)加班加点工资。加班加点工资是指按规定支付的加班工资和加点工资。

(6)特殊情况下支付的工资。包括:根据国家法律、法规和政策规定,因病、工伤、产假、计划生育假、婚丧假、事假、探亲假、定期休假、停工学习、执行国家或社会义务等原因按计时工资标准或计时工资标准的一定比例支付的工资;附加工资、保留工资。

下列各项不列入工资总额的范围:

(1)根据国务院发布的有关规定颁发的发明创造奖、自然科学奖、科学技术进步奖和支付的合理化建议和技术改进奖。

(2)有关劳动保险和职工福利方面的各项费用。

(3)有关离休、退休、退职人员待遇的各项支出。

(4)劳动保护的各项支出。

(5)稿费、讲课费及其他专门工作报酬。

(6)出差伙食补助费、误餐补助、调动工作的旅费和安家费。

(7)对自带工具、牲畜来企业工作职工所支付的工具、牲畜等的补偿费用。

(8)实行租赁经营单位的承租人的风险性补偿收入。

(9)对购买本企业股票和债券的职工所支付的股息(包括股金分红)和利息。

(10)劳动合同制职工解除劳动合同时由企业支付的医疗补助费、生活补助费等。

(11)因录用临时工而在工资以外向提供劳动力单位支付的手续费或管理费。

(12)支付给家庭工人的加工费和按加工订货办法支付给承包单位的发包费用。

(13)支付给参加企业劳动的在校学生的补贴。

(14)计划生育独生子女补贴。

2.福利

福利是指企业根据国家的相关法律法规以及企业自身情况为员工提供的非货币性质的报酬与服务,包括各种社会保险、带薪假期、退休金、节日礼物等,从而为员工提供丰富的文化生活和更好的生活品质。福利属于员工的间接报酬,对于企业吸引、激励和留住人才具有重要的作用。

在现代企业的薪酬体系中,员工福利扮演着十分重要的角色,反映了企业对员工的生活的长期承诺,也是企业对员工货币性薪酬的间接补充和延续。福利包含的项目众多,依据不同的角度可以对福利进行不同的分类。从福利的内容角度,可以分为法定福利和企业福利;从福利的范围角度,可以分为国家性福利、地方性福利和家庭性福利;从福利的享受范围角度,可以分为全员性福利和特殊群体福利。目前,最基本的划分方式是按内容划分,即法定福利和企业福利。

(1)法定福利是指企业根据国家相关法律法规的要求,为员工提供的一系列保障计划。法定福利具有强制性,根据《中华人民共和国劳动法》第七十六条明确规定:"用人单位应当创造条件,改善集体福利,提高劳动者的福利待遇。"目前,我国法定福利主要包括社会保险项目、法定休假和住房公积金,见表7-1。

表 7-1 法定福利

社会保险项目	基本养老保险	养老保险是国家依据相关法律法规规定,为保障劳动者在达到国家规定的解除劳动义务的劳动年龄界限或因年老丧失劳动能力而退出劳动岗位后的基本生活而建立的社会保险制度。目的是以社会保险为手段来保障老年人的基本生活需求,为其提供稳定可靠的生活来源。 基本养老保险费由企业和职工个人共同负担:企业按本企业职工上年度月平均工资总额的20%缴纳(部分省市略有调整),职工个人按本人上年度月平均工资收入的8%缴纳;城镇个体工商户、灵活就业人员和国有企业下岗职工以个人身份参加基本养老保险的,以所在省上年度社会平均工资为缴费基数,按20%的比例缴纳基本养老保险费,全部由自己负担。

社会保险项目	基本医疗保险	基本医疗保险是一种社会保险制度,旨在对劳动者因疾病风险造成的经济损失进行补偿。通过用人单位和个人缴费建立医疗保险基金,参保人员患病就诊产生医疗费用后,由医疗保险经办机构给予一定的经济补偿,以避免或减轻劳动者因患病、治疗等所带来的经济风险。 基本医疗保险费由用人单位和职工共同缴纳。用人单位支付缴纳率应该控制在工人的总工资水平的6％左右,职工支付缴纳率一般是个人工资收入的2％。职工支付的基本医疗保险费全部包含在个人账户中;用人单位支付的基本医疗保险费分为两部分,一部分为设立统筹基金,一部分为个人账户。个人账户的比例通常为用人单位缴费的30％左右,具体比例由统筹地区根据个人账户支付范围和职工年龄等各因素确定。
	失业保险	失业保险是指国家通过立法强制执行的由社会集中的基金,对暂时中断生活来源的失业人员提供物质帮助的制度。它是社会保障体系的重要组成部分,也是社会保险的主要内容之一。 《失业保险条例》规定:第一,失业保险覆盖范围是城镇企业事业单位及其职工。第二,单位和职工共同缴纳失业保险基金。单位按照本单位工资总额的2％缴纳失业保险费,职工按个人工资的1％缴纳失业保险费。第三,失业保险基金支出包括失业保险金、领取失业保险金期间的医疗补助金、体恤金和丧葬补助金、接受职业培训和职业介绍的补贴,等等。第四,享受失业保险待遇的条件是参与失业保险,所在单位和个人按规定缴费满1年的;非自愿失业的;已经登记失业且有求职要求的。第五,领取失业保险金的期限根据缴费时间长短来确定,最长24个月,最短12个月。第六,由劳动保障行政部门负责失业保险的管理工作。
	工伤保险	工伤保险是指劳动者因工伤事故或职业病暂时或永久丧失工作能力以及死亡时,劳动者或其遗属从国家和社会获得物质帮助的社会保险制度。 《工伤保险条例》规定:第一,工伤保险费根据以支定收、收支平衡的原则,确定费率。用人单位缴纳工伤保险费的数额为本单位职工工资总额乘以单位缴费费率之积,职工个人不缴纳。第二,工伤认定的情形包括在工作时间和工作场所内,由于工作事故造成的意外伤害以及履行工作职责受到暴力等意外伤害的;从事与工作有关的预备性或收尾性工作受到事故伤害的;患职业病的;因公外出期间,由于工作原因受到伤害或者发生事故下落不明的;在上下班途中,受到非本人主要责任的交通事故或城市轨道交通、客运轮渡、火车事故伤害的;在工作时间和工作岗位上,突发疾病死亡或在48小时之内经抢救无效死亡的;在救助和救灾等维护国家利益、公益活动中受到伤害的;职工原在军队服役,因战争、因公负伤致残,已取得革命伤残军人证,到用人单位后旧伤复发的。第三,职工因工致残的,从工伤保险基金中按伤残等级支付一次性伤残补助金及按月支付伤残津贴;职工因工死亡的,其近亲属按规定从工伤保险基金领取丧葬补助金、抚恤金和一次性工亡补助金。第四,工伤认定由社会保险行政部门做出。

续表

社会保险项目	生育保险	生育保险是国家通过立法,在妇女因怀孕和分娩而暂时中断劳动时,由国家和社会提供医疗服务、生育津贴和产假的一种社会保险制度。我国的生育保险待遇主要包括两项:一是生育津贴,二是生育医疗待遇。 　　《企业职工生育保险试行办法》规定:第一,生育保险参保者是与用人单位建立了劳动关系的女职工。第二,用人单位按照国家规定缴纳生育保险费,职工个人不缴纳生育保险费。第三,女职工生育按照法律、法规的规定享受产假,产假期间的生育津贴按照本企业上年度职工月平均工资计发,由生育保险基金支付。第四,女职工生育的检查费、接生费、手术费、住院费和药费由生育保险基金支付,超出规定的医疗服务费和药费(含自费药品和营养药品的药费)由职工个人负担。
法定休假	公休假日和法定假日	目前我国实行每周休息两天的公休日制度。 　　2013 年 12 月 11 日国务院公布了《关于修改〈全国年节及纪念日放假办法〉的决定》。修订后的全体公民放假的节日为:新年,放假 1 天(1 月 1 日);春节,放假 3 天(农历正月初一、初二、初三);清明节,放假 1 天(农历清明当日);劳动节,放假 1 天(5 月 1 日);端午节,放假 1 天(农历端午当日);中秋节,放假 1 天(农历中秋当日);国庆节,放假 3 天(10 月 1 日、2 日、3 日)。 　　在公休日和法定假日加班的员工,应享受不低于工资的 200％ 和 300％ 的工资报酬。
	带薪休假	带薪休假是指职工工作满一定的年限后,可以带薪休假一定的时间。《中华人民共和国劳动法》第四十五条规定:"国家实行带薪年休假制度。劳动者连续工作一年以上的,享受带薪年休假。"
	病假	职工因为患病或非因工负伤不能正常工作时,应当享有病假。通常情况下,职工请病假要出示医院的诊断证明。大多数企业的病假政策是:职工在规定的病假期内能够享受正常的薪资待遇。
住房公积金		住房公积金是指国家机关、国有企业、城镇集体企业、外商投资企业、城镇私营企业及其他城镇企业、事业单位、民营非企业单位、社会团体(见下统称单位)及其在职职工缴存的长期住房储金。 　　《住房公积金管理条例》规定:第一,住房公积金采取单位和职工个人共同缴纳,单位和职工住房公积金的缴存比例不得低于职工上一年度月平均工资的 5％;有条件的城市,可以适当提高缴存比例,上限最高不得超过 12％。第二,职工可以提取住房公积金账户中的存储余额的情况包括购买、建造、翻建、大修自住住房的;离休、退休的;完全丧失劳动能力,并与单位终止劳动关系的;出境定居的;偿还购买房贷款本息的;房租超过家庭工资收入的规定比例的。第三,单位除在住房公积金缴费上承担强制性义务,还需要为职工在住房公积金管理中心办理缴存和支取手续,为职工代扣代缴费用。

（2）企业补充福利是指除国家法定的基本福利外，企业自身提供的福利项目。企业补充福利的标准和数额很大限度上取决于企业的经营效益和支付能力以及企业其他的自身因素。企业补充福利包括收入保障计划、健康保障计划和其他福利计划，见表 7-2。

表 7-2 企业补充福利

收入保障计划	企业年金	企业年金是指企业及其职工在依据国家政策和企业经济状况依法参加基本养老保险的基础上，通过必要的民主决策程序建立起来的，享受国家税收制度支持的养老保障计划，是对国家基本养老保险的重要补充。 《企业年金基金管理办法》规定：第一，企业年金基金由企业出资、职工个人缴费和企业年金基金投资运营收益构成。第二，企业年金基金实行完全积累，使用个人账户进行管理。企业年金基金可以按照国家规定进行投资运营，投资运营收入进入企业年金基金。第三，企业支付应按照企业年金方案中规定比例计算的数额计入职工个人账户，职工个人缴费数额计入本人企业年金个人账户，企业年金基金投资运营收益按净收益率计入企业年金个人账户。第四，企业年金采取信托模式管理，管理治理结构主要是确定两者之间的法律关系。一是委托人与受托人间建立信托关系，企业及其职工作为委托人，将基金财产委托给受托人管理，委托之后企业和职工拥有基金管理的决策权和知情权，受托人承担基金财产的实际管理责任。二是受托人和账户管理人、托管人和投资经理等专业机构之间建立委托合同关系，各管理机构根据合同和受托人提供账户管理、基金托管、投资管理等服务。
	团体人寿保险	团体人寿保险是以公司为投保人，由保险公司和公司签订一张总的保险单，保障对象包括公司的集体成员。其特点是：第一，要求投保团体必须是依法成立的组织，要有自身专业活动，投保团体寿险只是该组织的附带活动；投保团体中参加保险的人数必须达到规定的标准。第二，免体检。第三，保险金额分等级制定，团体寿险的被保险人不能自由选择投保金额。这样做是为了防止体质差、身体出现问题的可能性大的人选较高的保险金额。第四，保险费率较低。第五，保障范围比较广泛。
健康保障计划	补充医疗保险	补充医疗保险是相对于基本医疗保险而言的，包括企业补充医疗保险、商业医疗保险、社会互助和社区医疗保险等多种形式，是基本医疗保险的有力补充，由用人单位和个人自愿参加。
	定期健康检查	企业通常会为员工提供定期健康检查。第一，体现了企业对员工健康的关心，有利于增强员工的归属感和工作热情，从而提高工作效率。第二，通过健康干预，降低员工发病率，减少因病假和健康问题对工作产生的影响，从而降低病假和事假工时。第三，可以做到有病早治疗，防止带病上岗造成更大的危害。

续表

其他福利计划	企业根据自己的情况,向员工提供一些其他的福利项目。由于不具有强制性,因而没有统一的标准。常见的福利项目包括员工个人发展福利、住房补助福利、交通补贴、午餐补贴、集体文体活动等。

3.股权激励

(1)股权激励设计要素

对于一份有效的股权激励方案来说,考虑企业的发展周期是其首要任务,然后选定适合本企业的方法,按企业特点设计方案。方案的设计由六个关键因素决定。

①激励对象

激励对象也就是股权激励的受益者,一般来说有三种方法确定受益者。第一种是让全员参与进来,这一方法针对初创期;第二种是使多数员工拥有企业股份,这一般更适合高速运转的成长期,这样可以留住更多的人才发展企业;第三种是关键员工持有股份,受益者主要是管理人员和关键技能人员。选择激励对象要有相应的原则,如果不符合条件,则宁缺毋滥,不能把股权激励变相为股权福利或者说是股权奖励。

②激励方式

中长期激励方式一般有三种:期权类、股权类与利益分享类。三种方法里的每一种都各有优劣和适用的具体前提条件。不管采用哪一种方法,都要将激励机制和约束机制相结合,让员工发挥他们的积极性。

③员工持股总额及分配

这是指股权激励所需的总量、每位收益人股权激励所需的数量、用于后期激励的预留存股票数量。具体可以通过公司的实际情况来确定,一般来说每位收益人的股权数量都是以职位和个人的价值能力来确定的。

④股票来源

上市公司的股票来源比较复杂,需要通过证监会审核,以及股东大会审批。但是处于股改期的公司,股票来源一般是定向发行和大股东出让,操作相对简单。

⑤资金来源

购买股票的资金来源被称为购股方式,通常为员工现金、公司历年累计公积金和福利基金、公司或者大股东提供融资、员工用股权向银行抵押获得的贷款。以上方式都易操作,一些方式将会产生财务支出,得重复交税。员工出资购买是一般公司采用较多的方式,这样有利于提高员工对激励股份的重视程度,提高激励效果。

⑥退出机制

退出机制是对于员工退出激励方案的规定,包含以下三种情况:第一,正常离职,公司通常会按照合同继续让此类员工拥有股权或者期权;第二,非正常离职情况下,若员工的离职未给公司造成损失,且没有违反保密协议等,大多数公司允许员工保留已被授予的股权;第三,开除,公司将按照相关规定取消员工享受股权收益的权利。

(2)执行八步曲

行业低迷期公司更想要推出股权激励计划,此时推出激励成本较低,容易完成考核指标,效应更加理想。以下八个步骤为股权激励计划的执行步骤:

第一步,确定需要股权激励的人员范围和激励金额。

第二步,确定股权激励的方式和考核条件。

第三步,股权激励方案的编写和预审。

第四步,向激励对象宣讲激励方案,听取意见。

第五步,股权激励方案定稿,交董事会、股东会审批。

第六步,与股权激励对象签定协议书,并开始执行股权激励。

第七步,股权激励期间的定期考核和方案修订。

第八步,激励期满后对股权激励方案效果进行评估。

股权激励有一定的生命周期,在宏观环境、政策环境的变化中要做出适当的调节。例如,华为公司在早年间为了内部集资和激励员工的需要,采用给骨干发虚拟受限股的股权激励形式,而如今这种分红激励方式显现出了一些问题。所以,广大中小公司在学习华为公司特有的股票激励模式的同时,一定也要结合自身的实际情况做出合理的调整。不管是股权激励还是股权结构,都关系着公司的可持续发展,设计的时候就更加需要综合各方面因素科学谨慎地设置。

(3)如何才能够适用股权激励

股权激励的适用需要具备多种机制环境的支持,这些机制可以归结为以下几种:

①市场选择机制

良好的市场选择机制不但可以对经理人的素质提供保证,而且也可以约束引导经理人的行为。经理人通过行政任命或其他非市场选择的方式确定的,和股东的长期利益就很难保持一致,激励约束机制也难以发挥作用。所以对这样的经理人提供股权激励是没有根据的,也是对股东利益的不负责任。职业经理市场为市场选择机制提供了很好的环境,不合格的经理人将在良好的市场竞争状态下被淘汰。这种机制是由市场来决定经理人的价值,所以经理人在生产经营过程中会考虑自身在市场中的价值定位而避免采取投机、偷懒等消极行为。股权激励在这种环境下才可能是经济并有效的。

②市场评价机制

缺乏客观有效的市场评价，就难以合理地评价公司的价值和经理人的业绩。在过度的市场操纵、过多的政府干预和不能保证社会审计体系客观公正的情况下，资本市场的效率是低下的，公司的长期价值就很难通过股价来确定，也就无法通过股权激励的方法对经理人进行评价和激励。在不合理、不公正的市场评价机制下，就无法谈及如何选择经理人的激励机制，作为一种激励手段的股权激励也就无法发挥作用。

③控制约束机制

控制约束机制限制了经理人的行为，包括相关的法律法规政策、自身公司规定、控制管理系统。有效的控制约束机制，能防止经理人做出对公司不利的行为，是公司健康发展的保障。这也是激励机制无法替代约束机制作用的原因所在。国内有些国有企业存在经营者的问题，问题不在于激励，而在于约束，想要提高约束机制的效率需要加强法人治理结构的建设。

④综合激励机制

综合激励机制是使用综合的手段引导经理人行为，具体包含工资、奖金、股权激励、晋升、培训、福利、良好工作环境等方面。不同的激励方法有不同的激励导向和效果，不同的企业、经理人、环境以及业务相对应的最佳激励方式都是不同的。公司应结合不同的情况设计激励组合。其中股权激励的形式、数量大小均取决于激励成本和收益的综合因素考虑。

⑤政策环境

政府通过法律法规、管理制度等形式为各项机制的形成和强化提供政策支持。政府具有创造良好的政策环境的义务，不适合的政策会影响各种机制发挥作用。目前国内的股权激励，操作方面主要面临股票来源、股票出售途径等具体的法律适用问题，市场环境方面，政府也要通过加强资本市场监管、消除不合理的垄断保护、推行政企分开、改革经营者任用方式等途径来创造良好的政策环境。

（4）股权激励模式

①股票期权模式

国际上一种最为经典、使用最为广泛的股权激励模式是股票期权模式。经股东大会同意，公司将预留的一些普通股认股权作为"一揽子"报酬中的一部分。股票期权是公司授予激励对象在未来一定期限内以预先确定的条件购买本公司一定数量股份的权利,它是公司所有者赋予公司员工的一种特权,这种特权不能转让。期权的价值只有通过公司人员的努力,公司得到了发展,每股净资产提高,股价上涨后才能得到体现。当这些所购的股票在市场上出售时,公司员工可以获得当日股票市场价和事先商定价格的差价。如果在股票期权到期日之前,管理人员离开公司,或经营者无法达到约定的业绩目标,这种权利就会被放弃。因此,股票期权是激励员工提高工作绩效的又一有效途径。

设计和实行股票期权模式,要求有合理合法的、可进行股票期权的股票来源,并要求具有一个股价能大致反映股票内在价值、运作规范、秩序稳定的资本市场主体。

②股份期权模式

因为我国绝大多数企业在现行《公司法》框架内未能解决"股票来源"问题,所以部分地方采用了变通的做法。股份期权模式也可看作股票期权改造模式。北京就是这种模式的设计者和推广者,所以这种模式又叫"北京期权模式"。

该模式规定:公司高级管理人员想以群体形式拥有公司 5%～20% 的股权,须经公司出资人或董事会同意,并且董事长和经理的持股比例要占群体持股数的 10% 以上;经营者想要持股就得先出资,一般须大于等于 10 万元,且经营者所持股份份额是以其出资金额的 1～4 倍确定;任期为 3 年一届,若完成协议指标,再经过 2 年,就能按届满时每股净资产变现。

北京期权模式的亮点是推出了"3＋2"收益方式。"3＋2",就是企业经营者在 3 年任期届满后,如果不再续聘,要对其经营方式对企业的长期影响再做 2 年的考察,评估合格才能兑现其收入。

③期股奖励模式

期股奖励模式是一种股权激励办法,目前在国内部分公司中相当流行。它的特点在于从当年净利润中或者未分配利润中提取出奖金,折股作为奖励给高层管理人员。

④虚拟股票期权模式

虚拟股票期权并不是真正意义上的股票认购权。虚拟股份是指公司授予激励对象一种虚拟的股票,激励对象可以据此享受一定数量的分红权和股票升值收益,但没有所有权,没有表决权,不能转让和出售,在离开企业时自动失效。虚拟股票期权是将奖金的给予延期支付,并把奖金转换成普通股票,这部分股票享有分红、转增股等权利,但在一定时期内不得流通,只能按规定分期兑现。

这种模式是一种创新设计,是特别针对股票来源障碍而进行的操作方法,暂时使用内部结算的办法。虚拟股票期权的资金来源不同于期股奖励模式,它源于企业积存的奖励基金。

股票期权制度实施的前提是存在上市公司,且该公司具有或能获得公开发行的股票。而在我国,大量公司并未上市,不能通过股票期权进行激励,"虚拟股份"的长期激励制度解决了这样的困难。

拟上市公司股权激励详细基本模式

⑤年薪奖励转股权模式

年薪奖励转股权模式是由武汉市国有资产控股公司设计出并推行的,因此也被称为"武汉期权模式"。

⑥股票增值权模式

股票增值权模式的主要内容是通过模拟认股权的方式,获得由公司支付的公司股票在年度末的净资产与年度初的净资产的价差。

需要注意的是,股票增值权并不是真正意义上的股票,没有股票所代表的所有权、表决权、配股权。这种模式通过拿每股净资产的增加值对高管人员、技术骨干和董事进行激励,不需要有财政部、证监会等机构的审批,只要有股东大会的批准就可以实施,所以具体操作起来方便快捷。

(5)股权激励方式案例分析

A公司是杭州一家大型科技自主研发企业,近年来市场前景一片大好,公司进入了高成长期。但令股东们担忧的是,团队的整体工作士气开始有了下降的征兆,高层次的人才骨干流失率有上升的趋势。为了扭转员工的工作态度,激励士气,留住核心骨干员工,公司决定尝试推行股权激励计划。A公司有以下几点期望:第一,合理分配每位员工的股权授予数量,避免分配不公;第二,合理确定股价,进而能确保激励对象按个人实际付出分享公司的经营成果;第三,采用适合公司的激励方式,既操作简单又有明显的激励效果;第四,合理确定激励周期,既不能让员工觉得目标遥不可及,又要考虑到规避一些员工的短期行为。

最后A公司从自身的治理结构、自身所处的发展阶段、未来战略规划、企业文化背景、人员薪酬结构、考核方式等方面进行了深入分析,初步拟定了一套系统的股权激励方案。其关键点如下:

第一步,激励对象范围可从人力资本附加值、历史贡献、难以取代程度三个方面考虑。

虽然全员持股在美国十分流行,但并不适合中国,在中国的非上市公司身上使用更不合适。从某种程度上来讲,产生股权纠纷的根源就是无原则地扩大激励对象范围。因此,确认激励资格,要从人力资本附加值、历史贡献、难以取代程度三个方面予以考虑。

　　从人力资本附加值角度看,激励对象能对公司未来的持续发展产生重大作用,因为着眼于未来是股权激励的根本。从历史贡献角度看,尊重历史贡献,是避免出现内部争议风波的基础,所以激励对象应该对公司过去的经营业绩增长或管理能力提升做出了突出贡献。从难以取代程度方面看,激励对象应包括那些掌握核心商业机密和专有技术的特殊人力资本持有者。

　　综上所述,可以把 A 公司的激励对象分成三个层面:第一层面为核心层,是公司的战略决策者,人数大概占员工总数的 1%～3%;第二层面为经营层,是担任部门经理以上职位的管理者,人数大概占员工总数的 10%;第三层面为骨干层,是特殊人力资本持有者,人数占员工总数的 15%左右。

　　第二步,根据公司业绩和个人业绩的实现情况,综合明确激励力度。

　　是激励人还是激励人所在的岗位是个争论不休的话题。这个难题,要上升到企业的发展阶段和面临的管理主题层面来考虑。对处在成长期的企业来说,企业业务模式尚不稳定,兼岗、轮岗现象很普遍,员工的工作内容很难用一个固化的岗位说明书来明确。该情况下,岗位价值不能成为确定股权激励力度的标准。处在成熟期的企业,业务模式趋向固化,所在的岗位在较高程度上决定了员工的能力发挥,企业的管理主题为"统一、规范、有序"。此时,进行基于岗位价值的评估对确定股权激励力度来说十分重要。因为 A 公司尚处在成长期,所以用人力资本价值评估作为依据来明确员工的初始激励力度。

　　不管是对人激励还是对岗激励,固化激励额度的做法都是不恰当的。因此,出现了股权激励的考核机制,该考核机制把考核分为公司绩效、部门绩效(或项目绩效)、个人绩效三个层面。针对层面较高的员工,加强对公司绩效的考核;针对层面较低的员工,加强对个人绩效的考核。以考核成绩为依据从高到低划分为 S、A、B、C、D 五个等级,根据考核等级确定最终激励的额度,分别为 1.2 倍、1.1 倍、1.0 倍、0.8 倍、0 倍。

　　第三步,根据激励层面确定激励方式。

　　激励效果不但取决于激励总额,还依据激励方式。激励方式的确定,应对员工全面考虑,包括人力资本附加值、敬业度、员工出资意愿等方面。综合 A 公司的实际情况,适当的激励方式如下:

　　对附加值和忠诚度都高的员工,采取实股激励,让员工当家作主。参照上市公司股权激励的相关规定(用于股权激励的股本比例不得超过总股本的 10%),结合 A 公司的股本结构以及激励期内预期业务增长情况,建议用于实股激励的股本数量为 500万股(约占公司总股本的 5%)。个人授予量按照人力资本价值来确定,即个人授予量＝500万股×个人人力资本价值/$\sum$个人人力资本价值。

针对不愿出资的员工，采取分红权激励和期权激励方式，加强员工参与股权激励的积极性。分红权数量取决于激励期内的每股分红额及激励对象的人力资本价值，即个人获授分红权数量＝个人人力资本价值/每股分红额。期权授予量取决于激励期内的股价增长情况及人力资本价值，即个人获授期权数量＝个人人力资本价值/每股价差收益。

第四步，按企业战略确定股价增长机制。

股权激励可以调动员工积极性的一个重要原因就是激励对象能经过自己的努力工作改变激励成果的大小及实现概率。企业要选取合适的激励标的物，来达到企业与员工的双赢。

确定激励标的物，应该综合考虑到这四个因素：第一，激励标的物和公司的价值增长必须是一致的；第二，激励标的物的价值评定需要是明确的并且令人信服的；第三，员工能够通过努力来影响激励标的物的数值；第四，公开激励标的物时不能让公司的财务机密有所泄露，对非上市公司来说这一点极其重要。

根据上面的标准，结合A公司所处的发展阶段及财务管理现状，从会计增长类指标中选取了销售额这一指标作为股价变动的标的物。由于销售额增长率、净利润和净资产的增长率并不是一一对应的，回顾了A公司的历史财务数据，我们将股价增长率拟定为销售额增长率的60％（实际的股价比例可以根据董事会当期实际经营情况予以适当调整）。例如，如果目标年度销售额对比基期销售额的增长率为50％，那么股价增长率为30％。

第五步，激励周期由企业的战略规划期、员工的心理预期、工作性质来确定。

想要产成长期激励效果，必须分阶段来推进股权激励，以保证员工的工作激情能够得到延续。首先，股权作为支撑企业战略实现的重要激励工具，股权激励的周期应当与企业的战略规划期相匹配。其次，股权激励的宗旨在于让员工解除后顾之忧并且赢取员工的忠诚，过于漫长的激励周期会减弱激励效果，不能调动员工的参与欲望，但过短的激励周期也会导致部分员工产生投机念头。最后，企业采取股权激励，也是为了使某些岗位的工作成果在短期内呈现出来，所以股权激励的周期设置还需要考虑激励对象的工作性质。

依照A公司的实际情况，将股权激励的授予期设为3年，按照3∶3∶4的比例，1年1次，共分3次授予完毕，同期股权的解锁及期权的兑现同样分3年期实施。因此，一项股权激励计划的全部完成就会延续6年。之所以要设计成循环机制，原因在于在激励的同时施加一定的约束——员工中途无论何时想离开公司,都会感到遗憾,提高其离职成本,强化长期留人的效果。

第六步,签署授予协议,细化退出机制,规避法律纠葛。

为了规避法律纠纷,推行股权激励方案前必须事先明确退出机制。参考《劳动合同法》,综合研发型企业的工作特点,A公司从三个方面规定退出办法:

第一,对于激励对象合同期满、法定退休等正常的离职情况,已实现的激励成果为激励对象所得,没有实现部分企业可收回。如果激励对象离开企业后在一定程度上影响企业的经营业绩,那么未实现部分可保留,使其能继续关注公司的发展。

第二,对于激励对象辞职、辞退等非正常退出情况,除未实现部分自动作废,已实现部分的收益应适当打折处理。

第三,对于激励对象只出勤不出力的情况,退出办法规定,如果激励对象连续两次考核不合格,则默认此激励对象不是公司所需的人力资本,没有资格享受人力资本收益。

《股权激励方案》
模版

明确股权激励方案后,与激励对象签署股权授予协议是一个至关重要的环节。因为这不仅仅是股权激励正式实施的标志,也是对双方权利和义务的明确界定。

(6)对上市公司长期激励的一些规定

①持股计划

对上市公司的持股计划国家有明确的规定,2014年6月中国证监会发布的《关于上市公司实施员工持股计划试点的指导意见》(以下简称《指导意见》)中指出:"员工持股计划是指上市公司根据员工意愿,通过合法方式使员工获得本公司股票并长期持有,股份权益按约定分配给员工的制度安排。员工持股计划的参加对象为公司员工,包括管理层人员。"员工持股计划属于一种特殊的报酬计划,它将员工的财富和公司的利益相联系,可以有效地激励员工提高工作的效率,并且激发员工提出创新的理念和进行革新,从而实现员工收益和公司价值的共同增长。其本质是员工与公司之间发生的股权交易。

员工持股计划对于公司的长久发展具有重要意义。首先,调动员工的积极性,强化"主人翁"意识。由于企业经营权和所有权分离,公司的治理可能存在着很大的道德风险,即员工在工作中并不是为了实现股东利益最大化而努力,而是为了自身利益而不作为或者进行不必要的花费。实施员工持股计划是解决这一问题的有效途径。员工一旦持有企业的股份,就会强化"主人翁"意识,在工作中从企业利益的角度进行考虑,提高工作的热情和效率,提高公司的绩效,有效地减少了代理成本。其次,提高员工的忠诚度,为企业留住人才。人才是企业在竞争中制胜的关键,而给予股权是企业留住人才的有效方式。员工作为持股计划的参与者,享有一项额外的权利,即以低于市场的价格购买并持有本公司的股票,从而获得差价。员工作为公司的持股人,其工作效率会直接或间接影响到公司的股价,进而影响到自己的投资收益,所以不会轻易选择跳槽。因此,员工持股计划不仅仅只是激励员工,还通过建立起员工与企业之间的感情,从而提高员工的忠诚度。最后,降低企业被恶意收购的风险。相比于外界投资者,企业员工持股更具有稳定性。由于企业被收购,员工将会面临失业的风险,因此,员工不愿意企业被别人收购。所以,如果企业大部分的股票在员工手中,不仅能够激励员工,还能增强企业股票的稳定性,降低企业被恶意收购的风险。

根据《指导意见》,上市公司实施员工持股计划主要包括以下几点内容,见表7-3。

表 7-3　上市公司实施员工持股计划的内容

主要事项	主要内容
实施原则	依法合规、自愿参与、风险自担
资金来源	1.员工的合法薪酬; 2.法律法规允许的其他方式。
股票来源	1.上市公司回购本公司股票; 2.二级市场购买; 3.认购非公开发行股票; 4.股东自愿赠予等方式; 5.法律、行政法规允许的其他方式。
持股期限	每期不得低于 12 个月,以非公开发行方式实施的持股期限不得低于 36 个月,自上市公司公告标的股票过户至本期持股计划名下时起算;上市公司应当在员工持股计划届满前 6 个月公告到期计划持有的股票数量。
持股规模	上市公司全部有效的员工持股计划所持有的股票总数累计不得超过公司股本总额的 10%,单个员工所获股份权益对应的股票总数累计不得超过公司股本总额的 1%;员工持股计划持有的股票总数不包括员工在公司首次公开发行股票上市前获得的股份、通过二级市场自行购买的股份及通过股权激励获得的股份。
管理方式	上市公司可以自行管理本公司的员工持股计划,也可以将本公司员工持股计划委托给下列有资产管理资质的机构管理:信托公司、保险资产管理公司、证券公司、基金管理公司、其他符合条件的资产管理机构。
监管方式	除非公开发行方式外,中国证监会对员工持股计划的实施不设行政许可,由上市公司根据自身实际情况决定实施。

员工持股计划的实施程序及信息披露见附件 7-1。

②股权激励计划实施程序

为了规范股权激励计划的实施程序,公司必须按照公开、公平、公正的原则指导股权激励的实施计划,以达到真正有利于骨干员工的积极性、有利于公司的长远利益。其虽然适用于上市公司,但对于一般企业,也有很好的指导意义。

股权激励计划实施程序见附件 7-2。

二、建立企业文化,实施以自我实现为核心的精神激励机制

企业管理者不仅应该满足员工的一些物质方面的需求,也应该关注员工的精神需求。精神激励是通过精神要素对员工进行激励,更高层次地调动员工的积极性,是管理者激励员工的有效方式。企业应加强与员工之间的思想沟通与交流,了解员工的心理需求,做好员工的思想工作,努力为员工营造一种相互理解、相互支持、相互信赖、团结友爱的工作氛围。对于员工工作、生活上的困难,企业要及时予以理解,并及时提供帮助,使员工感受到企业的关心和温暖,增强员工的归属感。在工作中,上级领导对下级要进行合理的授权,增强下属员工的工作热情和成就感,充分调动和发挥下级的主观能动性,同时也能减轻上级领导的工作负担。

精神激励是一个认同、表扬和关怀的过程,大多数世界 500 强企业的具体操作方式是:

第一,经过思想工作,让员工认同企业目标、企业精神,达到从上到下统一认识,全员同心。

第二,善于将物质激励和精神激励相结合。

第三,及时给予适度的赞美和肯定,创造良好的心理氛围。

第四,关怀员工,建立相互尊重、相互关心的良好的人际关系。

(一)企业文化是员工的精神酬劳

企业文化是企业在长期经营过程中形成的,由价值观、信念、仪式符号、处事方式等组成的,为全体员工所遵守和奉行的行为准则。它代表着企业的个性、素质、目标和氛围,体现企业对价值的认知。企业文化具有导向作用、规范作用、凝聚作用以及激励作用。优秀的企业文化能够激发员工的工作热情,形成一种积极向上、朝气蓬勃的工作氛围,培养员工对企业的认可度,使其将自己的工作前途与企业的发展相结合。

企业文化的内容丰富多彩,其中有很多相互联系、相互制约的基本要素,主要包括:

第一,群体规范,即公司成员共同认可、共同接受的行为准则。

第二,主导性价值观,即核心价值观,这是公司评价事物和指导行为的基本信念、总体观念和选择方针。

第三,正式的哲学,包括处理公司和其他利益相关者如股东、员工、顾客的关系时信奉的原则,以及给予公司中各种政策指导的一种哲学。

第四,组织气氛,即公司成员在与外部人员打交道的过程中所传达的公司内部的气氛和感情。

第五,思维习惯、心智模式、语言模式,包括公司成员共享的思维模式。

第六,一致性符号,包括创意、感觉和想象等符合公司发展的特性。

(二)公司文化的结构

公司文化由四个层次构成,即物质文化、行为变化、制度文化和精神文化。物质文化是企业文化的表层,是形成企业制度文化和精神文化的基础,包括企业的厂容、厂貌、机械设备、产品造型、外观、质量等;行为文化,包括企业员工的日常行为规范、处事方法等;制度文化是企业文化的中间层次,包括领导体制、各项规章制度和纪律等;精神文化是企业的核心文化,也称为"企业软文化",包括各种价值观、企业的集体意识、职工素质等,是企业的灵魂。见图 7-1。

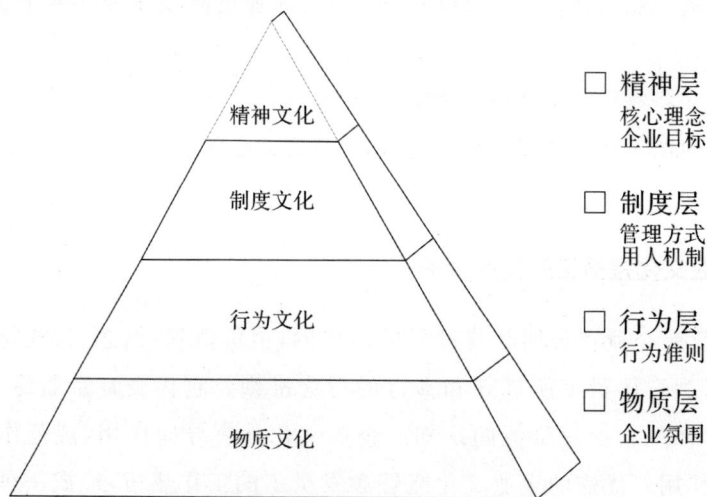

图 7-1　公司文化结构

在构成企业文化的四个层次中,精神文化是企业文化的核心,它是经过长时间实践而形成的精神成果和文化理念,代表着公司的基本价值观念,它是形成物质文化、行为文化和制度文化的思想基础;反过来,物质文化、行为文化、制度文化会反作用于企业的精神文化,影响企业的凝聚力。物质文化是企业制度文化和精神文化的载体和外在表现。行为文化受精神文化影响,同时又是制度文化制定的依据。制度文化则对物质文化和行为文化形成约束。这四者相辅相成、相互依赖和相互制约。见表7-4。

表7-4　构成公司文化的四个层次

	主要内容
物质层	公司名称、标志。这是公司物质文化最集中的外在表现。 厂容厂貌、自然环境、建筑风格、办公室和车间的设计布置方式等。这是人们对公司的第一印象。 产品的特色、外观和包装等要素。这是公司文化的具体反映。 技术、工艺、设备特性。 统一的徽章、旗帜、歌曲和服装等。这集中体现了公司物质文化内容,是公司文化最形象的反映。 公司的体育文化生活设施。 公司内在造型和纪念性建筑,如纪念墙、人物塑像等。 公司的文化传播网络,如公司自办的报纸刊物、广播等。
行为层	公司风俗。公司风俗是指公司长期相传、约定俗成的仪式、行为习惯、节日和活动等,如体育比赛、集体郊游等。公司风俗既不需要明文规定,也不需要强制执行,完全靠习惯和偏好维持下去。公司风俗由精神层主导,又反作用于精神层,既可自然形成,也可人为开发。 公司风气。公司风气是指公司员工在生产经营过程中逐步形成的带有普遍性、重复出现且相对稳定的行为心理状态,是影响整个公司的重要因素,是公司文化的重要表现。
制度层	特殊制度。特殊制度是指公司中一些具有普遍意义的工作制度和管理制度,以及各种责任制度。成文的制度或不成文的公司规范约束着员工的行为方式,保证公司高速运转。 一般制度。一般制度是指公司的非程序化制度,如员工评议领导制度、总结表彰会制度、领导与员工平等对话制度和公司成立周年庆典制度等。 与一般制度相比,特殊制度更能反映一个公司的管理特点和文化特色。

续表

	主要内容
精神层	公司目标。公司目标是指公司员工的共同追求,在明确的公司目标的指引下,公司各级领导和员工可以充分发挥自己的主观能动性,把自己的本职工作和公司的奋斗目标联系起来,齐心协力,为实现这一目标而努力。 公司哲学。公司哲学是指公司领导者为实现公司目标而在整个公司经营过程中持有的基本信念,是公司领导者对公司长远目标、生产经营方针和发展策略的哲学思索。 公司精神。公司精神是指公司有意提倡和培养的员工的精神风貌,是对公司现有观念、意识、传统习惯和行为方式中的积极因素进行总结、提炼和倡导的结果,是公司文化发展到一定阶段的产物。 公司道德。公司道德是指员工在生活及行为上共同遵循的准则和规范,带有强制性,是公司内部调整人与人、部门与部门、个人与公司以及公司与社会之间关系的行为准则,一般包括道德意识、道德关系和道德行为三个部分。 公司宗旨。公司宗旨是指公司存在的价值以及其作为经济单位对社会的承诺。

(三)以精神激励为导向的企业文化特征

有着优秀企业文化的企业如同一个强磁场,吸引着周围的资源。企业间的竞争焦点集中在人才的竞争,因而营造有吸引力的企业文化成为新时期企业管理者的新理念。这些赋予了企业文化更新的内涵。

归纳起来,当今的企业文化有以下新内涵:

1. 高尚操守

具有高尚操守的文化首先是一个注重社会价值的文化,其次是注重公益事业的文化。助人为乐、造福民众、关心社会是一个企业组织不可缺少的优良品质。此外,具有高尚操守的文化是讲求诚信的文化。

2. 以人为本的理念

以人为本体现在对人的关心、重视、尊重和信任。企业对员工给予关心和尊重,使员工感到自己的存在被重视和认可,从而会更努力地为企业奉献。

3. 合理包容

每个人都有自己独特的个性和风格。合理包容的企业文化,能包容员工的能力,不让他们因能力出众而受到排挤;能包容员工的工作习惯和处事风格,不局限他们的工作方式;能包容员工的失误,明白人非圣贤,工作中出现一些失误是难免的,不会因为一次失误而对员工的能力和价值进行否定。

4.创新精神

当今社会,具有创新精神是人才获得欢迎和青睐的重要品质,也是一个企业在激烈的市场竞争中保持长久不衰的重要原因。创新能够为企业带来更有效率的工作方式和更有竞争力的产品。

5.亲情意识

情感的需求是人才需求金字塔中最高层次的需求,有亲情意识的企业更显得具有人情味,能满足人才的情感需求,吸引人才。

6.良性竞争

良性竞争有利于提高员工的积极性和创造性,进而提高效率。为员工提供公平竞争的环境和规则,有利于发挥他们的潜能,激发他们的工作积极性。

企业文化对于员工来说是一种精神薪酬,一个良好的企业形象,会给员工带来更高的社会地位以及对工作的自豪感和自信心。总之,企业文化是给予员工的待遇,这种无形的文化待遇是促使人才增值的资本。

(四)授权

授权是指管理者要求员工完成某项工作任务,就必须给予其完成工作所必需的权力,这些权力包括调用公司或部门的人、财、物各方面的权力。每个人对权力都有一定的渴望。企业在进行人力资源管理时应当重视与员工一起分享权力,满足员工对权力的占有欲,激发员工的主人翁意识和对企业的认同感和归属感。授权是企业管理中一项重要的管理技巧,有效的授权能让参与者都收益,满足员工对权力的需求,激发员工的主人翁意识。

管理者要掌握合理授权的基本原则,鼓励员工参与管理,尽量避免授权带来的消极问题,实现最大化的激励。

1.授权原因

授权是提高员工工作积极性的有效途径。如果员工有能力去完成任务,上级适当予以授权,不干涉他们的行动,给予他们充分的信任,会使员工感受到自身的价值,激发员工的积极性和创造性,使员工的工作化被动为主动。从某种程度上来说,授权也体现了管理者的管理水平和才能。

授权是贯彻分层领导原则的需要。在日常的工作中,不仅存在各种重要的任务,也存在许多事务性的工作。有些事情迫在眉睫,需要当机立断解决;有些属于突发事情,需要冷静果断应对;有些事情必须上下结合,部门之间相互合作、协调。作为企业的管理者,没有足够的精力和能力去包揽一切工作,必须将许多工作交给下属去做。

管理者交给员工任务,就应当授予相应的权力,做到明责授权、事权分清,同时,需要建立合理的层级,并正确处理各级人员之间的关系,精心设计职位,再根据岗位授权,实行分层领导。否则便会出现员工遇到矛盾绕着走、争吵、相互推诿的不正常现象,致使任务很难完成。

授权是管理者抓大事管全局的需要。一个人的时间、精力、阅历、知识水平和工作能力是有限的,若工作量超过自身的承受范围,工作起来就会感到力不从心,身心疲惫,降低工作的速度和质量。授权能够较好地解决工作任务多和时间少之间的矛盾。管理者不必每件事都亲自过问,对下级授予一定的权力,不包办代替或越级处理问题,从具体琐碎的事务中解脱出来,这样能大大节省时间,集中精力抓大事,处理好重大的公司战略问题。能够正确分清大事与小事,大胆授权是领导工作能力和胆识的重要体现。

2.授权的基本原则

权、利、责相符。授权不只是简单地授权,而是涉及权力、利益、责任三者关系的问题。权、利、责的统一表现在下属在其位、谋其政、行其权、尽其责、得其利。首先,管理者在向下属进行授权时,应向下属明确其应担的责任。不明确责任的下属很难对任务负责,也很难保证权力行使的正确方向。其次,管理者在授权时要向下属明确行使权力的过程即为企业和个人获取利益的过程。利益是员工工作的出发点和根本推动力。只有达到责、权、利的真正统一,才能实现授权的目的。再次,授权时要控权。授权和控权是相辅相成、相互制约的。管理者授权而不控,是对工作和下属的不负责,控权而不授,就是专断,会打击员工的积极性。因此,正确处理授权和控权的关系十分重要。管理者在向下属授权的时候要进行适度、有效的控制,对下属的行权范围和方向予以明确和监督,同时要检查下属行使权力的结果,在员工滥用权力或者没有能力行权的时候对权力进行收回。

员工参与授权。如果让员工参与到授权的讨论过程中,授权的效率会更高。首先,员工本人对自己的能力最为了解,让他们自己选择工作任务,可能会更有好处。其次,在员工的参与过程中,员工会更好地理解自己的任务、责任和权力。再次,员工参与的过程,是一个主动的过程,对于自己主动选择的工作,员工自然会尽全力将它做好。

授权要有度。授权有度要从两个方面进行理解。首先,管理者授权的范围。管理者在进行授权时,应当授予属于自己的权力,超出自己的权力范围的授权是无效的。同时,管理者应当只对直接员工进行授权,让直接员工对他们的员工进行二次授权。如果管理者直接对所有员工授权,就会侵犯直接员工的权力。其次,管理者授予权力的大小。管理者应根据员工的品质和工作能力进行授权。授权超出员工的职责和能力范围，就会导致管理上的混乱和员工力不从心的局面。如果授权小于员工的权力范围，员工要为自己力所不能及的事情承担责任，就会出现权小责任大的局面。因此，管理者要授权有度，保证授权的有效性和合理性。

3.授权方式不同

充分授权，是指管理者在下达任务时，允许下属充分发挥主观能动性，在权力许可的范围内，自己决定行动方案，进行创造性的工作。这种授权方式虽然没有赋予明确的权限，但在实际上几乎等同于将主管的权力——针对特定的工作和任务的——大部分下放给员工。其显著优点在于能使员工在履行职责的工作中实现自身价值，获得较大的满足，最大可能地调动员工的主观能动性和创造性。

不充分授权，也称为特定授权或刚性授权，是指上级对下属的工作范围、内容、应达成的目标和完成工作的具体途径等都有详细规定，下属必须严格遵守、执行这些规定。不充分授权是现实中最普遍的授权形式，它的特点是较为灵活，可因人、因事而异，可采取不同的具体方式，但它同时要求上级和下级、主管和员工之间必须事先明确所采取的具体授权形式。

弹性授权，又称动态授权，是综合充分授权和不充分授权两种形式而成的一种混合的授权方式。弹性授权是指根据工作的内容将员工履行职责的过程划分为若干阶段，在不同的阶段采取不同的授权方式。弹性授权具有较强的适应性，当工作条件、内容等发生了变化时，管理者可及时调整授权方式以利于工作的顺利进行。管理者运用弹性授权时的技巧在于保持与员工及时协调，加强双向沟通。

制约授权，又称复合授权，是指管理者将职责和权力同时委托和分派给不同的几个员工，以形成员工之间相互制约地履行其职责的关系。如会计制度上的相互牵制的原则。制约授权形式的应用，要求管理者准确地判断和把握使用场合，它一般只适用于那些性质重要、容易出现疏漏的工作之中。制约授权在应用中应注意警惕可能带来的负面效应，过分的制约授权会抑制员工的积极性，不利于提高管理工作的效率。制约授权作为较为特殊的一种授权方法，一般要求与其他授权方法配合使用。

当然，在授权的过程中，适当的管理和监控必不可少。在进行任务分派时，应当明确监控机制。首先要对任务完成的具体状况达成一致，而后确定进度日期，在这些时间里员工要汇报工作的进展情况和遇到的困难。监控机制还可以用定期抽查的方式进行辅助，以确保员工没有滥用权力。

（五）为员工设计职业生涯发展规划，让员工获得发展

职业生涯就是一个人的职业经历，它是指一个人一生中所有与职业相联系的行为与活动以及相关的态度、价值观、愿望等连续性经历的过程，也是一个人一生中职业、职位的变迁及工作、理想的实现过程。职业生涯规划对自我认识和心理平衡至关重要，关系到日后事业的发展。企业为员工进行合理的职业生涯规划，员工了解自己的职业发展目标后，就会主动根据目标找出不足，并对此进行学习。

许多人在进行职业规划时会出现以下问题：首先，对自身的认知不清。不知道自己想从事什么工作，适合做什么工作，找不到职业生涯规划的方向。其次，没有职业规划的意识，随意找工作，随意跳槽。

因此，企业管理者在帮助员工设计职业生涯规划时，要充分与员工进行接触、沟通，尽可能了解员工，这样不仅能够使员工感到受重视，从而产生进取心，同时企业也能更好地了解员工，更有针对性地为其提供培训，帮其设计职业规划。同时，适当引导员工进入公司的相关领域，使个人目标和公司目标统一起来，提高员工的参与度，使员工看到自己在企业的希望和目标，进而达到稳定团队的作用。

每个员工都会进行职业生涯规划，但不是每位员工都能科学合理地规划自己的职业生涯，或多或少地会有些困惑、疑惑。企业的管理者要帮助员工设计出符合自己的职业生涯规划，对他们进行培训，这样员工不仅在工作时更有方向、目标，对自己的成长之路有清晰的认识，也会感受到公司的关怀，从而备受鼓励，感到踏实，从而提高了员工对企业的忠诚度。不过，企业在为员工设计职业生涯时，要充分了解员工的意愿，给员工自由选择的余地。

同时，企业要建立完善规范的晋升制度，对优秀的员工适时提升，使员工在工作时有努力的动力，培养他们积极向上的精神。为员工提供和争取多的晋升机会，会起到激励员工的作用。

通常，企业通过以下步骤为员工进行职业生涯规划：

（1）对员工进行职业心理测评，了解员工的性格、兴趣、能力和个人发展期许，一方面使企业更深入地了解员工，另一方面也使员工有了解自己的机会。

（2）根据第一步的测试结果，将个人发展愿景与企业的发展方向相结合。

（3）管理者接受人力资源专家的培训，掌握帮助员工进行职业生涯规划的方法，并提供相应的指导。

同时，企业还要完善和规范企业的岗位说明书、绩效考核体系、轮岗制度等一系列政策，为员工职业生涯规划体系提供支持。

（六）培训：帮助员工走上发展之路

人才培训，是人力资本增值的重要途径，也是企业发展的基础。当今社会，员工不仅仅看重企业的工资待遇，也注重自身价值的提高和才能的发挥。对员工进行培训，不仅能为企业未来提供生产力，为企业长远发展提供保障，更是企业激励和留住人才的重要途径。

然而，现在很多公司却不愿意对此进行投资。由于对企业员工进行培训需要大量的时间和金钱，同时，在培训期间，员工无法参加工作创造价值，再加上培训为企业带来的回报也无法预测，因此，很多企业倾向于向社会上招聘已经接受过培训的人员，而不愿对自己的员工支付培训费。特别是一些实行租赁、承包经营的企业，为了眼前的利益，不愿意将骨干人员送出去培训，怕影响工作，降低经济效益，只能靠以前的知识技能进行经营。对员工培训的投资是对企业的未来进行投资，企业若缺乏长远的眼光，只顾眼前的利益，会加速企业人才的老化，失去竞争力，也会减少对人才的吸引力。

对员工进行培训有助于提升员工的价值，提高组织绩效。对员工进行有计划、有组织的培训，使员工的知识、技能得到充实和提高，价值观得到改善，能帮助员工在工作中发挥更大的潜能，提高工作绩效。通过培训，可以使员工为承担更多的工作和更大的责任做好准备，并为企业吸引和留住人才。

培训还有助于培养员工的奉献精神。每个企业都有自身的企业精神、目标和价值观。通过培训，使员工了解并接受企业的精神和价值观，培养员工与企业休戚与共的感情，使员工们以共同的价值观和追求来为企业的发展奋斗。

培训的目的，不仅在于增进员工对工作和企业的了解，提高员工的工作技能和自身价值，还在于让员工感受到企业的关怀和重视，接受企业的价值观，使人才最终具有对组织的忠诚度和奉献精神。

对于不同层次的员工，必须要根据企业具体情况制定不同的培训内容。以下是作者在一个矿业企业中曾经做过的培训方案，见表7-5。

表7-5　培训方案

员工 （文化制度、技能）	基层管理者 （管理技能）	中层管理者 （领导能力）	高层管理者 （战略能力）
企业简介、历史	基本管理理念，带队伍	管理理念，领导技能	管理趋势，外界环境

续表

员工 (文化制度、技能)	基层管理者 (管理技能)	中层管理者 (领导能力)	高层管理者 (战略能力)
企业文化、制度	基本管理技能个人生产力	人力资源管理,有效授权	前瞻能力,战略能力
基本礼仪,团队训练	沟通能力,团队精神	财务管理,信息管理	国际观,规划能力

(七)晋升: 别让你的员工原地踏步

人通常具有永不满足、追求向上的动力。没有谁愿意永远生活在别人的光辉之下,没有谁愿意经年累月地重复昨天,没有谁愿意一把椅子坐到老。

经常提拔人才,特别是对那些能干的员工,更应信任他们,适时提拔。每个人在某个岗位上,都有一个最佳状态时期。有的学者研究后提出了人的能力饱和曲线理论,身为管理人员,要经常加强"台阶"考察,研究员工在能力饱和曲线上已经发展到哪个阶段了。一方面,对现有"台阶"上已经锻炼成熟的员工,要让他们承担难度更大的工作,及时提拔到上一级"台阶",为他们提供新的用武之地;对一些特别优秀的管理人员,要采取"小步快跑"和破格提拔的形式使他们施展才干。另一方面,对经过一段时间证明不适应现有职位的员工要及时调整,让其到下一级"台阶"去"补课"。如果我们在"台阶"问题上,鱼目混珠,良莠不分,在时间上搞"平均主义",只会埋没甚至摧残人才。

每个员工在工作上都有一定的追求和期许,都有向上的愿望和动力。若企业没有一个有效完善的晋升措施,会降低员工对企业的认可度和奉献度,降低员工的工作热情。企业应适时提拔人才,特别是那些能力出众的员工。晋升,是对员工的优秀表现最直接、最有价值的肯定和奖励方式,可以产生积极的导向作用。企业在决定晋升员工时,要考虑周详,确保人选适合。

同时,企业在晋升员工时不能依据管理者的个人喜好,而要建立统一的标准,确保公平。通常,过去的工作业绩是晋升最重要的依据,其余条件作为辅助。一个人在之前的工作表现可以反映他的工作能力和工作态度,可以作为预测将来表现的依据。

晋升不是利用员工的个性,而是为员工提供发挥自身才能的机会。在现实的企业运作中,企业却很难做到这一点。很多管理者喜欢根据自身的喜好对员工进行提拔。

这不仅会产生用人不当的结果,还有失公平,引起员工的不满。因此,企业在用人时,应将注意力集中在员工的工作业绩上,而不是其性格是否讨喜。

三、企业的管理规范

企业管理规范主要包括五个方面:企业业务流程与表格设计,企业组织结构,企业部门及岗位描述,企业规章制度设计,企业管理控制系统。

(一)企业业务流程与表格设计

1.企业流程制度体系的概述

企业的流程制度体系,是以文字、图表等形式对企业内部所有流程、活动、记录等管理要素加以规范的管理体系,包括企业各项工作流程文件、支持性文件、记录表格等。流程制度的设计需要依据企业客观运行的逻辑关系、企业流程体系框架,对企业内部的所有流程、活动进行梳理、优化、规范,然后结合组织结构的层次关系,进行系统集成。企业流程制度的设计需要遵循一定的原则,主要有实用性、简明性和整体性。

(1)实用性

流程设计的根本目的就是为了满足工作的需要。如果一个公司的流程设计得很烦琐,员工不理解,就无法实施,那么即使表面看起来多么的专业,也是毫无意义的。

(2)简明性

在设计流程制度时,一定要清晰易懂,容易理解和便于操作。

(3)整体性

流程设计是为了加强各部门之间的合作、互动、协商和交流。如果每个部门各自设计自己的流程而不考虑其他部门,流程的设计难以成体系,会出现各部门之间相互扯皮、推诿的情况。因此,企业应当成立专门的工作小组,统筹整个公司的流程设计,在设计时跨越部门进行整体考虑。

构建流程制度体系的意义:

(1)规范企业运营

构建流程制度后,企业有了系统性整理企业所有文件的总纲,能够规范企业内部的所有流程、活动、记录等管理要素和相互关系,有利于企业总体的协调性、系统性,提高企业运营的整体效率,并且有利于经验、知识的总结和传承,提高企业的竞争力。

（2）符合认证监管的要求

目前，许多企业通过采用 ISO9000、ISO14000、OHSAS18000、内部控制基本规范等各种认证评价标准，来提高企业的管理水平，以满足市场、监管机构对企业的认证监管要求。而这些认证的评价标准都是基于对企业流程的规范，要求企业建立文件化的管理体系。为适应这个要求，企业应以流程为基础，以文件形式建立流程制度体系。

（3）是管理体系电子化的要求

企业的各种管理体系构建后，为方便员工的学习、使用以及管理体系的调整、改进，可以将文件形式的管理体系进行电子化存档，对所有文件按流程进行系统梳理、优化、规范，保证对每个流程、活动、记录要求的唯一性。

2. 流程制度体系构建步骤和方法

（1）明确企业的发展战略

在进行流程制度的设计时，首先应明确企业的愿景、目标和发展战略。只有确定了这些，才能分辨企业的一级流程（核心业务流程）、二级流程（部门业务流程）、三级流程（岗位工作流程）。

（2）建立流程文件清单

在明确企业的发展战略目标和方向之后，应当明确企业的一级目标流程、二级目标流程、三级目标流程以及相应的主管部门，进而建立流程文件清单。

（3）流程现状调研

对所有的流程现状进行调研，主要包括策划阶段、实施阶段、反馈阶段、改进阶段。通过收集资料，对核心业务进行全面的了解，向企业业务主管领导提出方案，并找出流程作业的问题。经办人员应收集资料对企业进行基本的了解，资料通常包括企业简介、企业发展战略、企业组织构架与各部门职能设置、企业绩效目标的分解与考核规定等。在对收集的资料进行分析、研究后，从绩效指标、职能、流程、问题等角度出发，围绕流程对企业相关人员进行访问。通常，一次访问是不够的，还应进行进一步深入细致的访谈。四个阶段通常有以下一些问题，见表 7-6。

表 7-6　管理流程常见的问题

策划阶段	流程绩效目标、指标规定不合理
	流程策划职能规定不合理
	流程策划内容不合理
	流程策划的输入及输出的相关接口不清晰

续表

实施阶段	流程实施职责规定不合理
	流程实施过于复杂
	流程实施适应性不够
	造成顾客的不方便
	实施的相关接口不合理
反馈阶段	流程监测职责规定不合理或缺失
	流程方法与流程绩效目标不配套
	流程方法不科学
	流程图与流程实施、处理的接口不合适
改进阶段	不合格处理职责、改进权限规定不合理
	未对不合格处理职责、权限做分级规定
	改进绩效指标统计、分析职责规定不合理或缺失
	绩效分析、改进职责规定不合理或缺失

（4）各级流程优化

若企业通过上述调查找到问题，那么需要对流程进行优化。主要是从管理流程及以下的各级子流程策划、实施、反馈、改进等二级职能在相关部门分配的角度进行优化。由于管理流程的二级职能是按照策划、实施、反馈、改进的循环模式分解、展开的，这其中的关键是实施阶段能否有效地实现管理流程的绩效目标。因此，应围绕着管理流程所要实现的绩效目标要求，首先对管理流程的实施子流程进行调研、优化，然后对策划、反馈、改进等阶段的子流程进行调研、优化，不断修正，最后的结果应使管理流程的各个阶段的职能相互协调，并与流程绩效目标保持一致。

（5）编写流程文件

流程及各个子流程、活动经深入调研、优化后，管理流程的主管部门应及时编写流程文件。流程文件的框架见表7-7。

表 7-7　流程文件框架

策划	实施	反馈	改进
流程策划的输入、输出	流程的实施	流程绩效的监测反馈	不合格改进；流程绩效的分析、改进

①确定流程文件的格式

一般而言,流程文件应包括以下内容:流程目的或目标、适用范围、流程说明、流程图、支持性文件清单。

其中,流程说明和流程图是流程文件的核心内容。当流程文件合并到企业的运营管理手册时,流程文件可以只包括流程说明和流程图。

②确定管理流程的活动顺序,绘制流程图

要确定管理流程的活动顺序,及相关责任部门或责任岗位,然后按一定规范绘制流程图。

流程图是流程各个活动顺序的直观展示,应按照以下规范进行绘制:

第一,使用规定软件绘制泳道式流程图。

第二,为方便浏览,一页流程图中活动框数量一般不应超过 20 个,保证一页流程图在 A4 页面范围内能清楚显示,否则可分页绘制。

第三,尽量避免多条交叉线;在保证能体现流程活动先后顺序的前提下,活动框的排列应尽量紧凑。

③编写流程说明

在实际编写中,通常要按照"5W1H"的模式进行编写,即:

Why 为什么要做?

Who 谁来做?

What 做什么?

When 在何时做?

Where 在何地做?

How 怎么做?

在何时(when)何地(where),谁(who)做什么(what),怎么来做(how)。即谁负责填写什么记录,一式几份,分别交给谁。必要时,应清楚交代与相关活动的输入、输出的接口关系。

④对照检查流程说明是否符合相关指导标准要求

如果企业的流程制度需要满足有关认证评价标准,在流程制度制定完后,应对照进行检查。

⑤理顺流程之间的接口

制定流程程序不仅要对各流程进行拆分和细化,还要考虑整个流程的系统性和整体性。由于各个流程是各个部门分开编写的,通常会出现接口关系不协调、不一致的情况,所以需要理顺。

理顺流程之间接口关系的方法是,首先确定主业务流程,检查该流程提出的要求,然后与相应流程进行核对,发现不匹配时,进行协调处理,并且由主管定夺。以此类推,逐步核对各个流程之间的接口关系。

⑥完善支持性文件和记录表格

在管理流程的诊断和流程文件的编写过程中,应以流程绩效为导向,注意对流程的各个活动所涉及的原有文件、原有记录进行整合。评审的要点,是原有文件、原有记录与优化之后的流程规定是否协调、一致。

需要对所有原有文件进行修订;哪些文件可以保留但需要在流程文件中引用该文件时做出一些补充说明;还有哪些活动需要制定新的文件。

⑦编写企业管理手册

企业运营管理手册,是阐明企业使命、愿景、价值观,描述企业内部各个管理流程之间顺序和相互关系的文件。管理手册的主要内容应包括:发布实施令;企业简介;适用范围,主要说明手册适用的产品范围、场所范围;术语和定义,对手册中的重要术语做出定义;各个管理流程(一级流程)文件,其中应引用或包括支持性文件、记录表格;组织机构图;权限指引;等等。

(二)企业组织结构

1.概述

组织结构是指企业按照国家有关法律法规、股东(大)会决议和企业章程,结合本企业实际,明确股东(大)会、董事会、监事会、经理层和企业内部各层级机构设置、职责权限、人员编制、工作程序、相关要求等的制度安排。

合理的组织结构对于企业运营效率的提高,管理体制、运行体制的优化有积极的作用。随着企业和社会的发展,若企业的组织结构落后或者与变化的社会环境、市场不适应,就会造成企业的上下混乱和冲突,导致企业经营业绩不佳,市场竞争力降低,企业氛围变差,以及优秀人才的流失。科学合理地设置企业内部机构与岗位,明确机构与岗位职能,以及它们的相互联系,建立合理有效的组织结构,有利于有效控制企业的人流、物流和信息流。目前,在我国企业"两权"分离的情况下,有效的法人治理结构是内部控制制度的组织保障,有利于克服经营管理层的机会主义等行为,为企业内部监督提供良好的控制环境。

企业至少应当关注组织结构设计与运行中的下列风险:

(1)治理结构形同虚设,缺乏良好的监督体系。目前,我们企业的法人治理结构仍存在很多的问题,存在一股独大的现象。有些企业的董事会和管理者、监事会的组成人员存在紧密的联系,有些甚至基本是一套人马,导致董事会流于形式,同时,监事会的监控作用弱,不能起到内部控制的作用。

(2)内部机构设计不科学,权责分配不合理,可能导致机构重叠、职能交叉或缺失、推诿扯皮,运行效率低下。有些企业由于规模和成本的原因将一些部门合并或者直接不设立一些部门,例如有些企业并没有设立审计部门,或者将审计部门和会计部门合并在一起,这样就会导致各个部门和管理人员的工作交叉重叠,降低监管的功能,造成一些人权力集中,有时甚至集决策权、执行权、监管权于一身,导致监管的约束力弱,监控工作流于形式。有些企业虽然有内部监管机构,但是监管的范围偏小,通常仅局限于会计业务的审计,不重视监督、稽查职能,各机构执行效率等方面,监管作用未能得到完全发挥。企业应当按照科学、精简、高效、透明、制衡的原则,综合考虑企业性质、发展战略、文化理念和管理要求等因素,合理设置内部职能机构,明确各机构的职责权限,避免职能交叉、缺失或权责过于集中,形成各司其职、各负责任、相互制约、相互协调的工作机制。

2.企业组织结构的设计

企业应当根据国家有关法律法规的规定设计组织结构,明确董事会、监事会和经营班子监督相互分离,形成制衡。经理层对董事会负责,主持企业的生产经营管理工作。经理和其他高级管理人员的职责分工应当明确。董事会、监事会和经理层的产生程序应当合法合规,其人员构成、知识结构、能力素质应当满足履行职责的要求。

企业组织结构的设计程序如下:

(1)确定目标

组织结构必须与组织目标实现程度密切相关。在设计组织结构时,首先要明确组织结构的目标,远离目标的组织结构,就算看起来结构很精妙,也是没有价值的。企业要根据自身业务、所在行业、生产产品以及企业内外部环境等特定条件,把企业愿景化解成企业的基本目标,同时要注意合理划分成可以具体化的各个子目标,将总任务目标层层分解。

(2)进行职能分析和职务分析

确定了企业目标后,要进一步分析围绕企业目标的各项具体子目标,根据这些子目标的经营活动来设置所需要的部门。首先,要确定企业总的管理结构和职能框架。其次,对工作流程进行拆解和细分,按照部门的职能拆解和细分相应独立的管理部门,特别是关键性职能。

(3)选择组织结构的基础模式

企业根据自身的实际情况,选择一种组织形式作为企业的组织结构的基础。在实际情况中,直线职能式和矩阵式结构的选择较为普遍,也有越来越多的企业选择增加弹性模式的相应特征,以补充其基本模式的局限。

（4）设计部门职能

在完成组织结构框架后,就基本确定了企业的组织结构图,接下来要设计职能部门。这通常要考虑各个系统的工作量大小和各子系统之间的联系,把工作量不大的子系统合并,把制衡关系的子系统分别交由不同部门。部门设计好之后,再根据部门的职责需要设计不同岗位,岗位设计能使组织结构更加细化,更具有规范性和合理性。

（5）最终落实组织结构

完成职能部门设计后,组织设计基本上算是完成了。企业要通过文件形式对各部门和岗位的具体工作职责、所享有的权力、资源流转程序等进行确定。

（6）企业组织结构的运行

企业应当根据组织结构的设计规范,对现有治理结构和内部机构设置进行全面梳理,确保本企业治理结构、内部机构设置和运行机制等符合现代企业制度的要求。

企业梳理治理结构,应当重点关注董事、监事、经理及其他高级管理人员的任职资格和履职情况,以及董事会、监事会和经理层的运行效果。治理结构存在问题的,应当采取有效措施加以改进。

企业梳理内部机构设置,应当重点关注内部机构设置的合理性和运行的高效性等。若内部机构设置中存在职能交叉、缺失或运行效率低下等问题,应当及时解决。

企业拥有子公司的,应当建立科学的投资管控制度,通过合法有效的形式履行出资人职责、维护出资人权益,重点关注子公司,特别是异地、境外子公司的发展战略、年度财务预决算、重大投融资、重大担保、大额资金使用、主要资产处置、重要人事任免、内部控制体系建设等重要事项。

企业应当定期对组织结构设计与运行的效率和效果进行全面评估,发现组织结构设计与运行中存在缺陷的,应当进行优化调整。

企业组织结构调整应当充分听取董事、监事、经理及其他高级管理人员和员工的意见,按照规定的权限和程序进行决策审批。

（三）企业部门及岗位描述

1.部门设计

（1）部门职能界定的原则

第一,战略导向原则。所有部门的工作应该受到一致目标的统领,即企业的基本目标。

第二，机构既不重置又不矛盾。在设定部门及岗位职责时，不能将同一职责授予两个岗位，职责的设定不应重复和冲突，否则不仅会导致资源的浪费，也会带来管理上的麻烦。

第三，资源和信息共享。资源和信息的共享既可以节省公司的资源，又可以形成横向、纵向的紧密合作关系。

第四，职责衔接。通常，职责并非孤立存在，而是在流程运转中完成的。在进行职责划分时，应该考虑整个职责体系的完整性，注意流程接口，避免在工作流转中出现职责中断的情况。

第五，扁平化管理。扁平化减少了管理层次，更有利于上下沟通，提高信息流的速度和决策的效率。

(2)部门设计指引

在规范化管理过程中，当企业对部门设计进行表述的时候，需要有一个部门设计的指引。

第一，明确部门的目标，即由企业基本的总目标化解成可以具体操作的子目标，这是部门制定部门目标的依据。

第二，理清部门与其他部门之间的关系。

第三，基于部门的目标，制定具体部门的工作职责。

第四，根据部门职责制定规章制度。

第五，说明部门编制。

第七，说明考核指标。

第八，说明相关事项。

(3)部门表述

若要对一个部门进行描述，到底该如何去做？接下来以财务部为例进行分析。见表 7-8。

①要确定部门的名称，明确标记部门的基本目标以及主要的职能。财务部的主要职能有：企业财务制度建设，财务规划与计划的制定，现金出纳，日常会计核算，财务分析与报告，投融资管理，税务筹划，等等。

②和其他相关部门之间的关系。

③完成职能的工作形式。作为财务部，需要制定企业各项财务制度，企业年度、季度、月度财务收支计划，企业财务报表，财务分析报告等各种报告来反映和汇报企业的财务状况。

④规范上述工作的格式、频率。首先，明确是什么部门；第二，明确部门的职能；第

三,确定部门的目标和具体职能;第四,明确该部门的公共关系;第五,明确部门完成职责的时间和具体采取的形式,部门和职责需要——界定清楚。

⑤部门、科室的设置。说明科室的编制,实际人员的配备,设备的配置,包括电脑、桌椅、汽车、电话等物品的数量、规格以及分配方案等。

⑥确定和规范部门考核的主指标、副指标,确定考核的标准。

表 7-8　财务部职能说明表

部门名称	财务部	分管领导/所属部门	

基本目标:

　　根据公司的实际情况制定财务管理制度,通过进行有效的成本核算、资金管理、报税管理、仓库管理等工作,保证公司经营资金的顺利运转,实现公司利润的最大化。

主要职能:

　　1.企业财务制度建设:编制企业各项财务制度,包括会计制度、财务预算管理制度、资产管理制度等;制定财务考核办法及财务控制措施;实施和维护企业会计电算化系统。

　　2.财务规划与计划的制定:制定企业的财务战略规划与年度财务计划;制定企业年度、季度、月度财务收支计划;监督落实企业财务计划的执行情况。

　　3.现金出纳:办理各种支票、汇票等收付款业务;负责库存现金、发票及空白支票等重要票据的管理;管理与调配企业的资金,完成日常收支及记账工作;负责企业现金、银行结存工作及日记账的编制与管理。

　　4.日常会计核算:负责企业会计账务处理工作;负责编制、解释和分析企业统一的财务报表和统计报表体系,分析与报告企业经营指标和经营业绩;负责企业日常税费申报工作;负责企业各类资产的核算及管理工作,定期组织财产及债权、债务的清查工作。

　　5.财务分析与报告:定期进行财务综合分析和预测,提供财务分析报告;针对问题,及时提出财务控制措施和建议;对企业新的业务项目进行财务分析和预测。

　　6.投融资管理:根据董事会及总裁指示,做好企业项目投资的成本和盈利分析,参与企业投资项目的决策;根据董事会及总裁指示,做好资金筹集、供应和使用管理工作;与相关金融机构保持密切联系,积极开拓融资渠道,为企业建立有效的融资途径。

　　7.税务筹划:及时了解、掌握国家有关税务政策,搜集相关信息;规范、组织企业依法纳税工作,掌握和检查企业的纳税情况。

　　8.与其他部门协同的职能:协助发展研究部满足公司发展战略(远期、中期、近期)的资金需求,并提出融资方案;协助其他部门完成部门财务的预算,并监督各部门成本费用的执行情况。

工作形式:

　　1.企业各项财务制度。

　　2.企业年度、季度、月度财务收支计划。

　　3.企业财务报表。

　　4.财务分析报告。

续表

部门设置:5 个岗位		
岗位名称	编制设置	实际配备
综合 出纳 往来 成本 存货		

对部门考核主指标:

对部门考核辅助指标:

备注:

上面只是一个示例,企业在进行部门表述时,应根据所处的行业、企业的发展情况和需求来进行设计,设计出一个合适、实用、操作性强的部门表述。

2.岗位设置

(1)岗位设置的方法

①成立项目研究小组,分解部门职能

由最熟悉岗位工作任务和内容的人员组成研究小组,同时为了保证岗位设置工作的顺利完成,由部门经理负责定夺。研究小组成员根据部门情况划分部门职能,再按照部门职能划分方案,将部门的所有职能进行归类划分,分为核心职能、重要职能和一般职能三种。

②制定岗位清单

岗位清单包括岗位名称、所属部门、岗位职能、工作内容、人员数量及岗位负责人六部分。研究小组成员根据部门所划分的职能要求,结合部门特点,尽可能列出完成这些职能需要做什么工作、完成这些工作应该设什么样的岗位,将其一一排列成岗位清单。

③岗位分类,确定岗位名称

对照岗位清单,依据岗位设置原则,进一步分析所有岗位的职能和工作内容,并对所列岗位逐一识别,将相同性质的岗位进行合并归类,最后确定岗位名称,清晰地标示出岗位所包含的工作职责、工作内容等信息。

④制定岗位设置与定员草案

研究小组成员根据所确定的岗位及其职能和工作内容,对岗位的工作负荷进行估计,并将这些工作岗位按照等级进行分类,以做出岗位设置和定员草案,上报给部门经理。

⑤研究和修改岗位设置与定员草案

首先,部门经理根据本行业特点、同类竞争组织的情况及自己组织的情况和自身的经验,对草案做出相应的修改;其次,交给项目组讨论,项目组成员结合组织规模、成本投入大小等实际情况,对草案进行讨论、修改;最后,定稿,制定出组织岗位设置和定员方案。

⑥公布岗位设置与定员方案

将岗位设置与定员方案在组织内公布,以得到组织员工的认可,并着手组织编写工作说明书的相关成员进行培训,以利于工作分析的进行。

(2)岗位描述指引

一个有效的岗位表述应包括三部分的内容。

①五表

即工作关系表、资源配置表、任职资格表、岗位责任表、工作标准表。

②二书

即职业生涯设计书、工作计划承诺书。

③三指引

即流程指引、表格指引、工作指导指引。

以下是工作关系表、资源配置表、任职资格表、岗位责任表、工作标准表,供大家参考。见表 7-9、表 7-10、表 7-11、表 7-12、表 7-13。

表 7-9　工作关系表

基本信息	职位名称:		职位编号:		指定时间:	
	职等:		隶属部门:		工作地点:	
督导关系	直接上级:					
	直接下级:					
主要工作内容	分类		联系对象		联系频率	
	公司内部					
	公司外部					

表 7-10　资源配置表

类别	清单	指引
办公设备		发放岗位：
		损害赔偿：
通信、工具		配置岗位：
		费用标准：
		损害赔偿：
信息		管理岗位：
		利用方法：
应酬		费用标准：
培训		安排：

表 7-11　任职资格表

类别		要求等级	等级描述
知识技能	教育背景	四级	
	行业知识	三级	
	公司知识	三级	
	战略管理知识	二级	
	财务知识	二级	
	人力资源	五级	
	……	……	
技能	计划能力	四级	
	决策能力	三级	
	沟通能力	三级	
	组织能力	三级	
	授权能力	三级	
	应变能力	三级	
	……	……	
经验	行业经验	二级	
	相关职业经验	四级	

续表

类别		要求等级	等级描述
职业素养	团队精神	三级	
	责任感	五级	
	时间观念	三级	
	……	……	
其他	身体素质	二级	
	证书	中级	

表 7-12　岗位职责表

工作内容	指导书指引	程序指引	表格指引

表 7-13　工作标准表

项目	项目内容	检查人
1	销售收入达成率	直接上级
2	产品一次交验合格率	质检员
3	……	……

(四)企业规章制度设计

企业规章制度是指由企业相关部门制定的以书面形式表达的并以一定方式公示的规范企业全体成员及企业所有活动的标准和规定。一套完善的企业规章应包含企业经营管理方方面面的内容,以达到企业管理制度化、规范化、流程化的目的。依法制定的规章制度可以保障企业合法有序地运作,将纠纷降低到最低限度。好的企业规章制度可以保障企业的运作有序化、规范化,降低企业经营运作成本,并且可以防止管理的任意性,维护职工的合法权益,满足职工公平感的需要。优秀的规章制度通过合理地设置权利义务责任,使职工能预测到自己的行为和努力的结果,激励员工为企业的目标和使命努力奋斗。

1.企业规章制度的分类

企业规章制度大体可以分为三类:第一类是公司根本规章制度,主要指公司章程、股东大会议事规则、董事会议事规则、监事会议事规则等治理结构方面的制度;第二类是公司基本规章制度,主要指规范战略管理、投资管理、人力资源管理、科技管理、生产管理、财务管理、营销管理、风险管理、业绩考核、法律事务、综合管理等基本业务的制度;第三类是公司的具体制度,主要指规范具体业务管理工作的制度,以及为执行各项管理制度的工作标准、业务流程、作业指导书等。这样分类的目的是要在统筹兼顾的基础上分别按照不同的流程起草、修改、制定、发布、宣贯和执行。下面将主要介绍第三类企业管理制度。

2.制定规章制度的原则

(1)合法性原则

符合国家法律法规和现行强制性标准,贯彻党和国家的路线、方针、政策。

(2)兼顾稳定与时效性原则

与公司整体发展战略、功能定位、管控模式及管理重点相适应,在确保相关制度相对稳定运行的同时,要随着内外部环境的变化和经营管理的需要,不断评价和更新。

(3)适用性原则

符合企业实际,能在一定时间和一定范围内普遍适用。

(4)统筹兼顾原则

注意制度的系统性和协调性,与管理流程协调、匹配,避免重复制定和各项制度之间冲突、交叉、遗漏。

3.撰写企业管理制度

制定企业管理制度的目的就是要对某项管理工作明确职责权限和工作要求。因此,管理制度要从"宽度"上把某项管理工作的工作对象、工作职责、工作权限和工作应用规定下来,从"深度"上把某项管理工作的工作原则、工作环节、工作程序和工作标准确定下来。管理制度的框架结构和要点内容在满足以上要求后,再结合企业的实际情况进行扩充、细化。

(1)单项管理制度的框架结构及要点内容

鉴定一项管理制度的好坏主要在于其是否体现了框架结构的逻辑性和内容的完整性、突出性、可操作性。在实际中,大部分的管理制度框架一般包括总则、分则(主体为管理的规范和执行要求)及附则三部分内容。这种框架看起来段落明显,但如果分则内容繁多,条条俱列,员工就很难每条都看,还可能不明重点,工作不知从何下手。要解决这个问题,建议管理制度的框架结构除了总则和附则外,最好先将组织机构及职责内容从分则中单列出来,其他结构再根据管理工作的内容或流程来搭建。

（2）单项管理制度内容的常见写法

企业建立管理制度是为了让员工理解管理的要求和程序,制度必须清晰、易懂和可操作。清晰,就是要让员工明白这个制度的主体内容有哪些板块,每个板块包括哪些内容。主体内容主要体现在制度的框架结构上,而每块内容有哪些则需要在各条款中予以逐项逐条说明。易懂,则要求文字简洁通俗,不晦涩,便于理解。可操作,则需要对工作流程、周期、规范要求予以明确,同时也需要明确各流程对应的工作单位、部门和人员等。

要达到清晰,管理制度在结构上最好采用章节式写法。即先依据管理内容或流程将框架结构搭建为章节内容,每一项主体内容为一章,而每一板块内容为一节,每一节内容则分解为条。这样,员工从大小标题上就能理解整个管理办法的主辅内容,亦可根据自己的岗位职责重点理解相关工作的职责及流程。对于条款内容,可以按照板块内容的时间顺序、逻辑关系或主体大小来逐条描述。比如目标考核按照时间顺序,可先说××月制度目标计划,再说××月调整目标计划,最后说××月评价目标完成情况和××月发布评价结果。企业按照主体大小规划内容板块,可先说总的规划应包含什么内容,再说各二级单位业务规划应包含什么内容。

要达到易懂,管理制度的文字表达很重要。制度条款的文字不要追求新异,一定要通俗明了。条款的文字要明确地、直截了当地写出规定和实施说明,不做或极少做议论分析,语气坚决、肯定。个别单位为了体现管理水平的先进性,故意将管理界新出现的一些时髦词放进制度中,这样不仅在制度宣传贯彻时要做大量的解释工作,而且还会造成员工对该名词和工作内容的困惑,是很不可取的。相反,部分单位由于历史传统原因,对某项工作流程沿袭了不同于一般企业的某一叫法,可以在管理办法中继续沿用下去。

要达到可操作,管理制度在写法上应尽量满足 5W1H 工作法,即每一章节(含每一条款)的内容要就其工作内容(what)、责任者(who)、工作岗位(where)、工作时间(when)、怎么操作(how)以及为何这样做(why)进行具体描述。基于在上一段中提到的"文字不做或极少做议论分析",这里的(why)往往是我们写某条款的原因,可以在制度中适当简化或删减。但在企业制度培训时,建议给员工做出说明以更好地帮助他们理解。另外,除了在管理制度中的文字中体现 5W1H 外,应尽量根据文字内容另行增加工作流程图,以便更直观地展现管理的内容及要求。

撰写企业管理制度除了要搭建好框架结构,梳理要点内容和注意文字写法外,还要注意制度的句型结构和内容要素等,不同层级、不同类型的管理制度其内容侧重点也有所区别。比如集团管理级的制度可能强调原则性和指导性,单个企业的管理制度偏重程序性和规范性。

(五)企业管理控制系统

企业管理控制系统是通过不断搜集、分析、反馈信息来改进和调整整个组织的计划制定、决策控制以及员工行为规范的系统。

首先,应基于企业内外部环境因素分析,确定企业的目标,将企业的基本目标转化为企业的课程可操作的子目标,再通过"计划环节"对企业的子目标进行分解,将子目标细分为财务方面和非财务方面的具体目标以及相应的量化指标。如根据子目标制定企业的预算目标,预算编制的过程同时也是业绩评级标准和具体的执行时间表的确定过程。

其次,通过"实施环节"具体执行在企业计划环节确定的财务和非财务的具体业绩目标。它是将企业子目标转化为现实的核心环节,也是企业管理控制系统的控制目标能否实现的关键环节。

再次,"反馈环节"是对实施环节的情况进行实时监控和考核,管理者通过该环节获得执行中产生的各种定期和不定期的报告和数据资料,并以这些信息为评价环节的可靠依据。

最后,"改进环节"将反馈环节产生的各项预算和考核指标的执行结果与计划环节制定的标准进行对比,据此对执行情况做出完整客观的考核评价,是对执行者进行激励和约束的有效措施;对评价环节的相关信息进行反馈,以对业绩目标与具体指标的设置以及预算编制中的问题进行调整。改进环节的结果通过影响计划环节的标准而对下一轮的战略目标的制定和组织整体绩效产生影响,并引起管理控制系统各个环节相应的动态调整。

在管理控制系统的基本框架中,控制过程的四个控制环节环环相扣,动态相连,共同构成管理控制系统的组成部分。为了确保控制环节的有效性,在每个控制环节设置了相应的观测点,以共同支持组织战略目标的实现,下面将具体介绍这些观测点的含义及内容。

1.计划环节及其观测点

计划是管理的首要职能,它是其他职能的基础。制定计划的目的是预测变化和制定最有效的应变措施。计划给出了组织的努力方向,提高了组织实现目标的效率。计划通过设立标准以利于控制的实施。计划环节需要解决以下两个关键问题:怎样制定计划?怎样保证计划的有效性?

首先看第一个问题,怎样制定计划。计划环节是管理控制系统的基础环节,计划的制定应该为组织整体目标的实现服务。通常制定计划要考虑以下因素：

(1)考虑企业基本目标

这个目标和为实现目标而制定的子目标是管理控制系统的运行基础。在制定计划之前必须明确企业所期望的目标是什么。设计良好的目标具有如下特征：一是以结果而不是以行为表述的；二是可度量和定量化的；三是具有清楚的时间框架；四是具有挑战性但经过努力是可达到的；五是书面的；六是由董事会以决议形式下达的。

(2)考虑环境

企业目标的制定要考虑环境的不确定性，将企业组织的管理活动与内外部环境因素综合起来考虑，根据企业外部环境及企业内部资源和能力状况，制定企业的目标以及为实现目标而选择战略规划。因此，从某种程度上说，战略规划是对达到目标的途径和手段的总体谋划，是组织最大的计划，其制定的优劣决定了能否有效地实现企业的基本目标。

(3)考虑企业的人力资源素质

人是操控与实施管理活动的主体，人力资源素质的情况必然影响到管理控制系统的控制效果。可以说，人力资源素质的高低，决定了制定计划的严格或宽松程度。

再看第二个问题，怎样保证计划的有效性。计划的有效性是指制定的计划是否得到有效实施。为了保证计划的有效性，我们为计划环节设立三个观测点：责任中心、预算控制和业绩评价标准及日程。

责任中心和预算控制是目前大多数企业所采用的。要看计划能否顺利实施，首先看企业是否设置责任中心和预算控制系统进行管理控制。如果企业有较为完善的责任中心和预算控制机构，那么在企业管理符合成本效益的前提下，就可以使计划顺利实施。

建立业绩评价标准及日程实际上是对企业整体工作制定标准的过程，这些标准包括管理标准、经营标准两个方面。管理标准主要通过各项规章制度对企业管理者、员工以及其他与企业利益密切相关的行为进行规范，比如规定各级领导以及不同岗位员工的责任、各种现场管理标准程序、产品质量管理标准等；经营标准往往采用较为综合的财务指标，通过预算的编制制定业绩评价标准，对企业的经营情况进行控制。经营标准的制定在整个管理控制系统中具有重要的意义，它是具体落实企业各项工作计划的过程。其中，预算编制质量的高低直接影响控制过程中其他环节的运行，如实施环节是否能够顺利运行、评价环节是否客观公正地反映管理控制的效率和效果，最终会影响到整个管理控制系统的运行效果。预算编制可以根据企业历史资料、同行业资料等,其内容主要包括:经营预算、财务预算、投资决策预算以及责任中心预算等。预算编制过程中产生的大量预算报表为之后的评价环节提供了依据和标准,这些预算报表主要包括:资产负债表、损益表、销售收入及收款、采购及付款、各项成本费用、固定资产投资、长期资产投资、货币收支等。

总之,在制定计划时,应着重考虑组织内外部环境、组织目标以及人力资源素质三个因素,以便使计划更切合组织的实际情况;为了保证计划的有效性,在计划环节可以设置责任中心、预算控制和业绩评价标准及日程三个观测点。

2.实施环节及其观测点

计划工作完成以后,就应严格按照计划环节中设立的各种目标执行。实施环节主要体现的是管理层的组织和领导职能。实施环节应建立完整的信息反馈和沟通体系,确保各项执行情况能及时到达组织的管理层。我们设置组织和程序、策略和方法、沟通和协调、指导和命令四个观测点。

(1)组织和程序

组织和程序观测点是指对工作任务的分工与组合以及具体工作的运作程序,主要作用是根据计划进行部门的划分,确立合理的管理层次及不同层次的职权和责任关系,以确保各部门工作能得到有效地指导和控制。

(2)策略和方法

策略和方法主要指企业领导层影响企业员工实现组织目标的策略和方法,它是领导者行为或风格的一种反映。根据权变的领导理论,要想成为一名优秀的领导者,首先要了解领导者的特质和行为,其次要了解实施领导的环境,即如果存在某种组织环境,那相应地采用某种领导策略和方法将更加有利于组织目标的实现。

(3)沟通和协调

在企业管理中,人与人之间、部门与部门之间都会发生各种矛盾和冲突,这些矛盾和冲突会使成员在行动上出现偏离组织目标的情况。因此,需要领导者来协调各方面的关系,使组织成员团结起来,朝着共同的目标前进。

领导处理冲突的根本原则是协调,而协调的基本途径是沟通,有效的沟通是协调的基础。沟通是一个主动地获取和运用信息的管理过程,管理人员必须借助于日常工作实践、人事关系等同企业成员进行经常性的信息交流与沟通。可以说,管理工作的各个方面都需要沟通。沟通是管理者激励下属,实现领导职能的基本途径,可以使领导者获得相关信息,以制定出更加合理有效的决策,从而提高组织的效率。沟通的方式按照不同的标准有不同的分类。按沟通方法可分为口头沟通、书面沟通、非语言沟通以及电子媒介沟通,按组织系统可分为正式沟通和非正式沟通,按沟通方向可分为上行沟通、下行沟通和平行沟通，等等。

（4）指导和命令

现代领导理论认为，领导是激励、引导和影响组织或员工实现目标的行为过程。领导本质上是一种影响力，在带领员工实现组织目标的过程中，发挥着指导、协调、激励和沟通的重要作用。领导者的影响力有两个基本来源：一是领导职权，领导职权的影响主要通过管理职位发布命令来实现；二是领导威信，领导威信是与领导者能力、知识、品质等个人素质密切相关的影响力，领导者由于某些特殊的专业知识和技能或者具有优良的个性品质，从而使组织成员愿意接受其影响，从而起到指导组织员工行为的作用。

3.反馈环节及其观测点

在反馈环节我们设置报告和数据作为观测点。反馈环节是对实施环节的情况进行实时监控和考核。管理者通过实施环节产生的定期或不定期的报告和数据资料，及时反映执行工作的情况，并以这些信息作为反馈环节的可靠依据，对实际完成情况与预期标准之间的偏差进行细致的分析，据此调整管理行为或者在必要时调整预算标准。

各项报告和数据资料都来源于基础工作，通常情况，分为书面报告和各项考核指标两种。书面报告包括月度、季度、年度的收入、成本、费用等预算执行情况表，考核指标主要有目标利率、利润总额、销售收入、销售成本、净资产、现金流量、资产周转率、资产负债率等与企业经营密切相关的指标。

4.改进环节及其观测点

改进环节是控制过程的最后一个步骤，它对实施环节产生的各项预算执行情况及考核指标的实际完成情况等反馈信息与预定标准进行对比，据此对执行情况做出完整客观的评价。管理控制系统需要对三个方面进行评价，运行情况是否符合企业的规章制度、内部审计部门是否健全有效、是否对内审的工作进行了必要的监督，其实质是针对发现的偏差采取相应的管理行动。管理者可以采取的行动方案有：维持原状、改进实际工作或者修订标准。对于评价环节确定的管理控制系统的实际运行状况与标准之间的偏差，如果偏差在可以接受的范围内，那么管理者只需维持原状就可以了，但要引起注意，以防扩大；但由于内外部环境的影响，实际上这种理想状态是很难达到的，管理控制系统都会或多或少产生超出偏差范围的运行状况，这就要求管理者采取适当的管理行为做出调整。因此，管理者经常需要采取改进工作或者修订标准的行动方案。

（1）改进工作

与计划的偏差往往是由于实际工作中考虑不足而产生的，改进工作的具体方式主要有：改进管理策略、调整组织结构、完善薪酬激励政策、加强员工培训以及调整员工的工作职责甚至解雇员工等。

（2）修订标准

偏差产生的另一个原因也可能是在计划环节制定了不现实、不切实际的标准，或者由于企业外部经营环境和内部资源条件的变化，这些标准难以实现。因此，修订标准是管理控制系统有效运行的基本环节。实际中需要调整的往往是预算标准，在预算标准调整过程中，关键的问题是如何使预算调整制度化，包括预算调整的条件、审批主体与审批程序的制度化。通常在下列情况发生时，可以对预算标准进行适当调整：市场需求发生无法预料或不可控制的重大变化；单位内部资源难以保障经营需要；单位业务发生重大变化，出现未列入预算的重要经营项目；政治、经济等外部环境因素发生较大变化并对企业的经营产生较大影响。

因此，在评价环节我们需要改进工作和修订标准两个观测点。

四、案例

企业文化和管理的建立过程（以××矿业企业为例）：

××矿业企业管理整体设计工作思路

为增强企业竞争力，规范管理行为，实现我们的企业愿景——做一流的现代化矿业企业，同时也为了更好地推动明年各项工作，根据企业实际，利用今冬明春时间，各部门需集中精力按如下七个步骤思路，做好企业管理设计工作。

第一步：企业文化

价值观：要树立核心价值观，就应实现包括经营理念在内的一系列理念的飞跃。

管理原因：充分授权，强化监督；团队协同，持续改进。

用人原则：品德定取舍，贡献定薪酬，能力定职位。创造效益，成果共享。

第二步：出台企业总流程

体现出目标、达成目标的各项分目标及要求。

第三步：出台企业分流程

体现分目标（先以生产流程为主）的达成及各项工作流程。

第四步：出台企业子流程

各项部门工作流程（指以主管部门为主、其他部门配合的流程）。

第五步：出台制度

结合流程在原有制度基础上完善和出台各部门职责、各项工作制度。

第六步：出台管理表格

根据规章制度制定相应的管理表格（结合我公司实际情况参考有关管理表格格式）。

第七步：业绩考核办法

以管理表格为基础，以各部门职责完成为标准，出台考核办法，落实到每个部门和个人，除基本工资以外，绩效工资、奖金在月底按业绩考核指标发放。

这个案例把企业文化和企业管理融为一体，充分体现员工激励中物质利益激励和精神激励的有机结合。企业文化促使员工的自我管理精神充分发挥，并且与企业文化中企业总目标及部门、岗位、个人职责结合起来，再授予各部门、岗位、员工相应的权力制定各部门、岗位的工作规章制度和考核指标，最后以考核目标发绩效工资和奖金，这样又进一步把主动管理和规章制度的被动管理密切结合起来了。

企业管理手册（4 版）

具体可以参考新疆某矿业企业的企业管理手册。

五、思考题

（以下思考题皆为开放性的讨论，没有标准答案和模板，言之有理即可，注意要结合实际，答案最好具有前瞻性和自己的想法。同学们回答问题时要胆大心细，不要拘泥于传统的理论或者模型，要独立思考，经济学方面往往没有绝对的标准或者答案，说不定你的下一个回答就是解决众多经济难题的突破口）

1. 有时候即使给了员工高薪酬，员工也还是干劲不足、业绩平平。激励员工是不是一定要用钱？有没有一种比金钱更有效的激励方法呢？能否举例说明？

2. 为什么上市公司的物质奖励例如股票、股权等方式激励效果明显，有些公司的激励却收效甚微，甚至在资本市场上股价还会暴跌。同样的奖励措施，为什么收到的效果会截然不同？谈谈你对此的看法。

3. 分组辩论股权激励是否能推动股价的上涨，并结合实例分析。

4. 结合本章内容，分小组谈谈你对"梦想"与"面包"，"活在当下"与"诗和远方"这两组词的理解，可以自由发挥。

5. 如果你是某公司的 HR，请制定一份具体的员工激励方案。

附件

7-1　员工持股计划的实施程序及信息披露

（1）上市公司实施员工持股计划前，应当通过职工代表大会等组织充分征求员工意见。

（2）上市公司董事会提出员工持股计划草案并提交股东大会表决，员工持股计划草案至少应包含如下内容：员工持股计划的参加对象及确定标准、资金、股票来源；员工持股计划的存续期限、管理模式、持有人会议的召集及表决程序；公司融资时员工持股计划的参与方式；员工持股计划的变更、终止，员工发生不适合参加持股计划情况时所持股份权益的处置办法；员工持股计划持有人代表或机构的选任程序；员工持股计划管理机构的选任、管理协议的主要条款、管理费用的计提及支付方式；员工持股计划期满后员工所持有股份的处置办法；其他重要事项。

非金融类国有控股上市公司实施员工持股计划应当符合相关国有资产监督管理机构关于混合所有制企业员工持股的有关要求。

金融类国有控股上市公司实施员工持股计划应当符合财政部关于金融类国有控股上市公司员工持股的规定。

（3）独立董事和监事会应当就员工持股计划是否有利于上市公司的持续发展，是否损害上市公司及全体股东利益，公司是否以摊派、强行分配等方式强制员工参加本公司持股计划发表意见。上市公司应当在董事会审议通过员工持股计划草案后的2个交易日内，公告董事会决议、员工持股计划草案摘要、独立董事及监事会意见及与资产管理机构签订的资产管理协议。

（4）上市公司应当聘请律师事务所对员工持股计划出具法律意见书，并在召开关于审议员工持股计划的股东大会前公告法律意见书。员工持股计划拟选任的资产管理机构为公司股东或股东关联方的，相关主体应当在股东大会表决时回避；员工持股计划涉及相关董事、股东的，相关董事、股东应当回避表决；公司股东大会对员工持股计划做出决议的，应当经出席会议的股东所持表决权的半数以上通过。

（5）股东大会审议通过员工持股计划后2个交易日内，上市公司应当披露员工持股计划的主要条款。

（6）采取二级市场购买方式实施员工持股计划的，员工持股计划管理机构应当在股东大会审议通过员工持股计划后6个月内，根据员工持股计划的安排，完成标的股票的购买。上市公司应当每月公告一次购买股票的时间、数量、价格、方式等具体情况。

上市公司实施员工持股计划的,在完成标的股票的购买或将标的股票过户至员工持股计划名下的 2 个交易日内,以临时公告形式披露获得标的股票的时间、数量等情况。

(7)员工因参加员工持股计划,其股份权益发生变动,依据法律应当履行相应义务的,应当依据法律履行;员工持股计划持有公司股票达到公司已发行股份总数的 5% 时,应当依据法律规定履行相应义务。

(8)上市公司至少应当在定期报告中披露报告期内下列员工持股计划实施情况:报告期内持股员工的范围、人数;实施员工持股计划的资金来源;报告期内员工持股计划持有的股票总额及占上市公司股本总额的比例;因员工持股计划持有人处分权利引起的计划股份权益变动情况;资产管理机构的变更情况;其他应当予以披露的事项。

7-2　股权激励计划实施程序

(1)上市公司董事会下设的薪酬与考核委员会负责拟订股权激励计划草案。

(2)上市公司实行股权激励,董事会应当依法对股权激励计划草案做出决议,拟作为激励对象的董事或与其存在关联关系的董事应当回避表决。董事会审议相关规定中有关股权激励计划实施的事项时,拟作为激励对象的董事或与其存在关联关系的董事应当回避表决。董事会应当在依照相关规定履行公示、公告程序后,将股权激励计划提交股东大会审议。

(3)独立董事及监事会应当就股权激励计划草案是否有利于上市公司的持续发展,是否存在明显损害上市公司及全体股东利益的情形发表意见。独立董事或监事会认为有必要的,可以建议上市公司聘请独立财务顾问,对股权激励计划的可行性、是否有利于上市公司的持续发展、是否损害上市公司利益以及对股东利益的影响发表专业意见。上市公司未按照建议聘请独立财务顾问的,应当就此事项作特别说明。

(4)上市公司未按照规定的定价原则,而采用其他方法确定限制性股票授予价格或股票期权行权价格的,应当聘请独立财务顾问,对股权激励计划的可行性、是否有利于上市公司的持续发展、相关定价依据和定价方法的合理性、是否损害上市公司利益以及对股东利益的影响发表专业意见。

(5)上市公司应当在召开股东大会前,通过公司网站或者其他途径,在公司内部公示激励对象的姓名和职务,公示期不少于 10 天。监事会应当对股权激励名单进行审核,充分听取公示意见。上市公司应当在股东大会审议股权激励计划前 5 日披露监事会对激励名单审核及公示情况的说明。

（6）上市公司应当对内幕信息知情人在股权激励计划草案公告前 6 个月内买卖本公司股票及其衍生品种的情况进行自查，说明是否存在内幕交易行为。知悉内幕信息而买卖本公司股票的，不得成为激励对象，法律、行政法规及相关司法解释规定不属于内幕交易的情形除外。泄露内幕信息而导致内幕交易发生的，不得成为激励对象。

（7）上市公司应当聘请律师事务所对股权激励计划出具法律意见书，至少对以下事项发表专业意见：上市公司是否符合本办法规定的实行股权激励的条件；股权激励计划的内容是否符合本办法的规定；股权激励计划的拟订、审议、公示等程序是否符合本办法的规定；股权激励对象的确定是否符合本办法及相关法律法规的规定；上市公司是否已按照中国证监会的相关要求履行信息披露义务；上市公司是否为激励对象提供财务资助；股权激励计划是否存在明显损害上市公司及全体股东利益和违反有关法律、行政法规的情形；拟作为激励对象的董事或与其存在关联关系的董事是否根据本办法的规定进行了回避；其他应当说明的事项。

（8）上市公司召开股东大会审议股权激励计划时，独立董事应当就股权激励计划向所有的股东征集委托投票权。

（9）股东大会应当对本办法第九条规定的股权激励计划内容进行表决，并经出席会议的股东所持表决权的 2/3 以上通过。除上市公司董事、监事、高级管理人员、单独或合计持有上市公司 5% 以上股份的股东以外，其他股东的投票情况应当单独统计并予以披露。

上市公司股东大会审议股权激励计划时，拟为激励对象的股东或者与激励对象存在关联关系的股东，应当回避表决。

（10）上市公司董事会应当根据股东大会决议，负责实施限制性股票的授予、解除限售和回购以及股票期权的授权、行权和注销。

上市公司监事会应当对限制性股票授予日及期权授予日激励对象名单进行核实并发表意见。

（11）上市公司授予权益与回购限制性股票、激励对象行使权益前，上市公司应当向证券交易所提出申请，经证券交易所确认后，由证券登记结算机构办理登记结算事宜。

（12）股权激励计划经股东大会审议通过后，上市公司应当在 60 日内授予权益并完成公告、登记；有获授权益条件的，应当在条件成就后 60 日内授出权益并完成公告、登记。上市公司未能在 60 日内完成上述工作的，应当及时披露未完成的原因，并宣告终止实施股权激励，自公告之日起 3 个月内不得再次审议股权激励计划。根据本办法规定上市公司不得授出权益的期间不计算在 60 日内。

（13）上市公司应当按照证券登记结算机构的业务规则，在证券登记结算机构开设证券账户，用于股权激励的实施。

激励对象为外籍员工的，可以向证券登记结算机构申请开立证券账户。

尚未行权的股票期权，以及不得转让的标的股票，应当予以锁定。

（14）上市公司在向激励对象授出权益前，董事会应当就股权激励计划设定的激励对象获授权益的条件是否成就进行审议，独立董事及监事会应当同时发表明确意见。律师事务所应当对激励对象获授权益的条件是否成就出具法律意见。

上市公司向激励对象授出权益与股权激励计划的安排存在差异时，独立董事、监事会（当激励对象发生变化时）、律师事务所、独立财务顾问（如有）应当同时发表明确意见。

（15）激励对象在行使权益前，董事会应当就股权激励计划设定的激励对象行使权益的条件是否成就进行审议，独立董事及监事会应当同时发表明确意见。律师事务所应当对激励对象行使权益的条件是否成就出具法律意见。

（16）因标的股票除权、除息或者其他原因需要调整权益价格或者数量的，上市公司董事会应当按照股权激励计划规定的原则、方式和程序进行调整。

律师事务所应当就上述调整是否符合本办法、公司章程的规定和股权激励计划的安排出具专业意见。

（17）分次授出权益的，在每次授出权益前，上市公司应当召开董事会，按照股权激励计划的内容及首次授出权益时确定的原则，决定授出的权益价格、行使权益安排等内容。

当次授予权益的条件未成就时，上市公司不得向激励对象授予权益，未授予的权益也不得递延下期授予。

（18）上市公司在股东大会审议通过股权激励方案之前可对其进行变更。变更需经董事会审议通过。上市公司对已通过股东大会审议的股权激励方案进行变更的，应当及时公告并提交股东大会审议，且不得包括下列情形：导致加速行权或提前解除限售的情形；降低行权价格或授予价格的情形。

独立董事、监事会应当就变更后的方案是否有利于上市公司的持续发展，是否存在明显损害上市公司及全体股东利益的情形发表独立意见。律师事务所应当就变更后的方案是否符合本办法及相关法律法规的规定、是否存在明显损害上市公司及全体股东利益的情形发表专业意见。

（19）上市公司在股东大会审议股权激励计划之前拟终止实施股权激励的，需经董事会审议通过。

上市公司在股东大会审议通过股权激励计划之后终止实施股权激励的,应当由股东大会审议决定。

律师事务所应当就上市公司终止实施激励是否符合本办法及相关法律法规的规定、是否存在明显损害上市公司及全体股东利益的情形发表专业意见。

(20)上市公司股东大会或董事会审议通过终止实施股权激励计划决议,或者股东大会审议未通过股权激励计划的,自决议公告之日起 3 个月内,上市公司不得再次审议股权激励计划。

第八章　企业价值的内部提升——财务规范

一、财务总监

财务作为公司心脏,承担着配合整个公司各项运作的责任。财务系统有效运作可以协调各部门关系,把公司塑造成一个有机的整体,因而财务总监的选择就关乎着公司是否能够更好地、良性地发展。财务总监是企业重要的战略决策制定者和执行者,是代表企业穿插于金融市场与企业价值管理之间的重要角色。随着经济全球化进程的不断推动,传统的财务管理知识已不能满足现代化企业的需求,而且当今财务管理人及企业管理者,在继承传统的基础上,还需及时了解瞬息万变的资本市场以及财务管理发展趋势、掌握最新的形势、策略与技术,为企业价值的实现提供强有力的保障与支持。

(一)组织定位

财务总监主要履行的是监督职责,在任命财务总监时,需要经过苛刻条件的考核。在我国计划经济时期,企业的总会计师是直接由总经理任命,并对总经理负责;而在之后的市场经济时期,财务总监是由总经理提名但需经过董事会的批准,这样才更符合公司的战略发展方向,此方式满足了投资主体多元化和利益主体多元化市场经济的规律,也是我国建立现代企业制度的必然选择。

财务作为公司的核心,财务总监一般以股东代表出现,为了易于把握公司的脉搏,最好具有董事身份,并直接进入公司的董事会,拥有相关的权力和责任。当然,即使是在尚不具备进入董事会的情况下,也要让财务总监列席相关董事会会议。这是财务总监履行其职责的条件。

（二）角色定位

为追寻公司财务管理服务与实现公司价值最大化这一终极目标,公司需立足在产权方面(公司融资与控制权)、战略方面(定位与决策)和监控方面(激励与约束)三大基点。与此相适应的,一般可以将财务总监简洁地概括为"CPA＋CMA＋CPA",即财务总监要兼具财务分析师、管理会计师和注册会计师的要求。

财务总监在公司治理和公司管理过程中担任着理财、控制与监督的职责,其工作可归结为价值管理(理财)与行为管理(控制与监督)这两大基本方面。

（三）职责定位

财务总监既是企业治理结构的重要一环,也是企业经营管理的一个重要有机组成部分;在公司治理层面,财务总监可代表企业所有者对企业经营者进行监督,主要履行督查职责;作为企业管理层的一员,财务总监必须抓好公司会计基础构件的建设,肩负起企业价值管理人这一角色,全面、全方位、全过程地参与企业的管理控制系统中,为提升公司价值与提高股东收益而不断努力。

1. 所有者监督职责

财务总监作为股东利益的代言人,对公司各项财务活动的事前、事中和事后履行监督职责,主要涉及公司财务活动的制度、资金和人员方面的把控。因此在公司财务报表和报告的真实性方面,财务总监就需要与总经理共同承担责任。与此同时,财务总监需要对公司财务管理混乱、财务决策失误所造成的各种经济损失承担相应责任,需要对参与的公司重大项目决策的失误造成的经济损失承担相应责任,并还需要对公司严重违反财经纪律的有关行为承担相应责任。其中财务总监的监督权责主要包括:

①审核公司财务报表和有关报告,协助总经理为财务报表和相关报告的质量负责。

②参与审定公司财务管理规定及其他各项经济管理制度,督查分支机构财务运作以及资金收支情况。

③协助公司总经理联合审批规定范围内企业的经营性、融资性、投资性、固定资产购建支出,汇往境外资金及担保贷款等事项。

④参与公司重大财务决策,包括审定公司财务预算和决算方案,审定公司重大经营性、投资性与融资性计划和合同及相关资产重组与债务重组方案,参与拟定公司利润分配和弥补亏损方案。

⑤对董事会批准的公司重大经营计划与方案的执行情况进行监督。

⑥检查公司财务会计活动和相关业务活动的合法性、真实性和有效性，应及时发现和制止违反国家法律法规的行为和可能造成出资者重大损失的经营行为，并及时向董事会报告。

⑦接受监事会的监督，组织公司各项审计工作，包括对公司及分支机构的内部审计与年度报表审计工作。

⑧审定公司及各分支机构的财务、会计、审计机构负责人的任免、调动、奖惩等事项。

2.会计基础建设职责

财务总监需要在公司治理与公司管理层面中有一个良好的工作平台和基础，这就需要设立一个基于增加公司价值的工作基础构件。

企业的会计基础构件概括为三部分：会计信息报告系统、会计控制机制与财务管理体制。它是人、制度、组织、职能、知识、流程、文化、体制等一系列要素的有机结合。

企业的会计信息报告系统又称会计报告系统，是一种管理系统，即企业内部按规范生成会计信息并编制会计报告。其中包括三大子系统：财务会计报告系统、责任会计报告系统与管理会计报告系统。

会计信息报告系统在企业会计基础构件中扮演重要角色。会计报告系统需要满足公司有效管理与治理的要求。企业的内部控制系统是由会计控制与业务控制共同组成，有效的内部控制机制就如同法人治理结构一样，是公司高效运作的基础。

控股权不等于控制权，财务管理体制是将法律上的控股权通过合理的操作转化为强有力的财务控制权。财务管理体制需着重解决以下三个层面的问题：首先，从公司治理层面出发，需要按照公司财务分层治理原则，将公司财务控制权划分为财务部门经理财务、财务总监财务和出资者财务，并界定其相应的权责；其次，从公司管理层面出发，需要通过合适的财务控制手段与机制来处理好企业内部的财务控制权分配的问题，提高企业与各分支机构之间的协同度；最后，财务管理体制也需要考虑会计机构和会计人员的管理，只不过相比较于企业财务治理和财务控制问题，会计机构设置与会计人员管理问题要更为微观。

3.企业价值管理职责

财务总监是由传统意义上兢兢业业的计算数字、填制报表的人员转变为公司决策支持专家，凭借其自身深厚的专业财务知识和对企业经营环境的准确判断与理解，积极地参与到企业的经营决策制定中，并逐渐成为公司价值创造队伍的决策者之一。财务总监的工作从以下方面入手：从价值创造的过程出发，注重决策未来、监控过程与关

商业计划书写作指导

注结果这三个基本环节；从价值驱动因素角度出发，公司的价值取决于公司所创造出的现金流折现价值，即包括公司现有业务创造价值（当期营运的价值COV）与未来成长性业务所创造的价值（未来成长的价值FGV），公司价值的驱动因素一般涵盖营运资本管理、产权管理、现金流量管理和增长管理四大方面，这也是财务总监履行价值管理职责所必需的。

4.管理控制系统完善职责

公司运营需要有一套管理控制系统，这个系统从企业资源和实际环境出发，依次历经企业规划、经营计划、职责划分、预算管理、制度管理、绩效计量、薪酬激励等诸多环节，在公司的运营中扮演着不可或缺的角色。

这个管理控制系统的各部分如同一台机器的各个齿轮一般，环环相扣，一个决策接着一个决策，一个行动接着一个行动，齿轮一圈一圈地旋转，不断反复，不断推动企业创造价值，实现一个又一个规划目标。

管理职能在企业不断发展中产生交叉趋势，财务总监也需跟进，将规划与财务责任有机结合。为了符合企业价值与股东利益的多元化，财务总监需要不断完善其职责，从传统的财务管理与会计控制领域逐步拓展到公司管理各个领域。

（四）要求与作用

1.专业素质要求

在日常的财务管理工作中，财务总监需要运用自己的专业判断对大量的经济业务进行处理，各企业都希望自己所聘任的财务总监具有出色的专业能力。一般来讲，财务总监的专业素质包含以下几方面内容：

（1）财务、会计、审计知识

财务与会计核算是财务管理中的基础性工作，财务总监在进行公司会计核算、财务管理与财务控制时，应确保公司财务处理合法、合理、科学，并及时向公司的决策者与外部需求者提供全面、详尽与准确的会计报表。

在审计方面，财务总监作为企业财务管理方面的最高负责人需要进行大量的审核与审计，这需要其具备深厚的审计知识。企业财务管理是一项专业性要求极高的工作，大量业务依靠专业知识进行判断，具备全面性的财务、会计和审计知识是必不可少的。

（2）管理知识

作为公司高层管理者之一，财务总监除了其职责内的财务、会计和审计工作外，还要参与企业其他管理工作,会涉及企业的方方面面。所以财务总监还必须掌握相关管理知识,包括公司计划、价值链管理、人力资源等方面。只有全面掌握企业管理知识,才能发挥财务总监的真正作用,否则财务总监就会变成一个单独的会计师或财务经理。

(3)经济法律方面知识

财务总监在主管理财务管理工作的同时,需要协助企业外部机构对企业进行审计评价,主管企业对外融资、资产抵押、兼并、资产处置、合资、缴纳税款,参与企业上市、债券发行、经济合同起草与签订,处理与其他单位的经济法律事务等。这就涉及经济法律方面的知识。

2.工作能力要求

财务总监是企业财务的综合管理者,必须具备相应的工作能力,一般包括以下几方面:

(1)理财能力

财务总监作为财务的总负责人,理财是其基本职责,处理与管好企业财务,谋求企业最大价值,熟知生财、聚财与用财之道。财务总监作为企业的管家,需要全权负责企业的现金收支、资金调拨、成本列支等,这需要求财务总监具有财务预算、计划控制、

私募股权基金募、
投、管、退流程

制度建设、投资决策和资金运作等综合能力,通过各方面的努力不断推动企业资金合理有效运作。

(2)组织、协调能力

财务总监作为企业财务的最高负责人,需要把精力投在组织成本计划、财务会计核算、协调内部各部门财务会计关系,推动企业与外部银行、工商、税务、证券等有关部门协作发展等方面,所以得了解这些机构的组织情况、运作流程,并能妥善地协调人、财、物之间的关系,实现动态上的平衡。同时,财务总监要将企业所有财务活动置于其可控范围之内,达到最好的预期效果。

(3)表达能力

财务总监在工作中接触大量的计划、报告和总结,也要和外面不少部门打交道,因此不可避免地会通过各种方式阐述表达自己的见解,有时为了股东利益和坚持执行规定还要反驳总经理的决策、游说董事会等。所以财务总监要有较强的语言表达能力和逻辑思维能力,掌握演讲、对话、报告、讨论与谈判等方面的技巧。同时,财务总监也要具备出色的文字功底。

（4）决策决断能力

财务总监的许多决策和决断对于企业的生存与发展起着至关重要的作用,在其职责范围内经常会遇到要拍板定案的情况,这就要求财务总监有准确的决策与决断能力,具备较高的抽象思维能力与判断能力,能有逻辑地综合统筹规划企业的生产经营,洞察企业价值链和增值过程,并进行事态发展预测,迅速做出有利于企业生存与发展的判断与决策。

3.战略能力要求

财务总监具备了上述能力,可能仅仅是个好的财务部经理或财务主管,与财务总监这个职位还存在着一定的差距。财务总监的主要职责除处理日常财务控制和协调财务关系外,还有参与企业的战略制定,根据企业规划制定出服务于企业规划的财务战略,领导公司财务工作,整合公司拥有资源。

财务总监的战略能力主要表现在以下三方面:

（1）战略分析能力

任何事物的发展都有其一定的规律,质变是量变积聚到一定程度的产物。财务总监要具备通过企业历史财务数据,在发展变化过程中分析其规律性的能力,对企业内外部环境进行分析,为企业生存发展寻找机会与挑战,并在此基础上制定出适合的财务战略,从而能够更合理有效地配置资源,促使企业整体战略目标实现,实现企业价值最大化。

（2）战略选择能力

俗话说条条大路通罗马。企业规划制定后,实现战略目标的道路有很多条,如何在多种方案中选择一种最符合企业现实战略目标的,这就需要财务总监具备较好的战略选择能力,能利用自身专业知识与经验为企业选择一条最优化、最高效的战略发展道路。

（3）战略控制能力

在目标确定、实施路径明确后,就需要对所选定方案进行实际实施。财务总监要根据战略要求调整组织架构,理顺全方位关系,建立最优化管理系统,实现各项战略资源的优化整合,协调与处理实施过程中各类活动所带来的冲突与矛盾,最大限度地发挥资源效力,确保全面实现企业规划。

（五）职业道德要求

从人力资源角度来说,职业道德是任用人才的首选因素,尤其对于财务总监这一要职。它既要代表股东、配合管理层参与企业的财务监管,又要实时把控企业在战略决策、生产经营过程中的方方面面,因此对职业道德的要求极高。

一般从以下几个方面对财务总监提出相关职业道德要求:

1.高度责任感

企业许多管理工作是围绕着财务来展开的,因此,企业财务管理的好坏在很大程度上决定了管理水平的高低,影响着企业的生存与发展。财务总监作为财务方面的最高负责人,对财务系统的完善与高效运作负有不可推卸的责任,其不但要领导财务管理团队对企业进行财务核算与控制,实现企业价值的预测,而且要能寻找新的价值增长点,对企业的生存与发展承担责任。

财务总监所分管的企业财务既是内部管理重要环节,即产生各类向外报表,又是社会公众了解与评价企业的窗口。因此,财务总监对内需要维持企业利益的最大化,对外需要提高公众对公司财务的信任度,维持企业的社会形象。这要求财务总监在为企业谋求正当利益的同时也必须遵守行业准则与规范。

2.独立、客观、公正的工作态度

财务总监既要受董事会委派监管企业财务运作,又要直接参与日常财务管理工作,这就使得财务总监在组织管理中处于两难境地。在两难境况下,财务总监必须坚持独立、客观、公正的工作态度,在进行财务管理活动时不偏不倚,保持独立,以客观事实为依据对有关事项的调查、判断和意见进行表述,并不因个人的主观意愿、好恶及上级的意见而改变想法,对待报表及各种利益相关方面不偏不倚、公正、正直,遵守相关原则,对违反国家制度与准则,损害企业、社会、公众及相关利益者利益的事项,应及时指出并加以纠正,不能得过且过,更不能参与掩饰。

3.风险意识

生产经营过程中时刻存在着风险,而这些风险大部分都通过财务反映呈现。因而,财务总监在工作过程中,既要提高企业的资产营运效率,又要降低企业风险发生的概率,减少风险损失。

4.工作作风

财务总监之所以被称为高起点、高要求的岗位,一个重要原因是从事的工作复杂性高。由于财务总监需要不断地进行财务计划、预测与决策,对大量客观历史数据进行分析,寻求可行性的发展规律,因而需要严谨的工作作风。倘若不具备严谨的工作作风,财务总监就很难取得客观、精准的相关数据资料,这将对企业的经营决策带来无法估量的损失。

（六）预算管理

财务总监要全面详尽地熟知预算在企业经营中的重要作用，并借助预算这一工具在管理中发挥作用。

当我们谈及预算的时候是基于把控战略方针的基础，为了在战略实施与执行层面更好地把握企业发展的趋势和方向，我们将借助预算这一工具推动企业合理有效的发展，而财务总监就是要让预算管理在企业运营中发挥作用。

在预算管理过程中，财务总监应该扮演怎样的角色？下面我们结合诺基亚公司的预算管理经验来进行论述。

1.战略执行者

企业规划一旦确定，剩下的就是具体实施操作环节，而预算的主要作用是帮助企业确立一个可执行的目标而非愿景。这是预算的一项基本功能。

预算周期通常为一个会计年度。由于各方因素，诸如宏观经济、政策因素等，企业很难预测一年以后将要发生的事情，因此周期再长一般就失去了意义；而如果少于一年，又会使执行者过于繁杂，除非企业刚刚建立预算制度，没有经验，需要摸索，或者经济形势变化比较快，那也可以按半年或季度计算。

在当时的电子消费品和通信市场，诺基亚公司意识到计划赶不上变化，为了明确企业发展方向，实现可操作的目标，诺基亚公司从 2001 年开始将预算周期由原来的一年一次，更改为半年一次。

财务总监在这个目标的实现上承担着主要负责人的角色，他要充分理解企业的规划目标，清晰绘制企业为实现基本目标而需要的各阶段目标、实施步骤与经营方针，并与总经理、各部门主管等反复沟通协商以取得一致性意见，否则就是闭门造车的目标而非企业可执行的目标。在诺基亚公司，制定企业目标并传达给董事会的人有两位，一位是总裁，另一位就是财务总监。两个人会在不同的场合对不同的人阐述同样的观点，使公司所有人能够逐步认识到公司的共同目标。并且总裁和财务总监从上层获得对目标的相同理解后会在各自的渠道中，用各自独特的方式向人展示出企业的方向与目标。在这方面，财务总监既是公司蓝图的架构者，也是执行者，他的工作为其他人的工作打下坚实的基础。

2.企业运营控制者

预算管理的第二个功能是控制经营行为，使企业在运行过程中始终保持目标方向的一致并不断在实现目标的道路上前行。企业一般通过对收入和支出的合理性预计以及对目标的差异分析，纠正偏差，调整公司运营轨迹。作为财务总监，就要经常检查各项指标的实际情况,如有偏差要尽快掌握原因并督促寻求改进措施。若因重大变化而必须修正预算,他也必须在适当的时候提出来,并尽力降低其所带来影响。

在诺基亚公司,财务总监要在每月结账后的首个星期与所有部门的领导进行交谈,针对预算执行中的偏差,不管是超过还是不足,找寻原因,并通过不断积累、分析,帮助企业理解在运行过程中哪些因素会发生改变,哪些因素是可控的,哪些因素是不可控制的,这些对于企业实现目标将会带来哪些影响,需要改变策略还是置之不理,是否可以按照既定的方案继续操作,还是要进行相应的改变以便于应对挑战。同时,这些工作可以检验战略规划目标的可行性。年度预算目标的实现与否关系到企业整体战略是否可行,关系到能否达到目标。

3. 业绩评价主导者

预算也可以作为评价业绩标准的重要工具。通过实际与预算之间的比较,量化分析目标的完成情况,衡量各项业绩,贯彻实行激励机制。在企业中,通过系统性与体系化的评价方法来评估部门与个人的工作表现与业绩水平,进而激发其潜能,更好地为企业创造价值,十分重要。

经济价值增值分析(EVA)、股东价值分析(SVA)、平衡计分卡(BSC)等工具,逐渐向业绩评价方面靠拢,似乎有取代过去的计划、战略、流程、制度等管理工具的趋势。财务总监在这环境中成为主要人选,替代传统的人力资源主管来管控企业的业绩评价工作。

财务总监不能在制定预算时闭门造车,而是要时刻关注各部门之间的能力与预算导向。这也要求财务总监同时是一位组织管理者和人力资源专家,要在熟悉企业环境与资源配置,尤其是在熟知人力资源能力配置的情况下,制定出契合实际的企业预算目标,进而不断调动各组织的积极性。

诺基亚的评价指标体系来自于财务总监办公室,即有一组人对公司各个产业、单元以及子公司的业绩进行衡量与考核,进而逐步分解指标给各团队的经理主管和员工。这些业绩评价指标的敲定是财务控制部门与业务部门经过共同商讨后在双方达成共识的基础上形成的,而双方商讨的基础是业务部门为完成预算目标而对各自工作进行展开分解。

4. 资源配置者

预算的基本职能是配置资源。所谓分配资源指的是合理安排资金、人力和物力,做到相对收支平衡。资金流是企业的血脉,是其最重要的战略资源。从长期来看,企业的经营必须确保拥有正向的现金流,否则企业将走向消亡。虽然现在许多初创公司和一些网络公司不断拼命烧钱，但是在可预见的时间内，人们有理由相信会出现正向现金流，只不过是时间长短与风险大小的问题。因此，在这种情况下，为了确保资源的有效配置以及未来发展走向，财务总监需要发挥商业价值模式架构师的决策能力。

财务总监在扮演资源配置者这一角色时，更多的是参与"进入"与"退出"、"取和舍"、"做"与"不做"的决策过程。在总经理最终拍板前，财务总监必须拿出相关的数据，通过量化的方式来证实。因此，财务总监也要具备战略思想。

在诺基亚公司，财务总监在这一点上拥有一票否决权。如果业务经理仅仅因无法寻找到合适的业务和增长点就来申请使用公司资源，财务总监就不会批准，宁愿不开展项目。比如当年在全球 3G 市场不明朗、公司战略未确定时，诺基亚公司就是用账面的几十亿美元现金回购股票，而没有贸然投入到风险极高的领域；此后在需要资金的时候，诺基亚公司又通过股票市场向股东融资。这一还一借意义完全不同。

5.部门关系协调者

预算在协调部门关系中起到举足轻重的作用：明确自身与相关部门的目标，增强部门间的合作，统一认识，共同发展。

预算就像一条路，通向企业的未来和愿景，企业要想生存就必须沿着这条路坚定不移地走下去。一个企业所有人都要顺着规划的路往前走，否则将会被队伍所抛弃；部分人不按照这条路走下去，会使整个团队失去动力，也很有可能将其他人带入歧途，又或是挡了别人前进的步伐。由此可见预算管理的重要性，它协调沟通并润滑了各部门之间的关系，整合了每位员工的力量。所有人朝它看齐、围绕它，每个人根据它做出判断取舍，并且互相配合，甚至可以暂时放弃自身的利益。

预算本身只是一些信息，业务经理们很难自觉自发地认识和认同所有任务和目标，很难取得真正的一致。因此，财务总监就要为此进行全方位协调。正是通过财务总监的不懈努力，预算的纲领指引与协调具体业务的功能才得以真正发挥。

对于财务总监来说，预算管理工作是一项苦差事，需要时刻与经理、部门、业务单元、高层主管进行不断的沟通、协调，达成共识。财务总监要让各部门能清晰了解自己应该在什么时间段、什么情况下、完成什么任务；与此同时，也必须清楚自己的预算目标需要在什么时间段、由哪个或哪些部门或团队来协助完成。预算本身无法发挥如此神奇的作用，因此，就要借助财务总监来进行具体的操作与实践。

当然，要实现上述角色功能，财务总监还要在企业内部扮演一个专业布道人员的角色，即在企业内部不断灌输预算意识，建立属于企业的预算体系，并身体力行，以确保达到目标。总而言之，预算和财务总监是相辅相成、密不可分的。

二、会计核算规范

会计核算是企业经济活动不可或缺的基础部分，对于企业发展起着很大的作用。当一个企业真正重视会计核算规范化管理后，就做好了这个企业价值挖掘的基础工作。

（一）会计核算的概念

会计核算程序又称账务处理程序，是指会计凭证编制和账簿组织、记账程序和方法相互结合的方式，也是记账和产生会计信息的步骤和方法。

我国目前按会计制度采用的会计核算程序有记账凭证核算程序、汇总记账凭证核算程序、科目汇总表核算程序、多栏式日记账核算程序、日记总账核算程序、分录日记账核算程序等。

（二）会计核算的相关法律法规

财政部 1984 年发布了《会计人员工作规则》，对建立岗位责任制、填制会计凭证、登记会计账簿、管理会计档案、编制会计报表、使用会计科目、办理会计交接等问题做出了具体规定。这是对强化会计基础工作建设起到积极作用，全面规范各单位会计基础工作的重要规章。但是，随着会计工作和经济管理的发展，《会计人员工作规则》的一些规定已经不能适应新形势的要求，会计基础工作中的一些新问题、新情况也需要以制度、规章的形式予以规范。因此，在总结《会计人员工作规则》及其他会计基础工作规章、制度实施情况的基础上，财政部发布了《会计基础工作规范》（以下简称《规范》），对会计基础工作的管理、会计人员职业道德、会计核算、会计机构和会计人员、会计监督、单位内部会计管理制度建设等问题做出了全面规范，一方面为各基层单位和广大会计人员开展会计基础工作提出要求和示范，使加强和改进会计基础有明确的目标和具体努力方向，以此推动各单位的会计基础工作逐步规范化、科学化、现代化；另一方面为各级管理部门管理会计基础工作、检查会计基础工作情况提供政策依据和考核标准，督促各单位不断改进和加强会计基础工作。《规范》共六章一百零一条，第一章总则，第二章会计机构和会计人员，第三章会计核算，第四章会计监督，第五章内部会计管理制度，第六章附则。《规范》发布实施后，《会计人员工作规则》同时废止。

1. 指导思想

(1) 以法为依据

《中华人民共和国会计法》(以下简称《会计法》)是会计工作的基本法,是指导会计工作,制定相应会计法规、规章的基本依据。《规范》在遵循《会计法》规定的基本原则和各项要求的基础上,对会计基础工作方面的内容进行了具体规范。可以说,《规范》是对《会计法》中有关会计基础工作方面的内容的具体化,是《会计法》的重要配套规章之一。同时,《规范》吸收了《会计人员工作规则》中科学的、合理的内容,并对部分内容根据新形势的要求做了相应充实和完善。

(2) 从会计工作的实际情况和发展需要出发

《规范》适用于一切有会计工作的单位,为了增强适应性和可操作性,一方面,尽可能地适应不同类型单位的会计工作要求,只是对会计基础工作的最基本环节做出规定,以兼顾会计工作发展不平衡的实际状况;另一方面,根据经济管理和会计工作的发展要求,对会计工作中正在发展的新情况如会计电算化等,从会计基础的角度做出规范,以起积极引导作用。

(3) 突出重点,繁简兼顾

《规范》针对会计基础工作中比较薄弱的环节,如填制会计凭证、编制会计报表、登记会计账簿等,做出了详细而具体的规定。这些环节是最容易出现不规范甚至混乱的地方,也是会计最基础的工作,对这些问题进行具体规定,有助于会计人员正确掌握。而会计基础工作中的其他方面,如会计人员职业道德、单位内部会计管理制度建设等,尽管也是当前会计工作中迫切需要强化的,但由于当时对这些工作的管理还在起步阶段,需要积累经验、在实践中探索,逐步推开,因此,《规范》只是做出较为原则的规定,待条件成熟时,可以制定单独规章,也可以对这方面的内容进行修订。

2. 适用范围

在我国,不同部门、地区之间,不同类型、规模的单位之间,会计基础工作有一定差别,有的差别较大,有的差别较小,这对各单位统一执行《规范》增加了难度。为了妥善解决这一问题,《规范》有关规定在内容上尽可能地兼顾了不同单位的实际情况,同时,在第九十九条规定:"各省、自治区、直辖市财政厅(局)、国务院各业务主管部门可以根据本规范的原则,结合本地区、本部门的具体情况,制定具体实施办法,报财政部备案。"目的是允许各部门、各地区在执行《规范》的基础上,可以根据各自的实际情况,对会计基础工作管理中的有关问题做出具体规定,这也是有效实施《规范》,增强其适用性的一个主要方面。

3.基础管理

会计基础工作,既是政府部门管理会计工作的一个重要方面,也是各单位会计工作和经营管理工作的基本内容。因此,《规范》第四条和第五条对会计基础工作的领导责任和管理部门做了明确规定。基本要求是:第一,各单位领导人对本单位的会计基础工作负有领导责任。也就是说,一个单位的会计基础工作不健全或者出现混乱,首先应当追究单位领导人的责任。第二,各省、自治区、直辖市财政厅(局)和国务院业务主管部门对基层单位的会计基础工作负有管理和指导的责任。会计基础工作是否扎实有序,直接影响会计工作水平和会计信息质量,因此,会计基础工作既是各单位的一项内部管理行为,也是一项政府管理行为,省级财政部门和国务院各业务主管部门应当切实履行管理和指导的职责,引导本地区、本部门所属单位的会计基础工作逐步向规范化方向发展。

(三)会计机构设置

《规范》规定,各单位应当根据会计业务的需要设置会计机构;不具备单独设置会计机构条件的,应当在有关机构中设置专职会计人员。由各单位根据会计业务的需要自主决定是否设置会计机构,这一原则与有关法律规定和企业制度改革的要求是一致的。是否设置会计机构,主要取决于本单位会计业务的需要,即是否能保证本单位会计工作的正常进行。如果一个单位既没有设置会计机构,也没有配备专职会计人员,则应当根据财政部发布的《代理记账管理暂行办法》的要求,委托会计师事务所或者持有代理记账许可证书的其他代理记账机构进行代理记账,以使单位的会计工作有序进行,不影响单位正常的经营管理工作。

1.会计机构负责人、会计主管人员

会计机构负责人、会计主管人员是单位负责会计工作的中层领导人员,对所有会计工作起组织、管理等作用。因此,《规范》要求,设置会计机构的,应当配备会计机构负责人;没有设置内部会计机构的,应当在专职会计人员中指定会计主管人员。同时,对会计机构负责人、会计主管人员的任职资格和任免问题做出了规定。

(1)会计机构负责人、会计主管人员的任职资格

在实际工作中,有的会计机构负责人、会计主管人员政策水平、业务水平和组织能力不能适应工作的要求;有的任用不熟悉会计业务的人员担任会计机构负责人、会计主管人员。《规范》对会计机构负责人、会计主管人员的任职资格做出了具体规定,共有以下六个方面条件:一是政治思想条件,即要能坚持原则、廉洁奉公。二是专业技术资格条件,即要有会计专业技术资格。由于不同类型的单位对会计机构负责人、会计

主管人员的专业技术资格的要求不同，《规范》没有对会计机构负责人、会计主管人员应当具备哪一档次的会计专业技术资格做出具体规定。三是组织能力，即要有较强的组织能力。四是身体条件，即要求身体状况能够适应本职工作的要求。五是工作经历条件，即主管一个单位或者单位内一个重要方面的财务会计工作时间不少于二年。六是政策业务水平条件，即熟悉国家财经法律、规章、法规和政策、方针，掌握本行业业务管理的有关知识。

（2）会计机构负责人、会计主管人员的任免

《规范》第六条规定："会计机构负责人、会计主管人员的任免，应当符合《中华人民共和国会计法》和有关法律的规定。"《会计法》第三十六条规定："国有的和国有资产占控股地位或者主导地位的大、中型企业必须设置总会计师。总会计师的任职资格、任免程序、职责权限由国务院规定。"对其他单位的会计机构负责人、会计主管人员的任免应当根据相关法律的规定进行，如《公司法》第四十九条规定，有限责任公司和股份有限公司的经理只是有权"决定聘任或者解聘除应由董事会决定聘任或者解聘以外的负责管理人员"。

2.会计人员配备

一个单位配备数量适当的会计人员是会计工作得以正常开展的重要条件，《规范》从最基本的要求出发，规定了配备的会计人员应当具备两方面条件：一是应当持有会计证，未取得会计证的人员，不得从事会计工作；二是应当具有必要的专业知识和技能，熟悉国家有关法律、法规和财务会计制度，遵守职业道德。目前会计队伍中具备规定学历的比例还不是很高，所以加强在职会计人员培训是迅速提高会计人员的政治和业务素质的重要途径之一。为此，《规范》同时提出，各单位应当合理安排会计人员的培训，保证会计人员每年有一定时间用于学习和按照国家有关规定参加会计业务的培训。

一个单位应当配备多少会计人员？有人建议一个单位会计人员的数量应该与这个单位职工人数、资产规模等确定一定比例，但更主要的应当取决于该单位会计工作的业务量、工作效率和现代化（如会计电算化）程度等因素。况且，不同行业（系统）的会计工作要求不大一样，很难一刀切确定一个各行各业都适用的会计人数比例。所以《规范》对此未做规定，有条件的部门和单位，可以根据本部门（系统）、本单位的情况，在实施办法中予以明确。

《公司法》第四十六条规定，有限责任公司和股份有限公司的董事会"决定聘任或者解聘公司经理及其报酬事项，并根据经理的提名决定聘任或者解聘公司副经理、财务负责人及其报酬事项"。

3.会计工作岗位

在会计部门内部对会计人员建立岗位责任制,定人员,定岗位,明确分工,各司其职,这样有利于提高工作效率和工作质量,有利于会计工作程序化、规范化,有利于落实责任,并会促使会计人员钻研分管的业务。《规范》对于如何设置会计工作岗位,规定了示范性要求和基本原则:一是会计工作岗位可以一人一岗、一人多岗或者一岗多人,但应当符合内部相互牵制的要求,出纳人员不得兼管稽核、会计档案保管和收入、费用、债权债务账目的登记工作;二是会计人员的工作岗位应有计划地进行轮换,以促进会计人员全面熟悉业务,不断提高业务素质;三是会计工作岗位的设置由各单位根据会计业务需要确定。《规范》提出了示范性的会计工作岗位设置方案,即:会计机构负责人或者会计主管人员,出纳,财产物资核算,工资核算,成本费用核算,财务成果核算,资金核算,往来结算,总账报表,稽核,档案管理等;开展会计电算化和管理会计的单位,可以根据需要设置相应工作岗位,也可以与其他工作岗位相结合。

(四)回避制度

回避制度是我国人事管理的一项重要规定。在会计人员中实行回避制度,十分必要。会计工作中的一些违法违纪活动,存在利用同在一个单位的亲属关系一起作弊的现象。我国对会计人员回避制度做出了规定,如 1993 年国务院发布的《国家公务员暂行条例》(根据《中华人民共和国公务员法》,本条例现已废止)第六十一条规定:"国家公务员之间有夫妻关系、直系血亲关系、三代以内旁系血亲关系以及近姻亲关系的,……,也不得在其中一方担任领导职务的机关从事监察、审计、人事、财务工作。"根据上述规定的精神,结合会计工作的实际情况,《规范》第十六条规定:"国家机关、国有企业、事业单位任用会计人员应当实行回避制度。单位领导人的直系亲属不得担任本单位的会计机构负责人、会计主管人员。会计机构负责人、会计主管人员的直系亲属不得在本单位会计机构中担任出纳工作。"虽然其他单位是否实行会计人员回避制度《规范》没有明确规定,但从企业财务规范的角度考虑,也应该注意回避。

(五)职业道德

会计人员职业道德规范,是对会计人员强化道德约束,防止和杜绝会计人员在工作中出现不道德的行为。会计人员职业道德是会计人员从事会计工作应当遵循的道德标准,但在实际工作中,个别会计人员有意隐瞒真实情况、为违法违纪活动出谋划策、丧失原则的行为时有发生。这严重违背了作为一个会计人员应当具备的基本标准，有必要提高会计人员的职业道德水平，强化对会计人员的职业道德教育和监督检查。因此，《规范》专门对会计人员的职业道德问题做出了规定，主要包括以下六个方面：

1. 敬业爱岗

即会计人员应当热爱本职工作，努力钻研业务，使自己的知识和技能适应所从事工作的要求。

2. 熟悉法规

即会计人员应当熟悉财经法律、法规和国家统一会计制度，并结合会计工作进行广泛宣传。

3. 依法办事

即会计人员应当按照会计法律、法规、规章规定的程序和要求进行会计工作，保证所提供的会计信息合法、真实、准确、及时、完整。

4. 客观公正

即会计人员办理会计事务应当实事求是、客观公正。

5. 搞好服务

即会计人员应当熟悉本单位的生产经营和业务管理情况，运用掌握的会计信息和会计方法，为改善单位内部管理、提高经济效益服务。

6. 保守秘密

即会计人员应当保守本单位的商业秘密，除法律规定和单位领导人同意外，不能私自向外界提供或者泄露单位的会计信息。

《规范》同时要求，财政部门、业务主管部门和各单位应当定期检查会计人员遵守职业道德的情况，并作为会计人员晋升、晋级、聘任专业职务、表彰奖励的重要考核依据。会计人员违反职业道德的，由所在单位进行处罚；情节严重的，由会计证发证机关吊销其会计证。

（六）会计工作交接

会计工作交接制度，是会计基础工作的重要内容，也是会计工作的一项重要制度。办理好会计工作交接，有利于明确责任，有利于保持会计工作的连续性。对于会计工作交接制度的要求，《会计法》以及会计规章、法规都做出了原则性规定，《规范》在此基础上对会计工作交接的具体要求进一步做出了规定，主要内容有：

1.基本要求

会计人员工作调动或者因故离职必须将本人所经办和管理的会计工作全部移交给接替人员,没有办清交接手续前不得调动或者离职。在实际工作中,有些应当办理移交手续的会计人员迟迟不移交所经办的会计工作,或者借故不办理移交手续,这是制度上所不允许的,会使正常的会计工作受到影响,单位领导人应当督促经办人员及时办理移交手续。

2.办理移交手续前的准备工作

会计人员在办理移交手续前必须及时处理完未了的会计事项,包括:对已经受理的经济业务尚未填制会计凭证的,应当填制完毕;尚未登记的账目,应当登记完毕,并在最后一笔余额后加盖经办人员印章;整理应该移交的各项资料,对未了事项写出书面说明;等等。同时,编制移交清册,列明应当移交的会计凭证、会计账簿、会计报表、现金、有价证券、印章以及其他会计用品等。会计主管人员移交时,还应将全部财务会计工作、重大财务收支问题和会计人员的情况等,向接替人员介绍清楚;需要移交的遗留问题,应当写出书面材料。

3.按照移交清册逐项移交

交接双方要按照移交清册列明的内容,进行逐项交接。其中:有价证券的数量要与会计账簿记录一致,注意一些有价证券如债券、国库券等面额与发行价格可能会不一致;现金要根据会计账簿记录余额进行点交,不得短缺,所有会计资料必须完整无缺,如有短缺,必须查明原因,并在移交清册中注明,由移交人负责;应当对上述有价证券的数量(如张数等)也按照有关会计账簿记录点交清楚;移交人员经管的票据、印章及其他会计用品等,也必须交接清楚,特别是实行会计电算化的单位,对有关电子数据应当在电子计算机上进行实际操作,以检查电子数据的运行和有关数字的情况;银行存款账户余额要与银行对账单核对,各种财产物资和债权债务的明细账户余额要与总账有关账户余额核对,核对清楚后,才能交接。交接工作结束后,交接双方和监交人要在移交清册上签名或者盖章,以明确责任;同时,移交清册由交接双方以及单位各执一份,以供备查。

4.专人负责监交

在办理会计工作交接手续时,要有专人负责监交,以保证交接工作的顺利进行。一般会计人员办理交接手续,由单位的会计主管人员、会计机构负责人负责监交;会计机构负责人、会计主管人员办理交接手续,由单位领导人负责监交,必要时可由上级主管部门派人会同监交。所谓必要时由上级主管部门派人会同监交,是指交接双方需要上级主管单位监交或者上级主管单位认为需要参与监交。通常有三种情况:一是所属单位领导人不能尽快监交,需要由上级主管单位派人督促监交的。如上级主管单位责成所属单位撤换不合格的会计机构负责人、会计主管人员,所属单位领导人以种种借口拖延不办理交接手续时,上级主管单位就应派人督促会同监交。二是不宜由所属单位领导人单独监交,而需要上级主管单位会同监交的。如所属单位领导人与办理交接手续的会计机构负责人、会计主管人员有矛盾,交接时需要上级主管单位派人会同监交,以防可能发生单位领导人借机刁难等情况。三是所属单位领导人不能监交,需要由上级主管单位派人代表主管单位监交的。如因单位撤并而办理交接手续等。此外,上级主管单位认为交接中存在某种问题需要派人会同监交的,也可以派人监交。

5. 临时工作交接

会计人员临时离岗或者因病暂时不能工作,需要有人接替或者代理工作的,也应当按照《规范》的规定办理交接手续。同样,对于临时离开岗位或者因病暂时离岗的会计人员恢复工作的,也要与临时接替或者代理人员办理交接手续,目的是保持会计工作的连续和分清责任。对于移交人员因病或者其他特殊原因不能亲自办理移交的,《规范》规定,在这种情况下,经单位领导人批准,可以由移交人员委托他人代办移交手续,但委托人应当对所移交的会计工作和相关资料承担责任,不得借口委托他人代办交接而推脱责任。

移交人对自己经办且已经移交的会计资料的真实性、合法性,要承担法律责任,不能因为会计资料已经移交而推脱责任。

(七)会计核算、填制会计凭证、登记会计账簿

会计核算、填制会计凭证、登记会计账簿都是会计工作的基本职能,在会计基础工作中占有非常重要的位置。在实际工作中,会计基础工作中存在的问题,有很大一部分出现在会计核算、填制会计凭证、登记会计账簿这些具体环节上。做好这些工作,对于提高整个会计基础工作水平、加强会计核算基础建设,起着十分重要的作用。《规范》对这些问题做出了具体规定。

会计核算、填制会计凭证、登记会计账簿具体要求

(八)编制财务报告

财务报告包括会计报表及其说明。"财务报告"的提法,是1992年企业财务会计制度改革以后出现的,以前一般称"财务报表"或"会计报表"。它是一个单位向有关方

面和国家有关部门提供财务状况和经营成果的书面文件。有意见认为,因为行政事业单位会计制度仍采用"会计报表"的提法,所以"财务报告"的提法不适用于行政事业单位,仅适用于企业单位。一般而言,会计报表是指会计报表主表、会计报表附表、会计报表附注,会计报表加上有关文字说明即为财务报告。为了统一,《规范》使用了"财务报告"的提法。因此,行政事业单位会计制度中的"会计报表",实际上具备了财务报告的基本要素,应当视同为财务报告。编制财务报告,是对会计核算工作的全面总结,也是及时提供合法、真实、准确、完整的会计信息的重要环节。实际工作中存在的会计信息失真问题,很大程度上是由于在编制财务报告环节有意违纪或技术性差错造成的。因此,必须严格财务报告的编制程序和质量要求。《规范》主要做了以下规定:

1.各单位必须按照国家统一会计制度规定定期编制财务报告。财务报告可以分月度、季度、半年度、年度等编制。对外报送的财务报告的格式、编制要求、报送期限应当符合国家有关规定;单位内部使用的财务报告,其格式和要求由各单位自行规定。

2.会计报表应当根据登记完整、核对无误的会计账簿记录和其他有关资料编制,做到数字真实、计算准确、内容完整、说明清楚。任何人不得篡改或者授意、指使、强令他人篡改财务报告数字。

3.会计报表之间、会计报表各项目之间,凡有对应关系的数字,应当相互一致。

4.单位领导人对报送的财务报告的合法性、真实性负法律责任。

5.根据法律和国家有关规定应当对财务报告进行审计的,财务报告编制单位应当先行委托注册会计师进行审计,并将注册会计师出具的审计报告随同财务报告一并报送有关部门。

三、财务内部控制制度

(一)内部控制的概念

内部控制是企业为了实现其经营目标,保护资产的安全完整,保证会计信息资料的正确可靠,确保经营方针的贯彻执行,保证经营活动的经济性、效率性和效果性而在单位内部采取的自我调整、约束、规划、评价和控制的一系列方法、手段与措施的总称。近代的内部控制系统是随着商品经济的发展和生产规模的扩大,经济活动日趋复杂化,才逐步发展而成的。最早的控制主要着眼于保护财产的安全完整,会计信息资料的正确可靠,侧重于从钱物分管、严格手续、加强复核等方面进行控制。内部控制的目的在于改善经营管理,提高经济效益。它是因加强经济管理的需要而产生的,是随着经济的发展而完善的。

内部控制包括风险评估、控制活动、控制环境、监控、信息与沟通等五个相互联系的要素,见图 8-1。

我国中小企业发展迅速,但内部控制管理情况不容乐观。中小企业需要结合自身特点,优化控制环境,明确控制目标,改善控制技术,不断完善内部控制系统,提高内部控制的效果。

内部控制在审计业务领域是指被审计单位为了合理保证财务报告的可靠、经营的效率和效果以及对法律法规的遵守,由董事会、管理层和其他人员设计和执行的政策和程序;是在企业组织规划、管理办法以及各种作业程序中,应用内部控制原则、技术、方法,以贯彻实施既定政策和程序。因此,它一般应具有以下特征:

1. 全面性

即内部控制是对企业组织一切业务活动的全面控制,而不是局部性控制。它不仅要控制考核财务、会计、资产、人事等政策计划执行情况,还要进行各种工作分析和作业研究,并及时提出改善措施。

2. 经常性

即内部控制不是阶段性和突击性工作,它涉及各种业务的日常作业与各种管理职能的经常性检查考核。

3. 潜在性

即内部控制行为与日常业务和管理活动并不是明显割裂开来的,而是隐藏与融汇在其中。不论采取何种管理方式,执行何种业务,均有潜在的控制意识与控制行为。

4. 关联性

即企业的任何内部控制,彼此之间都是相互关联的,一种控制行为成功与否均会影响到另一种控制行为。一种控制行为的建立,均可能会导致另一种控制的加强、减弱或取消。

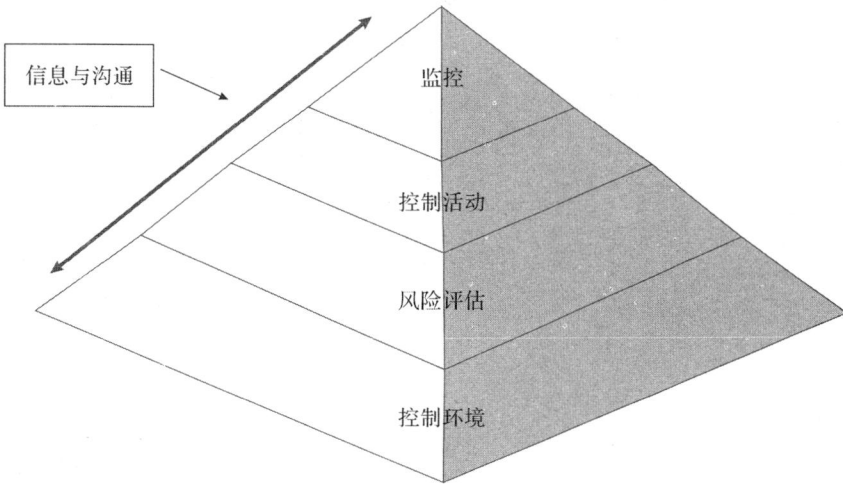

图 8-1 企业内部控制关联

（二）内部控制的基本结构

包括控制环境、会计系统、控制程序三个方面。

一般来说，企业资金的内部控制体系主要可以分为事前防范、事中控制和事后监督三个环节。

1.事前防范

首先，企业需要建立一套严格的内控规章制度以及资金管理相关的制度，包括《企业预算管理暂行办法》《资金计划管理办法》《企业财务管理办法》《企业资金授权审批管理办法》。

在企业的资金管理过程中，要合理设置职能部门，明确各部门的职责，各司其职，建立财务控制和职能分离体系，充分考虑不兼容职务和相互分离的制衡要求。各部门、各岗位形成相互制约、相互监督的格局。另外企业还应当建立严格的审批手续，授权批准制度，以减少某些不必要的开支。明确审批人对资金业务的授权批准方式、权限、程序、责任和相关控制措施，规定经办人办理资金业务的职责范围和工作要求。

2.事中控制

事中控制主要体现在保障货币资金完整性、安全性、合法性和效益性的控制。其范围包括其他货币资金、应收应付票据、现金、银行存款的控制。主要方法有：库存限额控制、账实盘点控制、实物隔离控制等。

3.事后监督

在资金管理过程中,除了事前防范、事中控制环节之外,资金的事后监督也是必不可少的。在每个会计期间或每项重大经济活动完成之后,内部审计监督部门都应按照有效的监督程序,审计各项经济业务活动,及时发现内部控制系统中的漏洞和薄弱环节。各职能部门也要将本部门在该会计期间或该项经济活动之后的资金变动状况的信息及时地反馈到资金管理部门,检查资金的筹集与需求量是否一致,资金结构、比例是否与计划或预算相符,产品的赊销是否严格遵守信用政策,存货的控制是否与指标一致,人、财、物的使用是否与计划或预算相符,产品的生产是否根据计划或预算合理安排,等等。

这样既保证了资金管理目标的适当性和科学性,也可根据反馈的实际信息,随时采取调整措施,以保证资金的管理更为科学、合理、有效。同时也将各部门的资金管理状况与部门的业绩指标挂钩,做到资金管理的责、权、利相结合,调动资金管理部门和职工的积极性,更好地进行资金管理。

(三)内部控制的七大原则

1.合法性

就是指企业必须在国家的规章制度范围内,以国家的法律法规为准绳,制定本企业切实可行的财务内控制度。

2.整体性

就是指企业的财务内控制度必须充分涉及企业财务会计工作的各方面的控制。它既要注重企业的短期目标,又要符合企业的长期规划,还要与企业的其他内控制度相互协调。

3.针对性

是指内控制度的建立要根据企业的实际情况,针对企业财务会计工作中的薄弱环节制定切实有效的内控制度,将各个环节和细节都加以有效控制,以提高企业的财务会计水平。

4.一贯性

就是指企业的财务内控制度必须具有连续性和一致性。

5.适应性

指企业财务内控制度应适应企业的情况变化、财务会计专业的发展、经济发展状况,及时完善。

6.经济性

是指企业的财务内控制度的建立,要考虑成本效益,也就是说企业财务控制度有操作性、可行性,太复杂了容易浪费企业资源。

7.发展性

制定企业财务内控制度要充分考虑宏观政策和企业的发展,密切洞察竞争者的动向,制定出具有发展性或未来着眼点的规章制度。

(四)内部控制的作用

内部控制主要是内部管理控制和内部会计控制,内部控制系统有助于企业达到自身确定的经营目标。目前,它在经济管理和监督中主要有以下作用:

1.保证企业生产经营活动顺利进行

企业内部控制系统通过确定职责分工,严格各种制度、流程、审批程序、手续、检查监督手段,可以有效地控制本单位生产和经营活动顺利进行,防止出现偏差,纠正失误和弊端,努力实现单位的经营目标。

2.提高会计信息资料的正确性和可靠性

企业决策层要想在瞬息万变的市场竞争中有效地管理经营企业,就必须及时掌握各种信息,以确保决策的正确性,并可以通过控制手段尽量提高所获信息的准确性和真实性。因此,建立内部控制系统可以提高会计信息的正确性和可靠性。

3.为审计工作提供良好基础

审计监督必须以真实可靠的会计信息为依据,检查错误,揭露弊端,评价经济责任和经济效益,而只有具备了健全的内部控制制度,才能保证信息的准确,才可能为审计工作提供良好的基础。

4.保护企业财产的安全完整

财产物资是企业从事生产经营活动的物质基础。内部控制可以通过适当的方法对货币资金的收入、支出、结余以及各项财产物资的采购、验收、保管、领用、销售等活动进行控制,防止贪污、盗窃、滥用、毁坏等不法行为,保证财产物资的安全完整。

5.保证企业既定方针的贯彻执行

企业决策层不但要制定管理经营方针、政策、制度,而且要狠抓贯彻执行。内部控制则可以通过制定办法、审核批准、监督检查等手段促使全体员工贯彻和执行既定的方针、政策和制度,同时,可以促使企业领导和有关人员执行国家的方针、政策,在遵守国家法规纪律的前提下认真贯彻企业的既定方针。

（五）内部控制的种类

内部控制制度的重点是设计合理有效的组织机构和责任分工，实施岗位责任分明的标准化业务处理程序，严格会计管理。按其作用范围大体可以分为以下两类：

1. 内部会计控制

内部会计控制主要是指财会部门为了防止侵吞财物和其他违法行为的发生，以及保护企业财产的安全所制定的各种会计处理程序和控制措施，其范围涉及会计事项各方面的业务。例如，由无权经管现金和签发支票的第三者每月编制银行存款调节表，就是一种内部会计控制，通过这种控制，可提高现金交易的会计记录、会计报表和会计业务的可靠性。

2. 内部管理控制

内部管理控制的目的是为了提高企业管理水平，确保企业经营目标和有关方针、政策的贯彻执行，其范围涉及企业生产、技术、经营、管理的各部门、各层次、各环节。例如，企业的内部人事管理、技术保密管理等，就属于内部管理控制。

（六）内部控制的措施

控制活动是企业根据风险评估结果，结合风险应对策略，确保内部控制目标得以实现的方法和手段。企业内部控制的核心是控制活动，企业内部控制措施通常包括不相容岗位分离控制、授权批准控制、预算控制、会计系统控制、财产保护控制、风险控制、内部报告控制、系统自动控制等。企业应当结合风险评估结果，通过预防性控制与发现性控制、手工控制与自动控制相结合的方法，运用相应的控制措施，将风险控制在可承受范围之内。

1. 风险控制

风险控制针对各个风险控制点，要求单位树立风险意识，通过风险预警、风险评估、风险分析、风险识别、风险报告等措施，建立有效的风险管理系统，对财务风险和经营风险进行全面防范和控制。

2. 不相容岗位分离控制

不相容岗位分离控制要求单位根据不相容职务分离的原则，合理设置会计及相关工作岗位，明确职责权限，形成相互制衡机制。主要包括：授权批准、业务经办、会计记录、财产保管、稽核检查等职务。

3. 授权批准控制

批准控制要求企业明确规定涉及会计及相关工作的授权批准的范围、权限、程序、责任等内容,单位内部的各级管理层必须在授权范围内行使职权和承担责任,经办人员也必须在授权范围内办理业务授权。

4.会计系统控制

会计系统控制要求单位依据《会计法》和国家统一的会计制度,制定适合本单位的会计制度,明确会计凭证、会计账簿和财务会计报告的处理程序,建立和完善会计档案保管和会计工作交接办法,实行会计人员岗位责任制,充分发挥会计的监督职能。

5.预算控制

预算控制要求单位加强预算执行、分析、考核等环节的管理,明确预算项目,建立预算标准,规范预算的编制、审定、下达和执行程序,及时分析和控制预算差异,采取改进措施,确保预算的执行。预算内资金实行责任人限额审批,限额以上资金实行集体审批。严格控制无预算的资金支出。

6.财产保护控制

财产保护控制要求单位限制未经授权的人员对财产的直接接触,采取定期盘点、财产记录、账实核对、财产保险等措施,确保各种财产的安全完整。

7.内部报告控制

内部报告控制要求单位建立和完善内部报告制度,及时提供业务活动中的重要信息,全面反映经济活动情况,增强内部管理的时效性和针对性。

8.系统自动控制

在信息技术飞速发展的今天,大多数企业都有自己的信息系统,应尽量使用系统自动控制代替人工控制。

(七)内部控制制度不能有效执行的原因

1.缺乏保证制度执行的机制

一些单位对内部控制执行情况既没有检查监督,又没有相应的奖惩措施,内部控制制度成为一纸空文也就不奇怪了。

2.制度制定问题

制度本身制定得不合理,或过于理想化,或随着新情况出现原有制度已不能适应却没有及时修改,从而使得制度不具可操作性,自然也就不会被执行。

公司财务模型图

为此,企业一方面需要提高制度的可操作性,另一方面要加强制度的执行力,不能为制度而制度。

四、税务筹划

(一)税务筹划的相关概念

1.含义

税务筹划指的是在税法规定范围内,通过对经营、投资等活动的事先计划与安排,运用合理方式,从而尽可能获得"节税"的利益。它是税务代理机构可从事的不具有鉴证性能的业务之一。

20世纪30年代英国上议院议员汤姆林爵士在针对"税务局长诉温斯特大公"一案的发言中,曾经说过:"任何一个人都有权安排自己的事业,如果依据法律所做的某些安排可以少缴税,那就不能强迫他多缴税。"这一观点被法律界广泛认同,这也是税务筹划第一次在法律上得到正式认可,成为奠定税务筹划史的基础判例。之后,在英国、美国、澳大利亚等国家涉及税务的判例中,该案例经常被引用为原则精神。

1947年美国法官汉德在税务案件中的判词更是成为美国税务筹划的法律基石,其原文如下:"法院一直认为,人们安排自己的活动,以达到降低税负的目的是不可指责的。每个人都可以这样做,不论他是富人还是穷人,而且这样做是完全正当的,因为他无须超过法律的规定来承担国家的税收。税收是强制课征而不是无偿捐献,以道德的名义来要求税收纯粹是奢谈。"

2.特点

税务筹划具有合法性、筹划性、目的性、风险性和专业性的特点。

(1)合法性

税务筹划只能在税收法律许可的范围内进行操作。这里有两层含义:遵守税法与不违反税法。合法是税务筹划的前提,当存在多种可供选择的纳税方案时,纳税人要利用自身对税法的了解以及对实践技术的掌握程度,做出最优化纳税选择,以此来降低税负。违反税收法律规定,通过逃避纳税来降低税收负担的行为属于偷税逃税,要坚决反对和制止。

(2)筹划性

在纳税行为发生之前,要对经济事项进行规划、设计与安排,从而达到减轻税收负担的目的。在经济活动中,纳税通常具有滞后性。一般企业在交易行为发生后才缴纳流转税,收益实现或分配后才缴纳所得税,财产取得后才缴纳财产税,这在客观上为纳税提供筹划的可能性。另外,经营、投资和理财活动是多方面的,因而税收规定也是具有针对性的。征税对象的性质不同使得税收待遇也往往不同,从另一角度看,这也为纳税人提供了选择较低税负决策的机会。

(3)目的性

税务筹划的直接目的就是降低税负,减轻负担。这里具有两层含义:一是选择低税负。低税负就意味着较低的税收成本,那么较低的税收成本就意味着高资本回报率。二是延缓纳税时间,寻求货币的时间价值。企业可以通过一定技巧,在资金运作方面做到提前收款与延缓支付。这意味着企业将可以得到一笔"无息贷款",从而避免高边际税率,减少利息支出。

(4)风险性

税务筹划的目的是为了减少税负,增加效益,但在实际操作过程中,却往往不能达到预期效果,这也与税务筹划的成本和风险有关。

税务筹划的成本一般是指由于采用税收筹划方案而产生的成本,分为显性成本和隐含成本,如聘请专业人员的支出费用、采用某一种税收筹划方案而放弃另一种方案所导致的机会成本等。此外,企业可能由于不准确地解读税收政策或操作不当,而采用了导致税负不减反增的方案,甚至触犯法律而受到税务机关的处罚,使得税收筹划结果背离预期。

(5)专业性

专业性不仅是指税务筹划要由财务、会计专业人员进行,而且指在社会化大生产、全球经济一体化、国际贸易业务日益频繁、经济规模越来越大、各国税制越来越复杂的情况下,税收筹划仅靠纳税人自身会显得力不从心,因此税务代理、税务咨询等第三方机构便应运而生,使其向专业化的方向发展。

3.相关定义

(1)节税

节税是纳税人利用税法的政策导向性,采取合法方式减少纳税款的行为。一般是指在可供选择的方式中选择税负最轻或税收优惠最多的,以达到减少税负的目的。本质上说,节税是税务筹划的委婉表述。一般来说,凡是符合税收立法精神的实现税收负担减轻的行为都属于节税,并且节税在一切国家都是合法正当的。例如,企业经营组织模式的选择。我国对公司制企业与合伙企业实行不同的纳税规定,因此,企业可出于税务动机而选择有利于自身的组织方式。节税具有合法性、策划性、政策导向性和倡导性的特征。

（2）避税

避税是纳税人利用税法的漏洞、特例等，采取非违法方式来减少纳税的一种行为。这是纳税人使用表面上遵守税收法律法规，但实质上与立法意图相悖的非违法形式，从而来达到自身目的。因此避税被称之为"合法的逃税"。避税具有非违法性、权利性、策划性、规范性和非倡导性的特点。

（3）逃税与偷税

逃税是指纳税人故意违反税法，采取欺骗、隐瞒等不正当形式来逃避纳税的行为。

偷税是指纳税人伪造（设立虚假的记账凭证、账簿等）、变造（对账簿和记账凭证等进行挖补、涂改等）、隐匿或擅自销毁账簿、记账凭证，在账簿上多列支出（以冲抵或减少实际收入）或不列、少列收入，经税务机关通知申报仍然拒不申报或进行虚假纳税申报，以不缴纳或少缴纳应纳税款的行为。

从上面可以看出，节税属于合法行为，避税属于非违法行为，逃税、偷税属于违法行为。节税顺应立法精神，是税法允许的，也是税务筹划的主要内容；避税违背立法精神，是不倡导的，也会招致政府的反避税措施。在避税的情况下，纳税人进入的领域一般是立法者希望予以控制却不能掌控的领域。避税可以被当作税务筹划的一种形式，但是随着税法的逐步完善，可利用空间将越来越小。逃税、偷税是国家明令禁止的，将会受到法律的制裁，从而影响企业的声誉，使企业遭受更大损失。

税务筹划不仅仅是表面意义上的节税，作为企业经营管理的一项重要环节，筹划必须服从企业财务管理的目标——实现价值最大化。

（二）考虑的方向

税务筹划是在税法客观存在的政策空间中进行合理有效的操作。这些空间体现在不同税种、不同税收优惠政策、不同纳税人身份及影响纳税数额的基本税制要素等方面，我们应该从以上角度切入，进行合理有效的税务筹划。

1. 空间大的税种

从原则上看，税务筹划可以对任意税种进行操作，但由于不同税种具有不同的性质，因此税务筹划的途径、方法及收益也各不相同。在实际操作中，税务筹划要选择对决策有重大影响的税种，一般是税负弹性大的税种，作为税务筹划的重点，税负的弹性越大，税务筹划的可操作空间也越大。一般税源大的税种，税负伸缩的弹性也大，因此，税务筹划要考虑主要税种。另外，税负弹性与税种要素构成相关，要素主要包括税基、税率和税收优惠等。税基越宽，税率越高，税负越重；或者说税收扣除越大，税收优惠越多,税负就越轻。

2.税收优惠政策

税收优惠政策是税制设计中的一项重要部分,是贯彻一定时期一国或地区税收政策的重要手段。为了实现税收的调节功能,国家一般在税种设计时都设有税收优惠条款,如果企业能够利用税收优惠条款,就可充分享受节税收益。所以用好、用足税收优惠政策本身就是税务筹划的过程。在选择税收优惠政策作为税务筹划的一个方向时,应注意以下两点:其一是纳税人不得曲解税收优惠条款,滥用税收优惠政策,甚至用欺骗手段骗取税收优惠;其二是纳税人应充分了解税收优惠条款,并按有关规定程序进行合法申请,避免因程序不当而失去应有的权益。

3.纳税人构成

根据税法规定,凡不属于某税种的纳税人,就无须缴纳该项税收。因此,企业在进行税务筹划之前,首先要考虑自身应当属于哪类纳税人,这样就可以从根本上减轻税收负担。

一般来说,影响应纳税额的因素有两点,即计税依据与税率。计税依据越小,税率越低,则应纳税额越小。因此,在进行税务筹划时,要从这两点出发,找到合理、合法的方式来降低应纳税额。如企业所得税的计税依据为应纳税所得额,则税法规定:企业应纳税所得额=企业收入总额-允许扣除项目金额。具体计算过程中又含复杂的纳税调增、纳税调减等项目,因此,企业进行税务筹划时具有一定的空间。

(三)税务筹划的方法

税务筹划的方法多种多样,而且实践中也是多种方法结合使用。这里将介绍以下几种方式:税收优惠政策筹划法、纳税期的递延法、会计处理方法筹划法等。

1.税收优惠政策筹划法

这是纳税人凭借国家税法规定的优惠政策进行税务筹划的方法。

税收优惠政策是指税法对某方面纳税人和征税对象给予扶持鼓励的一种特殊规定。国家为扶持某些特定产业、行业地区、企业和产品的发展,或者对某些有着实际困难的纳税人给予照顾,在税法中做出相应的特殊规定。例如,免除其应缴部分甚至全部税款,或者是按照其缴纳税款比例给予相应返还等,从而减轻纳税人的税收负担。

一般而言,利用优惠政策筹划的方法有:

(1)直接利用筹划法

国家为实现总体经济目标,从宏观层面对经济进行调控,制定诸多税收优惠政策。

因为纳税人对税收优惠政策利用得越多，就越有利于国家特定政策目标的实现，所以国家是鼓励支持纳税人利用税收优惠政策进行税务筹划来达到减轻税负的目的的。因此，纳税人可以光明正大地利用优惠政策为企业的生产经营活动谋求更多的政策效益。

（2）地点流动筹划法

一方面，由于全球经济一体化，企业在各国之间的流动越来越多，但各国税收政策各不相同，其差异主要表现在税率差异、税基差异、纳税人差异、征税对象差异、税收优惠差异和税收征管差异等，跨国纳税人巧妙地利用这些差异来进行国家间的税务筹划；另一方面，从国内税收环境来看，国家为了协调区域经济发展，会根据不同地区的经济发展制定不同的税收优惠政策，因而纳税人根据自身需要进行跨区域纳税，即选择在优惠地区注册或将现时不太景气的生产转移至优惠地区，以充分享受当地税收优惠政策，从而减轻企业的税收负担，提高企业效益。

（3）创造条件筹划法

在有些情况下，企业或个人的很多条件符合税收优惠政策，但却因为某一点或某几点条件不符合而无法享受税收优惠待遇。这时，纳税人就要创造条件使自己符合税收优惠规定或通过挂靠在某些可享受优惠待遇的企业或产业，来使自己符合税收优惠条件，从而享受税收优惠待遇。

从税制构成要素的角度来看，企业利用税收优惠政策进行税务筹划主要使用以下几项优惠要素：

（1）免税

指在合法、合理的情况下，使纳税人成为免税人或使纳税人从事免税活动，甚至使征税对象成为免税对象从而免于纳税的税务筹划方法。免税人一般包括自然人免税、免税公司、免税机构等。一般有两类不同目的的免税：一类是属于税收照顾性免税，它们对纳税人来说是一种财务利益的补偿；另一类是属于税收奖励性免税，它们对纳税人来说是财务利益的取得。照顾性免税往往是在非常情况或非常条件下才能够取得，而且一般只作为损失弥补，因此税务筹划不能利用其达到节税目的，只有取得税收奖励性免税才能达到节税目的。

利用免税的税务筹划方法可以直接免除纳税人的应纳税额，操作简单，但适用范围小，且具有一定风险性。因此，免税方法不具有普遍性。在能够运用免税方法的企业投资、经营或个人活动中，往往有一些是被认为投资收益率低或风险高的地区、行业、项目等。例如，投资高科技企业可以申请免税待遇，如果成功有可能获得超过社会平均水平的投资收益，并且也可能具备高成长性，但风险也极高，很可能因投资失误而导致投资失败,使得免税变得毫无意义。

利用免税方法筹划税收,要以尽量争取更多的免税待遇和延长免税期为主要方向。与缴纳税收相比,免征税收就是节减税收,免征的越多,节减的也越多;许多免税都有期限,免税期越长,节减的税收就越多。例如,如对企业按普通税率征收所得税,如果 A 地的企业可以从开始经营之日起 3 年免税,而 B 地的企业可以从开始经营之日起 5 年免税,只要条件基本相同或利弊基本相抵,企业完全可以办到 B 地去经营以申请免税待遇,并使免税期最长化、免税最优化。

(2)减税

指在合法、合理的情况下,纳税人减少应交税额而达到减少税负目的的税务筹划方法。我国对国家重点扶持的公共基础设施项目,符合相应条件的环保、节能节水项目,循环经济产业,高新技术企业,从事农业项目的企业等给予相应的减税待遇,是国家为支持落实科技、环保等政策而给予企业的鼓励性减税。一般有两类不同目的的减税:一类是照顾性减税,如国家对遭受自然灾害地区、残疾人企业等实施减税政策,这是国家对纳税人由于各种不可抗拒原因造成的财务损失进行的财务性补偿;另一类是奖励性减税,如对高科技企业、公共基础设施投资企业等减税,这是对纳税人贯彻国家政策而实行的财务性奖励。

利用减税进行税务筹划主要是合法、合理地利用国家奖励性减税政策而达到减少税负的目的。这种方法操作简单,但适用范围狭窄且具有一定风险性。利用这种方法进行筹划必须在合法、合理的情况下,尽量争取减税待遇并使减税力度最大、减税期最长。例如 A、B、C 三个国家,公司所得税的普通税率基本相同,其他条件基本相似或利弊基本相抵。一企业生产的商品 90% 以上出口,A 国对该企业所得按普通税率征税;B 国因鼓励外向型经济发展,对企业减征 30% 的所得税,减税期为 5年;C 国对企业减征 40% 的所得税,并且没有减税期的时间期限。打算长期经营此项业务的企业,就可以考虑把公司或子公司开办到 C 国去,从而在合法的情况下使节减的税款最大化。

(3)税率差异

指在合法、合理的情况下,企业利用税率的差异而直接进行节税的税务筹划方法。例如,A 国的公司所得税税率是 30%,B 国为 40%,C 国为 35%。那么,在其他条件基本相似或利弊基本相抵的条件下,投资者在 A 国开办公司可使税负最小化。

各国都存在税率差异。一些国家为了鼓励某种产业或行业、某种类型的企业、某个地区的发展等,一般会规定形式各异、高低不同的税率,而纳税人可以利用税率差异来选择企业组织形式、投资规模、投资方向、投资地点等,以实现少缴纳税款的目的。

利用税率的不同进行税务筹划，适用范围较广，具有复杂性和相对确定性。一般采用税率差异节税，不但要受不同税率差异的影响，有时还受不同计税基数差异的影响。计税基数计算的复杂性，使税率差异筹划变得更复杂。例如，纳税人计算出结果，要通过比较才能得出税负大小；税率差异的普遍存在性，又给每位纳税人一定的选择空间。因此，税率差异筹划法是一种适用范围比较广的税务筹划方法，税率差异的客观存在性以及在一定时期的相对稳定性，使税率差异筹划方法具有相对确定性。

利用税率差异进行税务筹划的重点在于尽量寻求税率最低化和尽量寻求税率差异的稳定性与长期性。纳税人寻求适用税率的最低化就意味着节税最大化；寻求税率差异的稳定性与长期性，就会使纳税人获得更多的收益。另外，利用税率差异法进行税务筹划还需考虑外部环境对企业造成的各种影响。例如，政局稳定的国家，其税率差异比政局动荡国家的税率差异更稳定，政策制度比较稳固的国家，其税率差异比政策制度多变国家的税率差异更具长期性。

（4）分劈

指在合法、合理的情况下，使所得财产在两位或若干位纳税人之间进行分劈，从而实现直接节税的税务筹划技术。许多国家出于调节收入等社会政策的考虑，通常对所得税与一般财产税采用累进税率制，计税基数越大，适用的最高边际税率也越高。而分劈可以使计税基数降至低税率级次，以降低最高边际适用税率，从而达到节减税收的目的。例如，应税所得额在 30 万元以下，其适用税率为 20%，应税所得额超过 30 万元，其适用税率为 25%。某企业应税所得额为 50 万元，若按 25% 的税率进行纳税，其应纳所得税为 12.5 万元。若企业在不影响生产经营的情况下，将其两条生产线平均拆分成两个企业，应纳所得税为 10 万元，节减所得税 2.5 万元。

采用分劈技术节税的要点是使分劈合理化、节税最大化。在符合国家相关政策的条件下对企业财产进行分劈，所需技术较为复杂。在进行分劈节税时，除了要合法还应注意合理性。

（5）税收扣除

指在合法、合理的情况下，纳税人可以通过增加扣除额来实现直接节税，也可以通过调整各个计税期的扣除额而实现相对节税的税务筹划方法。在收入相同情况下，各项宽免额、扣除额、冲抵额等越大，计税基数就会越小，应纳税额也越小，节税也就越多。

企业利用税收扣除法进行税务筹划，技术较为复杂，但适用范围比较大且具有相对确定性。在各国税法中，各种宽免、扣除、冲抵规定是最为烦琐的，变化也是最为复杂的。因此,企业要在税法规定的条件下合法地节减更多的税收,就必须精通所有相关的税法,计算出结果加以比较,因此说技术较为复杂;税收扣除适用于所有纳税人的规定,说明了扣除技术具有普遍性与适用范围广的特点;税收扣除在规定时期的相对稳定性,又决定了采用扣除技术进行税务筹划具有相对稳定性。

利用税收扣除进行税务筹划的要点在于尽可能使扣除项目最多、扣除金额最大和扣除时间最早。在合法、合理的情况下,尽量使更多的项目能够得到扣除。在其他条件相同的情况下,扣除的项目越多、金额越大,计税基数就会越小,应纳税额就越小,节税就越多;在其他条件相同的情况下,扣除时间越早,早期纳税越少,早期的现金流量会越大,可用于扩大流动资本和进行投资的资金会越多,将来的收益也越多,因而相对节税就越多。

(6)税收抵免

指在合法、合理的情况下,使税收抵免额增加而节税的税务筹划方法。税收抵免额越大,冲抵应纳税额的数额就越大,应纳税额就越小,从而节减的税额就越大。

利用税收抵免筹划的要点在于使抵免项目最多化、抵免金额最大化。在合法、合理的情况下,尽量争取更多的抵免项目,并且使各抵免项目的抵免金额最大化。在其他条件相同的情况下,抵免的项目越多、金额越大,冲抵的应纳税项目与金额就越大,应纳税额就越小,因而节税就越多。

(7)退税

是指在合法、合理的情况下,使税务机关退还纳税人已纳税款而直接节税的税务筹划方法。在已缴纳税款的情况下,退税无疑是偿还了缴纳的税款,节减了税收,所退税额越大,节减的税收就越多。

税收优惠政策是国家的一项经济政策,纳税人对税收优惠政策的有效利用是响应国家特定时期的经济政策,因此会得到国家的支持与鼓励。但不同的纳税人利用优惠政策的方式和层次是不相同的。有的纳税人只是被动接受并有限地利用国家的优惠政策,而有的纳税人则积极创造条件,想尽办法充分地利用国家的优惠政策;纳税人利用优惠政策所用的方法,需要得到税务机关的认可。

利用税收优惠政策进行税务筹划时应注意以下几点:

(1)尽量挖掘信息源,多渠道获取税收优惠政策

如果消息不灵通,就可能会失去本可以享受的税收优惠政策。信息来源有税务机关、税务报纸杂志、税务网站、税务中介机构、税务专家等。

(2)充分利用税收优惠政策

有条件的应尽量利用政策,个别条件不符合的,可以在合法、合理的情况下创造条

件利用。利用优惠政策筹划应在税收法律、法规允许的范围之内,采用合法的手段进行。

（3）尽量与税务机关保持良好的沟通

在税务筹划过程中,最核心的一环便是获得税务机关的认可。再好的方案,没有税务机关的承认,都是没有意义的,不会给企业带来任何经济利益。

2.延期纳税筹划法

延期纳税筹划是指在合法、合理的情况下,使纳税人延期缴纳税收从而达到减少税负的税务筹划方法。《IBFD 国际税收辞汇》中对延期纳税做了阐述:"延期纳税的好处有:有利于资金周转,节省利息支出,以及由于通货膨胀的影响,延期以后缴纳的税款必定下降,从而降低了实际纳税额。"纳税人延期缴纳本期税收并不会减少纳税人的纳税绝对额,但相当于得到一笔无息贷款,增加纳税人本期的现金流量,使纳税人在本期有更多的资金扩大流动资本,用于资本投资;另外,由于货币的时间价值,今天多投入的资金可以产生收益,将来可以获得更多的税后所得,相对节减了税收。

企业实现递延纳税的一个重要途径是采取有利的会计处理方法,对暂时性差异进行处理。通过处理使得当期的会计所得大于应纳税所得,出现递延所得税负债,即可实现纳税期的递延,获得税收利益。

延期纳税如果能够使纳税项目最多化、延长期最长化,则可以达到节税的最大化。

（1）递延项目最多化

在合理和合法的情况下,尽量争取更多的项目延期纳税。在其他条件（包括一定时期的纳税总额）相同的情况下,延期纳税的项目越多,本期缴纳的税收就越少,现金流量也越大,可用于扩大流动资本和进行投资的资金也越多,因而相对节减的税收就越多。

（2）递延期最长化

在合理和合法的情况下,尽量争取纳税递延期的最长化。在其他条件（包括一定时期的纳税总额）相同的情况下,纳税递延期越长,由延期纳税增加的现金流量所产生的收益也将越多,因而相对节减的税收也越多。

3.会计处理方法筹划法

会计处理方法筹划法是指在法律法规允许的情况下,企业选择相应的会计处理方法进行税务筹划。在经济活动中,一项经济事务有时存在多种会计处理方法,而不同的会计处理方法会对企业的财务状况产生不同的影响。当然,这些会计处理方法都得到税法的承认。

（1）存货计价方法

存货计价的方法多种多样，如加权平均法、移动平均法、先进先出法、计划成本法、个别计价法、毛利率法等。不同计价方法会对期末库存成本、销售成本等方面产生影响，由此会影响到当期税额。尤其是在市场行情不稳的情况下，其影响程度更大，因此企业需要在合理合法的条件下进行税务筹划。如在物价持续下跌的市场中，企业采用先进先出法能降低税负。

对于发出的存货计价，企业可根据实际成本进行核算，也可以根据计划成本进行核算。根据会计准则的规定，按照实际成本核算的，应当采用先进先出法、加权平均法（包括移动平均法）、个别计价法确定其实际成本；按照计划成本核算的，应按期结转其应负担的成本差异，将计划成本调整为实际成本。按照现行税法的规定，纳税人存货的计算应当以实际成本为准。纳税人各项存货的发生和领用的成本计价方法，可以在先进先出法、加权平均法、个别计价法中选择使用。计价方法一经选用，不得随意变更。纳税人采用计划成本法确定存货成本或销售成本，须在年终申报纳税时及时结转成本差异。

企业采用不同的存货计价方法可以改变销售成本，进而影响应纳税所得额。因此，企业可以根据自身实际情况选择本期发出存货成本且最有利于税务筹划的存货计价方式。不同企业或企业处于不同盈亏状态时，需选择不同计价方法：

盈利企业。盈利企业的存货成本可在本期所得额中进行税前抵扣。

亏损企业。亏损企业选择计价方法应与亏损弥补情况相结合。企业在选择计价方法时需使成本费用延迟，使得在以后的会计年度能够得到抵补时期的补偿，实现成本费用抵税效果的最大限度发挥。

税收优惠企业。企业正处于所得税减免时期，这就意味着获得的利润越多，其得到的减免税额力度越大。因此，在减免税优惠期间，企业应当减少存货费用的当期摊薄，扩大当期利润。相反，在非税收优惠期间，企业应将当期的存货费用尽量扩大以实现推迟纳税期。

（2）固定资产折旧

企业通过折旧形式使其转移至成本费用。固定资产的折旧额取决于计价、折旧年限以及折旧方法。

①固定资产计价。

根据会计准则要求，外购固定资产成本主要有资产的购买价款、相关税费、运输费、安装费和专业人员服务费等。根据税法规定，企业购入的固定资产需按购入价加上发生的相关费用，如包装费、安装费等以及缴纳税金后的价值进行计价。

由于固定资产的折旧费用是需要在未来较长时间内陆续计提的,有些企业为降低本期税负,就可能压低新增固定资产的入账价值。

②固定资产折旧年限。

固定资产使用年限一般是估计的经验值,存在弹性空间,因而可为税务筹划提供操作空间。值得注意的是,固定资产折旧存在最低折旧年限,因此税务筹划不能突破规定的最低折旧年限,当然也不能一味地降低固定资产年限。在开办初期,如果企业享受减免税或低税率照顾,则固定资产就不宜缩短折旧年限。

③固定资产折旧方法。

依据会计准则规定,固定资产折旧方法有以下几类:平均年限法、工作量法等直线法(或称平速折旧法)和双倍余额递减法、年数总和法的加速折旧法。不同折旧方法会对税额产生不同的影响。从整体上看,固定资产的累计折旧不可能超过价值本身,但企业采用不同折旧方法就会造成企业的所得税税款提前或滞后,从而产生货币的时间价值。

在税率预期不会上升时,企业应采用加速折旧法。一方面企业可以在计提折旧期间减少企业所得税额,另一方面企业可以快速回笼资金,加快资金周转。但根据税法规定,在一般情况下企业采取直线法进行计提折旧,只有当限于技术进步等原因时,固定资产才能加速折旧。纳税人应根据自身需要尽可能创造条件选择最为合理的折旧方法。

④固定资产计价与折旧筹划的综合运用。

以推迟利润来实现货币时间价值并不是税务筹划的唯一目的。因此,企业在进行税务筹划时,还需根据企业所处的不同状态来实行相应的对策。

盈利企业。企业的当期费用能够在税前扣除,费用的增加有利于减少当年企业税收。因此,企业在购置固定资产时,可以将费用中一些能够分解并计入当期费用的项目尽可能的记录当中,而将一些不宜通过扩大固定资产原值的项目推迟至之后的周期;在折旧方面尽可能缩短折旧年限,从而降低纳税人当期税收。

亏损企业。企业费用的扩大使得其不能在税前得到扣除。因此,企业在亏损期间购置固定资产时,可以将相关费用计入固定资产原值中,通过折旧的方式使这些费用在未来年度进行扣除;企业可以适当延长折旧年限,以便将折旧费用摊销在未来周期中。我国税法对折旧年限规定了下限但不设上限,因此,企业可以根据自身状况进行合理安排。

优惠政策企业。由于企业在税收优惠期内的各种费用增加都会使其应税所得额减少,使其享受的税收优惠减少,因此,企业在此期间购买的固定资产,可以将相关费用计入固定资产原值中,使其在优惠结束以后通过税前利润扣除;折旧年限的选择应尽可能长一些,以便将折旧费用在更长的周期中摊销;折旧方法的选择,应考虑减免税期折旧少、非减免税期折旧多的方法。

(四)税务法律规定及其精神

纳税人在开展税务筹划前要熟练掌握有关法律法规并理解其精神,以便掌握政策尺度。不论是企业内部的税务筹划人,还是为企业提供服务的外部税务筹划人,在进行税务筹划前都应当学习与掌握国家的税法精神,争取得到税务机关的帮助与合作;对于跨国税务筹划来说,筹划人还要熟悉相关国家的法律。只有这样才能够帮助筹划人判断分析,最后做出合理有效的税务筹划。

1."合法、合理"的界定

纳税人在开展税务筹划前要了解税务机关对"合法、合理"纳税的法律解释以及相关理念,且各国对于"合法、合理"的法律解释也是存在差异的。一般可以从以下三个方面来看:

①从法律角度看,纳税人可通过宪法与现行法律了解"合法、合理"的尺度。

②从执行机关看,纳税人可从行政与司法机关对"合法、合理"的法律解释中把握尺度。

③从具体事务活动看,纳税人可从税务机关组织与管理税收活动和裁决税法纠纷事件中来把握尺度。

2.纳税人的情况与要求

纳税人分为企业纳税人与个人纳税人,针对不同企业和个人的情况及要求又是各不相同的,需求了解不同方面的情况。

(1)针对企业纳税人

①企业组织形式。

②财务情况。

③纳税历史情况。

④对风险的态度。

(2)针对个人纳税人

①出生年月。

②婚姻状况。

③财务情况。

④投资意向。

⑤对风险的态度。

此外,还需了解纳税人的其他要求。

(五)税务筹划有效性的价值判断标准

合法、合理的税务筹划可以帮助企业降低税收成本,并且还有助于帮助企业合理计划支出,改善企业经营管理。为了判断税务筹划是否合理有效,需要建立一套价值判断体系。一般可以通过以下三条基本标准进行判断:

1.符合税法规范

由于税收具有强制性,企业一旦偏离纳税遵从,就将面临违反税法的风险。若企业触犯了税法,构成了偷逃税,将面临法律的制裁。因此,符合税法规范是评估税务筹划是否有效性的最基本的也是不可或缺的标准。

2.符合成本效益

站在理性人的角度看,企业的各项经济活动的目的就是要有收益,当然税务筹划也不例外。但任何一项筹划方案的实施都具有两面性,纳税人在取得税收利益的同时,需要为方案的实施付出成本费用。若税务筹划的节税额不能弥补成本费用,税务筹划就毫无意义,也将是无效的。

3.符合战略利益

一般税务筹划是企业的一项长期活动,因此需要以长远的战略眼光来看待,不仅要着眼于总体的管理决策,有时还需与企业发展战略相结合。企业如果仅局限于短期、局部利益而忽视长远利益,那么筹划活动往往是得不偿失的。因此税务筹划应以整体利益和长远利益为重,把筹划活动放在整体经营决策中,这样才能综合兼顾利益人的主要利益。

(六)影响企业税务筹划有效性的主要因素

1.信息因素:前提和依据

信息不仅是税务筹划过程中思维迸发的源泉,更是筹划者联系外部环境的纽带。筹划者只有充分掌握了信息,才能够更好地实施税务筹划活动。税务筹划必须在税法规定下进行,因此筹划人需认真研究与掌握税法法规,寻找其中的筹划空间。随着经济情况的不断变动,税法法规会配合政策进行修正,相较于其他法律法规,税法法规的修正更为频繁。所以企业进行税务筹划前需要对最新税法的内容进行解读并进行趋势预期,必须加以注意并适时调整筹划方案。

税务筹划除了要结合外部环境外,还需要与自身内部相结合,只有这样才能够有效地发挥税务筹划的功能。筹划人不但要了解税法法规,而且还需熟悉公司法、会计法等相关法律法规。这样才能为税务筹划活动创造一个相对安全的客观环境。

在理论上,偷税与税务筹划的含义是不同的,但在实践活动中,企业在进行税务筹划时,最好经过税务机关的认定与判断,而认定与判断都是客观与主观相结合。因此在进行税务筹划时,还需了解税务机关认定与判断的标准,并在此基础上进行反复筹划。否则一旦被视为偷逃税就会危及企业发展。

企业自身情况是税务筹划的根本基础,在进行税务筹划时,筹划人不但要掌握企业内部信息,如经营情况、财务状况、理财目标、风险承受力等信息,而且还需了解企业过去以及目前的其他有关情况,如申报、纳税等相关外部情况,这有助于帮助企业制定合理有效的税务筹划方案。随着税法和财务制度日益完善,筹划人必须充分收集资料、学习与研究税法和财务制度,与此同时需要将其融入企业的投资及经营项目。

2.时间和费用:成功保障

在设计和实施税务筹划时需要时间和费用的保证。纳税人在进行税务筹划时需要面临成本与收益之间的利弊权衡:依靠企业自身的财务人员进行筹划需要花费时间,却可以节省费用;若委托中介机构实施税务筹划,虽然可以节约时间,但是需要支付较高费用。当企业期望的节税额大于支付费用时,企业就会选择中介机构进行税务筹划。但当节税收益无法估计时,若企业依靠自身财务人员进行税务筹划,就必须投入足够的时间,提高财务人员素质,以保证企业经济活动与税收之间的可能性联系,以便于筹划多项方案,供企业决策者参考。

3.人员因素:必要条件

税务筹划是一项强专业性工作,筹划人员的综合素养关系税务筹划能否有效成功。若企业具备能力,可以自行进行筹划,若没有能力,则可以聘请中介机构进行代理。一般而言,中介机构在时间和专业度方面具有优势,并且还具备独立性,即在面对税务机关和客户时处于中立立场,会依据客观事实与法律为客户寻求合法最优的纳税方案。

(七)提高税务筹划有效性的途径

1.诚信纳税意识

税务筹划是企业的一项权利且与其他企业权利一样,都有特定界限。当企业超越(无论是主动或是被动)这个界限的时候,那就将不再是权利,就不再合法,而是违法。

企业的权利与义务会相互转换:当税法中不明确的地方被明确后或存在的缺陷被

纠正后,企业相应的筹划权利就会转化成纳税义务。如当税法将超额累进税率变更为固定比例税率后,那么纳税人利用累进级距方式的税务筹划就无法继续实行。随着税法的不断更新完善,当某些条款或者内容重新修订后,或者一些条款取消后,纳税人就将无法通过原来条款进行合理的税务筹划。因此,在进行税务筹划时,筹划人要避免涉及税法风险,要以当前税法为依据,深刻理解税法的立法精神。

2.基础工作

首先,企业要规范自身的会计基础工作,设立完整真实的会计账簿,编制真实客观的财务会计报告,这不仅是满足依法纳税与税务管理的需要,更是企业开展税务筹划的基础。其次,税务筹划是一项具有复杂性和预计性的财务规划活动,要求企业根据自身实际情况对经营、投资活动进行事先策划,进而可以对相关经济活动进行合理有效的控制。因此企业必须建立起科学严密的审批机制,实行科学化决策,推动企业税务筹划步入正轨。另外,企业需要加强自身税务筹划风险的控制,要正视风险的客观性。在实际操作过程中,企业需要树立风险意识并在生产经营过程和涉税事务中保持警惕性。通过有效的风险预警机制,企业在筹划过程中能够对潜在风险进行有效监控,从而帮助企业及时寻找根源,进而制定出有效解决措施。

3.信息收集传递系统与税务筹划数据库

任何一项税务筹划方案都是在一定的时间和税收法律环境下产生的,它以企业收集到的信息为基础,具有很强的针对性与时效性。税务筹划需要大量的客观信息材料,这就意味着要提高企业税务筹划的有效性就需有完善的信息收集传递系统与税务筹划数据库,以便于实现税务筹划中信息的完整性、及时性、准确性、相关适度性要求。

4.税务筹划方案的综合性

从本质上来看,税务筹划是企业财务管理的一部分,它是由企业价值最大化所决定。税务筹划必须围绕企业的经营战略和整体投资展开,而不能局限于节税。

税务筹划应帮助企业降低整体税负,而不仅仅是个税的税负减少。由于各税种的税基存在相互关联,可能某种税种税基的缩减会引起其他税种税基的扩张,因而税务筹划需要从全局角度去审视。税收利益是企业的一项重要经济利益,却不是企业的全部经济利益,若有多种方案可供企业选择,那么最优的方案应是符合企业整体利益最大化的方案,而不是税负最轻的方案。所以在开展税务筹划时,纳税人或中介机构应综合考虑、权衡利弊,以此来获得最大效益。

5.税务筹划人员的培养

企业想要进行成功有效的税务筹划,筹划人只具有比较高的专业知识是不够的,更要具备严谨的逻辑思维与统筹谋利的能力,需要全面了解、熟悉企业经营、筹资、投资等业务情况及其相关流程,要实时掌握税收政策变化,为企业拟定出不同的纳税方案,由企业根据自身的要求进行择优比对,进而做出最有利于企业发展的决策。因此,企业要想降低税务筹划风险且提高税务筹划的成功率,那么重视税务筹划人才的培养就显得尤为重要。

五、财务造假的手段剖析和防范措施

(一)财务造假的概念及特征

1.概念分析

为了达到某种目的,有关会计行为人利用会计法规准则的灵活性及其中尚存的漏洞或尚未涉及的领域,有目的性地选择会计程序与方法,捏造修改财务报表数据。财务造假属于违法行为,其提供的会计信息失去真实性。财务造假的因素包括造假的主体、动机,主要手段,造假影响,等等。

在实际操作中,企业要保证财务的真实性,杜绝财务造假行为。从本质上看,财务数据由各类经济信息加工而产生,能够有效地反映有关经济活动。在我国,企事业单位需要真实体现自身财务,必须根据有关法律法规,按照规范的程序与方法来进行会计核算工作,并遵循统一口径来编制会计报表,获得有关财务指标。企事业单位贯彻真实性原则,必须遵守《中华人民共和国会计法》、《企业会计准则》、《企业会计制度》和企事业单位相关规章制度以及工作规范与原则。

2.特征分析

(1)以管理层为主体

虽然企业财务造假可能会出现在各个层面,但造假主体是企业管理层。一般普通员工舞弊都可通过内部控制制度进行效预防并能进行事后核查,然而管理层舞弊一般都是经过精心设计,且事后难以核查。上市公司的财务造假往往属于集体舞弊,是有计划、有组织地实施造假,危害性巨大。

(2)以会计数据为客体

不论财务造假的形式与目的是什么,其最终结果都要反映至会计凭证、会计账簿以及会计报表等会计信息载体中。一般造假的方式主要有伪造与变造企业的会计凭证,应用不恰当的会计记账或频繁甚至恶意变更会计政策。

(3)数据造假与实际经营间的关系

由于财务造假是篡改或虚构真实财务数据,因此数据造假并不能够改变企业的真实盈利状况。相反,虚假信息会干扰决策者的正常经营决策,甚至会影响企业的盈利情况。

(4)连续性行为

一般财务造假不会只出现在一个会计年度内,因为造假行为是一个具有步骤性和计划性的行为,一般企业会在几个会计年度内进行连续的造假。例如在上个会计期间,企业对坏账大量计提,并在下个会计期间转回,提高利润。

(二)手段剖析

财务造假手段主要有以下几类:

1.虚构交易

虚构交易最直接的体现是伪造收入,其性质极其恶劣,属于欺骗性财务造假手段。在近几年发生的大规模财务欺诈案件,几乎都是利用这种虚假会计信息进行伪造。

虚构交易的主要途径是伪造收入,主要包括以下手段:从虚构交易对象开始,虚构原材料购入发票,伪造材料购入合同、材料运输入库单据、材料出库单据、产品生产班组和记录、产品入库单据、销售合同、销售发票单据、产品出库单据、产品运输单据、银行存款对账单、银行存款调节表、纳税单据、产品外销报关单、国际信用证、国外交易方、控制制度和管理制度等所有需要的凭证和文件。

2.操纵收入,调节利润

(1)提前确认收入

会计信息加工一般分为四步骤:确认,计量,记录,报告。交易和事项的确认居于首位,然后通过逐步的操作,最终形成信息报告。只有准确地确认经济交易与事项,才能体现出会计信息的可靠性和相关性。

在会计报表使用者眼中,一般损益表的认知程度是最高的。从损益表中,我们可以分析主营业务收入及其相关构成。若收入确认与会计准则的评判标准不符,必然使得会计报告不真实。收入的确认本质上就是指收入在什么时候入账,并在损益表上如何反映。一些公司使用提前或推迟确认收入的做法确认收入,给外部信息使用者造成很大误导。

(2)利用一次性所得调节利润

在我国,企业首次发行股票、配股、增发新股、发行可转换债券、申请某些银行贷款等方面,都有硬性规定。例如,净资产收益率达到某一比率、扭亏为盈、连续三年盈利等。

当企业经营不利而又想获得进一步融资或解除特别处理时,会通过一次性所得来调节利润，以便于达到硬性指标。尤其是投资收益，这是最直接、也是最有效的利润操纵方法。一般可以操纵的一次性所得包括销售实物资产、巨额投资收益、关联方之间的资产购销、股权转让等。这些一次性所得不能为企业带来持续的盈利收入，当企业达到既定的目标后，该部分的收入与利润会随即消失，这样不但不能体现出企业的真实盈利能力，同时也降低了不同会计期间的可比性。

（3）利用费用资本化调节利润

费用要与发生的收入进行配比，一些不满足资本化条件的费用将被用于抵减收入。若企业把不满足资本化条件的费用进行资本化，就会使其在以后的多个会计期间进行摊销，从而夸大当期利润。经常被不适当资本化的费用有广告费用、利息费用、研究与开发经费以及其他日常经营费用等，而其资本化的方式往往是一些会计原则，例如配比原则、权责发生制原则等。

3. 会计方法和原则的不恰当使用

会计制度与其他任何制度一样，都存在局限性，会计准则所固有的估计和专业判断以及会计核算方法的可选择性给上市公司管理层操纵利润提供了机会。在会计制度和会计方法中，只要存在估计和判断的领域，就存在被利用来进行利润操纵和调节资产的可能性，就可能引起会计信息失真。

（1）会计估计方法的不恰当利用

会计估计指企业对结果不确定的交易或事项以最近可利用的信息为基础所做的判断。由于企业经营活动中内在不确定因素的影响，某些会计报表项目不可能精确地计量，而只能加以估计。如果赖以估计的基础发生了变化，或者取得新的信息、积累更多的经验，就可能需要对会计估计进行更正。需要进行会计估计的项目很多，如坏账比例、存货毁损、固定资产的使用年限和净残值、无形资产的受益年限、资产减值等。由于会计估计的特点是依靠估计和判断，使用会计估计规划利润的概率很大，比如利用会计估计的巨额准备计提、各种秘密准备等，如果利用不恰当，就会成为操纵利润的工具。

（2）会计原则的不恰当利用

一般企业利用会计原则规划利润都是采用扭曲业务的方法，并以会计原则为盾牌来达到操纵利润的目的。无论会计制度与会计准则对各类交易事项的会计处理制定得有多么详细，都不可能面面俱到，随着经济市场的瞬息万变，每天都有新的事物产生，因此难免会出现原则上的漏洞。

一般被不恰当利用的原则有以下几种：

①实质重于形式原则。一项交易的手续可能不完全，而管理者假借实质重于形

原则,将形式进行歪曲,使其成为该交易的结果,从而制造出形式重于实质的交易,这是提前确认交易结果;反之,有些管理者可能会将实质上的真正交易行为扭曲成不符合实质重于形式原则,这是推迟了确认交易结果。两者都未反映经济内容的真实情况。

②权责发生制原则与配比原则。例如广告费,一般要求在发生的会计期间记入损益,但企业可能会认为该笔费用可以在连续多个会计期间受益而进行资本化,并在以后的会计期间分摊。权责发生制原则可以灵活帮助企业确认会计期间内的收入,这样管理者就可以根据自身需求决定何时确认收入。

③谨慎性原则。谨慎性原则要求企业不得多记录资产和收益,也不得少记或漏记负债和费用。在实际操作中,很多企业都未按照谨慎性原则进行会计处理,而是把资产减值准备作为利润的调节器。即企业需要利润时,不提取或提取很少的减值准备;当企业发生亏损成为定局时,一次性提取大量的减值准备,确认过多费用,为以后的扭亏为盈做铺垫。

4.关联交易准则的不恰当利用

关联交易并未被法律禁止,也不是所有的企业关联交易都违背市场规则,但有一些关联交易被上市公司用来利润造假。

关联交易非正常化操作流程是指关联方之间通过非关联的第三方机构作为媒介,进行循环交易或掩盖关联关系,来避开会计规定的限制;或是与其他企业建立战略伙伴关系,利用与其的关系以达到操纵利润的目的。这种关系虽然在表面上看不属于关联交易,但由于在这些操作背后存在利益转移,因此本质上也属于关联交易。

企业若不提供财报,外部使用者一般很难得知其真实的交易信息,因此,在实际操作过程中,界定关联交易的难度大。关联交易的最终目的是使自身效益达到最大化。例如企业为了配股、发行新股或债券的成功,或依靠企业经营利润的支持从而操纵股票价格,其根本目的是为了获取更大的利益。

5.其他操纵利润、调节资产行为

除以上几种主要的财务造假手段外,有些企业还采用下列手段来进行财务造假。

(1)借助子公司或空壳公司进行财务造假

企业通过子公司或空壳公司等虚拟公司进行利润操纵,在资本运营领域中,美国的安然事件可称为典型。安然创建的子公司数目超过3000家,将债务留在子公司账上,将利润显示在母公司的账上。

虚拟公司一般的用途可分为以下几方面:虚构交易和事项,资本运作,关联交易正常化,操纵市场,转移资金,资产重组。这些手法倘若运用得好,一些具有法人性质的虚拟公司既能避开形式上违规的风险,又能躲开监管部门的监督。

（2）未按规定进行重大信息披露

企业的一些重大事项,诸如重大诉讼、委托理财、关联交易、担保、抵押、兼并收购、大股东高额占用资金等,必须全面及时有效地披露,否则将误导外部投资者。

随着市场监管的日趋完善,越来越多的企业进行重大信息的披露,但仍然会存在对信息披露避重就轻的现象,即着重于非重要事项,而对于关键的事项模糊带过,特别是一些对企业经营发展不利的重大事项就会轻描淡写,甚至刻意隐瞒掩藏。当一些重大事项可能引发财务危机,甚至影响企业持续经营、危及企业的生存时,若企业不及时进行披露,就会使投资者决策失误,遭受经济损失。

目前,上市公司的信息披露存在以下几方面问题:信息披露不及时,信息披露不充分,信息披露不真实,信息披露不公平,信息披露不对称,等等。例如,"ST 春都"虚假披露并严重隐瞒实情,"南华西"推迟重大事项的披露,"三九医药"对重大事项披露避重就轻等,都严重影响会计信息使用者对企业真实价值的判断,误导他们的决策,导致重大损失。

（3）私设小金库

在一些企业中,设立小金库的现象是非常普遍的,即使在上市公司中也会存在。企业通常采用一些手段将资金转移到小金库中:投资收益中不固定的收入部分或全部不入账;现金折扣不入账;各种虚假费用抵账,如虚假的研究开发费用、广告费、会议费等。小金库会影响企业的持续经营能力,并在一定程度上造成会计信息的失真。

（三）防范措施及治理建议

对企业的财务会计造假行为进行防范和治理刻不容缓,然而这是非常复杂的,我们需要从各方面进行协调统一、综合平衡。

1. 提升会计诚信,净化社会环境

会计诚信表达了会计对社会的一种承诺,即通过客观公正、不偏不倚的态度把客观经济活动如实反映出来,并为会计信息使用者提供服务。在会计行业,诚信尤为重要。为减少财务会计造假现象,必须提高会计诚信,净化社会环境。

（1）打造信用政府

作为掌握公共权力者,各级政府有权支配税赋。从本质上看,各级政府和纳税人之间就是一种契约关系,政府要树立公平、公正、公开的形象,通过制度建设和规范来树立和维持诚信,积极严厉地打击各类造假行为,提高政府公信力。

（2）加强社会诚信教育

在市场经济中，诚信不但是道德的要求，更是企业和个人的生存之本。政府需要通过各种渠道广泛开展宣传教育活动，使全社会都认识到诚信的重要性。当社会上的诚信氛围形成，会计人员把诚信作为自身道德要求，那么就可以树立职业道德情操，才能从主观上消除财务会计造假意识，遏制财务会计造假现象。

2.完善会计规则，减少操纵空间

为提升会计信息质量，我国先后制定了一系列会计相关法规与制度，如《中华人民共和国会计法》《企业会计准则》《企业财务会计报告条例》《企业会计制度》《会计基础工作规范》等。这些法规和制度的执行，保障了基本的会计信息质量，并在一定程度上抑制了财务会计造假现象。但是，会计规则自身的漏洞还是为财务造假者提供了操纵空间，因此要治理会计信息失真现象，就要完善会计规则与制度。

（1）改进制定程序

首先，会计准则的制定者应向社会公众公开已有的相关会计知识，特别是世界各国以及国际会计准则委员会的经验，以便于社会公众结合所处环境等各方因素，更好地理解会计准则及相应的利益关系。其次，会计准则的制定者应建立公开化的征求意见制度。即使会计准则正式颁布了，我们仍需借助此制度使得会计准则随着环境的变化而不断修订，以达到不断完善的目的。

（2）完善法规内容

随着经济国际化进程的不断推进，会计国际化是一种趋势。我们需加快推动会计改革的步伐，缩小会计信息与现实情况的差距，确保会计信息质量的有效性。

一是国家需不断完善《企业会计准则》，可适当增加财务报表的附注，鼓励企业非财务信息的披露，与此同时，要进一步严格完善和规范关联交易的披露，并加强现金流量信息的呈报与审核。二是国家需在总结现行会计准则实施情况的基础上，结合市场经济与证券市场的发展要求，适时出台一些与国际惯例相协调的、并体现我国经济发展特点的会计准则。三是会计核算制度将在较长时期中与会计准则并行，因此国家要提升会计核算制度的灵敏性，以便于及时反映日趋复杂多变的经济业务。四是在准则的制定过程中，国家应采取审慎的态度，处理好会计准则统一性与灵活性之间的关系，尽量避免企业利用合法而不合理的方式去粉饰财务报告，以达到操纵企业利润的目的。五是国家尽可能缩小会计政策的操纵空间，应更加具体细致地规定相关政策。

3.加大惩处力度

企业的一切行为都遵从效益原则。企业进行财务造假的目的是为了获得更多的效益,因此违约成本的高低是企业是否选择违约的关键。因此,国家加大财务造假的惩处力度,提高造假成本,有助于降低企业财务造假的可能性。

4.健全企业内部的会计控制制度

为了有效贯彻落实《中华人民共和国会计法》,促进各企业内部会计控制系统建设,从而加强内部会计监督,促进资本市场的健康发展,财政部于 2001 年 6 月出台了《内部会计控制基本规范》。之后,财政部与证监会、中国人民银行相继出台了一系列配套措施,共同推动企业内部会计控制制度的建设与发展。然而,实践中仍存在以下问题:有章不循或无章可循的现象较为频繁;内部会计控制系统还在不断完善中,缺乏科学性,难以在实际操作中得到充分发挥;内部会计控制系统的执行与监督力度不足;会计监督不力使得财务控制存在漏洞;评价的审计制度存在滞后性等问题。因此,国家治理会计信息失真问题,就必须加强企业内部会计控制系统的建设。

5.加强独立审计的监督作用

(1)加强注册会计师行业的监管

我国注册会计师协会虽然为社会民间团体,但它既有行政管理职能,又兼行业自律色彩。因此,国家应把政府行政的监管与注册会计师行业的自律进行有机结合,有助于形成全面性的监管体系。

从长远看,政府部门应为注册会计师行业创造良好的外部环境,促进其健康发展。政府监管应重在监控和预防,利用行政手段和强制力,发挥政府监管的优势,规范行业运行秩序。同时,注册会计师协会应切实加强自律管理体制的建设,通过丰富和完善自律性服务、监督、管理、协调职能,推动行业走向成熟;以会员为中心建立行业自律管理体系,做好为会员提供技术支持、法律援助、教育培训和改善职业环境等各项服务工作,提高会员的诚信意识、职业道德和职业质量的自律监管约束。

(2)强化注册会计师审计的独立性

独立性是注册会计师审计的灵魂,它包括形式上的独立和实质上的独立。形式上的独立是指注册会计师必须与被审查企业或个人没有任何特殊的利益关系。实质上的独立,又称为精神状态或自信心,它要求注册会计师在执业过程中严格保持超然性,不能袒护任何一方当事人,尤其不能使自己的结论依附或屈从于持反对意见的利益集团或人士的影响和压力。注册会计师执行审计、审核和审阅等鉴证业务,应当恪守独立、客观、公正的原则,应当保持应有的职业谨慎,保持和提高专业胜任能力,遵守独立审计准则等职业规范,勤勉尽责。从国内外证券市场发生的重大案件看,注册会计师的独立性倍受关注。

（3）加强前后任注册会计师的沟通

会计做假账的方法
（你不可以学，但得知道）

从我国近几年出现的财务造假情况看，证券市场存在会计师事务所变更过于频繁的现象。由于不良执业环境和事务所之间不良竞争的影响，一些上市公司通过变更事务所来购买审计意见，极大地损害了投资人的利益。目前的会计信息披露规定，要求上市公司必须及时披露包括变更会计师事务所在内的重大事项，以抑制上市公司潜在购买审计意见的行为。

（四）财务造假案例——财务造假相关手段分析

1. 欣泰电气

2011年12月至2013年6月，欣泰电气通过向外部借款、使用自有资金或伪造银行单据的方式虚构应收账款的收回，在年末、半年末等会计期末冲减应收款项（大部分在下一会计期初冲回），致使其在向中国证监会报送的IPO申请文件中相关财务数据存在虚假记载。其中，截至2011年12月31日，虚减应收账款10156万元，少计提坏账准备659万元，虚增经营活动产生的现金流净额10156万元；截至2012年12月31日，虚减应收账款12062万元，虚减其他应收款3384万元，少计提坏账726万元，虚增经营活动产生的现金流净额5290万元；截至2013年6月30日，虚减应收账款15840万元，虚减其他应收款5324万元，少计提坏账准备313万元，虚增应付账款2421万元，虚减预付账款500万元，虚增货币资金21232万元，虚增经营活动产生的现金流净额8638万元。

欣泰电气将包含虚假财务数据的IPO申请文件报送中国证监会并获得中国证监会核准的行为，违反了《证券法》第十三条关于公开发行新股应当符合的条件中的"最近三年财务会计文件无虚假记载，无其他重大违法行为"和第二十条第一款"发行人向国务院证券监督管理机构或者国务院授权的部门报送的证券发行申请文件，必须真实、准确、完整"的规定。

2. 华锐风电

2012年4月11日，华锐风电披露2011年年报，确认风电机组收入1686台，营业总收入10435516390.57元，营业总成本9918543020.04元，营业利润529215613.35元，利润总额739440394.00元，报告期内风电工程项目适用的会计政策为商品销售收入。

受风电行业政策的影响，2011年全行业业绩急剧下滑。为粉饰上市首年业绩，在董事长的安排下，华锐风电财务、生产、销售、客服等4个部门通过伪造单据等方式提前确认收入,在 2011 年度提前确认风电机组收入 413 台,对 2011 年度财务报告的影响为:虚增营业收入 2431739125.66 元、营业成本 2003916651.46 元,多预提运费 31350686.83元,多计提坏账 118610423.77 元,虚增利润总额 277861363.60 元,占 2011 年利润总额的 37.58%。

华锐风电在 2011 年年报中通过提前确认收入的方式虚构营业收入、虚增利润的行为,违反了《证券法》第六十三条"发行人、上市公司依法披露的信息,必须真实、准确、完整,不得有虚假记载、误导性陈述或者重大遗漏"的规定。

六、思考题

(以下思考题皆为开放性的讨论,没有标准答案和模板,言之有理即可,注意要结合实际,答案最好具有前瞻性和自己的想法。同学们回答问题时要胆大心细,不要拘泥于传统的理论或者模型,要独立思考,经济学方面往往没有绝对的标准或者答案,说不定你的下一个回答就是解决众多经济难题的突破口)

1.找一家新三板挂牌企业,研读其信息披露,谈谈为什么财务规范是新三板挂牌中尤为关键的一步。

2.学习十九大报告,结合报告内容谈谈内控、风险和审计之间的关系。

3.如何看待乐视网 IPO 财务造假?谈谈该事件对你的启发。

4.选择一家具体公司,如果你是财务总监,请制定具体的财务计划与工作安排。

附件

8-1 企业挂牌新三板前后的涉税事项

由于挂牌新三板的准入条件相对较低,因此深受中小公司喜爱。但在公司改制过程中都会遇到一类问题,即税务管理岗位及制度建设长期缺失,并且在"股改"环节时因税务诱发诸多历史问题,这常常成为挂牌中的"拦路虎"。当然,一些企业在挂牌成功后,因为涉税事项不规范而受到主管税务机关的处罚,将会给企业带来更明显的负面作用。

《全国中小企业股份转让系统业务规则(试行)》第二章规定,股份有限公司申请在新三板(全国股份转让系统)挂牌的条件之一为"公司治理机制健全,合法规范经营";第四章中的"公司治理"部分对公司挂牌后在"信息披露""关联交易""股权激励"等方面均提出相关要求。在此解读企业挂牌新三板前后可能会涉及的 21 个涉税事项。

1. 发票

问题:企业在进行"股改"时发现公司有不合规发票入账的问题或是企业在挂牌后出现相关发票问题都有可能会招致有关行政处罚甚至刑事处罚。

对策:公司应加强内部发票管理的规范性,尤其在开具与接收过程中,必须严格根据发票管理程序执行,其重点在于审核"账""票"的一致性。

2. 个人股东将盈余公积及未分配利润转增股本而未缴纳个人所得税

问题:"股改"过程中,个人股东将累积的盈余公积及未分配利润转增股本,而未按照规定缴纳个人所得税。

对策:根据我国税法规定,该情形下应视同股东进行利润分配,需要按照 20% 的税率缴纳股东的个人所得税。在实际操作过程中,各个地区的税务部门会根据自身地区的发展情况,制定出台股改配套的税收优惠政策。因此纳税人在进行税务缴付前,应认真解读当地税务的相关规定以便做出合适有效的措施。

3. 个人股东以投资非货币性资产而未缴纳个人所得税

问题:个人股东以无形资产等非货币性资产投资入股而未缴纳个人所得税,且已经对无形资产进行摊销。

对策:根据《关于个人非货币性资产投资有关个人所得税政策的通知》(财税〔2015〕41 号),个人以非货币性资产投资,属于个人转让非货币性资产和投资同时发生。对个人转让非货币性资产的所得,应按照"财产转让所得"项目,依法计算缴纳个人所得税。个人股东以非货币性资产进行投资时,应按其评估后的公允价值进行非货币性资产转移,其应纳税所得额为非货币性资产转让收入减除该资产原值及合理税费后的余额。

4.关联交易定价合理性

问题:企业利用关联交易来实现"税负差"转移利润从而降低税负。

对策:企业在进行关联交易时应按照《中华人民共和国企业所得税法实施条例》以及《特别纳税调整实施办法(试行)》(国税发〔2009〕2号)的规定,需要提交留存相关资料以证明其定价的合理性。

5.特殊性税务处理而未进行备案

问题:企业在进行重组过程中使用了特殊性税务处理,但未按照规定前往主管机关进行备案。

对策:企业在进行特殊税务处理应按照《关于企业重组业务企业所得税处理若干问题的通知》(财税〔2009〕59号)的规定进行备案。若企业重组各方需要进行税务机关认可,则可以选择由重组主导方向主管税务机关提出申请,层报省级税务机关给予确认。

6.改制中的营业税、契税、土增税问题

问题:企业在改制中一般会牵涉大量资产的转让行为,但没有按照相关税法规定缴纳相应的营业税、契税、土地增值税等。

对策:在资产重组过程中,企业通过分立、合并、置换、出售等方式,将部分或全部实物资产以及与其相关联的债务、债权以及企业劳动力一并转让给其他单位或个人,这些都不属于营业税征收范围。

7.消除同业竞争却未进行税务注销

问题:企业挂牌新三板前,部分项目公司为消除同业竞争问题而进行注销,但未进行税务注销。

对策:企业应该按照相关规定及时进行税务注销,进而进行工商注销,从法律上消灭主体资格。

8.税收迁移

问题:企业通过税收迁移从而享受区域性的税收优惠,但是企业法人实际办公地址、税务登记证等方面不一致。

对策:企业应该依照工商、税务部门的有关要求,尽快实现营业执照、税务登记等方面的一致性。

9.税收优惠资格

问题:企业(如高新技术企业等)取得税收优惠资格后,并未按有关规定提交相应的备案材料。

对策:对于已经取得税收优惠资格的企业,例如高新技术企业、双软企业等,在挂牌前,应该根据国家相关法律、文件的要求进行备案,从而以保证税收优惠资格的有效性。

10.欠税

问题:挂牌前,企业存在欠缴税款的行为。

对策:当因特定的原因而不能及时缴纳税款时,企业可以按照有关规定申请延期缴纳税款,否则将会受到相应的行政制裁,为企业挂牌新三板造成障碍。

11.补税行为

问题:企业因为会计差错补交税款,或在挂牌前为提高账面利润而对利润进行调整,要补交税款。

对策:在挂牌前补交税款是影响企业挂牌新三板的一项障碍因素,需要企业进行合理阐明。而因会计差错补交的税款,一般不会影响挂牌。

12.逃税行为

问题:在以往的经营过程中,企业存在偷逃税的行为。

对策:主观故意的偷逃税行为会对企业的挂牌审核造成实质性的障碍,企业应避免偷逃税行为的发生。

13.税务机关处罚

问题:企业因违法相关税法规定而被税务机关行政处罚。

对策:企业需结合具体的情形判断是否构成重大违法违规行为,并由律师事务所出具法律意见书,税务机关出具证明材料。

14.其他涉嫌税收重大违法违规行为

问题:企业因其他涉税事项受到税务机关行政处罚。

对策:企业需结合具体的情形判断是否构成重大违法违规行为,并由律师事务所出具法律意见书,税务机关出具证明材料。

15.税务争议

问题:企业在挂牌过程中与税务机关存在有关税务的争议。

对策:当企业的合法权益受到损害时,企业可以寻求专业税务律师的帮助,从而进行有效的沟通,化解争议。

16.股权激励涉税不合规

问题:在股权激励计划中,企业未按照税法规定缴纳或代缴个人所得税,或实施过于激进的税务筹划方案。

对策:根据我国现行的税收政策,股权激励属于个人取得的所得,企业应代扣代缴个人所得税。

17.激进的税务筹划方案

问题:企业在经营过程中,由于某些原因,如缺少合理的商业目的,使得税务筹划方案偏激进。

对策:企业在进行税务筹划时需要有相应的项目作为基础,按照实质课税的原则进行纳税调整。

18.未设计股权及税务架构

问题:企业由于未在事前进行税务架构的优化,使得在投资退出时,要缴纳25%企业所得税和20%个人所得税。

对策:企业需了解国家出台的税收优惠政策和财政补贴政策,进而进行税务架构优化,以降低经营甚至是投资退出的有关税负。

19.个人股东股权转让未能及时申报缴纳个人所得税

问题:企业个人股东发生的股权转让等行为,按照税法的规定未能及时缴纳个人所得税。

对策:国家税务总局颁布的《股权转让所得个人所得税管理办法(试行)》(国税总局公告2014年第67号)规定,当股权转让协议签订生效后,纳税义务即产生,与是否收到股权转让款无关,扣缴义务人、纳税人应当在次月15日内向主管税务机关申报纳税。

20.资本交易产生税务风险

问题:在股权交易中产生历史遗留税务问题,缺少筹划背景下税负成本阻碍交易的进行;没有及时按规定申报纳税;间接股权转让被纳税调整;等等。

对策:资本交易涉及的金额巨大、范围广泛,因此隐藏的税务风险众多。一般来说,可以从以三点来进行应对:第一,在进行重大资本交易前,企业应对税务进行尽职调查;第二,企业应在事前对交易的架构以及方式进行税务筹划;第三,企业应提高日常税务风险管理水平,增强风险防范意识。

21.股权转让产生印花税

问题:企业或个人在转让股权时未按照要求缴纳印花税。

对策:自2014年6月1日起,在全国中小企业股份转让系统、上海证券交易所、深圳证券交易所买卖、继承、赠予股票所书立的股权转让书据,均依书立时实际成交金额,由出让方按1‰的税率计算缴纳证券(股票)交易印花税。除以上交易所的股权转让外,其他企业股权转让所立的书据,按照"产权转移书据",按所载金额的0.5‰缴纳印花税。

8-2 财务分析中财务指标的计算

(一)变现能力

1.流动比率＝流动资产/流动负债

一般标准值:2.0。

意义:流动比率能体现企业的短期偿债能力。流动资产越多,短期债务越少,则流动比率越大,即短期偿债能力越强。

分析提示:一般情况下,当流动比率低于正常值时,企业的短期偿债风险较大。企业的营业周期、应收账款数额和存货的周转速度等都是影响流动比率的关键因素。

2.速动比率＝(流动资产－存货)/流动负债

保守速动比率＝(货币资金＋应收票据＋应收账款净额＋短期投资)/流动负债

一般标准值:1/0.8。

意义:速动比率比流动比率更能体现企业的短期偿债能力。由于流动资产中包括变现速度较慢或可能已贬值的存货,因而速动比率可以较好地衡量企业的短期偿债能力。

分析提示:一般来说,速动比率低于 1 会被认为短期偿债能力较弱。影响速动比率的主要因素是应收账款的变现能力。由于账面上的应收账款不能够及时以及全部变现,因而速动比率也会存在偏差。

(二)资产

1.存货周转率＝产品销售成本/[(期初存货＋期末存货)/2]

一般标准值:3。

意义:存货周转率主要体现存货周转速度。企业提高存货周转率,可以有效地缩短企业营业周期,提高企业的变现能力。

分析提示:存货周转率可以反映出存货的管理水平,存货周转率越高,存货的占用水平就越低,流动性就越强。存货周转率不仅能够影响企业的短期偿债能力,更是企业管理的重要内容。

2.存货周转天数＝[360×(期初存货＋期末存货)/2]/产品销售成本

一般标准值:120。

意义:存货周转天数指的是企业购入存货并投入生产直至销售出去所需的天数。

分析提示:存货周转天数可以反映出存货的管理水平,存货周转天数越少,存货的占用水平就越低,流动性就越强。存货周转天数不仅能够影响企业的短期偿债能力,更是企业管理的重要内容。

3.应收账款周转率＝销售收入/[（期初应收账款＋期末应收账款）/2]

一般标准值：3。

意义：企业的应收账款周转率越高，其资金收回效率越高。企业的营运资金过多地停滞在应收账款上，会影响企业的正常资金周转以及偿债能力。

分析提示：应收账款周转率需要结合企业的经营方式进行考虑，以下几类情况不能准确地反映实际应收账款周转率：第一，季节性经营；第二，大量使用分期收款结算方式；第三，大量使用现金结算方式；第四，年末大量销售或年末销售大幅度下降。

4.应收账款周转天数＝360/应收账款周转率

一般标准值：100。

意义：应收账款周转天数越少，说明企业资金收回越快；反之，说明企业运营资金过多停滞在应收账款上，影响企业的正常资金周转以及偿债能力。

分析提示：关注应收账款周转天数，应当要与企业自身经营方式结合起来综合考虑。以下几种情况该指标不能反映出企业的实际情况：第一，季节性经营；第二，大量使用分期收款结算方式；第三，大量使用现金结算方式；第四，年末大量销售或年末销售大幅度下降。

5.营业周期＝存货周转天数＋应收账款周转天数

一般标准值：200。

意义：营业周期是指从公司取得存货开始到销售存货并收回现金为止的时间周期。一般情况下，营业周期短，则说明公司资金周转速度快；营业周期长，则说明公司资金周转速度慢。

分析提示：营业周期一般需要结合公司存货周转情况和应收账款周转情况一起分析。营业周期的长短，不仅体现出企业的资产管理水平，还会一定程度上影响企业的盈利能力和偿债能力。

6.流动资产周转率＝销售收入/[（期初流动资产＋期末流动资产）/2]

一般标准值：1。

意义：流动资产周转率能较为准确地反映流动资产的周转速度，周转速度越快，相对节约流动资产，相当于扩大资产投入，增强了企业的盈利能力。

分析提示：分析流动资产周转率一定要结合存货、应收账款和反映盈利能力的指标，可以用来全面评价企业的盈利能力。

7.总资产周转率＝销售收入/[（期初资产总额＋期末资产总额）/2]

一般标准值：0.8。

意义：该项指标综合反映了公司总资产的周转速度，周转越快，说明销售能力越强。企业可以采用薄利多销的营销方法,加快资产周转,带来利润绝对额的增加。

分析提示:总资产周转率可以用于衡量企业运用资产赚取利润的能力。该项指标经常和反映盈利能力的指标一起使用,用来全面评价企业的盈利能力。

(三)负债比率

1.资产负债率=(负债总额/资产总额)×100%

一般标准值:0.7。

意义:反映债权人的资本占全部资本的比例。该指标也被称为举债经营比率。

分析提示:负债比率越大,企业面临的财务风险越大,获取利润的能力也就越强。如果企业的资金不足,只依靠欠债维持,导致资产负债率特别高,偿债风险就应该引起注意了。资产负债率保持在60%～70%,比较合理、稳健;达到85%及以上时,应当视为发出预警信号,企业应引起足够的注意。

2.产权比率=(负债总额/股东权益)×100%

一般标准值:1.2。

意义:该项指标反映了债权人与股东提供资本的相对比例,体现企业的内部资本结构是否合理、稳定,同时也表明了债权人投入资本受到股东权益的保障程度。

分析提示:一般情况下,产权比率高是高风险、高报酬的财务结构的体现,而产权比率低是低风险、低报酬的财务结构的体现。从股东角度来说,在通货膨胀时,企业举债,可以将损失和风险转移给债权人;在经济繁荣时期,举债经营可以获得额外的利润;而在经济萎缩时期,少借债可以减少利息负担和财务风险。

3.有形净值债务率=[负债总额/(股东权益-无形资产净值)]×100%

一般标准值:1.5。

意义:该项指标是产权比率指标的延伸,更严谨、全面地体现在企业清算时债权人投入资本受到股东权益的保障程度。

分析提示:一般情况下,计算该项指标不考虑无形资产,如商标、专利权商誉以及非专利技术等无形价值。它们不一定能用来还债,所以为谨慎起见,一律视为不能偿债。从长期偿债能力来看,较低的指标体现出企业有良好的偿债能力。

4.已获利息倍数=息税前利润/利息费用=(利润总额+财务费用)/(财务费用中的利息支出+资本化利息)

通常也可用近似公式:已获利息倍数=(利润总额+财务费用)/财务费用

一般标准值:2.5。

意义:是企业经营业务收益与利息费用的比率,用来衡量企业偿付借款利息的能力,也称利息保障倍数。

分析提示:已获利息倍数大,代表企业有充足的能力偿付利息。企业息税前利润足够大,才能确保负担得起资本化利息。该项指标越高,代表企业的债务利息压力越小。

(四)盈利能力比率

1.销售净利率=净利润/销售收入×100%

一般标准值:0.1。

意义:该指标反映每一元销售收入带来的净利润值,代表了销售收入的收益水平。

分析提示:在企业销售收入增加的前提下,必须要保证更多净利润的获得,才能使销售净利率基本保持不变或略有提高。销售净利率可以分解成为销售毛利率、销售税金率、销售成本率、销售期间费用率等指标进行分析。

2.销售毛利率=[(销售收入-销售成本)/销售收入]×100%

一般标准值:0.15。

意义:表示每一元销售收入扣除销售成本后,可支付于各项期间费用和形成盈利的值。

分析提示:销售毛利率是企业销售净利率的基础,销售毛利率越高,形成盈利的可能性越大。企业通过按期分析销售毛利率对企业销售收入、销售成本的发生和配比情况做出分析和判断。

3.资产净利率=净利润/[(期初资产总额+期末资产总额)/2]×100%

无标准值。

意义:是一定期间内企业的净利润和资产的比值,表明企业资产的综合利用效果。指标越高,则资产的利用效率越高,说明企业在增加收入和节约资金等方面取得的效果较好,否则相反。

分析提示:资产净利率是一个综合指标,净利值与企业的资产状况、资产的结构、经营管理水平有着密切的联系。产品的价格、单位产品成本的高低、产品的产量和销售的数量、资金占用量的大小都是影响资产净利率高低的主要原因。

4.净资产收益率=净利润/[(期初所有者权益合计+期末所有者权益合计)/2]×100%

一般标准值:0.08。

意义:净资产收益率是公司所有者权益的投资报酬率的基本反映,也叫净值报酬率或权益报酬率,综合性强,是最重要的财务比率。

分析提示:杜邦分析体系可以将这一指标分解成相关的多种因素,进一步剖析影响所有者权益报酬的各个方面,如资产周转率、销售利润率、权益乘数等。另外,在对该指标进行使用时,还应结合应收账款、其他应收款、待摊费用等指标进行分析。

(五)现金流量流动性分析

1.现金到期债务比＝经营活动现金净流量/本期到期债务

本期到期债务＝一年内到期的长期负债＋应付票据

一般标准值:1.5。

意义:通过经营活动的现金净流量与本期到期债务的比值体现企业偿还到期债务的能力。

分析提示:企业能够用来偿还债务的一般应当是经营活动的现金流入,借新债还旧债除外。

2.现金流动负债比＝年经营活动现金净流量/年末流动负债

一般标准值:0.5。

意义:反映经营活动产生的现金对流动负债的保障程度。

分析提示:企业能够用来偿还债务的一般应当是经营活动的现金流入,借新债还旧债除外。

3.现金债务总额比＝经营活动现金净流量/期末负债总额

一般标准值:0.25。

意义:是企业一定时期的经营现金净流量同债务总额的比率,它可以从现金流量角度来反映企业偿还负债的能力。

分析提示:计算结果的高低需要与过去、与同业比较。比率越高,企业能承担债务的能力越强,企业的最大付息能力也越强。

(六)获取现金的能力

1.销售现金比率＝经营活动现金净流量/销售额

一般标准值:0.2。

意义:反映每元销售得到的净现金流入量,其值越大越好。

分析提示:计算结果的高低需要与过去、与同业比较。比率越高,企业的收入质量越好,资金利用效果越好。

2.每股营业现金流量＝经营活动现金净流量/普通股股数

无标准值。

意义:反映每股经营所得到的净现金,其值越大越好。

分析提示:该指标综合地反映企业最大分派现金股利的能力,超过此限,就要借款分红。

3.全部资产现金回收率＝经营活动现金净流量/期末资产总额

一般标准值:0.06。

意义:说明企业资产产生现金的能力,其值越大能力越强。

分析提示:上述指标求倒数,可用于分析全部资产用经营活动现金回收所需的期间长短,体现了企业资产回收的含义。回收期越短,说明资产获现能力越强。

持续督导中的
财务问题

第九章　企业价值的外部提升——上市、挂牌

一、上市、挂牌概述

企业不是存在在真空的环境里，它的每一步经营都要与外界产生联系，它的每一个决策也与整体外部环境有关。提升企业价值如果只从内部的角度来做显然不够全面，内部管理是做自己分内的事，而企业要想获取更有影响力的良好声誉、取得更好的资源和营造更好的环境，提升价值，就必须得到社会的认可，公开企业的所有信息，取得投资者的信任。企业价值外部提升的主要手段就是上市或挂牌，具有五个好处：

第一，拓展融资渠道，改变企业融资渠道狭窄、方式单一的情况，为企业的长期发展筹措资金。

第二，便于实施股权激励方案，吸引和稳定人才队伍。公司以股票或认股权的形式奖励管理人员及员工，让他们分享公司经营成果。

第三，有利于改善股权结构和资本结构。一方面引入战略投资人帮助企业获取外部资源，另一方面股东多元化也可以提高决策的科学性，为企业持续发展奠定基础。

第四，提升企业形象，改善营销环境。公司上市成为公众公司，本身就是巨大的无形资产，具有广告效应，有助于企业对自身进行宣传。

第五，增强企业的资本运作能力。企业可以通过资本市场收购兼并进行产业整合快速扩张，确立在行业内的优势。

这五大好处较全面地帮助了企业经营：首先是提供企业经营需要的资金，然后又辅助企业建立了好的人才队伍；资本、团队有了之后，管理决策层也得到了优化；最后在企业开拓市场和扩张阶段起到了助力作用。

凡事当然都有两面性，上市或挂牌除了五大好处之外，也有四个不足：

第一，控制权相对削弱，决策的灵活度降低。

第二,股权被稀释,有被恶意收购的可能,管理的稳定性受到影响。

第三,有信息披露的要求,需要定期公布财务报告,披露重大事项,这提高了公司的管理成本,并且有可能泄露有关的商业机密。

第四,股票二级市场的波动可能会影响到企业的正常经营。

总的来说上市或挂牌利大于弊,特别是对于处在发展阶段的企业,充足的外部资源是企业快速发展的重要基石。我国资本市场处于发展阶段,企业上市都是在实践中慢慢探索出来的。目前上市的主要方式有几种:IPO,即首次公开发行股票并上市;借壳上市,即收购现有上市公司并注入资金;并购出售,即向上市公司出售企业股权或资产并取得上市公司的股权。其中以IPO为主要方式。

发行上市是艰苦复杂的系统工程,是企业梳理过去和规范运作的良机。

二、我国的多层次资本市场

企业上市、挂牌前还必须了解我国目前的多层次资本市场体系的现状,这样才能清楚自己的企业可以对应进入哪个层次的市场进行上市或挂牌。

多层次的资本市场在宏观层面上的作用:有助于满足市场上资金供求端的多层次需求;有利于提供精准契合的准入机制和退出机制,提高上市公司质量;便于防范和降低宏观金融风险。

多层次的资本市场在微观层面上的作用:可以通过改制辅导和持续督导,提高企业规范治理水平;提升企业形象和知名度,利于拓展市场;提升规范度和透明度,让银行主动授信(间接融资);提供股份公开转让平台,提高股权流动性;借助资本市场发展壮大,从做加法到做乘法(并购重组);实施股权激励,汇集优秀人才;通过定向发行,高效便捷地进行股权和债券融资(直接融资);通过市场机制充分反映企业内在价值。

我国从改革开放以来一直致力于建立多层次的资本市场,目前已经初步形成了以主板、中小板、创业板为主的场内市场和以新三板、区域市场为主的场外市场。主板是国家证券发行、上市及交易的主要场所,我国的主板市场发行在上交所和深交所。中小板和创业板是针对那些条件达不到主板市场要求的企业推出的。新三板市场原指中关村科技园区非上市股份有限公司进入代办股份系统进行转让试点,但目前新三板不再局限于中关村科技园区非上市股份有限公司,已经改名为"全国中小企业股份制转让系统",主要针对的是中小微型企业。此外,符合一定条件的中小微型企业可以进入当地的区域性股权交易市场(业界称为四板）挂牌。见图 9-1 和图 9-2。

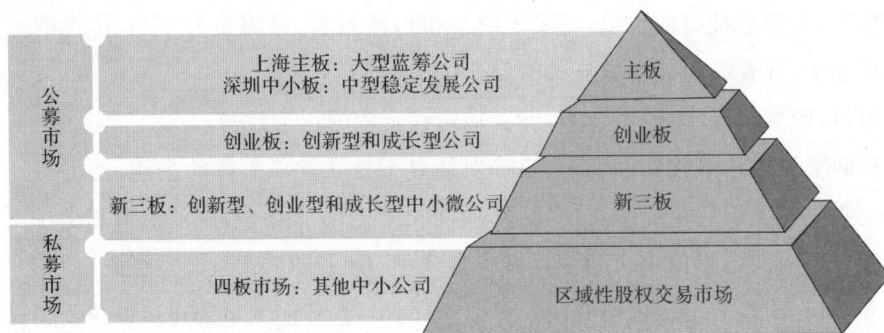

图 9-1　多层次资本市场区分

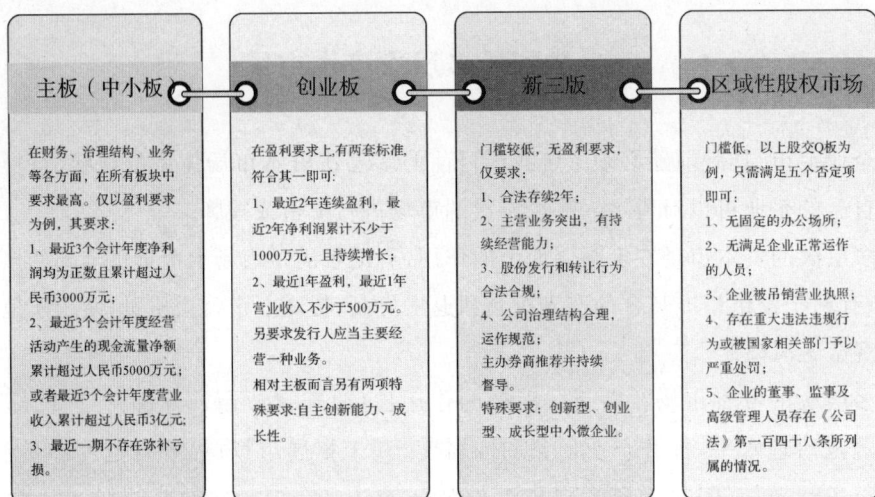

图 9-2　四板上市的要求

多层次资本市场的融资手段是多元化的：定向增资，私募债，小贷债，私募优先股，银行增信，股权质押，可转债，众筹，等等。

2017 年中国股权投资
市场回顾与展望

在场外市场进行股权托管是一种较为常见的操作手段，即经政府有关部门批准的、具有普遍社会公信力的第三方机构，接受股份制公司的授权委托，对该公司股东所持的股权进行集中登记管理的行为。这样有利于公司规范运作，提高经营管理水平；有利于节省财务成本；有利于拓宽投、融资渠道，吸引社会资本，实现多元化；有利于扩大企业知名度，为其股票公开发行、上市创造条件。

三、区域性股权市场

(一)区域性股权交易中心

近段时间,各地方政府先后成立了区域性股权交易中心,旨在解决本地区内的中小企业在交易中心挂牌交易、融资的问题。深圳前海股权交易中心、天津滨海柜台交易市场、重庆股份转让中心、齐鲁股权交易中心、上海股权托管交易中心、浙江股权交易中心等构成了全方位的创新型中小企业融资平台,俗称"新四板"。目前政策对股权交易中心的定位是只限于中小企业挂牌,中小企业在本地区新四板市场挂牌的同时,有条件的企业可以跨地区挂牌交易。

(二)基本条件

由于各地股权交易中心对企业挂牌无统一的标准门槛,经归纳,新四板挂牌的基本条件如下:

第一,依法设立的股份有限公司、有限责任公司。

第二,业务明确,具有持续经营能力。

第三,公司治理机制健全,合法规范经营。

第四,主办券商推荐并持续督导。

第五,股权交易中心要求的其他条件。

(三)基本流程

1.公司董事会、股东大会决议

公司申请股份到新四板报价转让,应由公司董事会就申请股份挂牌报价转让事项形成决议,并提请股东大会审议,同时提请股东大会授权董事会办理相关事宜。

2.配合相关机构的尽职调查、审计等

为使股份顺利进入新四板挂牌报价转让,公司要积极配合相关中介机构(券商、会计师、投资机构、律师、银行)的尽职调查、审计、法律审查等。

3.备案

委托保荐机构或公司自身向新四板报送挂牌备案文件,经新四板的初审、复审,发出同意挂牌备案的函。

4.披露挂牌备案相关文件

股份挂牌前,公司应在新四板信息披露平台上发布股份挂牌备案相关文件,主要包括以下内容:公司基本情况,公司董事、监事、高级管理人员、核心技术人员及其持股情况,公司业务和技术情况,公司业务发展目标及其风险因素,公司治理情况,公司财务会计信息,其他需要披露的文件。在上述文件披露后,股份即可挂牌报价转让。

四、新三板

"全国中小企业股份转让系统"也称"新三板",是我国发展多级资本市场的一个重要着力点。当公司上市采用注册制成为共识,新三板市场就成了注册制的先行者。

创新的温床

(一)新三板的挂牌条件、流程

第一,确认企业是否存续满2年,若未满2年不得挂牌。

第二,存续满2年以上的企业选定主办券商,并与券商签订《推荐挂牌并持续督导协议》,此时一般需要支付总费用的20%。

第三,企业与券商签订《推荐挂牌并持续督导协议》之后,券商、律师、会计师开展尽职调查,并着手将企业改制为股份有限公司。

新三板尽职调查
指引详细解读

证券公司项目小组制作《公开转让说明书》和《尽职调查报告》,律师出具法律意见书,会计师出具审计报告,主办券商在此基础上补充材料。改制完成一般要支付总费用的30%。

第四,材料准备齐全后,券商内部审核是否同意推荐,不同意的话要退回进行修改。券商同意推荐后,企业需再支付总费用的20%。

第五,券商将企业推荐到股转公司进行审查,证监会进行核准,给予反馈意见,看是否需要修改材料。材料核准通过即可挂牌公开转让和定向增发了。挂牌成功后,企业最后支付总费用剩余的30%。

其中特别需要注意的是,企业要有2个完整会计年度(1月1日到12月31日算一个完整的会计年度)的运营记录方可申请新三板挂牌。也就是说,如果企业要在2014年9月1日操作挂牌,其成立时间不得晚于2012年1月1日。此外,如果企业成立于2013年1月1日,并且于2015年2月完成2014年度财务报表审计,则可以直接申报挂牌,无须等到 2015 年一季度报表出来后再申报,即最近一期财务报表不强制要求为季度、半年度或年度报表。

新三板挂牌对企业税收执行情况有一定要求:报告期最后一期必须采用查账征收,报告期末企业已向税务部门足额缴纳税款,税务部门出具报告期内无违法违规证明。

此外,还需要各中介机构发表如下意见:企业实际控制人、控股股东出具承诺,承担可能的追缴税款和滞纳金;会计师对报告期内财务核算是否健全、内控制度是否科学合理发表意见;律师对企业是否合法合规发表意见;主办券商对前面所有问题发表意见。

企业新三板上市
的工作方案

(二)新三板审核要点

每一级企业上市都有不同的要求,所以审查的要点也会有所区别。新三板审核要点如下:

1.设立及历史沿革合法合规

(1)核查公司历次增资、减资等股本变化情况及履行的内部决议、外部审批程序,并就公司历次的增资、减资等是否依法履行必要程序、是否合法合规、有无纠纷及潜在纠纷发表意见。

(2)核查公司历次出资的缴纳、非货币资产评估和权属转移情况(如有)、验资情况,并就公司股东出资的真实性、充足性有无瑕疵,出资履行程序、出资形式及相应比例等是否符合当时有效法律法规的规定,公司是否存在任何出资瑕疵发表意见。

(3)就公司历次股权转让是否依法履行必要程序、是否合法合规、有无纠纷及潜在纠纷,公司历次股票发行情况(如有)及公司股票发行的合法合规性发表意见。

2.股东主体适格性、实际控制人、控股股东

(1)公司股东是否存在或曾经存在法律法规、任职单位规定不得担任股东的情形或者不满足法律法规规定的股东资格条件等主体资格瑕疵问题。

(2)公司的控股股东、实际控制人最近 24 个月内是否存在重大违法违规行为。

3.股权

(1)公司是否存在或曾经存在股权代持的情形;若存在,核查股权代持的形成、变更及解除情况以及全部代持人与被代持人的确认情况,并对代持形成与解除的真实有效性、有无纠纷或潜在纠纷发表意见。

(2)公司是否存在影响公司股权明晰的问题以及相关问题的解决情况，以及公司现有股权是否存在权属争议纠纷情形。

4.董事、监事、高管级管理人员及核心员工

(1)现任董事、监事、高级管理人员是否存在不具备法律法规规定的任职资格或违反法律法规规定、所兼职单位规定的任职限制等任职资格方面的瑕疵；若存在，核查具体瑕疵、解决情况和对公司的影响。

(2)现任董事、监事、高级管理人员最近 24 个月内是否存在受到中国证监会行政处罚或者被采取证券市场禁入措施的情形。

(3)公司董事、监事、高级管理人员、核心员工（核心技术人员）是否存在违反竞业禁止的法律规定或与原单位约定的情形，是否存在有关上述竞业禁止事项的纠纷或潜在纠纷；若存在，核查纠纷情况解决措施、对公司经营的影响。

(4)公司董事、监事、高级管理人员、核心员工（核心技术人员）是否存在与原任职单位在知识产权、商业秘密等方面的侵权纠纷或潜在纠纷；若存在，核查纠纷情况、解决措施和对公司经营的影响。

5.合法规范经营

(1)公司是否具有经营业务所需的全部资质、许可、认证、特许经营权，公司是否存在相关资质将到期而无法续期的情况。

(2)环保、安全生产、质量标准是否存在瑕疵，是否存在其他违法行为。

(3)公司或其股东属于私募投资基金管理人或私募投资基金的，是否已办理私募基金备案。

6.公司业务

(1)公司所使用的技术工艺及其在公司产品或服务中的作用，公司技术或工艺的创新性、比较优势及可替代情况。

(2)研发基本情况，包括且不限于研发机构的部门设置情况、研发人员数量和构成、核心技术（业务）人员情况、研发支出的具体情况及其占营业收入比例、研发项目与成果。

(3)对公司持续经营有重大影响的业务合同及履行情况。

7.财务与业务匹配性

(1)收入确认是否符合公司经营实际情况，是否存在特殊处理方式及其是否合理（净额确认、完工百分比等）；是否存在虚增收入以及隐藏收入的情形。

(2)公司成本归集、分配、结转是否准确，是否存在通过成本调整业绩的情形；公司成本构成与可比公司相比是否存在异常情况。

（3）毛利水平以及波动是否合理；公司营业成本和期间费用的各组成项目的划分归集是否合规，公司报告期内收入、成本的配比关系是否合理。

（4）结合预付款项、其他应收款、应付款项、其他应付款等资产负债类科目核查公司是否存在跨期确认费用的情形，结合固定资产、在建工程、长期待摊费用等科目核查公司是否存在将期间费用资本化的情形。

（5）公司应收账款余额水平以及占当期收入的比例是否合理；是否存在长期未收回款项的；报告期内或期后是否存在大额冲减的，并请公司披露冲减原因；结合同行业公司以及公司自身特点分析坏账计提政策的谨慎性；说明期后收款情况；是否存在提前确认收入的情形。

（6）存货跌价准备计提及转回的具体依据、测算过程，核查公司存货跌价准备是否谨慎合理；公司存货各项目的发生、计价、分配与结转情况是否与实际生产流转一致，分配及结转方法是否合理、计算是否准确，是否存在通过存货科目调节利润的情形。

（7）分析并披露经营活动现金流波动的合理性，经营活动现金流量净额与净利润的匹配性；说明各报告期内所有大额现金流量变动项目的内容、发生额，是否与实际业务的发生相符，是否与相关科目的会计核算钩稽。

8.财务规范性、财务指标与会计政策、估计

（1）公司销售与收款循环、购货与付款循环、生产循环、筹资与投资循环、货币资金循环等五大循环相关的内控制度，结合职责分离、授权审批、内部凭证记录等核查相关制度是否有效，是否得到有效执行；公司会计核算基础是否符合现行会计基础工作规范要求。

（2）公司财务指标及其波动的合理性；若存在异常，核查异常会计数据的真实性及准确性。

（3）公司选用会计政策和会计估计的适当性，会计政策和会计估计是否与同行业公司存在明显差异，报告期内会计政策的一致性；分析其是否利用会计政策和会计估计变更操纵利润，如改变收入确认方式、调整坏账计提比例、调整存货计价方式等。

9.持续经营能力

公司应结合营运记录（可采用多维度界定，如现金流量、营业收入、交易客户、研发费用、合同签订情况、行业特有计量指标等情况）、资金筹资能力（如挂牌并发行）等量化指标，以及行业发展趋势、市场竞争情况、公司核心优势（如技术领先性）、商业模式创新性、风险管理、主要客户及供应商情况、期后合同签订以及盈利情况等方面评估公

司在可预见的未来的持续经营能力。

10.关联方、关联交易

(1)公司关联方认定应准确,披露应全面,不得存在为规避披露关联交易将关联方非关联化的情形。

(2)报告期内关联交易的内部决策程序应规范履行,交易情况应规范。

(3)报告期内公司是否存在控股股东、实际控制人及其关联方占用公司资源(资金)的情形,目前是否已偿还。

(4)公司与控股股东、实际控制人及其控制的其他企业是否从事相同或相似业务、是否存在同业竞争,是否已规范。

(5)公司的财务、机构、人员、业务、资产是否与控股股东和实际控制人及其控制的其他企业分开;公司是否存在对关联方的依赖,其是否影响公司的持续经营能力。

11.税收

(1)报告期内公司及其子公司的流转税与所得税税率、征收方式、税收优惠情况,是否合法合规;公司业绩对税收优惠政策是否存在依赖。

(2)公司的税收缴纳是否存在少计税款、未足额缴纳税款、延期缴纳税款等不规范行为;公司是否存在偷税、漏税等重大违法违规行为。

12.资产

(1)公司资产是否权属清晰、证件齐备,是否存在权利瑕疵、权属争议纠纷或其他权属不明的情形;若存在,核查相应事项的规范情况。

(2)是否存在资产产权共有的情形以及是否存在对他方重大依赖的情形,是否影响公司资产、业务的独立性。

(3)是否存在有关知识产权纠纷的诉讼或仲裁。

五、交易所上市

(一)上市基本要求

1.创业板

最近2年持续盈利,2年净资产累计不少于1000万元,且持续增长;或者最近1年盈利,最近1年营业收入不少于5000万元。最近一期末净资产不小于2000万元,且不存在未弥补亏损。发行后股本总额不少于3000万元。

2. 主板、中小板

最近 3 个会计年度净利润为正数且累计超过 3000 万元。最近 3 个会计年度经营活动产生的现金流量净额累计超过 5000 万元；或者最近 3 个会计年度营业收入累计超过 3 亿元。发行前股本总额不少于 3000 万元。最近一期末无形资产占净资产的比例不高于 20%。最近一期末不存在未弥补亏损。

（二）交易所 IPO 流程

以在国内 A 股 IPO 为例，股份公司一共要经过五个阶段：上市前辅导、股票发行筹备、申报和审议、促销和发行、股票上市及后续。

1. 上市前辅导

在上市辅导阶段企业要确定中介机构，中介机构主要包括财务顾问、券商、律师、会计师。一般聘请券商为保荐机构，其高效协调能力是企业成功上市发行的有力保障。辅导期要大于等于一年，有效期是三年。上市辅导阶段是中介机构对企业进行改制重组并确定上市方案的阶段，目的是帮助企业消除可能影响通过发行审核的潜在隐患。

上市辅导的内容，由辅导机构在尽职调查的基础上，根据发行上市相关法律法规和规则以及上市公司的必备知识，针对企业的具体情况和实际需求来确定，包括以下几个方面：

（1）组织企业的董事、监事、高级管理人员（包括经理、副经理、董事会秘书、财务负责人、其他高级管理人员）、持有 5% 以上（含 5%）股份的股东（或其法定代表人）参加有关发行上市法律法规，上市公司规范运作和其他证券基础知识的学习、培训和考试，督促其增强法制观念和诚信意识。

（2）督促企业按照有关规定初步建立符合现代企业制度要求的公司治理结构、规范运作，包括制定符合上市要求的公司章程、规范公司组织结构、完善内部决策和控制制度以及激励约束机制、健全公司财务会计制度等。

（3）核查企业在股份公司设立、改制重组、股权设置和转让、增资扩股、资产评估、资本验证等方面是否合法，产权关系是否明晰，是否妥善处置了商标、专利、土地、房屋等资产的法律权属问题。

（4）督促企业实现独立运作，做到业务、资产、人员、财务、机构独立完整，主营业务突出，形成核心竞争力。

（5）督促企业规范与控股股东及其他关联方的关系，妥善处理同业竞争和关联交易问题,建立规范的关联交易决策制度。

(6)督促企业形成明确的业务发展目标和未来发展计划,制定可行的募股资金投向及其他投资项目的规划。

(7)对企业是否达到发行上市条件进行综合评估,诊断并解决问题。

(8)协助企业开展首次公开发行股票的准备工作。

辅导机构和企业可以协商确定不同阶段的辅导重点和实施手段。辅导前期的重点可以是摸底调查,形成全面、具体的辅导方案;辅导中期的重点在于集中学习和培训,诊断问题并加以解决;辅导后期的重点在于完成辅导计划,进行考核评估,做好首次公开发行股票申请文件的准备工作。

2.股票发行筹备

股票发行筹备阶段要制定资金使用计划。为保证新股发行的顺利进行和募集资金的有效利用,发行公司需制定资金使用计划,对募集资金的使用方向、投资项目的可行性、适用性等进行周密科学的研究与判断。

一是确定使用方向。若发行新股是为了筹建新公司,就需要明确生产什么产品;如果发行新股是为了扩充设备,扩大再生产,就要明确是增加原有产品数量,还是生产新产品等。二是对投资项目进行可行性研究分析。其中包括对人员配置、技术要求、生产成本、产品销售、中场环境以及有关法律和政策等方面进行分析,并且对经营中可能遇到的困难做出估计,对资本需求和资金募集量进行预计和测算。

3.申报和审议

申报和审议阶段首先由具备证券业从业资格的评级机构、会计师事务所、律师事务所等相关中介机构,对所需企业的资信、资产、财务状况等进行审定与评估,并完成发起人到位资金验资报告、审计报告、评情报告以及国家股及法人股的确认报告,律师事务所就相关事项出具法律意见书。之后具有证券承销资格的证券机构负责为企业组织编写股票发行申报材料并制定股票发行承销方案,与企业签定承销协议、制作招股说明书等相关事宜。

递交申请材料之后开始审议程序。先是发行部门初审,之后再由发审部审核,最后是证监会核准。同时,企业需要随时准备对监管部门的意见提出回应。在证监会核准之后,企业刊登招股书,刊登发行公告,制定销售方案和路演计划。

4.促销和发行

促销和发行阶段需要准备分析员说明会和路演,由研究分析员做公司和发行的介绍,确保公司股票发行得到广泛的关注,吸引潜在投资者。企业就股票发行价格向机构询价,确定规模和定价范围。询价对象包括符合中国证监会规定条件的基金管理公司、证券公司、信托投资公司、财务公司、保险机构投资者以及合格的境外机构投资者等六类机构投资者。询价对象应以其自营业务或其管理的证券投资产品分别独立参与累计投标询价和股票配售。累计投标询价是指如果投资者的有效申购总量大于本次股票发行量，但超额认购倍数小于 5 倍时，以询价下限为发行价；如果超额认购倍数大于 5 倍时，则从申购价格最高的有效申购开始逐笔向下累计计算，直至超额认购倍数首次超过 5 倍为止，以此时的价格为发行价。发行询价结束之后，企业向中国证监会递交发行总结报告，并验资办理工商变更登记。企业向交易所报送上市申请文件，保荐机构向交易所报送上市保荐文件，最后企业股票就可以在交易所挂牌上市交易了。

阿里巴巴上市路演

5. 股票上市后续

股票上市后企业仍有大量的工作，为完成这些工作上市公司必须有一名董事会秘书。根据深交所股票上市规则与上交所股票上市规则的规定，上市公司在聘任董事会秘书的同时，还应当聘任证券事务代表，协助董事会秘书履行职责。董事会秘书是上市公司与证券交易所之间的指定联络人，对外负责公司相关信息披露、投资者关系管理；对内负责股权事务管理、公司治理、股权投资、筹备董事会和股东大会等事宜，以保障公司规范化运作。

除了聘请相应的工作人员保证公司信息披露及时与交易所之间联络通畅之外，稳定自身股价、维护与投资者的关系也是上市公司的重要任务。

2018 年 1—4 月 37 家 IPO 企业被否原因汇总

华谊兄弟 IPO

华谊兄弟于 1994 年成立，一开始是家注册资本 100 万的广告公司。1998 年华谊兄弟正式进入影视界，开发、制作及发行在中国受欢迎的影视作品，比如《没完没了》《大腕》《集结号》《非诚勿扰》等。在实践中，华谊兄弟逐渐形成了大投入、大产出的经营策略，在招股书中就明确提到，"以国产商业大片为主的高端定位是华谊的方向"。大制作思路在为华谊兄弟赢得票房的同时还赢得了口碑，对电影业务收入做出了重大贡献。但同时，大制作意味着高投入，需要密集的资本去推动。

早期华谊兄弟主要靠私募股权融资和银行贷款进行资本运作。2000 年，华谊广告与太合控股有限公司共同出资设立华谊太合，注册资本 2600 万，双方分别出资 1300 万。2004 年，华谊第二次融资重组，TOM 集团向华谊兄弟投资 1000 万美元，其中 500 万美元购买 27% 的股权，500 万美元购买可转债。2006 年 6 月 15 日，华谊股东王中军、王中磊、刘晓梅、汪超涌分别将所持部分股权转让给马云。马云正式成为股东之一，入资华谊兄弟。2007 年，华谊进行第四轮私募，以江南春为首的分众传媒高管团队及鲁冠球之子鲁伟鼎的加盟，再次充实了华谊兄弟的资金。至 2007 年末，华谊的股东已经变成了包括王中军、马云在内的 18 名自然人。银行贷款方面，华谊兄弟第一次贷款是在 2005 年为了冯小刚的电影《夜宴》，深圳发展银行为该片提供贷款，条件是华谊兄弟必须请第三方(中国进出口保险公司)作为担保方，并且华谊老总王中军要将个人名下所有资产作为连带担保。但从 2007 年筹拍《集结号》开始，华谊就不再需要第三方公司担保授信，而是依靠知识产权，采取版权质押的方式成功获得招行的 5000 万贷款。这是国内银行首次为国产电影提供商业贷款。《集结号》的成功让银行业意识到了文化产业蕴藏的利润。

中国影视业的高速发展，促使银行业加快了与文化产业的合作步伐。2008 年 5 月 14 日，北京银行与华谊兄弟正式签署战略合作协议，以版权质押的方式为华谊兄弟提供 1 亿元打包贷款，款项用于其多个电视剧项目，开创了版权质押打包的先河。紧接着，中国农业银行和华谊签署 2009 年度 4 部电影的贷款。2009 年，中国工商银行向华谊兄弟提供了 1.2 亿元的两年期贷款。虽然几轮私募和数次银行贷款解决了华谊兄弟的燃眉之急，但随着公司规模的不断扩大，影视投资规模也是日趋上涨，先前的筹资方式已无法满足华谊公司的资金需求，因而上市成为华谊兄弟的必然选择。

华谊兄弟传媒股份有限公司聘请的保荐人(承销商)为中信建投证券有限责任公司，保荐代表人是徐炯炜和彭波。承销商与发行人协商确定申报时间表，初步拟定发行方案和募集资金投向。发行人向证监会提出申请，取得相关批准文件。发行人准备招股说明书、募集资金运用的可研报告、发行方案、财务会计资料及其他相关文件等。发行人召开董事会、股东大会以确定发行数量、发行对象、定价方式、募投项目、滚存利润分配原则等相关事宜。保荐机构拟定发行保荐书并协助发行人制作招股文件等。华谊兄弟聘请上海市瑛明律师事务所陈明夏为法律方面负责人。律师方面提交律师的工作报告、法律意见书、其他说明、承诺、鉴证等相关文件。会计相关作由中瑞岳华会计师事务所有限公司承担。会计师出具盈利预测报告、审计报告及审核报告、经验证的非经常性损益明细表、内部控制鉴证报告、其他说明以及承诺等。评估师出具评估报告、其他说明、承诺等。

中信建投证券有限责任公司向中国证监会提交推荐函，报送申报材料，进入审核程序。之后依次是受理、初审、发审、会后、封卷流程。

受理：证监会发行部 5 个工作日内决定是否受理。

初审：申报企业与发行部工作人员会面初审，发行部出具初审意见，发行人和保荐机构收到初审意见后回复。

发审：证监会发行部审核会讨论项目，发审会前5日招股说明书在网站预披露，发审会对项目进行审核，当场公布审核结果。

会后：重大事项发生后2个工作日向证监会提交书面说明，对招股说明书或招股意向书做出修改，发行前2周证监会通知报送会后事项的有关材料。

封卷：出具审核文件当日或刊登招股说明书的前一个工作日中午12点前发行人和中介机构提交承诺函。

2009年9月27日，证监会进行会议审核，华谊兄弟传媒股份有限公司（首发）获通过。本次发行股票种类为人民币普通股（A股），每股面值为人民币1.00元。发行股数为4200万股，发行价格为28.58元/股。

华谊兄弟的发行方式是网下向询价对象询价配售与网上资金申购定价相结合，发行对象为符合资格要求的询价对象和在深圳证券交易所开户的境内自然人、法人等投资者（国家法律法规禁止购买者除外）或中国证监会规定的其他对象。华谊兄弟此次预计募集资金数额为62000万元，将用于补充影视剧业务营运资金。如本次发行实际募集资金量超出预计募集资金数额，则公司将超额部分资金用于影院投资项目，该项目总投资额为12966.32万元。若用于影院投资项目后仍有余额的，则将剩余资金继续用于补充公司流动资金。如果实际募集资金不能满足募集资金项目的需求，则不足部分由公司自筹解决。

本次发行的刊登发行公告日期是2009年10月9日，询价推介时间是2009年10月12日，定价公告刊登日期是2009年10月14日，申购日期和缴款日期是2009年10月15日，预计股票上市日期则是在发行结束后尽快在深圳证券交易所挂牌交易。

最后本次发行共募集资金1148238686.45元，其中增加股本4200万元，增加资本公积金1106238686.45元。至此，公司股本增加至16800万元，于2009年11月17日完成工商变更登记。

（三）主板借壳上市流程

借壳上市是指非上市公司通过收购上市公司一定比例的股权来获取上市地位，也是非上市企业获得上市地位的一种方式，属于上市公司资产重组的一种形式。要借壳上市首先要明确公司借壳的目的,是急需融资以满足扩张需要,还是需要提升企业品牌形象、建立现代企业管理制度等。在明确目的之后,就要对企业自身条件进行分析,例如公司的整体资金实力、盈利能力、财务安排,未来的企业赢利能力与运作规划,等等。在对自身进行分析后,就可以安排借壳上市。借壳上市的过程一般有四个阶段:收购阶段、审核阶段、整合阶段、再融资阶段。见图9-3。

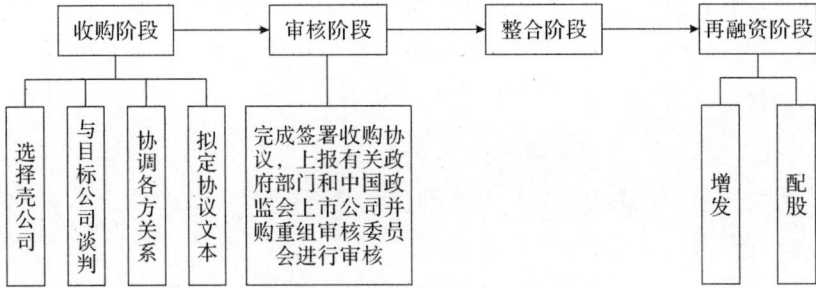

图9-3 企业借壳上市流程

1.收购阶段

首先要挑选壳公司。合适的壳资源一般需从以下几点切入判断:是否符合公司重组战略,是否可以以合适的产业切入,资产规模与股本规模,是否符合重组方的现金流,资源能否被迅速整合,目标壳资源的评价指标。

选择好壳公司之后,需要对其进行考察,认为目标公司符合要求的,需要与目标公司股东和管理层进行谈判,沟通重组的可行性和必要性;制定谈判策略,使重组方获得最有利的金融和非金融安排。由于借壳上市牵涉至少两家公司股东的利益,协调好各方关系、保证借壳能顺利进行,也是收购阶段必须做好的工作。在与各方谈判协调基本一致的情况下,再拟定收购协议文本,确定收购方式是选择协议收购还是场内收购,为被并购企业进行估值,确定其购并价格,并设计付款方式,在互相撮合协商中寻求最佳的现金流和财务管理方案。其中,评估与判断是所有收购工作中最重要的环节。公司在制定收购、注资阶段整体现金流方案时要以利用有限的现金实现尽可能多的战略目标为核心,为重组后的配股、增发等融资做准备。这在后续的重组设计融资方案中也是尤为重要的,必要时需协助调动融资渠道。

2.审核阶段

完成签署收购协议,上报有关政府部门和中国证监会上市公司并购重组委员会进行审核。证监会在审核借壳上市方案时,将参照《首次公开发行股票并上市管理办法》,重点关注本次重组完成后上市公司是否具有持续经营能力,是否符合证监会有关治理与规范运作的相关规定,在业务、资产、财务、人员、机构等方面是否独立于控股股东、实际控制人及其控制的其他企业,与控股股东、实际控制人及其控制的其他企业间是否存在同业竞争或者显失公平的关联交易。

3.整合阶段

需要进行董事会的重组,主要目的是为了获取目标公司的实际控制权,制定反并购方案,从而巩固对目标公司的控制。在确认对目标公司的控制之后,就可以向其注入优质资产,以实现资产变现。与此同时,也可以向公司战略发展领域投资,实现公司的战略扩张。还可以在现行法律环境下,为公司员工制定持股计划。

根据目标的不同有两种重组方式。第一种是战略性重组,主要关注的是行业背景、公司运营状况、重组难度和地域背景,收购目标就是完成自身的战略计划。注重考察的是两家公司在业务方面的互补性。第二种是财务性重组,主要是以股权增值转让为目的,关注股权设置情况、被收购公司的融资能力和现金流及考虑再转让等情况。两种策略也可以在一定程度上融合,比如以战略持有、提升母体公司竞争力与价值为目的,但是在实际的运作过程中,可以采取财务性重组与战略性重组结合的方式,使公司处于进退自如的状态。

4.再融资阶段

借壳上市完整的流程结束一般需要半年以上时间,其中要约收购豁免审批、重大资产置换的审批是最为重要的环节,尤其是核心资产的财务、法律等环节重组、构架设计工作。这些工作都必须在重组之前完成。最后在借壳成功之后,公司可以利用上市公司这个身份进行再融资,定向增发或者是配股,以达到自己最初借壳上市的目的。

海通证券借壳都市股份

海通证券成立于1988年,2002年成为当时资本规模最大的综合型券商。证券化时代的到来促使大型企业集团纷纷上市,市场在为券商提供机遇的同时,也对券商的资本实力提出了更高的要求,这就使得券商需要迅速改变目前资本规模偏小的情况。

2006年7月23日,中国证监会公布了《证券公司风险控制指标管理办法》与《关于发布证券公司净资本计算标准的通知》,这意味着以净资产为核心的动态监管在证券业中正式推开。

2006年4月以来,A股市场出现了由熊转牛的明显迹象,如果券商在2007—2008年上市,将获得较高的发行定价。但是严格的上市准入制度限制了海通证券通过

IPO，所以借壳就成了其最优的抉择。

海通证券选择的壳公司是都市股份。这家公司1993年改制为股份制，1994年在上海证券交易所上市，主营业务是蔬菜、瓜果等的种植、加工、批发和零售。2005年以后，都市股份的资产盈利能力明显下降。截至2006年9月30日，其总股本为3.58亿股。其中，光明集团持有有限售条件股份2.41亿股，占总股本的67.32%；其他无限售条件的流通股股东持股为1.17亿元，占总股本的32.68%。一边是海通证券资本实力雄厚，业务规模和盈利能力均在行业上游，核心业务排名靠前，经纪业务也是行业领先；而另一边是都市股份业务不断萎缩，主业不精，利润结构倒挂，虽股本不断扩张，但股盘整体仍然较小。都市股份壳特征突显，处置成本也不高。在这样的情况下，海通证券选取光明集团为资产受让方，是有利于双方的。

首先是制造一个净壳。即都市股份向光明集团转让其全部资产及负债，转让价款参照都市股份截至2006年9月30日经评估的净资产值。以有关部门核准为准，确定为价值人民币75600万元。都市股份原有全部业务及员工将随资产及负债一并转给光明集团。通过本次资产的出售，都市股份的非证券类资产全部被剥离，成为真正的净壳。

接下来就是换股合并。都市股份在双方市场化估值的前提下，向海通证券的全体股东定向增发303100万股，以2006年10月13日的收盘价为基准，确定每股发行价格为5.8元，以新增股份换股的方式，与海通证券全体股东持有的海通证券股份按照1∶0.347的比例进行换股，即每1股海通证券股份换取0.347股都市股份股份。合并完成后，都市股份的股份总数增至3389272910股，其中89.4%股份的资产体现形式是海通证券的股份。另外值得一提的是，本次吸收合并过程中，同时赋予都市股份除光明集团之外的所有流通股股东现金选择权，他们可以按照停牌前的价格5.8元每股将全部或部分股份过户给第三方光明集团下属全资子公司上海市农工商投资公司。

海通证券股东获得了上市流通权，相应地需要对光明集团在本次合并中承接都市股份原有资产、负债、人员、业务等所造成的经营压力，及其在都市股份股权分置改革中支付的上市流通权进行对价补偿，即海通证券同意向光明集团支付补偿款人民币2亿元。

都市股份在完成吸收合并后，以向特定对象非公开发行的方式引入战略投资者，定向发行不超过10亿股股份，发行价格不低于都市股份与海通证券合并时的换股价——每股5.8元。本次非公开发行方案由存续公司的新一届董事会及股东大会审核、确认，并报经中国证监会核准后实施。

2007 年 2 月 12 日,都市股份发布董事会公告,拟在吸收合并海通证券后非公开发行不超过 10 亿股新股,发行底价为本决议公告日前二十个交易日的本公司股票均价的 90%,即 13.15 元。截至 2006 年 9 月 30 日,海通证券经审计的净资产数为 32.23 亿。根据吸收合并协议及与光明集团签署的相关协议,海通证券的所有资产及负债将在支付给光明集团计人民币 1.5 亿元后全部进入上市公司,海通证券在审计基准日至合并完成日产生的利润扣除 5000 万(支付给光明集团)后由合并后的新老股东共享。

在吸收合并协议生效后,存续公司名称依法变更为海通证券股份有限公司。其经营范围依法变更为证券(含境内上市外资股)的代理买卖,代理证券的还本付息、分红派息、证券代保管、鉴证,代理登记开户,证券的自营买卖业务、证券(含境内上市外资股)的承销(含主承销商),证券投资咨询(含财务顾问),受托投资管理,中国证监会批准的其他业务。

上市公司信息披露的有关规定

最终合并结果是海通证券实现上市,总股本为 33.89 亿股。都市股份原控股股东光明集团占总股份的 7.12%,都市股份原流通股股东占总股份的 3.45%,海通证券原 66 家股东占总股份的 89.43%。

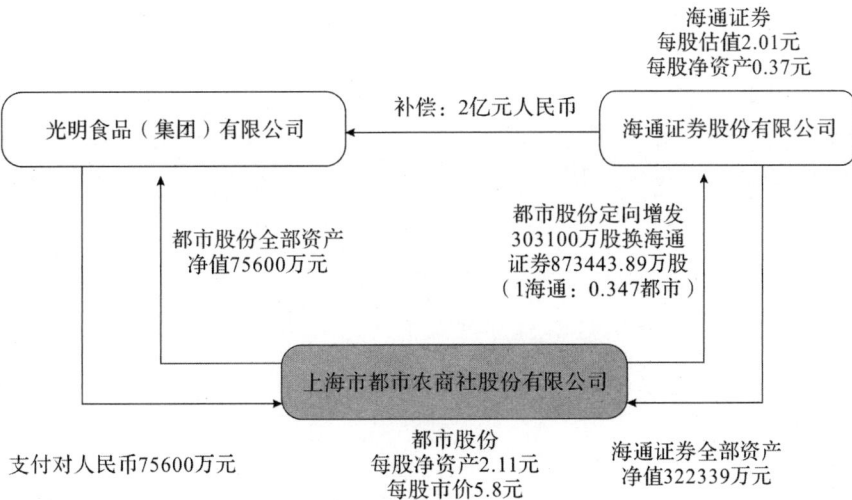

图 9-4　海通证券借壳都市股份流程

六、思考题

（以下思考题皆为开放性的讨论，没有标准答案和模板，言之有理即可，注意要结合实际，答案最好具有前瞻性和自己的想法。同学们回答问题时要胆大心细，不要拘泥于传统的理论或者模型，要独立思考，经济学方面往往没有绝对的标准或者答案，说不定你的下一个回答就是解决众多经济难题的突破口）

1. 对于中型企业来说，新三板挂牌或者上市比主板与创业板上市更具哪些优势？

2. 结合国家现阶段政策，谈谈为什么新三板的流动性较差还有这么多公司挂牌。

3. 为什么有些已经达到上市条件的优秀公司，却选择不上市？如果你是老总，谈谈你的想法。

4. 了解我国的区域性股权交易中心（例如上海股权交易中心、浙江股权交易中心等），说说它们的部门架构、职责以及具体的业务。

三篇　企业市场价值管理

　　前面我们介绍了有关企业价值的一些问题,包括什么是企业价值,为什么要挖掘企业价值,如何挖掘企业价值。接下去要讲的是企业市场价值,包括第十章企业市场价值概述,第十一章企业市场价值管理的核心是创新发展,第十二章企业市场价值管理方法。我们知道在市场经济的环境中,任何一个可以交换的商品,它的价值和它的价格(市场价值)往往是不一致的,由于各种外界因素的影响,价格是围绕着价值上下波动的。我们要设法挖掘企业的价值,使它内在价值最大化;同时又要管理好企业的市场价值,使它价格最大化。这样追求企业整体价值的最大化,就是我们这本书的主要目的。

第十章　企业市场价值的概述

一、企业价值与企业市场价值

如果把企业比喻成一个产品的话，那么企业价值就像是产品的质量和内在品质，具有它独特而客观的固有价值；而企业的市场价值则是在市场上买卖双方达成的价格，它更多地取决于企业进入资本市场后，资本市场的购买者或者投资者所给予的整体价格。这样一来，企业的市场价值可能高于企业价值，也可能低于企业价值。证券分析之父本杰明·格雷厄姆有一个"市场先生"寓言故事，这个故事就很形象地体现了企业市场价值的上下波动。设想你把企业（股票）与一个叫市场先生的人进行交易，每天市场先生一定会提出一个他乐意购买的价格对你的企业（股票）进行报价。他报出的价格有的时候很情绪化，高兴的时候报得很高，不高兴的时候就会报得很低。企业市场价值的价格表现就是围绕着企业价值在上下波动。

（一）企业市场价值的定义

企业的市场价值是微观市场经济中的重要概念之一，是随着市场经济不断深化发展而产生的，是市场经济发展到一定阶段的必然产物。企业的市场价值作为兼并收购过程中企业进行定价的重要标准，是衡量企业经营状况和未来发展潜力的重要指标。因此，企业市场价值的不断提高既是企业自身价值和实力的外在体现，也是国家市场经济发展不断成熟的微观标志之一。企业市场价值的概念是随着企业兼并收购而提出的，关于其定义，国内外学者已经进行了大量研究。

1. 企业市场价值的学术观点

张宣庆、于桂兰、Keith W. Chauvin 等人主要用股本与市价来定义企业市场价值。股本市价观认为企业市场价值就是企业股本的市场价值，每股的市场价值乘以股本的数量就等同于股本的市场价值。Skandia 公司很早就从智力资本、无形资产

303

以及账面价值角度出发,提出了企业市场价值构成图,他们认为企业的市场价值是智力资本和账面价值之和。后来的学者,孙洪庆、王涛、李增福等人在 Skandia 的基础上,进一步指出企业市场价值是对企业价值的市场化评价,具体包括企业的物质资产价值和人力资源、声誉、知识产权等无形资产价值。从资本价值与债权价值总和观上来看,周俊伟、席彦群等人侧重于资本与债权的解释,他们指出企业市场价值是资本价值和债权价值的总和,即企业在市场上进行兼并、收购、合资、重组、交易时的价格或者是企业未来现金流量的现值,在理论上等于企业的股权价值与债权价值之和。左庆乐等人则从动态角度指出,高新技术类企业的市场价值是由未来的获利能力所决定的现时市场价值。它不仅仅包括企业现有基础上的获利能力折算的价值,还应该包括未来潜在的获利机会的价值。张向前等人则从企业的发展链条角度指出,企业市场价值是企业价值链的整体价值之和,这个价值链包括筹资、生产、销售、利润分配的整体流程,缺一不可。张晓昊等效用满足观学者采用了编辑效用理论的思想,认为企业市场价值体现为被兼并、收购企业等客体对兼并、收购企业主体的效用满足度。Jensen 认为企业为了实现市场价值最大化,为某利益相关者每支出一个单位的资源就必须要获得不少于一个单位的长期价值增加值,否则就没有必要进行这项支出。

2.企业市场价值的定义

从广义上来说,在市场经济条件下,企业的市场价值就相当于企业在资本市场上进行评估、兼并、收购、重组、上市、交易时的价格,从马克思主义经济学上来体现,就是企业的使用价值与交换价值。无论从股本市价观、无形资产和账面价值总和观、资本价值与债权价值总和观、获利能力观、效用满足观等哪个角度来看待企业的市场价值,都反映了企业市场价值的整体价值性,而不是简单的单一因素所能测量评估的。企业市场价值的整体性,能够全面反映企业的核心竞争优势、创新创造能力、动态经营业绩。企业市场价值不同于企业账面价值,它必须通过市场来检验,在一个非市场经济的条件环境中,企业的市场价值并不能真实地反映出来。只有市场经济成熟,企业的信息披露法制化,企业的内部治理结构规范化和制度化,企业的资本结构市场化,企业的经营管理目标明确化,企业的市场价值才能充分显示出来,而作为企业也才能积极地去追求更高的企业市场价值。

(二)企业价值、账面价值和企业市场价值的关系

从财务管理角度来看,企业价值具有很多种表现形式:账面价值、市场价值、评估价值、清算价值、拍卖价值等。客观地讲,每一种价值形式都有其合理性与适用性。企

业市场价值是市场经济发达条件下,最被资本市场所适用的企业价值表现形式。我们要准确地理解企业市场价值,还应对企业的相关价值形态有一定的了解。

1.企业价值及其局限性

企业价值的概念比企业市场价值的概念出现得早,是伴随着商品经济发展而产生的。企业价值可定义为企业以企业相关利益最大化为目标,遵循价值运行规律,以价值为核心进行管理,使所有企业的利益相关者(包括股东、债权者、管理人员、普通员工等)均能获得满意回报的能力。企业价值凝结了企业中所有的资源和一般人类劳动。企业在自身的经营过程中,吸收了大量的资源和人力。从筹建到生产运营,企业先是吸收了资本,形成了股权资本,有了股东;在运营过程中,企业又吸收了大量的人力资本,又通过借款等行为形成了债权资本。企业的长期经营也带来了专利、商业模式、商誉、资质、智力、影响力等一系列的无形资产。在商品经济的发展下,企业具备了一定的交换价值和使用价值,而这个价值在一定程度上是可以计量的,因此企业价值应运而生。

企业价值寄希望于反映企业的所有资源的价格,但是也局限于很多资源的无法定价,或者很难被发现。因而现在绝大多数的企业价值都局限于以企业的账面价值的一定倍数进行评估,或者用动态的企业预期自由现金流量以其加权平均资本成本为贴现率折现的现值进行评估。同时企业价值还与企业的财务决策密切相关,企业资金的时间价值、风险能力、持续发展能力都影响了企业的价值。如果企业给予相关利益者回报的能力越高,在可计量的条件下,企业价值就会越大。

企业价值的评估有一定的局限性。

首先,由于企业价值的整体性,很多影响因素无法被计量,导致企业价值的评估准确性得不到客观的体现。

其次,企业价值不能反映资本成本的价值,资本成本容易被简单地账面价值化,并不能真实反映资本成本的溢价性。

最后,企业的经济利润容易被操纵,企业被短期利润所驱动,忽视了长期的利益。

2.账面价值及其局限性

企业账面价值是企业价值的表现形式之一,也是企业价值中最直观、最可计量的价值表现形态。企业的账面价值主要是基于企业的财务报表,以会计的历史成本原则为计量依据,按照会计学上权责发生制的要求来确认企业的价值。企业的资产负债表可以清晰地记录企业某一时点上的资产和负债情况,也可以揭示企业静态时点上所拥有的可计量的资源状况,企业对外所负担的所有负债情况,还有作为股东所能享受的净资产情况。账面价值具有客观性强、计算简单、资料易得等特点。

账面价值的局限性也是显而易见的。

首先,账面数据易被操纵,价值评估失真。由于各企业间、同一个企业不同会计期间所采用的会计政策不同,或者出于一些利益目的账面价值比较容易被企业管理层所操纵,从而导致不同企业之间或者同一企业不同时期的账面价值失真。例如,在会计准则上,存货的计量采用先进先出法与后进先出法,在存货价格波动大的时候,往往使得存货的价值存在较大的差异,从而影响企业的资产价格。还有折旧摊销的年限不同,也会使得固定资产的账面价值不同。

其次,财务数据的历史静态化。财务报表的账面数据代表的是一种历史成本,并不能反映未来的企业运营和收益能力,与企业价值的内涵不相关。随着企业存续的时间越长,市场技术进步越快,这种不相关性就越突出。

最后,企业账面价值只是对企业经营过程的物质转换和现金流动进行如实的记录,却不能反映所有者和投资人等账面外的一些关系,更不能反映产业环境等外在因素对账面因素的影响。比如货币的币值是否稳定、投资人的持续投资意愿等都无法体现。

3.企业市场价值与企业价值、账面价值的关系

企业的市场价值是企业价值的表现形式之一,是企业进入资本市场以后,企业价值在市场上的综合体现。因此企业市场价值与企业价值、账面价值既密不可分又相互区别。

(1)相互包容,相互联系

企业市场价值是资本市场对企业的整体定价。因此,一方面,企业市场价值体现了企业价值,是对企业价值的整体价值的综合定价,既包含了企业的账面价值,又包含了投资者对企业内涵价值的认定。另一方面,企业市场价值的变化也受到账面价值、企业声誉等的影响。账面价值越大,一定程度上对企业市场价值的加分越明显。

(2)相互区别,相互背离

在非市场经济的条件下,我们容易孤立地看待企业的投入和产出。因此,我们往往认为账面价值大,物质转化能力强,现金流量好,则企业的价值也相应较大。但是在市场经济发达的条件下,企业的市场价值有的时候会与企业价值、账面价值相互背离。企业市场价值是市场经济高度发达的产物,资本市场上的定价,不仅取决于标的本身,还和资本市场状况、投资者的喜好、市场资金容量大小、标的的可流动性状况等相关。因此,企业的市场价值存在较大的波动性,而这个波动性与企业价值和账面价值既可能是正向波动,也可能是负向波动,甚至可能是无相关的波动。

二、企业市场价值的基本特征

企业市场价值虽然是企业价值在市场上的动态表现形式,是围绕着企业价值上下波动的,但是企业市场价值还是有一定的基本特征可以描述的。不管人们从何种观点和角度去看待企业的市场价值,它都展现出了全面、客观、整体、动态、市场、技术、效用和社会历史等多元化的特征。

(一)企业市场价值的全面性特征

企业市场价值的全面性是指企业的市场价值是对企业的能力、效率以及功能等进行最全面、最准确的衡量。全面意味着它涵盖了企业的所有要素在各种情况下的表现,仅仅靠短期的商业行为是不能使企业的市场价值提高的。这也就要求企业一定要立足长远,并持之以恒。企业的市场价值必须结合企业的投资、利润、风险以及其他因素,往往比传统的会计估值更加科学。利润或利润增长等在传统的企业财务绩效指标,并不能很好地反映价值创造,而且在传统财务指标信息获取不全的情况下做出决策,企业的决策效率总是难以提高。企业的市场价值指标,相对于传统财务指标,信息要求更完整,企业可以做出相对正确的决策。传统指标往往是在短期内对企业有利,但是从长远来看,却削弱了企业保持竞争力的能力,从而降低了企业的市场价值。

(二)企业市场价值的客观性特征

企业市场价值的客观性就是指企业的市场价值相对客观存在,只要是在市场经济条件下,无论企业是否在意企业市场价值,只要有企业存在就肯定有市场价值。企业市场价值会因为不同的评估方法产生一定的差异,但是企业向社会提供不同效用的功能和属性是客观存在的。只要存在市场经济,企业的价值就会跟着产生不同程度的市场化,受到相对应的市场客观制约和评价,最终由市场化定价决定。

企业的市场价值是客观的,其唯一的决定因素是市场。企业价值的测量很可能是主观的,因为不同的评估者或者投资者有不同的评估角度或者见解,有可能会产生不同的结果。但市场总是相对客观的,价格总是围绕着价值不断波动。因此只要是在市场化条件下,企业的市场价值由市场决定,那么企业市场价值其实就是企业的真正价值。当然,是近似值,是在当下市场条件下最接近企业价值的表现形态。因为市场是不可能停下来的,只要市场一直在运动,企业价值就一定会在一定的规律下不断变化下去。

企业在以自己作为交易对象的市场上交易,必须遵循两个原则,以保证企业之间的相互交易具有客观性:第一,交易主体必须是能够独立承担民事责任的,享有一定的权利和义务;第二,法律是公平公正的,企业要在"公正、公平、诚实、信用"的民事行为平等原则下进行交易。企业的实际价值通过企业市场价值的客观标准来衡量,无论是在市场经济国家还是在处于市场经济转轨期的国家都是不可替代的。

(三)企业市场价值的整体性特征

企业市场价值的整体性是指企业的市场价值对企业的各种不同要素以及企业的全面能力进行综合的反映。只有当企业处在持续经营假设的基础上,企业的整体市场价值才能通过对企业的未来收益预期以及整体盈利能力的评估得出。同时企业的市场价值也可以通过各种类型的资产组合产生,各种资产要素的有机结合所产生的价值要大于企业各类单项资产的总和。在这样的情况下,各种资产都是合理化配置的,都可以得到充分利用,同时无形资产的价值就有存在的意义并发挥作用。当企业没有在持续经营条件下,企业的市场价值并不是全面的,大部分的无形资产,此时就会失去了它的功能,它的价值并不存在,那么企业的价值只能取决于其部分资产的价值。

企业在经营过程中,一定要保持企业的整体竞争力,只有让整体竞争力发挥作用才是最有效的。同样,要提高企业在市场中的实际价值,就必须全面提高企业的整体竞争力。通俗地说,企业的市场价值其实是企业整体盈利能力的综合体现,是企业各种不同要素的总和。只有合理化配置企业的所有内部资源,企业才能效益最大化,任何一部分的缺陷都可能会导致企业市场价值的降低。同理,当企业在市场上进行出售时,企业的整体价值往往大于单独出售的价值的总和,这是因为企业作为一个整体出售时,不仅包括了企业的有形资产,还包括了企业的各种无形资产。

(四)企业市场价值的动态性特征

企业市场价值的动态性是指企业的市场价值是相对某一特定时期的价值。资产在市场上的价值不是一成不变的,各种价值都会随着时间的变化而发生相对变化。因此,企业的市场价值仅仅是一个特定时间的特定量,而不可能是一个永久的价值,会随着时间的变化产生变化。资产的使用是有利可图的,但资产的回报将随资产的时间延续性而变化,因此在确定公司的市场价值时必须计算资产的时间价值。换句话说,在确定一个企业的市场价值时,其真正的市场价值必须在企业市场的现货价值和预期价值之间确定。除了需要准确地确定单位时间内单位的整体价值,确定企业的整体价值的大小,还要评估出资产价值在未来所带来的收益。未来收益的计算和预测必须科学、准确,只有这样才能够得到相对正确的企业市场价值。

(五)企业市场价值的市场性特征

企业市场价值的市场性是指企业市场价值是一种相对市场化的定价。在市场经济条件下,企业会进行各种所有权的交易,比如转让、兼并、收购、上市等,这个时候往往要对企业进行市场化的评估。市场化的企业必须根据市场上形成的资产交换进行资产价值评估。如果这种资产价值评估都是通过主观的计算和估值,那肯定是错误的,而且不能反映企业的真实情况,因此必须通过市场的客观交易。

(六)企业市场价值的技术性特征

企业市场价值的技术性是指企业的市场价值在进行测量与评价时都不是主观的,而是基于一定的数据,数据的收集必须经过现场检测认定,确定数据是准确的。只有收集到的数据是准确的,并且经过认真分析,用科学的方法和标准添加或减去其使用价值,才能获得精准的企业市场价值。

(七)企业市场价值的效用性特征

企业市场价值的效用性是指企业的市场价值具有一定的功能和效用属性,它可以满足一定的社会需要,具体表现为企业的盈利能力、创新能力,以及对社会贡献的大小。如果企业对于社会是没有用处的,那么企业的市场价值就不会存在。人们认为企业存在市场价值,往往因为它对社会是有一定的功能和效用的,可以满足社会的需要。

我们在强调企业市场价值的效用的时候,要避免对企业价值进行形而上的理解。任何企业的产出都会为社会提供一定效用,这是简单的理解,但是也可以说是复杂的。比如在计划经济条件下,企业的产出是相当昂贵的,往往不考虑效益。同时,在计划经济条件下,许多企业作为一个独立的主体也没有产生效益,很多时候一个企业的存在就意味着一种社会资源的浪费。但是,在市场经济条件下,只有企业具备了一定的效益才有市场价值。企业市场价值越低,经营效率越低。

(八)企业市场价值的社会历史性特征

企业市场价值的社会历史性是指基于企业的内在价值、市场供应、需求状况以及竞争状况所反映的价值,并且该价值是被社会所接受和认可的,而不仅仅是某个人或某几个机构的主观评价。企业的市场价值不是简单产生的,而是通过社会市场共同作用而形成的。由于社会市场时刻变化,企业市场价值往往是某一阶段市场变化时点的产物,具有历史性,不可撤销和更改。同时,也正是因为企业市场价值具有一定的历史性,所以企业市场价值的其他基本特征,诸如客观性、动态性、市场性、效用性等都得到了强化,所以不同市场阶段、不同市场环境下的企业市场价值都是不同的。

三、企业市场价值管理的目标与意义

我们知道,企业的市场价值是在资本市场的交易价格基础上形成的,市场价值的高低直接代表了企业在资本市场的形象。当企业变成产品一样,在资本市场上进行贩卖的时候,企业的内在价值、外在形象都会变成资本市场的投资者关注的因素,进而影响企业的市场价值高低以及交易成功的可能性。因此,企业市场价值的管理对于企业而言是具有一定的现实意义的,而如何管理企业的市场价值又往往取决于企业的财务管理目标和企业的市场价值管理目标。

(一)财务管理的目标

财务管理是每一家企业日常运营的重要工作,财务管理目标同时也是企业经营过程中进行财务活动所要达到的一个根本目的,决定着企业财务管理的基本方向,也代表了一个企业的价值导向。财务管理目标是所有财务管理和企业经营的出发点和归宿,也是评价企业的财务管理以及经营是否合理科学的标准。制定财务管理目标不仅是企业经营和管理人的初衷,也是现代企业财务管理成功的前提。只有财务管理目标明确,财务管理工作才可能会有明确的方向。因此,企业应根据自身和行业的具体情况来选择科学合理的财务管理目标。

1. 利润最大化

利润最大化的目标源于早期的西方资本主义国家,也是西方微观经济的理论基础。17 世纪中期,亚当·斯密、马歇尔、李嘉图等经济学家就已经提出,企业的目标就是利润最大化。利润就是企业剩余产品的价值表现,追求利润最大化符合商业利益,也有助于社会资源的有效配置和企业财务管理的强化。利润最大化是指企业所生产的商品不但要获取利润,更要获取最大利润,企业利润最大化原则就是产量的边际收益等于边际成本的原则。该理论认为利润代表的是企业新创造的财富,利润获取的越多则说明企业的财富增加得越多,就越是接近企业的目标。

但是利润最大化目标还存在着以下缺点:

（1）没有考虑货币时间价值和风险因素。

（2）没有反映企业的利润与资本之间的关系，忽视了资本回报率。

（3）片面追求利润最大化，可能导致企业的短视行为，甚至会被高管利用进行利润操纵。

（4）强调利润最大化，而没有要求利润分配的最优化，不能很好地做到风险与利润的平衡。

2.股东财富最大化

股东财富最大化主要是随着资本市场的不断发展而兴起的，是指通过财务上的合理化经营，为股东创造最多的财富，从而达到企业财务管理的目标。股东财富最大化目标比利润最大化目标具有一定的进步，具有更积极的意义。

股东财富最大化是目前比较流行的管理目标，但是也存在以下不足：

（1）适用范围相对比较窄。该目标比较适用于上市公司，不进入资本市场的企业相对不适用。

（2）不符合可控性原则。上市公司的股价就是股东财富的体现，但是股价影响因素众多，不可控。

（3）不符合理财主体假设原理。理财主体假设原理认为，企业的财务管理工作要限制在经营和财务具有独立性的每一个单位组织内，而股东财富最大化却将股东与企业相混同，与理财主体假设不符合。

（4）忽视债权人等其他人的重要性。股东财富最大化片面强调站在股东立场的重要性，对其他相关者的利益重视不够。

3.企业价值最大化

企业价值最大化是指企业通过最优的财务政策，充分考虑资金的时间价值与风险报酬的相互关系，在保证企业持续稳定发展的基础上让企业价值达到最大。从某种角度上看，企业价值最大化观点与股东财富最大化观点是相通的，并不矛盾。与股东财富最大化管理目标相比，企业价值最大化目标不但具有前者的优点，还相对更科学，更全面地考虑了社会责任和企业利益相关者对企业财务管理目标的影响。当然，该目标也存在一定问题：

（1）企业价值的计量方面存在缺陷。企业价值包含企业账面价值、内在价值和市场价值，很难计量。

（2）不易为管理人员掌握和执行。企业价值最大化目标很科学，但是涉及企业的方方面面，很多因素又很难计量，所以很难具体化执行。

（3）忽略了股权资本成本。股权资本和债权资本一样，是具有一定的成本的，并不是免费取得的。股权资本如果得不到最低的投资报酬,股东们就会转移资本投向。

(二)市场价值管理的目标

企业市场价值管理目标是在财务管理大目标下进行的细分化管理。就当前主流的财务管理目标而言,企业价值最大化目标是相对比较科学和合理的,企业市场价值管理是企业价值最大化目标的一个分支,也是企业价值最大化中一个比较难估量或者管理的部分。单纯就企业市场价值管理而言,其目标和股东价值最大化比较一致,股东价值最大化和企业价值最大化并不相悖。

首先,企业市场价值更多是考虑股东的利益。股东是企业的所有者,而市场价值的高低直接影响股东的股份价值,因此企业市场价值本来就偏向于股东。而市场价值是企业价值的一部分,因此对股东利益的追求是企业价值最大化中的一个细分管理部分。

其次,对股东利益的追求也考虑了风险因素。风险的高低与股票或者说股份的价格息息相关,股票或者股份的价格往往与风险成反比。对股东利益的追求充分考虑了资本的重要性,资本作为企业运作的重要因素,不可或缺,因而股东的利益也绝对不能被忽视。同时,对股东利益的追求也规避了企业一味追求利润的短视目标,便于企业进行更长期的利益追求,寻求企业的可持续发展。

最后,随着资本市场的成熟,有效市场假说的盛行,股东利益的体现在一定程度上也是企业价值的体现,也解决了企业价值最大化管理中一些不可估量因素的量化问题,便于管理目标的实现。有效市场假说是由尤金·法玛于1970年深化并提出的,这一假说指出投资者在买卖股票时候会迅速有效地利用可能已经获知的一切信息,也就是说股价已经反映了企业的一切信息。

因此,从企业市场价值的管理目标以及实务操作过程来看,企业的市场价值管理就是股东利益最大化的过程。

(三)市场价值管理的意义

企业市场价值管理不仅有助于发挥出企业价值最大的作用,也有利于实现和保障各方相关利益者的利益,同时也保障了社会价值的持续。

首先,企业市场价值管理是企业价值管理中的主动式管理,有助于管理目标清晰化,有助于管理层在执行过程中有章可循、有目标可以考核。

其次,企业市场价值管理有助于企业文化的建设,增强企业的团队凝聚力。通过股权激励的形式,将员工进行股东化。企业市场价值的提升,对股东利益的追求,使得员工更富有企业责任意识,将企业当成自己的资产,致力于企业长远利益的提升。

再次,企业的市场价值是企业对外的一张名片,也是企业对外的形象。企业的市场价值管理就是将企业的形象进行科学的包装和展示。企业市场价值管理,提升了企业的市场形象,是把企业的内在价值主动向外展示并维持形象的一个过程。企业市场形象提升,对于企业的日常运营、业务拓展、资本融资、兼并重组都有很大影响。

最后,企业市场价值管理有利于企业更大程度地融合各方资源,通过股份结构的安排,把各方利益主体绑定在企业这一主体上,使利益目标清晰化,让各方利益得到保证。随着金融市场的发展和成熟,各种各样的利益需求、各种资源都可以通过股份或者更先进的金融工具的安排来汇聚,而这一战略的安排都得益于企业市场价值的科学管理。

四、企业市场价值管理的考量因素

企业的市场价值受到市场环境、政策法规、自身经营等多方面因素的影响,因此,企业市场价值管理也是一项系统而专业的工作。在进行企业市场价值管理的时候,我们必须全盘考虑,必须明白企业市场价值管理所需要考量的因素。

(一)经济金融环境因素

经济金融环境与企业是密切相关的,宏观经济的趋势决定着企业交易市场的走向,影响宏观经济的因素都将影响企业的市场价值。影响企业市场价值的经济金融环境因素有很多,下面主要对几个重要的因素进行介绍。

1.经济周期

经济周期也称商业周期、景气循环,一般是指经济活动沿着经济发展的总体趋势所经历的有规律的扩张和收缩。从宏观经济层面讲是指国民总产出、总收入和总就业的波动,具体来讲是国民收入或总体经济活动扩张与紧缩的交替或周期性波动变化。见图 10-1。

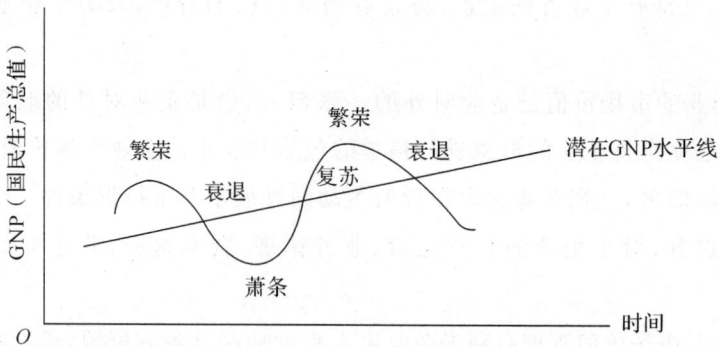

图 10-1　经济周期

经济周期一般采用四阶段分类法，即经济衰退、经济萧条、经济复苏和经济过热。这四个阶段形象地展现了经济从谷底扩张到顶峰又衰退这样一个周而复始的循环过程。美国投行美林证券曾根据经济周期，画出了一个美林投资时钟图。见图 10-2。

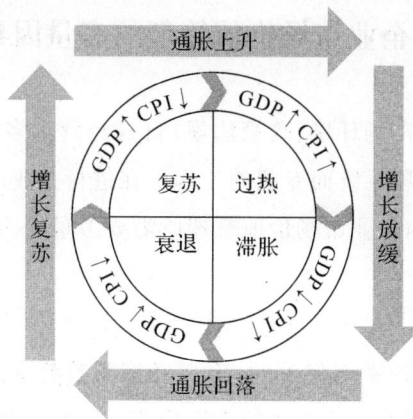

图 10-2　美林投资时钟

资本市场毫无疑问和经济周期是息息相关的，而企业的运营离不开资本的支持，因而也脱离不了经济周期的影响。特别是随着市场经济的不断发展，经济周期对企业的影响越来越大。市场经济条件下的企业家们越来越多地关心经济形势，也就是"经济大气候"的变化。一个企业生产经营状况的好坏，既受内部条件的影响，又受外部宏观经济环境和市场环境的影响。当经济处于衰退时期，整个市场也逐渐变得不景气，消费萎缩，企业生产也相应下降，利润变少；当经济处于萧条的谷底时期，经济发展基本上处于停滞状态，产品价格迅速下跌，企业效益差，企业的开工率基本降到底部，供给和需求长期处于较低水平；当经济周期转入复苏扩张时期，产品价格开始回升，生产和需求都在逐步恢复中,因而企业增加开工率,公司效益也逐渐变好;而当经济过热达到顶峰的时候,消费的需求也不断扩大达到顶峰,产品价格一般也都处于较高水平,企业利润上升,效益非常好。

对于经济周期的判断,可以结合宏观经济的各项指标以及成熟资本市场的股票走势来验证,成熟资本市场是国民经济发展的晴雨表。企业作为一个个体,受制于经济环境的影响,很难对抗整个大势,但是不同的行业受到经济周期的影响却是不同的。与经济周期密切相关的行业一般称之为周期性行业,它们与经济周期相关度高,需求收入弹性高,如地产、银行、钢铁等消费类和工业类企业。而与经济周期相关性较小的则是成长性行业和防守性行业。成长性行业主要是高新技术类企业,它们受益于技术进步,需求高速增长;防守性行业如食品、公用事业等,需求稳定,不会被替代,相对能抵抗经济周期带来的影响。

企业必须意识到自己的行业特性,了解经济大势,才能根据经济周期的波动,安排生产经营规模,增强竞争力。这也是企业市场价值管理的重要基础。

2.经济全球化

经济全球化是指通过国际贸易、国际金融、国际投资以及国家之间的人员和技术的流动,把整个世界经济结合成一个有机的整体。自20世纪90年代以来,经济全球化的趋势就在迅速地发展,在现代网络技术的普及和扩大下,经济全球化趋势越来越快,信息流通也越来越快。各个国家和企业都被深深地卷入了这样一个趋势中,企业的生产、贸易、金融都深受经济全球化的影响。

经济全球化是全世界经济发展的大背景,除了日常贸易,现代经济的重要表现形式就是资本市场。资本市场和经济全球化相关性极强,美国的金融危机还没通过贸易传导,就通过信息的扩散在全世界资本市场引起动荡,进而影响各国的企业。中国的A股市场和全球市场之间的联动性将越来越明显,随着中国A股纳入明晟指数,中国资本市场的波动也将被全世界所关注。中国的宏观经济与世界经济的相互依赖性不断加强是一个不争的事实,中国经济不断崛起给经济全球化带来了新的特点,中国经济在世界经济中的影响力增强将极大地影响中国企业在资本市场的地位。市场价值的管理和提升不能忽视这一重要经济环境背景。

在经济全球化背景下,我国的企业可以通过获取国际资源弥补国内资源的不足;可以通过走出去获取更广阔的市场空间,增加收益;可以通过引进来吸引国外的技术和资金,做强自己的企业,实现产业升级创新,获得更强的竞争力。随着国家和企业实力的增强,我国企业还可以通过跨国兼并,进一步增强自身的国际竞争力,有效地提升自己的国际市场价值。同时我们还要认识到经济全球化里面隐含的风险,避免在跨国进行经济活动时遭遇重创,不利于企业的进一步发展。因此,企业进行市场价值管理时要充分了解和认识经济全球化的特点,善于利用全球化来体现自己的市场价值。

3.金融创新

金融创新是由熊彼特提出的创新理论中衍生出来的。熊彼特创新理论指的是新产品的生产、新技术或新生产方法的应用、新市场的开辟、原材料新供应来源的发现和掌握、新生产组织方式的实行等。金融创新正是循着这一思路提出的,指变更现有金融体制和增加新的金融工具,以获取现有金融体制和金融工具所无法取得的潜在利润。它是一个为盈利动机所推动,缓慢进行、持续不断的发展过程。

随着网络交易的不断深入,交易工具的网络化、信息化是一个不可逆转的趋势。市场创新带来的金融创新也影响着企业的日常经营。在现在这样一个网络时代,不使用新的金融交易工具,企业的经营将举步维艰,市场份额也将会被善于利用新型金融工具的企业不断占有。

金融创新是资本市场不断成熟和完善的产物,随着经济的越来越繁荣,市场越来越多样化,现有的金融工具无法满足日益增长的交易需求,新的金融工具和金融制度将被不断创新出来,由此也带来了金融机构、金融科技、金融管理等的创新。现代企业的发展离不开金融的支持,企业的市场价值交换,在一定程度也离不开金融工具的运用。

4.金融交易场所

金融交易场所主要是进行金融工具交易的地方。金融交易场所既可以是有形的,也可以是无形的。有形的金融交易场所通常有固定的地方和设施,如证券交易所、银行等;无形的金融交易场所通常没有固定的场所,形式灵活,如利用电脑、电话等通过经纪人进行资金融通活动,这种形式可以跨越不同的城市和国家。

企业市场价值在金融交易场所有最直观的体现。在金融交易场所,企业的股权或者资产就像是产品一样在市场上自由交易,企业的市场价值将随着市场的环境上下波动。企业市场价值的交换选择在什么样的交易场所,表现出不同的企业市场价值。由于交易群体、信息流动性、市场效率等各不相同,不同的交易场所对企业的市场价值定价是不同的。

世界主要的金融交易所有纽约证券交易所、东京证券交易所、纳斯达克证券交易所、伦敦证券交易所、纽交所—泛欧证交所、香港证券交易所、多伦多证券交易所、法兰克福证券交易所、马德里证券交易所、瑞士证券交易所等。随着我国经济的不断繁荣发展,除了港交所外,我国其他金融交易所也逐渐被世界主流国家所认可,并产生世界影响力。我国主要的证券和期货交易所有上海证券交易所、深圳证券交易所、全国中小企业股份转让系统、大连商品交易所、郑州商品交易所、上海期货交易所、中国金融期货交易所。

(二)政策法规因素

相对于经济金融环境因素对企业的影响,政策法规因素更多地体现在通过市场化手段实现的人为干预的影响。政策法规的实施,可以影响国家的宏观经济环境,也可以直接影响行业或者公司基本面。政策法规是管理当局对当前经济或者行业局势的一种应对措施,其出发点是为了未来经济的更好更健康的发展。但是作为企业个体,毫无疑问将受到政策法规的正面或负面的影响,因此,作为企业市场价值的管理者,也应该清晰地了解当前的政策环境、政策导向以及相应的法律法规。

1.产业政策

产业政策是政府为了实现一定的经济和社会目标而对产业的形成和发展进行干预的各种政策的总和。出于有效配置资源、促进产业结构转型升级、鼓励新兴行业成长壮大等各种目的,政府会制定一系列政策以引导国家产业发展方向、引导推动产业结构升级、协调国家产业结构、使国民经济健康可持续发展。产业政策是政府干预市场,让市场朝自己预期的方向发展的一种手段。因此,在国家调控手段比较强的市场环境中,产业政策的引导往往会渗透到企业经营和企业交易的方面,会影响交易者的预期心理,也会影响企业市场价值的评估。

产业政策包括产业组织政策、产业结构政策、产业技术政策和产业布局政策,以及其他对产业发展有重大影响的政策和法规。各类产业政策之间相互联系、相互交叉,形成一个有机的政策体系。我国通过制定限制淘汰、重点鼓励等目录类以及相关的优惠及惩罚政策来达到有效调整和优化产业结构,抑制部分行业盲目扩张,提升产业素质,保持国民经济持续、快速、健康发展的目的。

产业政策具有配置资源的导向功能,因此产业政策的调整能够影响行业的发展趋势和竞争格局,从而影响整个行业内的企业的发展。产业政策还能拓展行业的市场容量,当一个行业纳入政府鼓励的政策里面,市场容量将明显增大,企业发展的机会将大大提高。

2.货币和财政政策

货币和财政政策是政府最经常使用的市场干预手段,政府通过货币和财政政策的调整实施来调节市场,达到相应的目的。货币政策主要影响金融市场,财政政策主要影响政府的收支。

货币政策是中国人民银行为了实现特定的经济目标而采用的各种控制和调节货币供应量和信用量的方针、政策、措施的总和。货币政策的主要内容包括货币政策目标和货币政策工具。我国货币政策的工具主要有公开市场业务、存款准备金、利率政策、汇率政策等。根据货币政策的影响效果,我们把货币政策分为扩张性货币政策和紧缩性货币政策。扩张性货币政策一般是指政府增加货币供给,降低利率,从而降低企业的融资成本,鼓励生产和出口,增加总需求。紧缩性货币政策则相反,一般是指减少货币供给,提高利率,抑制企业生产和投资,控制物价。

财政政策是指国家为实现一定的财政目标而采取的一系列财政手段和措施的总和。国家会综合考量一定时期政治、经济、社会发展的任务来确定财政工作的指导原则,通过使用调节财政收入、财政支出、国债和政府投资来完成财政调控。财政政策的调节工具主要是财政收入工具和财政支出工具。财政收入工具主要是税收,财政支出工具包括政府购买支出和转移支付等。从财政政策的影响效果看,主要分为扩张性财政政策、紧缩性财政政策和中性财政政策。扩张性财政政策主要是指通过增加国债、降低税率、增加政府购买和转移支付等政策来增加和刺激社会总需求。紧缩性财政政策是指通过减少国债、提高税率、减少政府购买和转移支付等政策来减少和抑制社会总需求。中性财政政策是指财政的分配活动对社会总需求的影响保持中性。

货币和财政政策一般都是通过影响国家总体的宏观经济来影响企业。企业作为国家经济活动中的重要角色,货币和财政政策的变化将通过各个途径传导到企业,直接影响企业的经营环境,影响企业的自身发展和资本安排。

3.金融监管政策

金融监管政策是指政府针对金融市场出台的各项监督管理性的政策法规的总和,直接反映了政府管理层对待金融市场的态度。随着金融业的不断发展,企业的市场价值管理主要在金融市场进行,金融市场的监管政策走向对于企业市场价值管理有相当大的影响。金融监管政策对于资本市场的影响更加直接,对于企业市场价值的波动也有直接的影响。

当政府采取相对宽松的金融监管政策的时候,资本市场的管制也往往比较宽松,一般更有利于投资者参与投资或投机。参与的投资者多了,有利于资本市场的价格上涨,也有利于企业市场价值往高处波动。相反的,当政府采取相对趋严的金融监管政策的时候,金融市场的投资氛围就会趋紧,投资者参与度也会下降,不利于企业市场价值的提升。

金融监管政策是政府通过直接的指导,对金融市场的热度进行把控,也是政府和市场之间的博弈手段的体现。我国政府行政干预的出发点是为了推动资本市场健康稳定发展,保护投资者的利益,主要通过行政或者舆论导向、增加或减少股票或资金的供给、变革交易制度等途径影响投资者的信心。对于企业来说,任何一个监管政策的出台,都会造成市场的波动,增加企业市场价值管理的难度。因此,企业市场价值管理应该重视金融监管政策的走向,及时判断其对企业的市场价值交换的影响。

(三)公司自身经营因素

企业市场价值的高低终究还是由企业自身的内在价值也就是企业价值所决定的,企业市场价值只是在当时的市场环境下,内在价值的市场外化表现。对于企业的市场价值管理,企业首先还是要把自身的主营业务做好,所谓"打铁还得自身硬"。

1.行业地位

企业的行业地位既要看企业在本行业的地位,又要看企业所处的行业在国家经济全行业中的地位。企业在本行业的地位,一般直接体现了公司在本行业的竞争地位。衡量企业的行业竞争地位的主要指标是行业综合排序、产品的市场占有率、竞争态势等。企业如果处于行业龙头地位,毫无疑问将会比其他企业有更高的竞争地位,拥有更高的市场价值溢价。

企业所处的行业在全行业中的地位主要考虑行业发展阶段、行业发展政策、行业发展的现状和趋势、行业发展的吸引力、行业增长速度、行业结构特征等。如果一个企业处在比较有吸引力的行业,该企业容易获得较高的市场价值,同时容易获得更多的资源。比如新兴行业的利润率和市盈率都会保持在较高水平,企业市场价值增长的基础就会比较好。

企业的行业地位必须从以上两方面一起看。假如企业在一个非常具有吸引力的行业里,但在行业内部的地位不高,市场占有率不高,技术水平不行,没有什么亮点,那么依然不可能获得令人比较满意的利润,也就无法得到市场价值的溢价体现。同样的,一个非常具有竞争力的企业,虽然在行业内的地位比较高,但是它所处的行业是一个夕阳行业,那么就算企业付出再多努力,也很难提升自身的企业市场价值。因此,企业的行业战略定位是非常重要的,在新兴行业里面做到行业的龙头,那市场给企业的估值就会高。同时要注意的是,行业吸引力和企业竞争地位不是一成不变的,可能会随着时间的变化而变化,行业吸引力会增加或减少,企业的竞争地位更加会因为企业的经营状况而变化。

2.品牌形象

企业的品牌形象是产品带来的，也有可能是企业自身经营出来的口碑形象。一个企业具有品牌形象往往就能和别的企业区别开来。如果企业具有一定的正面品牌识别度，就能增强企业的竞争力，有益于企业的市场价值体现。

品牌资产是和品牌标志以及品牌名称相联系的，能够增加或者减少企业所销售产品或提供服务的价值的一系列资产和负债。品牌是有正负性的，在企业的口碑、声誉是正面的时候，品牌能够扩大企业的影响力，但是一旦企业产生失信行为，做了不利于品牌声誉的事情，会直接导致品牌价值下降带来巨大的副作用，口碑尽失的品牌反而变成企业的负担和累赘。

品牌形象在产品市场和资本市场有不同的影响力。

产品市场的好品牌可以为产品的溢价提供支持，可以为企业带来具有一定忠诚度的客户。好品牌的产品往往能够获得更多消费者的认同，能够有效地和同行产品区别开来。同时，一个好品牌的产品往往意味着更好的质量，更好的设计以及更好的服务，无形中提高产品的附加值。

同样的，如果企业在资本市场具有良好的品牌形象，那它的市场价值的溢价也是优于无品牌形象的企业。当具有知名品牌的企业在资本市场交易的时候，投资者往往愿意付出更高的价格。比如苹果、腾讯、可口可乐、强生等，当企业具有一定的品牌知名度的时候，资本市场也乐意接受更高的溢价。所以，好的品牌对于市场价值的提升具有积极的作用。

3.公司治理

公司治理就是指公司的所有者（主要是股东）对经营者的一种监督与制衡机制。狭义的公司治理是通过股东大会、董事会、监事会及管理层所构成的公司治理结构的内部治理，广义的公司治理则是通过一套包括正式或非正式的内部或外部的制度或机制来协调公司与所有利益相关者（股东、债权人、供应者、雇员、政府、社区）之间的利益关系。

公司治理一般可以分为两个部分：治理结构和治理机制。治理结构包括股权结构、董事会、监事会、管理层等，治理机制包括人力资源、监督机制和激励计划等。良好的公司治理不仅可以保证企业的可持续发展，还可以提高企业的市场价值。如何配置和行使控制权，如何监督和评价董事会、管理层以及员工，如何设计激励机制，这都关系到企业的长效发展目标的实现，也是一种保证企业规范化运营的制度。

公司治理要尽可能平衡各方的经济利益，股东、管理层和员工的利益要得到合理的分配。好的公司治理机制主要包括以下几个方面：

（1）信息披露机制

信息披露全面、完善、准确能够保证企业信息的内外部对称，可以防止暗箱操作，保证公司治理结构在原有的规定框架下运转。信息披露是内部员工也是外部股东及潜在投资者了解公司信息的重要渠道，能够保证企业的价值信息充分地展现。

（2）股东大会

股东大会是现代企业制度的核心内容。股东是企业的所有者，公司的重大经营事项必须经过股东大会的同意才能执行，这是保证股东利益及股东利益最大化的机制，同时也是潜在投资者信任公司的基础。

（3）董事会

董事会作为企业战略的决策机构，其结构的合理化可以保证企业战略决策的正确，防止个别股东特别是大股东独断专行带来的严重后果。同时，独立董事的任职对于公司战略的把关具有重要意义。

（4）监事会

监事会作为企业内部的监督机制，成员包括股东代表和适当比例的职工代表。这既能防止企业的经营行为损害员工的利益，也是对企业决策的一种约束，防止企业决策过于主观和随意。

（5）管理层

管理层作为企业所有事项的落地执行团队，其构成、人员任用、权利分配对于企业的发展有着很大的影响。作为企业经营的执行机构、企业决策是否有效的验证者和执行者，对管理层进行适当的机制安排，有利于企业的决策推进。

（6）员工激励机制

在社会中，人作为经济人，每个人都有自己的经济利益。合理的激励机制，既有利于企业的发展，又能保证员工从心理上、经济上得到满足，有利于提高员工的积极性，从而达到企业和员工双赢的目的。

4.资本结构

资本结构就是企业的资产构成中权益和负债的比例。企业的资本一般来源于权益和负债，如何妥当地安排股权和债权的比例结构，对于企业的经营杠杆以及发展效率有重要的影响。

资本结构也决定企业剩余收益的分配结构。不同的融资方式给企业带来的资金性质不同，企业在经营和分配利益的时候对资金的安排也不同。企业所有者占有的股权越多，则对企业的控制力越强；如果股权分散，则所有者对于企业的控制力会减弱，容易产生委托代理问题,就是可能会出现经营者控制企业的现象。债权资本如果过多,企业的经营杠杆就会比较大,企业现金流容易紧张并可能发生现金流断裂的风险,这对于企业运营来说是致命的。

企业在安排资本结构的时候,要上升到企业定位和战略的高度,同时也要考虑企业和行业的发展阶段,看看采用哪种资本结构更有利于企业在当前阶段的发展。好的资本结构,不仅有利于企业长期稳定的发展,也有利于企业抓住机遇,促进企业市场价值的提升。

五、案例

企业市场价值和企业价值账面价值的差异最明显的表现就是上市公司股票交易价格的变化。上市公司一般财务规范,企业价值的账面价值可评估性和可信度高,同时,由于我国的上市标准高,上市公司一般经营和业绩相对处于成熟阶段,企业价值的账面价值波动相对比较稳定。但是,股票价格作为上市公司市场价值的重要体现,波动就比较大。

企业的账面价值主要是通过财务报表计算出来的,股东的净资产就反映了股东所享有的剩余权益。下面以杭州一家优质房地产公司为例来说明账面价值、内在价值和市场价值的区别。

某某集团(002×××)公司是杭州区域龙头房企,成立于1996年,于1999年完成改制,2006年整体变更为股份有限公司,2008年于深交所上市。公司自成立以来,一直从事房地产开发及其延伸业务的经营,具有住建部一级开发资质,中国房地产企业50强,全国民营企业500强,长三角房地产领军企业。某某集团一直秉承"创造生活,建筑家"的专业理念,以"品牌为基础、战略为导向、品质为中心、精干高效为手段"为企业核心竞争力。目前,某某集团已成为集房地产开发销售、商业地产置业、酒店旅业三大产业板块的大型集团公司。本次案例以该集团2015年年报基础进行评析。

首先我们看账面价值。2015年该集团的合并报表简易数据如下:

表 10-1 某某集团财务简表

会计科目	金额(百万元)	会计科目	金额(百万元)
流动资产	38891	流动负债	25093
非流动资产	3339	非流动负债	6202
		股东权益	10936
		少数股东权益	2171
		归属母公司权益	8765
资产合计	42230	负债和股东权益	42230

从表 10-1 中我们可以看出某某集团截至 2015 年 12 月 31 日的账面价值就是资产负债表上反映出来的股东权益金额,即人民币 109.36 亿元,扣除归属于各子公司的少数股东的权益 21.71 亿元,归属于母公司股东的权益为 87.65 亿元。该集团在 2015 年 12 月 31 日的总股本为 27 亿,因此,该集团的每股净资产约为 3.24 元。

然后,我们来看公司的内在价值。内在价值主要采用现金流贴现模型来计算 NAV 估值(净产价值法)。现金流贴现的公式为:

$$\sum_{t=1}^{n} \frac{CF_t}{(1+r)^t}$$

其中 CF_t 为每年的预测自由现金流,r 为贴现率或资本成本。

计算公式虽然简单,但是内在价值是估计值而不是精确值,要建立在现金流预测和贴现率的取值的基础上,采用不同的预测和取值,结果会不同。我们采用某某证券 2017 年 1 月份对该集团的预测报告进行评析:

资产负债表	2014A	2015A	2016E	2017E	2018E	利润表	2014A	2015A	2016E	2017E	2018E
流动资产合计	36143	38891	43934	53494	65266	营业收入	11759	12618	15969	19750	23983
货币资金	1877	3575	5510	5530	6715	营业成本	9113	8546	10675	13280	16155
应收账款	73	78	98	122	148	营业税金及附加	939	1292	1597	1975	2398
其他应收款	114	3361	4253	5261	6388	营业费用	117	120	160	198	240
预付款项	42	245	501	820	1208	管理费用	233	258	319	395	480
存货	33013	30535	32172	40022	48687	财务费用	201	168	274	343	474
其他流动资产	1015	1098	1399	1740	2121	资产减值损失	-6.79	168.67	100.00	100.00	100.00
非流动资产合计	2103	3339	3031	2983	2935	公允价值变动收益	0.00	0.00	0.00	0.00	0.00
长期股权投资	0	0	0	0	0	投资收益	0.78	0.87	1.00	1.00	1.00
固定资产	355.96	300.72	265.61	229.82	194.02	营业利润	1162	2066	2845	3461	4137
无形资产	126	121	109	97	85	营业外收入	22.45	29.07	30.00	30.00	30.00
其他非流动资产	0	0	0	0	0	营业外支出	23.23	23.85	24.00	24.00	24.00
资产总计	38246	42230	46965	56477	68201	利润总额	1161	2072	2851	3467	4143
流动负债合计	24495	25093	28996	36590	46380	所得税	355	568	784	953	1139
短期借款	0	0	0	1212	3303	净利润	806	1504	2067	2513	3004
应付账款	1661	1345	1609	2001	2434	少数股东损益	-23	501	551	606	667
预收款项	13470	17599	22390	28315	35510	归属于母公司净利润	829	1003	1516	1907	2337
一年内到期的非	2380	178	2500	2500	2500	EBITDA	1606	2497	3167	3852	4659
非流动负债合计	4540	6202	6252	7182	7982	BPS(元)	0.61	0.37	0.49	0.61	0.75
长期借款	4533	5302	6102	6902	7702	主要财务比率					
应付债券	0	900	0	0	0		2014A	2015A	2016E	2017E	2018E
负债合计	29035	31295	35248	43772	54362	成长能力					
少数股东权益	1250	2171	2722	3328	3995	营业收入增长	13.26%	7.31%	26.56%	23.68%	21.43%
实收资本(或股本)	1352	2704	3111	3111	3111	营业利润增长	-41.73%	77.83%	37.67%	21.65%	19.54%
资本公积	565	24	24	24	24	归属于母公司净利润	51.14%	25.83%	51.14%	25.83%	22.53%
未分配利润	5368	5335	5154	4925	4644	获利能力					
归属母公司股东	7961	8765	9471	9853	10320	毛利率(%)	22.50%	32.27%	33.15%	32.76%	32.64%
负债和所有者权益	38246	42230	47441	56953	68677	净利率(%)	6.85%	11.92%	12.94%	12.73%	12.52%
现金流量表	2014A	2015A	2016E	2017E	2018E	总资产净利润(%)	2.17%	2.37%	3.23%	3.38%	3.43%
经营活动现金流	-1317	8049	757	-25	737	ROE(%)	10.41%	11.44%	16.00%	19.36%	22.64%
净利润	806	1504	2067	2513	3004	偿债能力					
折旧摊销	242.83	262.46	0.00	47.94	47.94	资产负债率(%)	76%	74%	74%	77%	79%
财务费用	201	168	274	343	474	流动比率	1.48	1.55	1.52	1.46	1.41
应收账款减少	0	0	-21	-23	-26	速动比率	0.13	0.33	0.41	0.37	0.36
预收款项增加	0	0	4791	5925	7195	营运能力					
投资活动现金流	959	-3796	-99	-99	-99	总资产周转率	0.30	0.31	0.36	0.38	0.38
公允价值变动收益	0	0	0	0	0	应收账款周转率	189	167	181	179	178
长期股权投资减	0	0	0	0	0	应付账款周转率	6.99	8.39	10.81	10.94	10.81
投资收益	1	1	1	1	1	每股指标(元)					
筹资活动现金流	198	-2553	1276	144	547	每股收益(最新摊薄)	0.61	0.37	0.49	0.61	0.75
应付债券增加	0	0	-900	0	0	每股净现金流(最新)	-0.12	0.63	0.62	0.01	0.38
长期借款增加	0	0	800	800	800	每股净资产(最新摊)	5.89	3.24	3.04	3.17	3.32
普通股增加	0	1352	407	0	0	估值比率					
资本公积增加	0	-541	0	0	0	P/E	11.37	18.79	14.31	11.37	9.28
现金净增加额	-161	1700	1935	20	1185	P/B	1.18	2.15	2.29	2.20	2.10
						EV/EBITDA	9.00	8.67	7.82	6.95	6.11

图 10-3　某某集团财务预测

某某证券根据上面的预测值,从而得出下面的 NAV 值:

	日期	股票代码
	2017/1/16	002×××
开发项目评估溢价(亿元)	183.4	
帐面净资产(亿元)	109.35	
重估净资产(亿元)	292.75	
总股本	31.11	
NAV	9.41	
当前股价	6.97	
当前股价溢价	-26%	

图 10-4　某某集团 NAV 值

从图 10-4 可以看出，某某集团 2017 年 1 月份的 NAV 估计在 9.41 元/股。

最后，我们再来看一下某某集团的市场价值。对于上市公司而言，市场价值就是市值，是指一家公司全部资本在流通市场的条件下的可变现值。

截至 2017 年 11 月 29 日，某某集团收盘价为 7.27 元/股，某某集团的总市值为 226.41 亿元。从某某集团的例子我们可以看出，市场价值和账面价值、内在价值存在显著的差异。市场价值受市场氛围等各种因素影响，波动更厉害，但却是在当下环境中，公司股东最可能实现的变现价格。

六、思考题

（以下思考题皆为开放性的讨论，没有标准答案和模板，言之有理即可，注意要结合实际，答案最好具有前瞻性和自己的想法。同学们回答问题时要胆大心细，不要拘泥于传统的理论或者模型，要独立思考，经济学方面往往没有绝对的标准或者答案，说不定你的下一个回答就是解决众多经济难题的突破口）

1.公司的市场价值与账面价值是不同的，两者差异的原因是什么？具备什么特征的行业或公司的市场价值与账面价值之比高？哪些低？

2.结合经济学知识，谈谈企业价值是否可以被人们认识和量化分析。

3.在大型企业和上市公司中，需不需要单独成立一个企业市场价值管理部门？需要的话，请制定部门的具体职责与工作安排计划。

4.阅读格雷厄姆的《证券分析》与劳伦斯的《价值投资》两本书，说说两位投资大师的投资理念差异。

第十一章　企业市场价值管理的核心——创新发展

一、创新发展的概述

创新发展是一个国家发展的动力，也是一个企业可持续发展的动力，更是企业市场价值管理的核心。要提升企业的市场价值，让资本市场认可企业的未来价值，在资本市场上获得一个好的发展预期，企业自身就必须具备创新发展的动力机制。

（一）创新发展的定义

20 世纪初，熊彼特在《经济发展理论》一书中提出创新理论，并在《经济周期》和《资本主义、社会主义和民主主义》两书中进一步加以阐述和运用。熊彼特的创新理论认为，创新就是要通过"建立一种新的生产函数"，也就是"生产要素的重新组合"，从而把一种从来没有过的关于生产要素和生产条件的"新组合"引进到生产体系中去，进而产生对生产要素或者生产条件的"新组合"；作为资本主义世界"灵魂"的"企业家"，其职能就应该是实现"创新"，然后引进"新组合"；资本主义的"经济发展"就是指整个资本主义社会要不断地实现这种"新组合"，也就是说资本主义的经济发展本身就是这种不断创新的结果；而这种"新组合"的目的就是追求潜在的利润，即最大限度地获取超额的利润；经济的周期性经济波动一定程度上也是由于创新过程的非连续性和非均衡性，因为不同的创新会对经济发展产生不同的影响，从而形成时间各不相同的经济周期。熊彼特还指出，资本主义只是经济变动的一种状态，它不可能是永远静止的，更不可能永远地存在下去，当经济进步发展到一定的阶段，创新活动本身变成一种"例行事物"时，企业家也会随着创新职能减弱以及投资机会的减少而消亡，那个时候，资本主义将不能再存在下去，人类社会将会自然而然地以一种和平的方式进入社会主义。当然，他所理解的社会主义与马克思恩格斯所理解的社会主义具有本质性的区别。因此，他提出，"创新"是资本主义经济增长和发展的动力，没有"创新"就没有资本主义的发展。

从企业的角度看,创新发展就是企业家在创新效益的驱动下,通过不断加强人才、技术、资金、信息等资源储备,同时不断吸纳外部资金,持续谋求发展。现代商业社会日新月异,信息技术不断更新换代,各行各业的企业都处于科技飞速发展和行业竞争激烈的环境中,企业如果不能通过不断创新有所发展,很容易就会在市场竞争中处于一个不利地位,最终可能被行业所淘汰。

创新发展也是企业市场价值管理的核心。企业的市场价值高低取决于市场的预期,市场往往青睐于具有创新动力、不断给投资者带来超出预期收益的企业,给予这类企业更高的市场估值。这也是为什么新兴行业高科技类成长公司的企业市场价值往往高于传统行业企业的根本所在。

(二)创新的类型

创新发展有很多类型,不同的角度有不同的分类,通常情况下,可以简单分为以下几种:

1. 根本性创新与渐进性创新

根本性和渐进性是一种程度上的区别,根本性创新往往对原有技术表现出一种替代性和破坏性,创新的幅度比较大,频率比较小;而渐进性创新则对原有技术表现出一种继承性和提高性,创新的幅度比较小,频率比较高。

2. 产品创新和工艺创新

从创新对象和内容来看,产品和工艺往往是不同角度的创新。产品创新是指产品技术上表现出来的关于新价值的发展和变化,包括新产品的开发以及现有产品的改进;工艺创新则是指工艺技术所体现出的具有新价值的发展和创新

3. 节约型技术创新和中性技术创新

在单位产品中,各种要素的投入都是有限的,需要取舍。资本和劳动作为企业最常见的要素,不同投入,体现的创新也不一样。在单位产品中,资本要素投入比劳动要素投入的下降幅度大,劳动的边际生产能力提高,就是资本节约型技术创新;劳动要素投入比资本要素投入的下降幅度大,资本的边际生产能力提高,则是劳动节约型技术创新;资本要素投入与劳动要素投入的下降幅度相等,资本与劳动的边际生产能力同比例提高,就是中性技术创新。

4. 内部创新和外部创新

从企业的内外环境角度来看,内部创新指的是企业以自身的发明以及开发为基础的创新;外部创新则是指企业从其他企业或者组织的相关开发活动中获得灵感,在其

基础上创新,或者直接依赖于其他组织进行产品和技术的相关研发,自己进行产品包装。

5.自主创新、模仿创新和合作创新

从创新战略选择和技术源的角度来看,自主创新往往是企业完全通过自身的努力进行相关技术的突破,进而把技术转换为商品,获取商业利润;模仿创新是企业通过相互学习和模仿,特别是对别人的创新思路的学习,或者通过引进购买或者破译行业领先者的核心技术,再进行改进、开发产品;合作创新是指企业之间,或企业与高校、科研机构间的联合创新行为。

(三)企业创新发展的意义

企业创新发展不仅对于企业自身有很重要的意义,对于国家也是意义非凡。党的十八大以来,习近平总书记对创新发展也有诸多表述。在《中共中央关于制定国民经济和社会发展第十三个五年规划的建议》中,习近平就强调要落实创新驱动发展战略,实施一批关系国家全局和长远的重大科技项目。2015 年 11 月 15 日,习近平在二十国集团领导人第十次峰会第一阶段会议上的讲话中又一次强调,世界经济长远发展的动力源自创新,总结历史经验可以发现,体制机制变革所释放出的活力和创造力,科技进步所造就的新产业和新产品,都是历次重大危机后世界经济走出困境、实现复苏的根本。

因此,从国家乃至人类的角度看,创新发展都是具有极为积极的意义。

首先,人类的历史就是创新、进步和发展的过程,可以说没有创新发展就没有人类一直以来的进步和未来的发展。

其次,科技是第一生产力,科学技术的创新能力越来越成为一个国家综合国力竞争的决定性因素。

再次,创新也是一个民族进步的灵魂,是一个国家繁荣昌盛的不竭动力。努力提高民族创新意识,不断增强民族创新能力,关系到中华民族和社会主义事业的兴衰成败。

从企业和经济的角度看,创新发展也具有极为积极的意义。

1.提高企业的核心竞争力

熊彼特创新理论的重要观点之一就是"实施创新活动的主体是企业家"。企业的目标是实现利润最大化,而企业的超额利润来自于对稀缺资源的占有。企业进行创新发展就是为了获取稀缺资源。一般而言,新发明都具有一定的技术壁垒,而企业也会积极去申请专利,一旦申请了专利,就受到法律保护,是唯一的,当然也是稀缺的。此时，拥有这一知识产权的企业所生产的产品就具有垄断性，垄断价格并不取决于生产它所付出的劳动，而是取决于对它的需求，因此可以获得超额利润。创新产生暂时的垄断，导致新技术、新产品的一定稀缺性，就会给创新者带来丰厚的垄断利润。

企业只有不断创新才能持续获得超额利润。随着知识和信息经济的发展，知识创新和技术创新速度不断提高，新知识和新产品更新周期变短，新产品知识含量却在增加，新产品的稀缺性对于经济的影响也日益扩大，由稀缺性决定价格的商品在全部商品总额中的比重将越来越大。创新利润将成为企业追求的目标。目前，在发达国家的许多产业中，技术创新已经成为企业取得成功最主要的驱动力。

2.提升企业的市场价值

企业的市场价值是企业价值的市场表现，人们可以预期的企业发展动力就是企业的创新精神。一个企业如果持续处于一种创新状态，给外界带来的将是不断突破发展的预期，会提高外界对于企业未来发展高度的期望。创新发展也给企业带来了竞争力的提升，当企业具有一定的竞争力，又有一个技术不断发展的预期，那么随着技术转换为利润，企业的综合实力会上一个台阶，企业的市场价值自然也会提升。企业市场价值管理的核心就是要保证企业创新发展的动力能够不断维持，只有动力持续向前，企业的市场价值管理才有意义。

3.促进经济波动增长

熊彼特创新理论认为"技术创新是经济增长的源泉"。他认为，只要创新出现，企业便会获得超额的利润，这样就会引起社会上的模仿，模仿和追随会引起创新浪潮，经济将不断走向高潮。当很多企业实现一定模仿以后，创新浪潮就会消失，经济将停止。如果经济再要发展，就必须要有新的创新。只有创新不断，经济才能持续不断发展。

苏联经济学家康德拉季耶夫是长波周期理论的提出者，他也认为创新是产业演变、经济周期发生的根源。他总结出，经济发展一般 50 年左右一个周期，每一个长波周期都是伴随着新技术的出现，而每个经济发展周期的峰值期后就会出现经济发展衰退的迹象，只有当经济从衰退走向复苏，人们才会发现出现了新的技术，也就是技术创新带来新的繁荣。

4.促进经济结构变革

创新发展对于经济的影响不仅在周期和波动，还会影响经济结构和增长质量。

（1）产业结构的升级和变化

科技的发展促进了生产社会化和专业化水平的提高，各部门之间的联系与协作越来越密切,商品流通和信息传递越来越重要,从而促进了交通、通信、商业的发展。随着创新发展的不断推进,整个社会的产业结构发生变化,比如第一和第二产业的比重降低,第三产业特别是信息技术产业的比重增加。

(2)消费结构的转变

创新发展在引起产品结构变化的同时,也会影响消费结构的变革,使人们的衣食住行发生重大变化。例如,新型材料技术的进步、服装设计和加工技术的进步,实现了服装的多样化、高级化;生物技术的发展引起了饮食结构的变革;住宅设备趋向电气化、信息化、智能化。非物质消费占消费总支出的比例增加,以及互联网的深入发展,整个社会的生活方式都会发生转变。

(3)国际贸易结构的变革

不同地区的创新发展程度不同,会使国际贸易的区域结构发生变化。而随着技术的推进,各个行业的贸易结构也会发生变化,比如技术贸易的份额相对于传统商品的份额会显著上升。国家间的创新差异也会引起贸易进出口方向、进出口量大小的变化。

5.促进知识经济发展

创新催生知识经济时代来临,创新理论成为知识经济的思想渊源。创新实践使产品中的技术含量迅速提高,高技术产业产值在 GDP 中的比例迅速提高,技术创新在经济增长中的贡献率迅速提高,从而催生了知识经济的发展。现代经济的高技术含量将是一个趋势,随着创新的推动,经济将越来越以知识为基础,在经济、技术、智力的结合下,知识经济的时代特征将越来越明显。知识经济是以高技术产业为支柱的经济,高技术产业对通货膨胀的抑制作用明显高于其他经济部门,从而使总体经济通货膨胀趋于平缓。知识的生产率,即把生产知识转化为技术和产品的效率,取决于知识的创造和传播。因此,教育将成为重要的产业。知识经济是可持续发展的经济,可以有效地协调人与自然的关系,实现人类社会可持续发展。

总之,创新发展是人类发展的动力源泉,也是带动产业与企业成长的最佳动力。创新发展对于企业的重要性要求企业积极地面对创新,采取主动积极的创新策略,大幅提升生产力并改变产业的面貌,为企业的市场价值管理提供动力支持。

二、创新发展的方法

创新发展是企业市场价值管理的核心,也是企业市场价值提升的动力之一。企业在进行创新发展的时候,要考虑企业的内外环境,结合企业的实际情况,合理运用科学的方法进行创新。

（一）创新发展的相关要素

1.企业家创新精神

企业家是企业创新的主体，是企业创新发展的最有力推动者。优秀企业家不仅是企业技术创新的决策者，也是企业技术创新的组织者和指挥者。企业家的创新精神直接影响整个企业的技术创新行为。"不平衡增长"理论的代表人物赫希曼指出，发展中国家最稀缺的资源不是资本，而是资本运作能力；最紧迫的问题不是资金的多少，而是现有资源的合理有效配置。同样，在经济发展中，如果缺乏具有前瞻性、能适时抓住投资机会、富有开拓精神的企业家和上级管理层有机配合，资本投入就不能发挥应有的效益。

创新发展是一种特殊的思维倾向，倾向于鼓励创新和改革，改变游戏规则，并有所作为。企业家的思维倾向渗透在他们商业活动的各个方面，在内部风险控制和外部风险投资中发挥着重要作用。在德鲁克看来，企业家精神的本质是有目的的、有组织的系统创新。在企业创新过程中，起主导作用的是企业家，而不是管理者和员工。首先，企业中的任何创新都要得到企业家的大力支持才能开展；其次，管理者和员工是企业家的指导思想和用户标准的执行者。企业家与普通经营者的区别在于，他可以关注他人忽视的商业机会，通过创新取得成就。

2.知识产权

知识产权包括一切来自工业、科学、文学、艺术等领域的智力创作活动所产生的权利及相关权益。知识产权主要包括工业产权（产业产权）和著作权（版权）。工业产权是指人们对应用于商品生产和流通中的创造发明和显著标记等智力成果依法享有的专有权，著作权则是指人们对文学、艺术、科学等领域中创造的智力成果依法享有的专有权。按照《保护工业产权巴黎公约》的规定，工业产权包括发明、实用新型、外观设计、商标、服务标记、厂商名称、货源标记、原产地名称以及制止不正当竞争的权利。在我国，工业产权主要是指专利权和商标权。因为知识产权保护以及企业内部管理制度存在的问题，许多中小企业的技术人员往往无意创新，或者有了创新研究成果却不愿意拿出来。

如果没有完善的制度保障，技术人员一旦把研究成果拿出来，它就成了单位所有，每个人都可以无偿地使用，而真正创新的人不能得到相应的回报。因此，要提高个人创新的积极性，就必须加快产权制度建设，制造各种条件鼓励创新，保障创新成果。这样，资产所有者与知识产权所有者之间形成最直接的经济关系，知识产权所有者将成为资产增值的受益方。这种合法持久的产权关系能使人们放心地进行技术创新,形成强烈的制度氛围的动力。

同样的,没有企业愿意别人复制、模仿、享受自己创新的成果。有些企业没有技术,不想着自己创新,只会通过各种方式想办法获取,甚至形成了"买技术不如偷技术,偷技术不如挖人才;只要人才挖到手,技术跟着人才走"的观念,导致高科技人才和知识产权很容易流失。所以解决这个问题的根本出路在于保护技术创新的成果,保障企业创新的利益,建立健全产权保护制度。知识产权制度和专利保护制度能使创新型企业的创新成果得到保障,企业可以有偿转让创新成果,获得利益,从而形成自主创新的良性循环。

只有当个人和企业的创新成果都得到妥善保护,人们才会愿意创新。

3.技术创新

技术创新的主体是企业。每个企业都有自己相对独立的利益,它们的利益融入企业自身的整体利益。在市场经济条件下,企业不再是政府的附属物,而是市场活动的主体,生存完全取决于市场。企业为了生存,在竞争中发展壮大,必须关注整体利益,这是技术创新最根本也是最重要的动力。技术创新的动力来自创新带来的好处和优势,追求利润最大化是技术创新的主要动力。通过技术创新,企业可以在一段时间内成为某些商品的唯一生产者,即寡头垄断企业,进行垄断定价并获得更大的利润。如果只追求短期利润最大化目标,企业无法产生技术创新追求效率,只有在追求中长期利润最大化的同时,面向未来,企业才会大力改善生产流程,最大限度地降低产品成本,提高产品质量,努力开发新产品。基于新技术,企业将在市场上建立自己的价格优势和规模优势。可以看出,通过技术创新实现企业利益的目标是创新活动的目的和企业技术创新的动力。

4.商业利益

企业的内部激励机制就像一个"电磁铁",通过适当的精神奖励和丰厚的物质奖励,可以牢固地"吸引"到企业目标的个体,并使个体积极参与创新活动。因此,在市场经济条件下,有效的创新和激励机制必将保持员工创新的动力和活力。但从收益来看,中小企业采取的策略并不一定是创新。在不完善的系统中,他们可能会模仿或复制。

5.政策引导

外部环境的发展变化会对中小企业决策产生影响,这些因素可以来自政府、市场和科技。它们起到了促进或阻碍中小企业创新和发展的作用。政府良好的外部环境对中小企业技术创新起着至关重要的作用。政府希望通过技术创新大大提升企业的核心竞争力,促进企业的可持续发展,因此,必须为中小企业的技术创新创造良好的外部环境。外部环境主要包括建立和完善中小企业法律制度,加强政府财政金融信贷支持,提供减免税收优惠,加大技术开发投入,完善信息系统,发展社会服务系统。

6.市场环境

影响企业创新和发展的市场环境因素主要有两个,一个是市场需求,一个是市场竞争。随着经济全球化的发展,竞争日趋激烈,企业危机意识强烈。这种危机感是促使企业通过技术创新寻求竞争优势的重要原因。市场需求使企业为生存和发展进行技术创新,而市场竞争鼓励企业比竞争对手更快、更好地进行更有效的技术创新。任何技术创新只会给企业带来临时市场,当市场竞争者也推出自己的创新产品时,企业技术创新的动力就不仅来自市场需求,更多来自强大的压力和激烈的竞争。换言之,当企业在市场需求变化和市场竞争的推动下进行技术创新活动并获得创新效益时,创新收益将吸引更多的企业参与创新活动。

(二)创新发展的路线选择

企业进行创新发展的时候会有不同的路径选择,发展战略、市场环境、企业的实际情况等都对企业的选择有一定的影响。因此,企业在制定创新发展战略的时候就要科学合理地进行选择。

1.自主创新战略

自主创新战略是指以自主创新为基本目标的创新战略,即依靠自身的努力和探索,突破核心技术或产生核心观念,并在此基础上推动和完成创新的后续环节,率先实现技术的商品化和市场开拓,向市场推出全新产品。自主创新战略的特点可以概括为技术突破的内生性质。自主创新的核心技术是企业内部通过自主研发活动获得的技术突破。这不仅会帮助企业形成强大的技术壁垒,而且会产生一系列技术创新,形成创新集群,并发展新兴产业。要充分发挥自主创新优势,必须在技术和市场方面具有领先优势,主动权是自主创新的目标,这不仅有利于生产技术的积累,而且有利于研发的针对性。

在自主创新战略的指导下,企业可以选择领先创新。领先创新意味着企业率先通过技术创新开发新产品,并在一段时间内保持市场领先优势,即获得更大的市场份额和更高的垄断利润。领先的战略致力于在同样的竞争中处于领先地位,其优势是提前进入并占领市场,制定行业技术标准,引领产品、市场和技术潮流,掌握市场主动权,获得专利权,建立自己的技术品牌和形成自己的核心技术。对于企业来说,要想保持市场领先地位,就必须持续领先创新。但由于市场需求的复杂性和市场环境的多变性,以及生产、技术和市场的不确定性,领先创新具有更大的不确定性和风险。领先创新是一项成本高、风险高、回报高的创新活动。

2.模仿创新战略

模仿创新战略寻求的不是引领,而是对率先进入市场的产品进行再创造,也即在引入他人技术后,经过消化吸收,不仅达到被模仿产品技术的水平,而且通过创新,超过原来的技术水平。这一战略要求企业首先掌握被模仿产品的技术诀窍,再进行产品功能、外观和性能等方面的改进,使产品更具市场竞争力。

在模仿创新战略中,企业可以选择跟随创新,即跟随同行业龙头企业开展相应的技术创新活动。主要方式是选择、改进和完善龙头企业的新技术新产品,降低制造成本,拓展市场。这就要求企业密切关注行业领导者的行为:如果领导者失败了,他们不会效仿;如果领导者成功,他们会很快赶上。跟随创新的特点可以概括如下:第一,跟随创新者的想法与领导者的不同。它关注技术,但它是市场导向的,更关注市场前景。第二,跟随创新是一种风险较小的创新。当其他人刚刚完成"发明"时,跟随创新者就会进入角色。这时新市场已经开始出现迹象,新的风险投资可以被人接受,而且市场需求量也往往比原来的发明者能提供的要大,市场细分已经很明显或可以分析出来。企业可以通过市场分析,了解客户购买的内容、方式和价格。第三,跟随创新适用于一些较为重要和有影响力的产品、流程或服务。创新通常以更高的市场占有率为目标。第四,跟随创新最适合高科技领域。在高科技领域,最初的创新者通常是技术专家,他们往往忽视以市场为中心这一点,偏重技术或产品本身。由于缺乏充分的市场调查和了解,他们对创新进一步发展的现实意义和方向往往没有正确认识,跟随创新者正是利用了这一弱点。

3.合作创新战略

合作创新战略是指企业和科研机构、高等院校合作的创新战略,通常以合作伙伴的共同利益为基础,以资源共享或优势互补为前提,有明确的合作目标、合作条件和合作规则,合作各方在技术创新的全过程或某些环节共同投入、共同参与、共享成果、共担风险。合作创新有各种形式,既包括具有战略意图的长期合作,如战略技术联盟、网络组织,也包括针对特定项目的短期合作,如研究开发契约、许可证协议。

合作创新战略的特点是:第一,共享资源,合作伙伴间优势互补。随着全球技术竞争的加剧,企业在技术创新活动中面对的技术问题越来越复杂,技术的综合性和集群性越来越强,一个企业不可能具有所需的所有技术能力。因此,企业以合作的方式进行重大技术创新,通过外部技术资源内化,实现资源共享和优势互补，已成为新形势下技术创新的必然趋势。第二，缩短创新时间，提升企业竞争力。合作创新可以缩短收集资料、信息的时间，提高信息质量，降低信息成本；可以使创新的资源组合得到优化，使各个环节的创新有更好的环境和条件，从而缩短创新所需的时间；可以通过各方的合作、技术经验和教训的交流减少创新过程中的时间损失和资源浪费。第三，赢得市场，提高企业在市场竞争中的地位。战略联盟的主要动机就是赶上同行，加强企业的竞争地位。第四，降低创新成本，分散创新风险。一般来说，创新项目越多，内容越复杂，成本越高，风险越大，合作创新在分散风险中的作用就越显著。

（三）企业发展中各不同阶段的选择

企业究竟应该如何选择创新发展战略，这跟企业的自身规模和发展阶段有关。不同的发展阶段，所选择的创新发展路径是不一样的。

1.初创阶段

这个阶段是企业核心竞争力的萌芽阶段，企业需要量力投入创新。具有较强技术创新能力的企业要善于抓住机会，发展市场急需的产品，采用领先的创新战略和自主创新战略，有效整合技术资源，逐步形成企业的核心竞争力。具有中等技术创新能力的企业，可以通过合作创新、产品创新和模仿创新来实现创新。技术创新能力较低的企业，主要是模仿创新。因此，企业创新没有不变的模式，企业应根据自身情况选择适合自身发展的创新战略，这一点很重要。

2.快速发展阶段

企业的发展阶段也是企业核心竞争力的发展时期。技术创新能力强的企业，要把技术资源集中在创新链的中下游，在工艺、批量生产、质量控制、市场营销等方面建立自己的核心竞争力。这个时候，模仿创新战略是适用于企业的，企业可以参考别的企业的经验进行创新。具有中等技术创新能力的企业，还是采用模仿创新战略，主要是进一步实行跟随创新战略。

3.成熟阶段

在这一阶段，企业稳步发展，在技术、资金和其他资源方面都积累了一定的实力。企业成熟阶段对应企业核心竞争力发展的成熟期，这一时期，技术创新战略主要是为企业的日常问题提供技术解决方案，或者开发一些互补技术来促进企业市场的发展。为保持市场领先优势，技术创新能力较强的企业应选择领先战略或跟随战略，加大技术创新力度。中低技术创新能力企业应采用模仿创新战略，主要基于技术创新。

4.衰退阶段

企业的衰退阶段对应着核心竞争力发展的解放阶段和飞跃阶段。在这个阶段,企业的新能力将会产生,旧的能力将被破坏,也就是企业"颠覆性创新"的前奏。具有较强技术创新能力的企业应采取领先战略或跟进战略,加大新领域技术创新力度,更新企业能力,制定新能力发展规划,选择产品创新战略。具有中等技术创新能力的企业可以采用技术创新来提高产品质量,增加新功能,开拓新市场。

(四)创新发展的流程及创新能力评价指标

所谓创新过程是指创新发生、发展和检验的辩证运动过程,包括选择科学的创新方向,确立科学的创新目标,执行科学的创新蓝图,进行创新成果的评审与检验,推广和应用创新成果,进一步完善、丰富和发展创新成果的内容和形式,推动创新深化发展。企业创新过程可以分为信息收集阶段、决策阶段、资源投入阶段、研究开发阶段和实施阶段五个阶段。

1.信息收集阶段

企业进行创新要充分发挥情报的作用,加大技术信息搜索和查询力度,充分掌握信息资源,避免重复研究和开发,缩短创新时间,加快创新进程。这一阶段的主要衡量指标有:信息收集能力、信息利用能力及信息管理能力。

2.决策阶段

创新决策涉及很多因素,其中决策主体是创新决策的动态要素。他既是创新决策活动的组织者,又是创新决策方案的决断者和创新决策实施的推动者。因此,企业的创新决策能力更多地表现在决策者的决策能力上,其衡量指标包括决策者的知识能力和性格特征。知识能力主要指决策者对相关技术领域知识的掌握程度和对企业管理知识的掌握程度,性格特征主要指决策者的首创精神、成功欲望、征服意志、冒险精神等。企业是否愿意创新,很大程度上取决于企业家的创新意识和创新意愿。

3.投入阶段

投入阶段的主要任务是为实施研发和创新活动投入各种资源,这些资源包括内部资源和外部资源。内部资源投入指标是研究与试验发展投入、非研究与试验发展投入、技术开发在职人员比例、人员文化程度高低状况等,外部资源投入指标则是外部技术力量的关注、与外部技术力量的合作程度等。

4.研究开发阶段

研发阶段是创新过程的关键,涉及的指标很多,包括研究与试验发展项目的规划与管理、研发团队的组建以及与其他部门的合作。研究与试验发展项目的规划与管理的评价主要包括对各部门的评估、共同研究确定项目计划、明确项目目标和阶段标准、定期评估项目进展情况以及强有力的项目经理等指标。研发团队的评价主要包括能级结构、年龄结构、专业结构、强有力的技术带头人等指标。与其他部门的合作评价主要包括研究与试验发展部门与市场部门的良好沟通、在研究与试验发展时考虑可制造性、研究与试验发展部门与财务部门的良好合作等。

5.实施阶段

实施阶段是创新流程的核心,在这个阶段主要表现为制造能力、市场营销能力和创新管理能力。制造能力评价包括制造和创新水平、生产设备水平、工人技术水平、质量和成本控制等指标。市场营销能力评价包括市场调研能力、营销水平、销售网络、售后服务等指标。创新管理能力评价包括创新战略制定、激励机制和界面管理等指标。

总之,企业最重要的是抓住创新的时机,提高创新速度。在创新速度的提升中,要保持创新的质量,就要不断地根据创新评价指标进行更新迭代。尽可能多地收集创新信息,一旦决定创新就要下定决心,合理科学地投入创新资源,建立完备的研发体系,提高市场开发能力,建立有效的合作团队,推动企业创新发展取得成功。

三、案例

创新是一个企业进步的灵魂,是企业兴旺发达的不竭动力。企业坚持创新发展,不仅可以收获利润,提升市场价值,还可以获得行业乃至社会的尊重和认同。我国的华为公司就是这样一个典型。

(一)创新是华为成长的核心动力

华为成功的秘密就是创新。创新无疑是提升企业竞争力的法宝,同时它也是一条充满了风险和挑战的成长之路。尤其在高新技术产业领域,创新是企业的生存之本和品牌的价值核心。

"不创新才是最大的风险",华为创始人任正非的这句话道出了华为骨子里的创新精神。"回顾华为20多年的发展历程,我们体会到,没有创新,要在高科技行业中生存下去几乎是不可能的。在这个领域,没有喘气的机会,哪怕只落后一点点,就意味着逐渐死亡。"正是这种强烈的紧迫感驱使着华为持续创新。

华为虽然和许多民营企业一样是从做贸易起步的,但是华为没有像其他企业那样继续沿着贸易的路线发展，而是踏踏实实地搞起了自主研发。华为把每年销售收入的10％以上投入研发，过去10年投入的研发费接近4000亿元人民币，研发人员8万人，占公司总人数的45％。为了保持技术领先优势，华为在招揽人才时提供的薪资常常比很多外资企业还高。

华为的创新体现在企业的方方面面，在各个细节之中。但是华为不是为创新而创新，它打造的是一种相机而动、有的放矢的创新，是以客户需求、市场趋势为导向，紧紧沿着技术市场化路线行进的创新。这是一种可以不断自我完善与超越的创新，这样的创新才是企业可持续发展的基石。

（二）华为的自主创新发展之路

1. 小灵通、3G 与国际化

华为与大多数科技公司只盯着眼前利益的"技术机会主义"态度不同，华为对技术投资是具有长远战略眼光的。如在小灵通风靡一时的时候，UT 斯达康、中兴等企业抓住机会，赚了不少钱。相比之下，华为在小灵通上反应迟钝，却把巨资投入到当时还看不到"钱景"的 3G 技术研发，华为也因此被外界扣上"战略失误"的帽子。在任正非看来，小灵通是个落后技术，没有前景，而 3G 才代表未来主流技术发展趋势。事实证明，任正非的判断是正确的。华为从 1996 年开始海外布局，在国内市场遭遇 3G 建设瓶颈的时候，华为在海外市场却有所斩获。一路走来，华为如今已成为全球主流电信运营商的最佳合作伙伴。

现在，华为的产品和解决方案已经应用于 170 多个国家，服务世界超过 1/3 的人口。在全球 50 强电信运营商中，有 45 家使用华为的产品和服务，华为的海外市场销售额占公司销售总额的近 50％。

如果任正非没有前瞻眼光，没有先人一步投入 3G 技术研发，就没有今天的华为，也没有华为在 3G、4G 市场上的领先位置。看得远，才能走得远，这是低调的任正非带领华为无往不胜的终极秘诀。

技术创新对于一个企业的国际化非常重要，但不等于说只有在完成技术创新之后才进行国际化。完全掌握了核心技术，再进行国际化，这是一种过于理想化的模式。国际化的过程本身就是提高企业技术能力的过程，在"战争中学习战争"也是一种相机而动的思维。

2. 技术引进、吸收与再创新

实际上，华为的技术创新，更多表现在技术引进、吸收与再创新层面上，主要是在国际企业的技术成果上进行一些功能、特性上的改进和集成能力的提升。对于缺少的核心技术,华为通过购买或支付专利许可费的方式,实现产品的国际市场准入,再根据市场需求进行创新和融合,从而实现知识产权价值最大化。

目前,中国制造企业正面临着人力成本居高不下、产能过剩、高消耗等"内忧",以及人民币波动、海外市场低迷、贸易摩擦案件增加等"外患"。对于普遍缺少品牌和技术的中国制造企业来说,转型和升级已经迫在眉睫。但是,如何转型?怎么升级?这显然不是喊几句口号和出台几项政策就能实现的。这时,华为的榜样价值再次凸显。

任正非说:"科技创新不能急功近利,需要长达二三十年的积累。"中国企业要走出国门,融入世界,做大做强,就必须摈弃赚"快钱"的心态,舍得在技术升级和管理创新上花钱,只有这样转型和升级才可能实现。华为不赚"快钱"赚"长钱"的思想值得很多企业学习借鉴。

3.先进的企业内部管理体系

必须指出的是,产业升级仅靠技术升级是不够的,还需要管理的同步升级。华为在创业之初也有过一段粗放式管理的时期,但是华为及时认识到管理创新的重要性,不惜血本,进行脱胎换骨式的变革和提升。

在国际化进程中,华为认识到先进的企业内部管理体系的基础作用,先后与IBM、HAY、MERCER、PWC等国际著名公司合作,花数十亿资金引入先进的管理理念和方法,对集成产品开发、业务流程、组织、品质控制、人力资源、财务管理、客户满意度等方面进行了系统变革,把公司业务管理体系聚焦到创造客户价值这个核心上。

经过10多年的不断改进,华为的管理实现了与国际接轨,不仅经受住了公司业务持续高速增长的考验,而且赢得了海内外客户及全球合作伙伴的普遍认可,有效支撑了公司的全球化战略。

4.创新理念

在产品研发上,华为以客户需求为导向,以客户需求驱动研发流程,围绕提升客户价值进行技术、产品、解决方案及业务管理的持续创新,快速响应客户需求。同时,华为还坚持开放式创新,在全球设立了14个研究所,与世界各地的运营商成立了36个联合创新中心,从而实现了全球同步研发,不仅把领先的技术转化为客户的竞争优势,帮助客户成功,而且还吸收了大量高素质的技术人才。

华为的客户创新中心和诺亚方舟实验室就是专门为客户量身打造的创新研究机构。通过对客户个性化需求的解读与研判,创造性地为客户进行"量体裁衣"式的个性化服务。满足各个国家客户不同的需求,成为华为进行创新的动力。抓客户的"痛点"

而不是竞争对手的"痛点",抓客户价值而不是抓产品成本,这就是华为国际化成功的经验。

其实,创新并没有什么玄虚,与成本优势并不矛盾。只不过成本优势是个结果,而围着客户需求来做,哪怕是细微但是持续不断的创新,才是到达这个结果的最佳路径。

华为拥有业界最完整的通信产品系列,涵盖移动、宽带、核心网、数据通信、云计算、电信增值业务、终端等领域。华为坚持以客户为中心,为客户提供了一整套解决方案,成功地将客户和企业绑定在同一平台,除了初期的销售,还包括后续的产品升级、服务等。由于华为抓住了客户的根本需求,其收入是刚性的,盈利是持续的,这和一般的软件外包是两个层次。

5. 体制创新

华为是世界 500 强中唯一一家没有上市的公司和一家 100% 由员工持股的民营企业,目前,华为有 9 万多名员工持有公司股权。华为的员工持股计划吸引了越来越多的人才到华为工作,成为激活华为员工创造潜力与创新能力的重要因素。

华为还探索了一套独特的商业模式,建立了一套行之有效的人力资源管理体系,尊重和爱护人才,聚集了一大批技术精英,为华为的可持续发展提供了人力保障。在培养接班人方面,任正非打破家族式继承,推行轮值 CEO 制度,让没有血缘关系的优秀后继者担任轮值 CEO,首开中国民营企业"代际传承"之先河。

(三)华为的创新发展带来企业价值的提升

华为的创新发展带来的好处是明显的:2014 年全年营收 2882 亿元,同比增长 20%;2015 年全年营收 3950 亿元,同比增长 37%;2016 年全年营收 5216 亿元,同比增长 32%;2017 年全年营收 6036 亿元,同比增长 15.7%。可以看到,华为近几年的营业收入保持了较快增长,企业获得了强有力的发展。此外,作为民族企业,华为也收获了国人的尊敬。

只要企业坚持发展创新,企业的市场价值就会自然而然提升,创新发展是企业市场价值管理的核心动力。

四、思考题

(以下思考题皆为开放性的讨论,没有标准答案和模板,言之有理即可,注意要结合实际,答案最好具有前瞻性和自己的想法。同学们回答问题时要胆大心细,不要拘泥于传统的理论或者模型,要独立思考,经济学方面往往没有绝对的标准或者答案,说

不定你的下一个回答就是解决众多经济难题的突破口）

1.对于互联网公司,用什么方法评估其企业价值比较合适？为什么？

2.在风险投资和兼并重组中,对风险企业价值的评估过高和过低有什么影响？

3.从本文介绍的企业市场价值的3种基本评估方法中任选2种,进行优缺点的对比分析。

4.结合华为案例,谈谈为什么创新发展是企业价值提升的内生驱动力。

第十二章　企业市场价值管理方法

随着市场经济的不断发展和成熟,任何企业都会面临两个市场:产品市场和资本市场。产品市场是企业家所熟悉的市场,整个企业都在为产品市场服务,提高产品质量,降低成本,增强产品的市场竞争力。然而随着市场经济的发展,企业还面临资本市场的竞争。资本市场的竞争往往容易被企业家所忽视,但是资本市场的竞争其实更为激烈。产品市场的产品是千姿百态的,它们的竞争有行业区别,但资本市场却没有,资本都可以以一定量的资金来衡量,它们是相通的。想要更好地把握资本市场竞争,就需要更好地理解和提升企业的市场价值。

企业的市场价值管理是指基于企业的市场价值进行管理的方法,企业的市场价值在资本市场不仅仅是价值体现,还是企业的资本市场形象。企业市场价值管理是符合股东利益最大化的,也符合企业赢得资本市场竞争,获取更低的资本资源,降低财务成本,进而降低整个公司产品的成本,获取企业发展的正向效应的目的。

一、企业市场价值管理的应用

企业的市场价值管理是一个长期而全面的系统工程,是企业市场价值提升的综合措施。企业要根据发展目标,积极运用多方面的工具,从各个角度和各个方面来加强企业市场价值影响因子的影响力,推进企业市场价值管理目标的实现。

(一)专业顾问

现代商业社会是一个复杂的机体,分工日益细化,企业作为一个行业内的经营主体,有它擅长的一方面,也有它不擅长的一面。企业的管理团队以及所有者都应该清醒地认识到企业的局限所在,并积极主动地去弥补不足。社会分工带来的好处就是,有各类专业的中介顾问机构的存在,企业所有者和经营者要善于利用这些专业顾问机构,让企业的经营以及在资本市场的运作都变得更加专业,也有利于企业市场价值管理目标的实现。

专业顾问有很多类,涉及企业市场价值管理的专业顾问大类主要分为管理顾问和财务顾问。管理顾问主要是根据企业提出的要求,深入了解企业后,利用自身丰富的知识和经验,提出切实可行的企业管理方面的解决方案,并指导企业落地实施方案,使得企业的管理水平和企业效益都得到提升。财务顾问是为企业提供金融市场投融资方面的相关服务,根据企业的需要,站在企业的角度为企业的投融资、资本运作、资产及债务重组、税务筹划、财务管理、发展战略等活动提供咨询、分析、方案设计等服务。

好的专业顾问可以给企业市场价值提升带来积极的影响,专业顾问的选择至关重要。首先,需要根据企业的实际情况来确定专业顾问的类型。其次,要从多角度对机构进行全面的筛选,如行业口碑、顾问能力、诚信水平等。最后,选定专业顾问后,要制定工作计划,对于解决问题的方案进行充分论证,论证合理后积极执行。

(二)职业经理人

职业经理人是指专门从事企业高层管理的专业人才。职业经理人的职责定位是以其良好的职业境界、道德修养、专业管理能力,合理利用企业的资源,帮助企业落实董事会决定,实现董事会的战略规划,完成战略目标,从而把企业不断推向前进。

职业经理人一般具有极高的职业素养和丰富的职业经验,在落地执行和管理团队方面有其自身的优势。职业经理人作为人力资本,也是企业需要投入的重要要素之一。特别是随着企业的不断发展壮大、走向成熟化后,资本的推动以及创始人的激情作用逐渐在下降,优秀的管理人员的作用开始不断体现。好的职业经理人可以给企业的管理带来积极作用,促进管理效率提升,有利于企业战略的推进和实现。

我国的职业经理人市场目前还不够成熟,职业经理人这个群体水平参差不齐,企业在选用职业经理人的时候需要认真考察职业经理人的素养。职业道德应该是选择职业经理人首先需要考虑的因素,职业道德包括敬业、忠诚、负责等。选择职业经理人意味着企业开始走所有权和经营权分离的道路,职业经理人职业道德感强,企业所有者才放心把企业交给他。如果一个企业能够很好地选用职业经理人,不仅意味着企业建立起了可持续发展的用人机制,也会使企业的管理水平上一个新的台阶,对于企业市场价值的提升有很大的帮助。

（三）传媒工具

现代社会,信息流通速度越来越快,信息的公开度也越来越强,一个企业的市场形象只要通过互联网等各种传媒工具很快就能查询到。因此,在这个信息时代,企业也要善于利用传媒工具,给企业塑造良好的市场形象,提升企业市场价值。

传统的传媒工具主要是电视、广播、报纸等,随着互联网和移动互联网的不断发展,新型的传播平台不断涌现出来,同时传播速度也大大加快。微博、微信等移动互联时代的传媒平台带来了新的传播特点,传播速度快、传播范围广、易形成舆论话题。企业在进行产品营销的同时,也需要通过新型的传媒平台塑造自己良好的形象。

企业的形象塑造是一个长期的过程,也是一个内容比较宽泛的工作。传媒工具的运用不仅包括企业日常宣传、产品宣传,还应包括企业危机公关、社会责任的承担等。因此,企业要利用好新的传媒工具,就需要建立一支专门的队伍,来运营和维护企业的市场口碑,积极主动地提升企业形象。

（四）金融工具

随着资本市场的越来越成熟,当企业走上资本市场的时候,资本市场投资者给予企业的价格就是企业的市场价值。因此,资本市场的金融工具对于维护企业的市场价格、管理企业的市场价值至关重要。

我国的资本市场正在逐步成熟,金融工具也越来越多,当企业进入资本市场后,企业的资本市场形象和企业的口碑息息相关,企业要合理科学地使用金融工具管理市场价值。上市公司的企业市场价值管理又被简称为市值管理。传统的市值管理工具主要是利用企业估值的波动进行相应的投融资并购,如增发、兼并重组、股权激励等。随着资本市场工具的增加,现在我国资本市场有大宗交易、融资融券、股指期货、转融通、质押式回购等多种交易工具,企业市值管理者,可以根据企业估值波动情况,合理、有规划地使用各种交易工具对企业市值进行有效管理。

资本市场日新月异,这就要求企业市值管理者不断创新,制定新型的管理计划,综合运用各种资本市场工具,来应对不断变化的资本市场。

二、企业市场价值管理的具体方法

企业市场价值管理是一项系统工程，是企业根据影响企业市场价值的因素进行主动管理，实现企业市场价值动态平衡的综合措施。企业要重视市场价值管理，特别是上市或挂牌企业，走上资本市场后，市场价值的管理更是企业的一项重要工作。企业的市场价值管理一定要基于自身的实际需求，根据市场环境状况，制定综合的管理措施。

（一）非上市公司的企业市场价值管理方法

目前，非上市公司和上市公司相比各方面都还有比较大的差距，如治理规范、业绩绩效、市场形象、融资渠道等，但是随着经济的不断发展，市场环境的改善，并购增多，风险投资成熟化，非上市公司的市场价值管理需求也在不断提升。因此，从非上市公司的角度看，市场价值管理的重心在自身的发展和规范上。

1. 规范公司治理

我国大部分非上市公司的公司治理是不规范的，普遍存在各种问题，如组织机构设置不健全、董事会和股东大会制度缺乏、财务不规范等。非上市公司的公司治理不规范一方面跟其规模有关，另一方面也是因为缺乏约束机制和规范动力。不规范的企业往往很难提升企业市场价值，也很难吸引投资者的关注。对于不规范企业，投资者很难进行相应的价值评估以及保证投资的安全性。

非上市公司在进行市场价值管理的时候首先要进行的就是规范治理，我们在前面第二篇里已经详细阐述了企业规范管理的做法，也就是企业价值挖掘的过程。非上市公司在进行治理规范的时候，可以根据企业的实际特点和情况，设计具有实效性和可操作性的公司治理制度。从我国大部分非上市公司的特点来看，非上市公司的公司治理可以重点从以下几个方面着手改进：建立和强化董事会的作用，完善企业的监督管理机制，健全职工参与公司治理的制度。

2. 优化股东结构

非上市公司的股东结构往往是不合理的，大部分非上市公司的外部股东并不多，往往是一股独大或者股份均分。不合理的股权结构设计，不利于企业的长久发展，也不利于外部投资者的进入。

资本是企业经营的一种资源，但是股东所带来的不仅仅是资本，还有各种其他资源的拓展,合理的股东结构,应该是尽可能地有利于企业不断持续发展壮大。企业股东结构的设计安排,没有一个统一的标准,可以根据企业的具体情况,尽可能贴合企业的发展文化,从企业长远发展来设计。从一般的设计方法来看,可以遵循以下几个方向:股权要保证决策的民主和高效,要把管理层和员工团队纳入,合理安排机构投资者的股权。

企业在优化股东结构的时候也要考虑企业的市场价值情况,根据企业发展的不同阶段、企业市场价值水平的高低来构建不同的股东结构。

首先,在企业初创时期,企业市场价值比较低,先构建好创始股东的比例,设定好未来的稀释比例,为未来吸引优秀的管理层、实施员工股权激励、引进风投机构预留股权空间。

其次,企业发展的过程也就是企业市场价值不断提升的过程,这时优先吸引高级人才进入,给予一定股权,虽然股份稀释了,但对企业的发展十分有利。当企业具有一定的规模,企业市场价值达到一定水平的时候,就可以考虑建立员工股权激励机制,稳定队伍。

最后,当企业开始决定走资本市场道路的时候,就可以吸引专业投资机构进入,借助专业机构的专业能力把企业带入一个新的阶段。

3.股权激励

上市公司的股权激励是司空见惯的,但是非上市公司的股权激励对于企业的发展也是有积极意义的。非上市公司的股权激励必须要建立在企业规范的基础上,如果大股东或者经营层随意侵害小股东的利益,那么股权激励的积极意义也不存在。

股权激励主要针对企业的经营团队和技术骨干,目的也是为了稳定企业经营队伍,促进企业管理目标的实现。因此,安排股权激励的空间也是在优化股权结构的基础上进行的。非上市公司在进行股权激励的时候既要参考上市公司的激励方法,也要考虑非上市企业自身的特点。一个有效的非上市公司的股权激励方案要有完善的信息披露机制、议事规则和退出机制。

首先,非上市公司的股权激励总量和激励对象要在科学的股权结构框架内。股权激励总量尽可能不要影响企业的控制权,具体比例可以视情况而定,主要考虑原股东和激励对象分配的平衡问题。激励对象则要考虑企业的员工融合性、优势需求、同业竞争排除等标准。

其次,股权激励的模式可以选择限制性股权、期权、企业增值权等方式。股权转让的限制、表决权的限制、盈余分配权的限制可以满足企业不同的需求;期权则可以用最小的代价逐步实现对激励对象的考核；增值权主要是奖金、福利换股权的方法，既可以为企业积累更多的发展资金，也满足了一些无资金入股的员工的需求。

再次，股权激励的股权来源可以考虑多种形式，比如大股东的股权转让、增资扩股、资本公积金转增股本等。

最后，股权激励要有动态的调整和完善的退出机制。动态的调整机制和退出机制也是企业风险控制的体现，机制的设置主要考虑绩效考核、员工的忠诚度、劳动关系、继承、控制人变化等因素。

4.企业战略升级

企业的战略眼光决定了企业的发展方向，也决定了企业的持续发展空间。绝大多数非上市公司虽然规模不如上市公司，但是成长速度却很快，如果具有好的战略眼光，将比别的公司更有发展前景。战略的制定不仅要从企业当前实际情况出发，还要讲究科学性。

加拿大麦吉尔大学教授明茨伯格就指出企业战略是多样化的，人们在生产经营活动中的场合不同，对企业战略的内涵理解也就不同。明茨伯格借鉴市场营销学中的四要素（4P）的提法，提出企业战略"5P"，即计划（Plan）、计策（Ploy）、模式（Pattern）、定位（Position）和观念（Perspective）。计划是指战略是一种有意识、有预计、有组织的行动程序，是解决一个企业如何从现在的状态达到将来位置的问题。企业战略要在经营活动之前就制定计划。计策是指战略不仅仅是行动之前的计划，还可以在特定的环境下成为行动过程中的手段和策略，一种在竞争博弈中威胁和战胜竞争对手的工具。模式是指战略可以体现为企业一系列的具体行动和现实结果，而不仅仅是行动前的计划或手段。即，无论企业是否事先制定了战略，只要有具体的经营行为，就有事实上的战略。定位是指战略是一个组织在其所处环境中的位置，对企业而言就是确定自己在市场中的位置。观念是指战略表达了企业对客观世界固有的认知方式，体现了企业对环境的价值取向和组织中人们对客观世界固有的看法，进而反映了企业战略决策者的价值观念。

企业可以按照5P模式来全面制定适合自己的企业战略，具有战略眼光的企业在进入资本市场吸引投资或者兼并收购的时候，会比其他没有战略眼光的企业有更高的市场价值。

每个企业都会有自己的优点和缺点，任何的优点和缺点都会对相对成本优势和相对差异化产生影响。基于成本和差异化这两种基本的竞争优势及企业相应的活动，可以得出企业的三种一般性战略：总成本领先战略、差异化战略和专一化战略。总成本领先战略要求企业必须建立高效和规模化的生产设备,降低生产成本,严控费用等其他成本,确定总成本低于竞争对手。差异化战略是指企业提供的产品和服务要与竞争对手有差异,树立起企业在行业中的独特地位,比如名牌形象、优异的客户服务等。专一化战略是指企业主攻特殊的顾客群、某条产品线或某一特定区域,在特定的地点、产品或顾客群上获取企业自身独有的优势,赢得竞争市场。

(二)上市公司的市值管理方法

体现上市公司企业市场价值的最重要的指标就是市值,因此,上市公司的企业市场价值管理就是市值管理。市值是上市公司重要的资源,市值管理对于上市公司的持续发展有重要意义。随着资本市场的不断成熟,市值管理将成为我国资本市场上上市公司和机构投资者注重理性投资、长期投资和价值投资的必然选择。

市值管理是一个重要的概念,是一项系统性的工程,但是也容易被很多人误解。市值管理不是一个简单的概念,更不等同于操纵股价,市值管理是在合法的框架下,企业或者企业的大股东通过主动管理,使得企业市场价值最大化,使得股东财富和所拥有的股权市值相匹配,具有长期性和稳定性。

1.交易场所选择

企业在进行市值管理的时候,首先要意识到资本市场自身的价值交易水平,要明确地认识到不同的上市地对于企业价值的体现是不一样的。特别是准备上市的公司,上市地的选择是企业面临的第一个难题。同一家公司去不同的交易所上市将产生完全不同的市场价值,证券的估值水平会相差甚远。衡量上市地和公司市值的指标主要是市盈率和股票指数增长率。

(1)市盈率

市盈率是股价水平和企业盈利状况的比值。市盈率可以直接衡量股价的高低水平,也可以衡量一个上市公司在同一盈利水平下在不同的上市地的市场价值倍数。一般情况下,市盈率越高则该上市地的企业市场价值也越高。见表 12-1。

表 12-1 2016 年 4 月全球主要股票市场的平均市盈率水平表

地点	市盈率	市净率
美国	20.1	2.7
日本	14.8	1.3

续表

地点	市盈率	市净率
英国	17.8	1.5
中国	15.2	1.6
中国香港	10.7	1.3

从表中我们可以看出，不同地区的市盈率水平有着显著的差异，不同市场所在地的经济体总量、发展速度、资本市场的成熟度、对外经济的包容度等都不同，因此整体市场的估值也会不同。作为一家拟上市公司，如果选择在估值比较高的市场上市显然容易获得更高的市场价值。

总体而言，上市地的开放程度高、资本自由流动性强、交易成本低，对于证券市场的市场价值的增加是有一定意义的。

（2）股票指数增长率

股票价格指数是描述股票市场总的价格水平变化的指标。它是选取有代表性的一组股票，把它们的价格进行加权平均，通过一定的计算得到的。股票指数的增长率体现的是选取的股票市场总体价格水平增长的比例，因此，股票指数增长率越高，则该交易地的公司的市场价值水平增长也会越高。不同交易地的指数变化是有显著差异的，指数增长快慢和当地的资本市场成熟度、经济结构以及经济发展水平都有一定的关系。

从市盈率和股票指数增长率上来看，企业可以根据自己的实际情况，尽量选择估值较高的地方上市，这样可以获得较高的市场价值。当然企业在选择上市地的时候还要考虑该上市地的市场稳定性、融资便利性等其他因素。

2.投资者关系管理

投资者关系管理是指上市公司通过一定的手段管理与投资者或者潜在投资者之间的关系。投资者关系管理的主旨是通过信息披露与交流，增进公司与投资者之间的关系，促进投资者们对公司的了解。同时，这也是展现公司形象和内涵的重要途径。投资者关系管理工作最早在美国市场提出，既包括了公司与股东、债权人和潜在投资者之间的关系管理，也包括公司与资本市场各类中介机构之间的关系管理。对于企业的市值管理而言，投资者关系管理应该上升到企业战略管理层面，企业要充分运用金融、沟通、市场营销学的方法来管理好企业与金融机构和其他投资者的关系，以实现企业价值的最大化。

投资者关系管理毫无疑问可以提升公司的价值，好的投资者关系管理能提高公司的可信度,进而提升投资者的满意度和忠诚度。投资者在对上市公司满意度不断提升的情况下,会不断推荐新的投资者进入,推动公司的市场价值提升。上市公司的投资者关系管理要积极主动,积极地去改善信息不对称,引导投资者预期朝向良性发展,通过完善的信息沟通,使得公司的市值和价值相适应。通过主动的投资者关系管理,上市公司可以达到提升公司资本市场形象、提高投资者对公司的认知度、提高投资者对公司的认同度、避免公司陷入价值低估的目的。

上市公司的投资者关系管理的主要工作目标是:增加公司信息披露的透明度,改善公司治理制度;建立与投资者的良好关系,增进投资者对公司的了解;建立稳定的投资者基础,形成资本市场的长期投资者群体;建立为投资者服务、实现股东利益最大化的企业文化。

只有明确了投资者关系管理的目标,才能有针对性地开展工作。投资者关系管理的具体方法是一项系统而综合的工作。

(1)任用一个优秀的董秘

上市公司的董秘的主要职责就是维护公司与投资者的关系。具体工作为负责办理公司日常的信息披露事务,负责公司的股东大会和董事会会议资料的筹备,负责公司股东资料的管理,等等。一个好的董秘,可以使得公司的投资者关系工作进展顺利,并有助于市值的快速增长。

(2)完善公司的信息披露机制

公司对外的信息披露包括路演、业绩说明会、日常公告、投资者调研活动组织等。除了要求上市公司强制进行的信息披露机制外,公司董秘应该积极主动地建立跟投资者的联系,保持跟投资者的沟通顺畅,赢得投资者的尊重。同时信息披露要遵循及时、准确、充分、有效、合法、合规的原则。

(3)公司的股利分配政策科学化

对于上市公司而言,股利分配也是和公众投资者维持关系的重要手段。股利分配包括现金股利、股票股利和混合股利。在对股利分配的选择上,可以突显企业的形象。比如,高现金分红可以体现企业好的盈利形象,高股票分红则暗示了公司具有高的成长性。

(4)处理好公司的危机公关

一旦出现负面消息,公司必须重视,必须进行及时的危机管理,最大限度地减少危机对于上市公司的伤害,维护上市公司的形象和市值。企业要及早进行危机防范,平时就要维持好与媒体和投资者的关系,增强他们对公司的信心;要委托专业的公关公司,建立舆情监测系统,确立整体的危机解决方案;危机发生后要积极有效地利用平面媒体、电视广播、互联网等传媒手段与投资者进行充分的沟通,尽量降低市值的波动性。

3.资本结构合理化

公司的资本结构是指公司的资产中权益和负债的构成比例。如果把资本广义化,则资本机构还应该包括公司所有的资本来源构成与其比例关系,包括但不限于股权资本、债权资本和人力资本等。

资本结构也可以看出企业的财务杠杆率,如果债权资本比例高,则公司的财务杠杆相应会比较大,会增加公司的破产成本,使得公司的融资成本增加。从投资者的角度看,过高的债权资本会降低投资者兴趣,使其对公司产生不安全感。从公司治理的角度看,债权资本和股权资本不平衡会使得公司的经营效率降低,如果股权资本过度集中也会影响公司的成长性,不利于企业资源的最大化利用。

上市公司资本结构优化总体上是为了降低公司的加权资本成本,增加股东的财富,从而提升企业的市值。企业所在的行业、规模、股权结构、成长阶段都会影响资本结构的优化,企业资本结构的优化本身也是一个动态的过程,因此应该结合上市公司的现状以及资本市场的变化综合设计。

(1)认识公司的行业特性

公司的行业特征是制约公司资本结构的首要因素,不同的行业资本结构也是不同的。上市公司可以根据本行业的特征,选取同行业中的公司平均水平来优化自己的资本结构,尽量符合行业特性又适合自己的实际情况。

(2)注重公司的规模和成长阶段

不同的规模、不同的阶段,公司的资本结构是不同的。成长阶段的小企业对现金的需求比较大,但是公司却没有较稳定的债权偿还基础,因此应该偏向于股权融资;而规模较大的企业,有一定的经济基础,则可以增加债权成本。同时公司也可以利用上市公司的优势,发展可转债,灵活安排股债结构。

(3)善于运用债权资本的减税效应

由于债务融资产生的债权资本如利息等都是在税前扣除的,因此负债融资在增加公司现金的同时,也可以在企业分配利润的时候为企业减税,相应地也是增加公司股东的财富。

(4)优化股权结构

公司的股权结构对于公司的资本结构有着重要影响。如果股权结构不合理,将会制约企业的发展。比如国有资本占比过高，会使得代理人成本增加，不利于企业做出有效科学的经营决策，也会增加公司管理层与市场之间的信息不对称。

4. 战略投资

上市公司上市后比未上市公司在融资渠道、市场知名度、企业信任度等方面都有优势，在生产经营逐渐稳定的基础上，从长远的角度考虑，应该进行一些战略性投资，为企业培育新的盈利增长点和想象空间。战略性投资往往涉及企业中、长期战略目标的实现，一般这类投资资金需求量较大，投资回报期较长，并伴随较大的投资风险。从上市公司市值管理的角度看，战略投资是企业主动进行战略培育，期望实现公司整体价值的增值，提高整体资产的抗风险能力。

上市公司的战略投资应该与自己的市值和公司体量相适应，不能超过公司目前的把控能力。同时，上市公司还要研究公司目前以及未来的各种变化和规律，战略投资要以自己的市值为导向，规划和指导战略投资的发展方向和路径选择。

战略投资的行业方向应该是适合企业健康生存和长久稳定发展的。企业的战略投资不能只看眼前的短期利润，避免只是简单为了利润最大化而投资，而是要通过主动的战略投资调整，帮助企业发展更加稳定，避免大起大落。

战略投资还要促进企业不断提升自身的资金、技术、市场、人才、管理等多方面的优势，促进企业自身产业结构升级，增强企业的核心竞争力和创新能力。从深层次来看，企业的战略投资是为了解决企业的发展瓶颈，使企业能够冲破瓶颈进入一个新阶段。

上市公司的战略投资不能急于冒进，要制定计划和方案，分步实施。首先，要寻找到一个合适的战略投资标的。其次，要充分了解战略投资标的的合理价值。再次，要选择科学的战略投资方式。最后，要做好战略投资的风险控制。企业在进行战略投资的时候要不断提升自己，要清楚自己的战略规划能力、资源整合能力，要充分考虑战略投资期限以及是否和自己的资源匹配。

在寻找战略投资标的进行收购兼并时，要充分考虑投资标的的行业宏观情况、管理层的素养和诚信、实体资产的资源现状、标的的品牌形象、标的的市场竞争能力等，要对各种因素做一个综合的评判，通过横向比较选择最优标的。

在对战略投资标的进行估值的时候要尽可能选择多种估值方法，全面评估。公允价值评估主要采用资产基础法，市场法评估则主要采用绝对和相对估值法，如市盈率、市净率、EV/EBITDA 倍数法等。企业要对投资有一个充分了解，尽量防止投资估值过高，这也是对企业所有股东负责。

在选择战略投资方式的时候,企业要充分利用上市公司的优势,采用多种方式,比如交叉持股、定向增发收购、现金收购等。交叉持股更像一种合作关系,可以充分发挥各自优势又保持自己一定的独立自主。定向增发则可以保证上市公司的现金流,通过股权稀释,发挥市值的作用。现金收购则不稀释公司原有的股权,不牺牲原有股东权益。在实际操作中要具体情况具体分析,然后科学实施。

5.再融资规划

上市公司的再融资是指上市公司通过配股、增发、发债等方式在证券市场进行直接融资。再融资是证券市场的重要功能,对于上市公司而言,也是获得资金的重要渠道,可以使得上市公司能够迅速从资本市场获得资金。股权式再融资会使得上市公司的股本和股权结构发生变化,并通过资本市场有效传导信息,从而引起市值的变化。特别是对于中国 A 股市场来说,再融资是市值管理的重要工具。

再融资公司的股价表现往往会与募投项目的质量和实施密切相关,也与资本市场的市场氛围密不可分。由于中国的再融资需要审批,因而再融资的周期比较长,像增发基本要 6 个月以上的周期。因此,再融资期间公司的市值会根据再融资进行的阶段不同而波动。比如刚宣布再融资的时候,公司市值往往会因为有新的投资预期而迅速增长,实施后由于利好兑现反而下跌,随着融资后募投项目投产,业绩改善,市值又会增长。

再融资对于上市公司的好处不仅在于股价和市值的增长,还在于对企业经营和公司治理的帮助。

再融资可以使得上市公司获取所需要的资金。上市公司由于生产经营的需要,比如扩大再生产,需要资金,而融资便利性可以使得上市公司迅速有效地获得资金,从而增加公司的竞争优势。

再融资可以使得公司完善股本结构,进一步降低融资成本,改善资本结构。再融资通过引进新的股东、调节债权和股权资本,优化资本结构,使得企业的治理也发生变化。比如新的战略投资者进入,或者原大股东进一步加强控制权,或者降低或增加财务杠杆,这些都可以通过再融资的方式实现。

再融资作为上市公司市值管理的不可或缺的工具,用好了可以对上市公司进行有效的市值管理。因此在使用再融资进行市值管理的时候,企业必须要谨慎,要对其进行综合规划。

首先,要根据公司的实际需求来决定是否启动再融资。公司的实际需求一般分为这几类：生产规模再扩大和技术改造，改善流动资金和降低负债，引进战略投资者，新项目投资，资产注入式重组。再融资牵一发而动全身，因此，对于公司的实际需求和公司现状必须进行评估，融资拿来干什么非常重要，判断是否有利于公司市值的增长，然后再决定是否启动再融资。

其次，选择再融资的方式。再融资有很多方式，股权式融资有配股、公开增发、非公开增发等，债权式融资有企业债、银行贷款等。公司应该在实际需求和公司现有财务状况评估的基础上选择再融资方式。股权式融资要考虑增发的时间周期，股份稀释的比例，投资者的预期和看法，尽量避免投资者用脚投票的现象出现。债券式融资则要考虑企业的财务杠杆压力，流动资金的安排，防止财务压力过大，现金流出现危机。

再次，要合适地选择再融资的时机。再融资与资本市场的氛围息息相关，选择完再融资的方式，还要选择再融资的时机。特别是再融资还要证监会和交易所审批，而审批的时间周期又比较长，因此，一定要提早规划。一般而言，从企业的角度来看，在审批部门允许融资的阶段，尽可能选择在市值高峰时期进行股权式融资，一方面可以获得更多资金，融资比较容易完成，另一方面则降低企业融资的成本，可以降低稀释股权的比例，也可以一定程度上遏制市值的不合理上涨。债权融资则尽量选择在利率比较低的时候进行，利率太高对财务的压力比较大。

最后，对再融资计划要做好风控准备，同时有效使用再融资资金。我国上市公司的再融资涉及的因素有很多，再融资计划启动到完成会经历比较长的周期，如果发生某些不确定因素导致再融资失败，则企业要有备选方案，不能因为再融资失败而影响企业的正常经营。如果再融资完成，则要有效利用好再融资资金，要切实地从企业利益出发，做对企业发展有利的事，这样才能维持企业市值的稳定增长，否则会适得其反，造成市值下降。

董秘如何做
融资路演 PPT

6.股权激励

上市公司股权激励是比较常见的对管理层和技术骨干的激励方式，是用上市公司的股票作为标的，对董监高以及核心员工进行长期性激励的措施。股权激励的方式也比较多，上市公司可以根据自己的实际激励目的对管理层及员工采取限制性股票、期权等方式进行激励。股权激励在前面已经详细介绍过，此处不再展开。

7.大股东大宗减持和质押管理

大股东作为上市公司市场的主要参与者，也是上市公司的最大利益获得者，其市场行为会对上市公司的市值管理有产生重大影响。大宗减持是指大股东通过大宗交易系统减持自己的股份,质押则是大股东将自己的股份向金融机构出质作为担保物进行融资。大股东的减持和质押相当于大股东的市值套现,因此将直接对市场进行冲击,进而传导到投资者的信心和股价上。因此,大股东进行大宗减持时要制定有效的减持计划,辅以一定的减持方式组合,以达到收益水平、减持效率和市值影响的相互平衡。

大股东减持的通道有二级市场、大宗交易和协议转让,从目前我国证券市场的情况来看,大宗交易平台减持是主要通道,是股权套现兑利最快速和最高效的方式。结合上市公司的市值管理,大股东在进行大宗交易的时候还是有其他需要注意的地方:

(1)控制交易数量,股东自身利益和公司发展要相互平衡

大股东必须站在公司市值管理的角度充分考虑市值平衡和股权结构优化,要控制好交易的数量,在满足股东自身现金需求的情况下,减少对市场的冲击,也不能影响公司的股权结构优化目标。减持的目标不能简单为了套现,而更应该考虑公司的长远发展。从大股东的角度看,减持往往是为了实现自身收益最大化,而上市公司的最大利益相关者往往也是大股东。因此,减持要兼顾自身利益,也要平衡公司的发展。

(2)减持和战略规划一体化

大宗交易减持无论对于股东还是公司而言都是一个比较重大的资本市场交易决定。因此,大宗减持可以考虑和战略规划一起实施,通过大宗交易转让给战略投资者,既能解决股东的资金需求,又可以引进有利于公司发展的战略投资者,还可以增加二级市场投资者的信心,可谓是一箭三雕的交易行为。

(3)选择合理的减持时机

大股东的市场减持是要进行公开信息披露的,因此,大股东的交易行为势必会对股价有所影响。一般情况下,大股东的减持行为要在市场相对比较热的时候,此时股价比较高,减持既有利于平抑股价,又有利于股东收益最大化。但是,如果考虑税负或者引进战略投资等其他因素,减持时机选择相对低位比较好。

(4)法律风控要到位

涉及大宗交易的法律文件有很多,大股东在进行交易的时候必须要充分认识有关大宗交易的法律政策,不能踩法律的红线,既要对自己负责,也要对公司形象负责。

质押是大股东通过股票担保的形式进行个人的债务融资,大股东在进行质押的

时候,一方面要充分评估自己的资金需求,另一方面要注意融资的比例和股价的水平。从大股东的角度来看,当然是股价越高,质押融资的资金越多越好,但是从市场风险来看,质押的时候股价越高,股价下跌的风险越大,如果股东个人流动资金不充裕,很容易发生平仓,这样会引起公司股权结构的变化,给公司带来不好的影响。

8.兼并重组

兼并重组是市值管理的重要手段,通过兼并重组进行市值管理,能使上市公司的资产在短时间内发生重大变化,大大提升上市公司的市值。随着我国证券市场和法律的不断成熟和完善,兼并重组在证券市场不断涌现。兼并重组作为市值管理的手段,是一把双刃剑。重组虽然能在短时间内使得公司市值暴增,但是如果没有有效地整合资产,没有持续地经营好公司,重组反而会给公司带来大量的副作用,比如公司形象下降、团队内斗、资产质量不佳等,反而严重影响公司市值。

兼并重组是在一定的财产权利制度和企业制度下进行的。在并购过程中,某一主体出让部分或全部股权或资产的控制权,另一主体则付出一定的代价取得股权或资产的部分或全部控制权,双方希望通过这样一个控制权转移的行为达到双赢甚至是多赢的局面。从并购的种类来看,有横向并购、纵向并购和混合并购。横向并购是跨行业并购,不同行业之间完成并购重组;纵向并购则是在行业的上下游之间进行并购;混合并购则既有上下游又有跨行业的成分在,是一个多元化并购的类型。并购重组能够在短时间内提高上市公司的每股收益。重大重组甚至能使整个公司脱胎换骨,如借壳上市就会使得企业市场价值产生巨大变化。因此,并购重组是资本市场关注的热点。

上市公司通过并购重组来获得企业的发展壮大或者进行市值管理是一种外延式的增长,相对于企业的内涵式增长,外延式增长更加迅速有效。上市公司在选择外延式增长的时候可以考虑以下几个方面:

(1)明确上市公司并购重组的目标

上市公司进行并购重组要有明确的目标,一般企业的并购目的有:实现企业的规模效应,增加上下游的联动,强化行业的竞争力,提高企业的知名度,实现公司的发展战略,对新行业进行战略投资。除了目标明确外,上市公司也要明确并购是否能给企业带来一定的协同效应,良好的协同效应才能使得并购目标实现,有利于企业的市值增长。

（2）选择收购的方式

作为上市公司，兼并重组的方式有很多，比如现金收购、股票收购、杠杆收购等。不同的收购方式有不同的优缺点。现金收购对于收购方来说比较迅速直接，而且股权不会被稀释，但是现金支出的财务压力大，被收购方不需要承担证券风险，但也分享不到市值增长的收益。市场上运用更广的股票收购，在国内通常采用非公开增发换股进行，好处就是收购的规模可以更大，财务压力轻，但是对原股东的股权稀释比较多。杠杆收购则主要利用金融中介机构的作用，采用募资加少量自有资金进行，收购的规模可以更大，但是债务压力也会比较大。其中运用最多的是现金收购和股票收购的组合。上市公司应该根据自己的财务现状、股本结构、并购的规模做一个综合的考量，选择最适合自己的方式。

（3）控制收购的风险

兼并重组是企业重大经营决策，在决策实施的所有流程中，必须充分把控好风险，建立好风险预警机制。兼并重组中通常会遇到融资风险、收购标的的估值评估风险和收购后的运营风险。因此，上市公司必须要对自身的财务预算、融资渠道做一个综合评估，不能因为兼并重组引起资金断流等风险。在评估收购标的的时候必须要聘请专业的评估机构，进行多种方式的全面评估，防止评估估值过高。在收购完成后，还要充分发挥企业的整合能力，实现资源互补，尽早实现良好的协同效应。

9.市值维护

市值是上市公司股东的财富表现，也是上市公司的重要资源，还是企业市场价值的重要体现。上市公司的市值和其他固定收益类资产相比，波动性更加显著，而且市值作为企业市场价值的重要体现，往往会发生非理性的上涨或者下跌。马克思主义经济学指出，价格是围绕价值波动的，价格波动的因素既有内在因素，也有外在的非主观的情绪因素。极度乐观情绪和极度悲观情绪都会造成股价的剧烈波动，这不利于企业的市值管理。股东特别是大股东对公司的内在价值相对比较了解，因此，企业市值管理者有必要直接对企业的市值进行市场化干预。

市值维护主要是使用二级市场的金融交易工具，依靠股东手中的库存股，在合法的框架下进行二级市场的干预，以保证市值稳定，减少市值的剧烈波动。较为常用的方法就是股东的增减持行为，较为复杂的则是利用股指期货、分级基金、转融通等更多金融工具进行套利交易，主旨在于稳定市场，稳定市值。在企业市值比较高的时候，大股东可以通过自己手中库存股的流动使用，创造出更多的现金流；在企业市值比较低的时候，大股东也可以使用现金流，增加股票的库存。通过动态调节，平抑市值的波动。

从二级市场股东市值维护的类型上来看，可以分为三类：增加现金流的市值维护；增加持股数量的市值维护；规避市场波动的避风险市值维护。增加现金流主要是通过二级市场减持或者转融通的方式进行；增加持股数量是在增加现金流的方法基础上，将现金变成股票；规避风险则是利用市场上的对冲工具，规避自身市值的大幅波动，比如用股指期货、商品期货、ETF等进行套利或对冲。

二级市场的直接干预是比较直接的市值管理，它必须遵循以下几个原则：

（1）市值维护必须遵循价值原则

二级市场的市值维护是为了平抑市值的异常波动，维护公司的市场价值。因此市值维护必须以自身公司的内在价值为基础，在价值过分高估或者过分低估的时候出手干预，否则就尽量少使用市值维护的手段。

（2）市值维护必须合法合理

市值维护很容易误入歧途，很多公司脱离公司的内在价值，随意操纵股价，损害中小投资者的利益，同时也容易陷入内幕交易、股价操纵等刑事犯罪的陷阱。

多乱杂现象是市值管理的"雾霾"

（3）市值维护必须严格信息披露，公开透明

市值维护的初衷就是为了平抑波动，向外传递公司的内在价值。因此，大股东在进行市场操作时，比如增减持、质押式回购等，必须要提前进行公告，向广大投资者传递信号。

市值管理坐庄都是"耍流氓"

（4）市值维护需要注意风险的防范

股东要充分考虑到自身的能力以及股份的数量，避免陷入短期疯狂举动，比如大额增持导致自身现金流断流。大额减持可能失去公司控制权，大额转融通、质押可能遭到平仓等严重后果。因此，市值维护要做好充分的风险评估和防范方案。

三、企业市场价值管理的流程

企业市场价值管理涉及的层面比较多，有公司层面的，也有市场层面的。当企业决定进行市场价值管理时，必须要制定专业的管理流程，要系统化有效实施。单点或者片面地进行企业市场价值管理，不仅不能充分体现企业的市场价值，更容易因短期行为影响企业的长远发展。

（一）需求和可行性分析

企业对自身、行业以及市场要有充分的认识，要全面地分析自身的市场价值管理需求，综合行业以及市场情况进行企业市场价值管理的可行性分析。

首先，考虑企业市场价值管理是否和企业自身的发展战略目标相匹配。企业一定要根据自己的企业发展战略目标来分析是否要进行市场价值管理，以及建立市场价值管理的目标。比如企业的融资需求、股权转让需求、并购需求都应该进行全方位的综合分析。企业当前处于的发展阶段、企业的规模大小、企业所在行业的特性等因素使得不同的企业进行市场价值管理的需求是不一样的。从战略的角度分析市场价值管理的需求，也就是要求企业的市场价值管理要从长远利益着手，不能侵害企业的长远发展利益。

其次，考虑企业市场价值管理的阶段目标和需求。企业市场价值管理是一个长短结合的综合性措施，因此也要充分考虑到企业当前的阶段目标。比如，未上市的企业面临的阶段性的资本市场目标是什么？IPO 需求、并购需求、融资需求、完善公司治理、吸引优秀的人力资本等，这是企业发展过程中的阶段目标。企业市场价值的管理对于企业阶段性目标的完成具有一定的促进作用，也有利于短期目标的更好实现。因此，在实现短期目标的基础上，确定更细化的市场价值管理方案，则会更加具有针对性和有效性。

再次，对企业的内部和外部因素进行分析。特别是要注意对企业的一些隐性因素的分析，这一方面是全面分析企业自身情况，对自身有一个综合了解，另一方面也是为了综合各种因素得出企业的市场价值管理会给企业带来的影响，以免在进行企业市场价值管理的时候考虑不周，给企业带来一些不好的影响。在对企业需求进行分析的时候，要进行三性分析，即切题性、合时性和可行性。通过统计分析，正确理解各项因素对企业所起到的正向和负向作用，了解外部的政策环境，比如资金环境、政策导向等等，尽量做好企业市场价值管理的风险控制。

最后，在对企业的市场价值管理需求和可行性进行分析的时候要用客观量化总结的方法。需求和可行性分析很容易陷入主观的想象，依靠主观感觉做出决定，一旦判断失误，往往会在某个环节给企业造成重大的负面影响，甚至在发生失误的时候，企业找不到解决问题的方向。因此，企业在设计方案前，在做需求和可行性分析的时候，要采用影响因素量化机制，形成一个科学而客观的报告，这样企业在做市场价值管理的时候才能明确自己的需求程度是怎么样的，市场价值管理的动力和目标是什么，发生危机的时候是哪个地方出错也心中有数。

(二)综合方案设计

在市场价值管理综合需求的基础上进行市场价值管理综合方案设计，就会更加具有针对性和可实施性。综合的市场价值管理方案就是针对企业不同的市场价值管理需求，围绕着方案的有效性、合规性和经济性来制定一系列的长短期结合的执行计划。

1.市场价值管理的方案必须在合法的框架内制定

企业市场价值管理方案是一个综合和灵活的方案，但是在可使用的管理方法和手段方面，有很多政策和法律的约束条件，因此，在制定方案的时候必须考虑方案的合规性。比如大宗交易和股东增减持的相关规定，并购重组的一系列法律制约，我国法律对于股东结构和治理结构的基本要求，等等。特别是上市公司的市值管理，所有的操作方案都必须依据现有法律进行，因为关于市场交易的法律特别多，一不小心市值管理就会变成内幕交易和操纵股价等刑事犯罪，对市值管理人员和公司都会造成严重的不良影响。因此，方案设计的合规性是首要的。

2.市场价值管理方案要有针对性和可实施性

企业市场价值管理方案是按照企业市场价值管理的需求制定的，因此方案的制定必须要让市场价值管理的需求得到有效的满足，否则方案的实施也没有意义。因此，在制定市场价值管理方案的时候应该要指出该方案预期达到的效果和实施的难度，最好是能够细化地指出具体的方案计划的实施难易度和效果，这样对于方案的实施执行更有指导性，实施效果的评估也有据可查。

3.市场价值管理方案的设计还要考虑经济性

对于企业而言，所有决策的实施都要讲究成本和效益，市场价值管理也一样，方案要进行成本分析。在能够选择的操作手段基础上，尽可能选择低成本的实施方式，或者根据不同的实施时段，选择企业能够承受的实施时点进行。比如融资计划，股价和利率都会根据时点变化而变化，融资方案的施行要尽量选择好的时点。成本效益分析是市场价值管理方案设计时候不可或缺的过程，可以确保企业的行为是经济有效的。

4.设计综合方案时既要参考市场标准，又要做到差异化

由于企业市场价值管理已经是一个比较成熟的管理需求，市场上有很多比较成功的案例，因此，在设计市场价值管理方案的时候可以参考市场上成功的做法和一些标准通行的做法，既能提高效率，又能保证方案得到投资者的认同。但是每个企业的特

性是不一样的,每个企业受到的外部经济环境的影响也是不同的,因此,在参考通行做法的同时也要充分考虑企业的特性,要根据企业具体的需求和市场影响力,制定适合企业自身的管理方案。同时也留出一定的空间,在方案实行的过程中进行微调,使方案更能满足企业的需求以实现市场价值管理的目标。

(三)高效的方案实施

企业市场价值管理方案的实施是按照市场价值管理综合方案有计划地进行,达到企业市场价值管理的目的过程。方案的实施比方案的设计更重要,只有方案得到高效的实施,企业市场价值管理的目标才能得到实现。

1.制定实施的具体计划和时间表

方案执行必须要有进度表,方案的具体计划要体现限时性。市场价值管理方案本身是具有时效性的,如果没有在一定的时间区间内完成,不仅会影响下一步计划的实施,更重要的是资本市场的环境在时刻变化,资本市场氛围变了,方案的很多计划就无法实行了或者实行的代价就会变得很大。因此,一旦方案开始实施,就必须讲究时效,按照进度表来执行方案,保证方案的及时实施。

2.企业应该建立专门团队

企业市场价值管理是一项长期而复杂的工作,方案的实施既是一项专业的工作,又是一项耗时耗力的工程。因此,企业应该重视企业市场价值管理工作,在方案制定完毕后,就应该组建专门的团队或者聘请专业的市场价值管理团队专门负责企业市场价值管理方案的实施。专业团队的建立体现企业对市场价值管理的重视,也能相对确保方案得到严格、专业的执行,减少失误。

3.企业应该注意保密

由于企业市场价值管理中的部分环节是市场交易行为,涉及资本市场的信息披露,因此,要注意保密。比如大股东的增减持、高送转等行为,对于资本市场的交易者而言,在方案实施前应该属于机密,因此要注意保密,不能提前泄露。一方面泄露会影响股价走势,另一方面泄露也表现出企业信息披露机制的不完善,是证券法所不允许的。

4.及时动态微调方案

方案制定和方案实施会存在一定的时间差,当在方案实施过程中发现市场环境发生了变化,继续严格执行方案可能会给企业带来一定的损失,这时就需要市场价值管理团队及时评估风险,适时微调方案。方案调整要经过论证,不能随意调整,否则最后实施的效果会和原来的预计差异很大。

(四)科学的绩效评估

对企业的市场价值管理进行绩效评估,既要进行总体效果评估,也要对专项进行评估。科学的绩效评估是为了保证下一环节方案的实施更加有效,也能体现当初方案的合理性以及业务的可循环操作性。特别是在每一轮的市场价值管理流程结束后进行评估,可以为下一轮的操作提供经验,使方案实施更加成熟和稳健。

1. 绩效评估团队应该相对独立

由于绩效评估具有一定的利益冲突,而且从理性人的角度出发,市场价值管理人员自己评估自己很容易陷入主观评判,人总是不愿意承认错误的。因此,在对企业市场价值管理方案实施的效果和绩效进行评估时,最好由非市场价值管理操作团队人员进行,避免受到主观情绪的干扰,使评估结果客观。

2. 评估的标准要量化

对于评估结果的评判有很多种方式,要尽量避免使用笼统和模糊的标准进行效果评判。这也就要求在对市场价值管理的绩效进行细化评估的时候尽可能使用量化指标,给每一个环节进行分数化的标注,最后得出一个总分数,这样的结果既直观又不会发生歧义,而且能体现方案的实际效果水平。市场价值管理中很多业务都是有数据的,因此不能单凭主观臆断,要拿相关的数据说话,经过缜密的数据统计,做出比较合理的评估标准。

3. 评估衡量的因素要全面化,剔除偶然因素影响

对市场价值管理效果的评估要多寻找影响因子,要分辨出非方案预定的其他市场偶然因素的影响程度。企业市场价值管理是面向市场的,资本市场的影响因素有很多,有些效果的出现并不是方案执行的结果,而是市场其他因素冲击造成的,因此,在评估总结的时候要注意这些影响。

4. 对评估结果要进行充分的总结并有效改进

市场价值管理绩效评估的目的就是为下一次操作提供经验总结,因此,要重视评估的结果,对评估的结果要进行充分的讨论和总结。对于效果不好的,要分析出原因,是什么环节执行不到位还是出现失误;对于效果超过预期的,也要分析出是不是什么市场其他偶然因素冲击造成的。在总结的基础上,要对下一轮方案的实施进行新的风险评估,比如要加入偶然因素的影响,对市场氛围有一个新的判断,对可循环操作的方案要有一个分析,等等。

中小企业如何
做好市值管理

四、案例

企业的市场价值管理是一个系统而复杂的工程,对于上市公司而言,走上资本市场只是开始,从公司的经营到资本市场的运用,是一个漫长的过程。好的市值管理既是对股东负责,也有助于企业走得更长远。

×××集团(600×××)创建于1979年,1998年在上交所上市。上市后,公司对于市值管理有敏锐的认识,及早进行战略转型和升级,经过多年的发展,目前已经形成了自己的鲜明特色,以纺织、服装、房地产、贸易、投资五大业务板块多元并进,不断推动公司做大做强。该集团的品牌意识、资本意识都很强,公司战略转型也是紧紧贴合自身的特点进行。

(一)创造品牌价值

×××集团是李××一手创办的,他将由当初2万元的知识青年安置费作为启动资金,从一个戏台地下室的原始手工业作坊起家,苦心经营多年,将×××品牌塑造成中国驰名商标。

在品牌发展过程中,×××集团提出了"坚定、提升、发展"的方针,在充分发掘区域市场的前提下,加速实施品牌高相关度市场的多元化计划,形成核心品牌结构,采取多渠道或多形式的品牌运作方法和策略,推进品牌国际化。坚定,就是对中国市场、中国产品乃至中国文化的发展潜力充满信心,对拓展×××品牌空间坚定不移,以形成真正的国际化知名品牌为集团品牌发展战略目标。提升,就是全面提升×××品牌内涵,加速×××集团在国内中高档服饰消费市场的占有率,丰富服装产品的文化内涵,让消费者充分认识×××品牌,促使品牌形象深入人心。发展,就是将×××品牌朝着多品种、多档次、系列化、跨领域、跨行业的发展方向延伸。在经过多年的发展后,该品牌已成为中国的知名品牌。2007年,世界品牌实验室发布2006年度"中国500最具价值品牌",×××商标品牌价值91.81亿元,位列500强第52位,成为某计划单列市最"贵"的商标,继续稳居全国纺织服装品牌第一。

(二)加强技术研发

品牌的提升也是技术不断改造升级的过程。该集团不断用高新技术和先进设备提升产业基础,完善产品品质。九十年代初率先在国内采用了"无浆工艺";1996年首次独家开发了"HP 棉免熨衬衫",填补了国内空白,成为中国服装行业有史以来第一个国家级新产品;1999 年成功开发出新一代免熨产品"VP 棉免熨衬衫",该产品被科技部、外经贸部、国家质量技术监督局、国家环保总局等部委联合授予"国家重点新产品"称号;2004 年,推出高科技新品纳米 VP 衬衫、纳米西服,公司技术中心被国家发改委、财政部、海关总署和国家税务总局认定为国家技术中心,集团被评为"中国信息化标杆企业""中国信息化百强企业",×××品牌被评为最受消费者喜爱的品牌之一;2005 年,DP 纯棉免熨精品衬衫面世,经国家纺织服装产品质量监督检验中心检测,其主要技术指标已达到国内外同类产品的先进水平。

(三)产业链垂直整合

垂直整合是企业发展的经营战略,可以降低公司的整体成本,降低对原材料和市场的依赖程度,从而提高公司的整体绩效和核心竞争力。

该集团在保持自己营业业绩高速增长的情况下,逐步建立从原料棉花到下游销售终端的完整产业链。一方面公司积极与新疆产棉区、世界级面料企业加强合作,保证供应链的稳定;另一方面,与下游零售商建立伙伴关系,特别是随着公司服装业务发展进入新时期,公司出口订单饱和,公司积极利用资本市场的优势收购美国著名服装企业 Kellwood 的子公司新马和 Smart,利用其营销能力进一步扩大公司品牌服装业务的规模,稳固在服装行业的龙头地位。

(四)改善资本结构

该集团的资本意识很强,早在 1998 年,就积极拥抱资本市场,走 IPO 上市之路。1998 年企业通过上市公开发行股份,为企业的长期发展筹集了大量必要的权益资本。

较早上市不仅改善了该集团的资本结构,还进一步规范了法人治理结构,提高了企业管理水平,降低了企业的经营风险,提高了企业自身抗风险的能力,增强了企业的发展后劲。企业上市后,积极抓住时机发行可转债、短期融资券、定向增发等,依靠较强的举债和筹资能力为该集团的持续发展奠定了坚实的基础。

(五)加强股权投资

×××集团的股权投资是促使它成功的几驾马车之一。该集团最初是由于政府的求助而投资了宜科科技和宁波银行,但之后慢慢地转向了主动寻找优质投资。集团最成功的投资莫过于参与中信证券的发起设立。1998 年 8 月,该集团主动参与中信证券的发起设立,以 3.2 亿元认购中信证券 2 亿股。随着中信证券的不断转赠送股,集团对中信证券每一股的投资成本已经不足一元,获得了巨大的收益。

随着多项股权投资的成功,该集团意识到股权投资的重要性,特别是其主业经营稳健,现金流充沛,进行长期股权投资具有先天优势。因此,在 2008 年,公司将股权投资定为公司主业之一,成立了投资管理公司,聚集了诸多深谙投资管理的专家,专门从事投资,将投资专业化、战略化,规模达到百亿以上。

(六)房地产开发

×××集团很早就涉及房地产业务,逐渐将房地产业务列为公司的主营业务之一。截至 2015 年,集团的地产开发业务表现依然强劲,在本地区区域自营项目完成预售面积 21.46 万平方米,预售金额 29.9 亿元,分别较上年同期增长 39.82%、39.70%;在苏州市区的商品住宅预售面积共计 1126.91 万平方米,同比增长 48.84%,预售均价 12708 元/平方米,同比增长 12.33%;在上海和杭州区域加速库存去化。

(七)产业并购重组

×××集团积极利用资本市场优势,进行新的产业并购。2015 年 3 月 6 日,集团发布公告称,公司及下属公司决定投资 10 亿元,在本市某区设立健康产业基金。该基金主要针对大健康产业处于成长期、扩张期、成熟期,具有良好的行业发展前景和极具并购价值的企业进行股权投资;并关注优秀上市公司的定增机会,以及医疗健康产业国有大中型混合所有制改制重组的投资机会。

集团在 2015 年 12 月 24 日晚间公告称,参与了中石油管道平台重组,重组后公司将持有平台公司 1.32% 股权。此前,它于 2012 年至 2013 年期间累计出资 30 亿元,成为北京某能源产业投资基金(有限合伙)有限合伙人,该基金投资于西北联合西气东输三线管道项目。

2016 年 1 月,该集团以不低于 15.08 元/股非公开发行不超过 33157 万股、募资总额不超过 50 亿元的定增方案获批通过。募集资金中,30 亿元投向了 O2O 营销平台项目,培育新的产业发展方向。

(八)市值维护

该集团也十分关注自身的资本市场形象,根据市场动态实时进行增减持。根据

2016年3月18日公告,公司控股股东×××控股有限公司(简称×××控股)于3月18日增持公司股份431.84万股;截至公告日,该控股已累计增持公司股份811.84万股,累计增持金额1.13亿元,占增持计划下限的56.55%。根据增持计划,×××控股自首次增持日2016年3月15日起3个月内,若公司股票价格位于12元/股至18元/股的价格区间内,拟以自身名义或通过一致行动人继续在二级市场择机增持公司股份,累计增持金额不低于2亿元且不超过6亿元。本次增持后,×××控股及一致行动人合计持有公司股份7.81亿股,占总股本35.09%。

该集团经过长期的市值管理,截至2017年11月29日,公司总市值为333亿元,远远高于服装行业的同行,取得了不错的市值管理成果。

五、思考题

(以下思考题皆为开放性的讨论,没有标准答案和模板,言之有理即可,注意要结合实际,答案最好具有前瞻性和自己的想法。同学们回答问题时要胆大心细,不要拘泥于传统的理论或者模型,要独立思考,经济学方面往往没有绝对的标准或者答案,说不定你的下一个回答就是解决众多经济难题的突破口)

1. 结合本章内容,针对家族式企业较为传统、封闭的市场价值管理模式,谈谈有哪些改进措施。

2. 企业注重企业市场价值管理是否与企业生产利润最大化这一价值观相违背?如果不是,请说说你的看法。

3. 请谈谈企业上市、挂牌后对企业市场价值管理的好处。

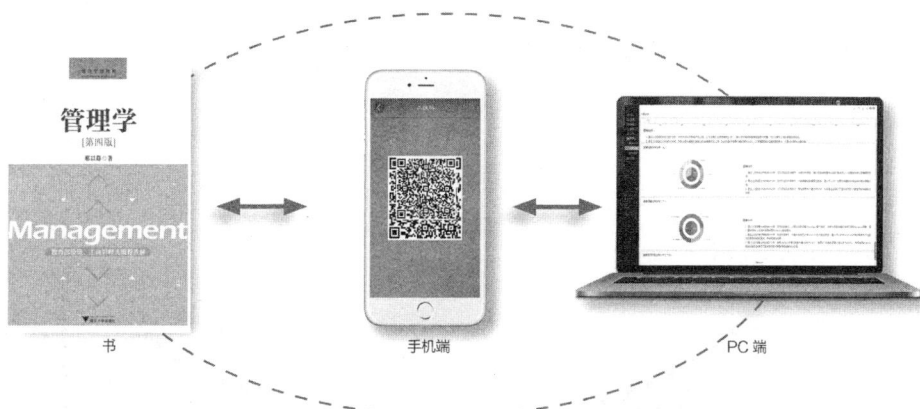
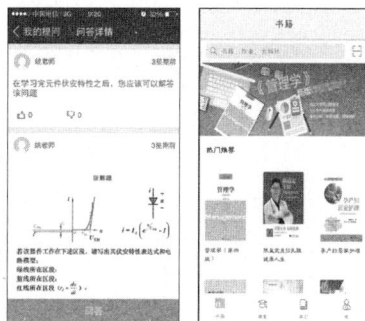